SÉRIE COMENTÁRIOS BÍBLICOS
JOÃO CALVINO

Tradução: Valter Graciano Martins

2Coríntios

C168d Calvin, Jean, 1509-1564
        2 Coríntios / João Calvino ; tradução: Valter Graciano
        Martins. – 1. reimpr. – São José dos Campos, SP : Fiel,
        2016.
        330 p. – (Comentários bíblicos).
        Inclui referências bibliográficas.
        Tradução de: Calvin's commentaries : the second epistle
        of Paul the apostle to the corinthians and the epistles to
        Timothy, Titus and Philemon.
        ISBN 9788599145500

        1. Bíblia. N.T. Coríntios - Comentários. I. Martins,
        Valter Graciano, tradutor. II. Título. III. Série.
                                                CDD: 227.207

Catalogação na publicação: Mariana C. de Melo Pedrosa – CRB07/6477

2 Coríntios - Série Comentários Bíblicos
João Calvino

Título do Original: *Calvin's Commentaries:*
The Second Epistle of Paul the Apostle to the
Corinthians and the Epistles to Timothy, Titus
and Philemon

Edição baseada na tradução inglesa de T.
A. Smail, publicada por Wm. B. Eerdmans
Publishing Company, Grand Rapids, MI, USA,
1964, e confrontada com a tradução de John
Pringle, Baker Book House, Grand Rapids, MI,
USA, 1998.

•

Copyright © 2008 Editora Fiel
Primeira Edição em Português 2008

Todos os direitos em língua portuguesa reservados
por Editora Fiel da Missão Evangélica Literária
PROIBIDA A REPRODUÇÃO DESTE LIVRO POR QUAISQUER
MEIOS, SEM A PERMISSÃO ESCRITA DOS EDITORES,
SALVO EM BREVES CITAÇÕES, COM INDICAÇÃO DA FONTE.

A versão bíblica utilizada nesta obra é uma
variação da tradução feita por João Calvino

•

Diretor: Tiago J. Santos Filho
Editor: Tiago J. Santos Filho
Tradução: Rev. Valter Graciano Martins
Revisão: Wellington Ferreira e Franklin Ferreira
Capa: Edvânio Silva
Diagramação: Wirley Correa e Edvânio Silva
ISBN impresso: 978-85-99145-50-0
ISBN e-book: 978-85-8132-051-9

Caixa Postal 1601
CEP: 12230-971
São José dos Campos, SP
PABX: (12) 3919-9999
www.editorafiel.com.br

Sumário

Prefácio à edição em português 11
Dedicatória 15
O Argumento 17

Capítulo 1 Versículos 1 a 5 25
Versículos 6 a 11 29
Versículos 12 a 14 40
Versículos 15 a 20 46
Versículos 21 e 22 54
Versículos 23 e 24 56

Capítulo 2 Versículos 1 e 2 61
Versículos 3 a 5 62
Versículos 6 a 11 65
Versículos 12 e 13 69
Versículos 14 a 17 70

Capítulo 3 Versículos 1 a 3 81
Versículos 4 a 11 85
Versículos 12 a 14 95
Versículos 15 a 18 96

Capítulo 4 Versículos 1 a 6 105
Versículos 7 a 12 118
Versículo 13 123
Versículos 14 a 18 124

Capítulo 5	Versículos 1 a 8	133
	Versículos 9 a 12	142
	Versículos 13 a 17	147
	Versículos 18 a 21	152
Capítulo 6	Versículos 1 a 10	163
	Versículos 11 a 18	173
Capítulo 7	Versículo 1	183
	Versículos 2 a 5	185
	Versículos 6 e 7	186
	Versículos 8 e 9	191
	Versículos 10 e 11	192
	Versículos 11b a 16	199
Capítulo 8	Versículos 1 a 7	205
	Versículos 8 a 12	211
	Versículos 13 a 16	215
	Versículo 17	216
	Versículos 18 a 24	221
Capítulo 9	Versículos 1 a 5	227
	Versículos 6 a 9	231
	Versículos 10 a 15	235
Capítulo 10	Versículos 1 a 6	241
	Versículos 7 e 8	250
	Versículos 9 a 11	251
	Versículos 12 a 15	255
	Versículos 16 a 18	256

Capítulo 11	Versículos 1 a 6	263
	Versículos 7 a 12	271
	Versículos 13 a 15	275
	Versículos 16 a 21	277
	Versículos 22 e 23	281
	Versículos 24 a 29	282
	Versículos 30 a 33	288
Capítulo 12	Versículos 1 a 5	291
	Versículos 6 a 8	297
	Versículos 9 e 10	298
	Versículos 11 a 15	306
	Versículos 16 a 21	312
Capítulo 13	Versículos 1 a 4	317
	Versículos 5 a 9	322
	Versículos 10 e 11	327
	Versículos 12 a 14	328

Prefácio à Edição em Português

João Calvino "está um nível acima de qualquer comparação, no que diz respeito à interpretação da Escritura. Os seus comentários precisam ser muito mais valorizados do que quaisquer dos escritos que recebemos dos pais da igreja". Esse endosso entusiasmado de Calvino e de seus dons como comentarista e intérprete bíblico foi emitido por aquele que é considerado o seu grande antagonista: Jacobus Arminius! Charles Haddon Spurgeon, registra isso e classifica o comentarista Calvino como "príncipe entre os homens" e apresenta, ainda, a citação favorável de um padre católico romano (Simon): "Calvino possui um gênio sublime".

O que levaria Arminius, que divergiu com tanta intensidade da compreensão calvinista da soberania de Deus e da extensão da escravidão ao pecado na qual se encontra a humanidade, ou mesmo um católico romano, com sua discordância do modo de salvação defendido pela reforma, pronunciar tais elogios sobre João Calvino?

Certamente eles se renderam à precisão, devoção e seriedade com as quais Calvino abordava a Palavra Sagrada, em seus escritos. Spurgeon destaca a "sinceridade" de Calvino e a tônica que o classifica como um exegeta, em paralelo a todas às suas demais qualificações. Ele disse: "A sua intenção honesta foi a de traduzir o texto original, do hebraico e do grego, com a maior precisão possível, partindo desse ponto para expor o significado contido nas palavras gregas e hebraicas: ele se empenhou, na realidade, em declarar não a sua própria mente acima das palavras do Espírito, mas a mente do Espírito abrigada naquelas palavras". É por isso que Richard Baxter deu esse testemunho: "Não conheço outro homem, desde os dias dos apóstolos, que eu valorize e honre mais do que João Calvino. Eu me aproximo e tenho grande estima de seu juízo sobre todas as questões e sobre seus detalhes".

É nessa linha e atribuindo esse valor, que devemos receber e apreciar este Comentário sobre a Segunda Carta de Paulo aos Coríntios. Romanos foi o primeiro comentário escrito, em 1540, seguindo-se as demais cartas de Paulo. Este livro foi, portanto, o terceiro que ele escreveu, na seqüência, concluído em agosto de 1546 (1 Coríntios foi concluído em janeiro de 1546; os comentários às demais epístolas de Paulo foram concluídos em 1548). Seu último comentário foi publicado em 1563, todos escritos, originalmente, em latim. Ficaram faltando, dos livros bíblicos: Juízes, Rute, 1 e 2Samuel, 1 e 2Reis, 1 e 2Crônicas, Esdras, Neemias, Ester, Jó, Provérbios, Eclesiastes, Cântico dos Cânticos, 2 e 3João e Apocalipse. Calvino faleceu escrevendo o comentário de Ezequiel.

Seguindo o seu costume, Calvino inicia este comentário com uma dedicatória, desta feita a Melchior Wolmar Rufus, um alemão muito famoso, professor de Direito Civil, alvo de sua profunda gratidão. Teodoro Beza escreveu o seguinte sobre Melchior Wolmar, em sua "Vida de João Calvino": "A sua erudição, piedade e outras virtudes; em conjunto com suas habilidades admiráveis como professor de jovens, não podem ser suficientemente destacadas. Em função de uma sugestão sua e por sua atuação, Calvino aprendeu a língua grega". Assim, em meio aos seus estudos de advocacia, Calvino, aos 22 anos de idade, aprendeu a dominar uma das línguas originais da

Bíblia, formando o alicerce de sua vida eclesiástica, como exegeta, hermeneuta e teólogo.

João Calvino é, reconhecidamente, um exegeta, um hermeneuta e um mestre em poimênica, mas ele é, antes de tudo, um teólogo sistemático. Certamente mais famoso por seu tratado de teologia – *As Institutas da Religião Cristã* – onde ele demonstra o apreço que tem para a fonte de sua sistematização teológica, a Bíblia, com esses diversos comentários que escreveu ao longo de sua curta vida. Os Comentários são importantíssimos, pois derrubam a caricatura de que Calvino foi um racionalista cujas ilações contrariam não somente o bom senso, mas o próprio ensino da Palavra de Deus. Não pode ser aceita, portanto, a visão propagada por oponentes de Calvino, de que ele deixa a visão orgânica do Reino para trás e embarca em um delírio racional, que o leva a conclusões sobre a soberania de Deus não encontradas nas Escrituras. Ora, é exatamente na Palavra de Deus, estudando texto a texto, onde Calvino encontrará a base para reafirmar e extrair todas as suas convicções e ensinamentos. Não deve nos surpreender que Calvino, o teólogo sistemático, começasse comentando Romanos (que ele considerava a chave para a interpretação correta das Escrituras) e as cartas de Paulo aos Coríntios. Estes livros são sistemáticos na apresentação de doutrinas fundamentais da fé cristã, interpretando e aplicando os ensinamentos dos Evangelhos; explicando os fundamentos do Antigo Testamento; firmando os passos da igreja de Cristo na Nova Aliança.

É interessante, também, que mesmo quando Calvino se envolve em um mergulho profundo nos livros da Bíblia, trecho por trecho, para desvendar o seu significado e na busca das lições supremas registradas por Deus, ele não perde a visão sistemática das doutrinas. Assim, em seus comentários (e é também dessa forma nesse comentário de 2 Coríntios) ele não se contenta apenas em dar um resumo do livro que passará a examinar, mas também apresenta "o argumento" que norteou o autor na escrita do livro: o desenvolvimento sistemático do raciocínio do autor, e a lógica argumentativa dos pontos que necessitavam ser estabelecidos pela carta.

Nesta carta de Paulo, possivelmente a terceira que escrevia aos Coríntios (1Co 5.9 faz referência a uma primeira, anterior a 1Coríntios, possivelmente não inspirada, no sentido canônico), temos a continuidade de instrução a uma igreja marcada por graves problemas de conduta, eivada de incompreensões doutrinárias, que havia motivado duras repreensões da parte do apóstolo. As notícias mais recentes, entretanto, são encorajadoras (7.5-7), e é nesse clima que Paulo, em meio às suas instruções práticas, abre o seu coração, defende sua autoridade apostólica e prepara aqueles irmãos para uma futura visita.

Calvino penetra no espírito dessa carta à Igreja de Corinto. Explicando palavra a palavra, ou frase a frase, conforme a necessidade – recorrendo ao seu extenso conhecimento da língua grega e fazendo comparações elucidativas – ele nos auxilia o entendimento. Através do comentarista, passamos a entender Paulo melhor, não somente os seus sentimentos, mas as doutrinas cabais que procura passar aos seus leitores, como a abnegação do "eu", ensinada em 1.3-11. Em Calvino, neste Comentário, encontraremos exposições magistrais, como, por exemplo, o ensino da pureza da Igreja, registrado em 6.14-7.1, onde ele nos dá o contexto completo da situação de envolvimento com descrentes, vivida por alguns membros daquela igreja. Nesse trecho ele mostra que Paulo trata de questões que transcendem a comum aplicação ao matrimônio ("jugo desigual"), referindo-se à perda de foco do povo de Deus e à promiscuidade relacional deste com o mundo.

Que Deus produza fruto de santidade e luz em sua vida, pela leitura e uso desse Comentário, é o nosso desejo e a nossa oração.

F. Solano Portela
Presbítero da Igreja Presbiteriana de Santo Amaro
São Paulo, outubro de 2008

Dedicatória

*Epístola Dedicatória do Autor
A Melchior Volmar Rufus,
homem mui eminente e
advogado de João Calvino,
saúde.*

Se me acusasses não só de negligência, mas também de incivilidade, por não haver-te escrito por tanto tempo, confesso que seria difícil justificar-me. Pois, se ousasse alegar que estamos separados um do outro pela distância e que nos últimos cinco anos não encontrei ninguém que fosse em tua direção, isso deveras seria procedente, porém reconheço que seriam escusas esfarrapadas. E assim pareceu-me que o melhor a fazer seria oferecer-te alguma compensação a fim de reparar minha anterior negligência e eximir-me de toda culpa. A ti, pois, ofereço este meu comentário à Segunda Epístola aos Coríntios, em cuja preparação não poupei nenhum esforço.[1] Estou plenamente seguro de que tu serás suficientemente magnânimo em aceitá-lo como justa compensação e tenho, além de outras razões mais importantes, o prazer de dedicá-lo a ti.

Antes de tudo, lembro-me de quão fielmente[2] cultivaste e robusteceste a amizade que existe entre nós, a qual teve seus primeiros

---

1 "Composé et dressé par moy, auec le plus grand soin et dexterite qu'il m'a este possible."
– "Composta e preparada por mim com o máximo cuidado e habilidade que me são possíveis."
2 "De quelle affection." – "Com que afeição."

passos já faz muito tempo; de quão generoso tens sido em pôr-te, bem como teus serviços, à minha disposição, sempre que achavas uma chance de dar provas de tua amizade; e de quão assiduamente ofereceste tua assistência[3] para promover meu progresso, embora meu chamamento, naquele tempo, me impedisse de aceitá-lo. A principal razão, porém, está em minha lembrança de como, à primeira vez que meu pai enviou-me a estudar as leis cívicas, foi por tua instigação e sob tua instrução que também encetei o estudo do grego, do qual tu eras o mais eminente dos mestres. Não foi por tua culpa não haver eu alcançado maior progresso. Em tua bondade estarias pronto a ajudar-me, até que meu curso se completasse, não houvera a morte de meu pai reclamado meu regresso, quando apenas o iniciava. Não obstante, minha dívida para contigo, neste sentido, é deveras grande, pois me propiciaste uma boa base nos rudimentos da língua, o que mais tarde me foi de grande valia. Assim, não poderia descansar satisfeito sem deixar para a posteridade algo extraído de minha gratidão para contigo e, ao mesmo tempo, mostrar-te que teu esforço em meu favor não ficou sem produzir algum fruto.[4] Adeus.

Genebra, 1º de agosto de 1546.

---

3 "Votre credit." – "Vossa influência."
4 "De vostre labeur ancien, duquel ie sens encore auiourd'huy le proufit." – "De teu antigo labor, do qual nestes dias sinto ainda o progresso."

O Argumento.

Segunda Epístola de Paulo aos Coríntios

Até onde podemos julgar da conexão existente entre as duas epístolas [1 e 2 Coríntios], podemos inferir que a *primeira* Epístola surtiu efeito positivo entre os coríntios,[1] ainda que não como o esperado; e, além disso, que alguns ímpios continuavam irredutíveis em reconhecer a autoridade de Paulo e persistiam em sua obstinação. O fato de Paulo ainda insistir tanto sobre sua própria *bona fides* e a autoridade de seu ofício é um sinal de que a confiança dos coríntios nele não estava ainda de todo restabelecida. Ele mesmo se queixa expressamente de alguns que tinham tratado sua primeira epístola com escárnio, em vez de aceitarem o auxílio nela contido. Assim que Paulo compreendeu que esta era a situação prevalecente na igreja de Corinto, e que ele mesmo seria impedido, por outras ocupações, de visitá-los tão logo como inicialmente pretendera, escreveu esta epístola enquanto estava na Macedônia. Agora entendemos que seu *propósito* em escrever foi o de *completar aquilo que já iniciara*, a fim de que, assim que chegasse a Corinto, *pudesse encontrar tudo em perfeita ordem ali.*

Ele inicia, segundo seu costume, com ações de graças, louvando a

---

1 "N'auoit point este du tout inutile et sans fruit." – "Não foi totalmente inútil e infrutífero."

Deus pelos maravilhosos livramentos de perigos tão imensos. Ele está determinado a informar aos coríntios como foi que todas as suas aflições e dificuldades contribuíram, de fato, para o benefício e bem-estar deles, embora os ímpios as tenham usado como pretexto para minar sua autoridade; todavia, promete sua solidariedade[2] para com eles, a fim de ser restabelecido ao seu favor.

Em seguida, ele pede desculpas por seu atraso em visitá-los, mas assegura-lhes que não mudou seus planos por não considerá-los importantes ou por razões frívolas, nem pretendia enganá-los no tocante às suas intenções,[3] pois eles encontrarão em suas promessas a mesma consistência que já haviam encontrado em sua doutrina. Aqui ele salienta, de forma breve, quão certa e sólida é a verdade que lhes tem anunciado, cujo fundamento é Cristo, através de quem todas as promessas de Deus estão confirmadas e ratificadas – o mais sublime enaltecimento do evangelho.

Então lhes relata que a razão por que ainda não os visitara era que, nas circunstâncias em que se encontrava, ele não tinha como estar entre eles num espírito de calma e alegria; e assim recrimina aqueles que usaram sua mudança de plano como desculpa para denegrir seu bom nome. Ele lançou sobre os próprios coríntios a responsabilidade de seu atraso, porque, naquele tempo, eles não estavam preparados para recebê-lo. Ao mesmo tempo, ele mostra com que paciência paternal os tratara, ao manter-se afastado de sua cidade, uma vez que, caso tivesse ido naquela época, poderia ter sido forçado a tratá-los com severidade.

Ademais, para que ninguém objetasse, dizendo que na primeira epístola ele não fora comedido, e sim veemente em sua reprovação aos coríntios, ele explica que tal severidade lhe fora imposta por outros, contra a sua própria vontade. Ele lhes revela que por trás desta aparente aspereza esconde-se um espírito afável, pedindo-lhes que restaurassem à comunhão o homem incestuoso, contra quem fora tão duro em sua primeira carta, mas que desde então dera ele algum indício de ter abrandado

---

2 "Afin que cela luy serue d'vn gage et nouueau lien pour entrer en leur bonne grace." – "Que isso sirva de garantia e novo laço para estabelecê-los em suas boas graças."
3 "Qu'il n'a point pretendu de les tromper, leur donnant à entendre d'vn, et pensant d'autre." – "Que não tinha a intenção de enganá-los, levando-os a entender uma coisa, enquanto estava pensando em outra."

seu coração. Ele fornece mais prova de seu amor por eles, afirmando que *não tivera descanso de espírito* [2Co 2.13], enquanto não ouviu de Tito como estavam as coisas entre eles, já que tal ansiedade só podia ser fruto do amor.

Depois de mencionar sua viagem à Macedônia, contudo, ele passa a discutir a glória de seu ministério pessoal. Ele lembra quão meticulosos foram alguns falsos apóstolos, ao difamar seu ministério, e quão facilmente lograram vitória sobre ele, ao cantarem seus próprios louvores. E, com o fim de mostrar que não se lhes assemelhava e, ao mesmo tempo, refutar seu tolo orgulho, ele declara que sua reputação repousa nos *fatos*[4] e que ela não depende do louvor dos homens. Na mesma passagem, ele enaltece em termos magnificentes a eficácia de sua pregação e põe em relevo a dignidade de seu apostolado, ao comparar o evangelho com a lei. Antes de tudo, porém, ele traz à lume o fato de que não está reivindicando nada, como se tudo fora realizado por ele mesmo, mas reconhece que tudo vem de Deus.

Outra vez, lembra com que fidelidade e integridade desincumbira o ofício que lhe fora confiado e, assim fazendo, reprova aqueles que fizeram acusações maliciosas contra ele; e, inspirado por sua santa confiança, vai além, declarando que aqueles que não discerniam a glória de seu evangelho foram cegados pelo diabo. Percebendo que a humildade de sua pessoa, como alguém julgado com desprezo[5] pelos homens, é grandemente diminuída do devido respeito para com seu apostolado, ele aproveita esta oportunidade não só para remover a causa da ofensa, mas também para convertê-la em vantagem, mostrando que a excelência da graça de Deus resplandece com seu mais intenso fulgor, porque este precioso *tesouro é oferecido em vasos de barro* [2Co 4.7]. E assim transforma em seu louvor as humilhantes alegações que seus inimigos tinham por hábito assacar contra ele, porque, embora estivesse premido por tão numerosas tribulações, à semelhança da palmeira,[6] quanto mais atingido por elas, mais ele emerge

---

4 "De l'auancement de l'œuure." – "Desde o avanço da obra."
5 "Comme de faict il estoit contemptible au monde." – "Como, de fato, era desprezível aos olhos do mundo."
6 A palmeira é uma das mais belas árvores no reino vegetal; é ereta, alta, verde e de linda ramagem. Cresce junto ao ribeiro ou a uma lagoa. *Resistindo todas as intempéries que tentam derrubá-la*

vitorioso acima de todas elas. Ele discute este assunto no meio do quarto capítulo. Não obstante, uma vez que a verdadeira glória do cristão está além deste mundo, Paulo nos lembra que, mediante o desprezo do mundo presente e a mortificação do homem exterior, precisamos converter toda a inclinação de nossas mentes em meditação na bendita imortalidade.

Ademais, já perto do início do *quinto* capítulo, ele se gloria nisto: o objeto de seu desejo não era nenhum outro, senão o de ter seus serviços aprovados pelo Senhor e nutrir a esperança de que teria os coríntios como testemunhas de sua sinceridade. Visto, porém, que corria o risco de ser suspeito de orgulho ou vaidade, ele repete, novamente, que foi a insolência de seus perseguidores que o impeliu a dizer tudo isso, e que nada fez por interesse pessoal, em defesa de sua própria reputação, mas unicamente para o bem dos coríntios, uma vez que, para a vantagem deles, deviam saber a verdade sobre este assunto; e lhes diz que sua única preocupação era o bem-estar deles. Para confirmar isto, ele acrescenta a declaração universal de que os servos de Cristo devem ter por seu alvo – tirar os olhos de si mesmos e viver para a honra do seu Senhor; e finalmente conclui que nada, senão a novidade de vida, tem algum real valor, de modo que ninguém merece qualquer estima, senão aquele que a si mesmo se nega. Deste fato ele passa a apresentar a suma da mensagem evangélica: que pela magnitude e excelência dela pudesse ele despertar os ministros e o povo a uma solicitude piedosa. Ele faz isto no início do sexto capítulo.

Aqui, uma vez mais, depois de notar quão fielmente desincumbira seu ofício, censura amavelmente os coríntios por não terem tirado pleno proveito do trabalho dele. A esta censura ele anexa imediatamente uma exortação: que *fugissem da idolatria* – do que transparece que os coríntios não haviam ainda chegado ao ponto que ele tanto desejava. Daí, não sem boa razão, ele lamenta que eles mesmos eram culpados, uma vez que não prestaram atenção a uma doutrina tão clara. Mas, para evitar desânimo e alienação de suas mentes tão tenras, pelo efeito de uma censura tão cor-

---

ou encurvá-la, sobe direto rumo ao céu. Talvez por essa razão, ela sempre foi considerada pelos antigos como uma peculiaridade sagrada e, por isso, mui amiúde, é usada para adornar os templos. É o símbolo escolhido para a constância, frutificação, paciência e vitória. Quanto mais é oprimida, mais ela floresce e se torna mais alta, mais forte e mais resistente." – Paxton's Illustrations (Edinburgo, 1842), vol. II, p. 51.

tante, lhes assegura novamente sua disposição positiva para com eles e resume seu pedido de desculpas por sua severidade, o qual ele interrompera de maneira tão abrupta; e segue rumo a uma conclusão, porém agora de maneira distinta. Pois, assumindo maior confiança, ele reconhece que não ficara pesaroso de os haver entristecido, visto que o fizera para o próprio bem deles.[7] Congratulando-se com eles pelo feliz resultado de sua censura, ele lhes mostra quão cordialmente deseja os melhores interesses deles. Ele trata dessas coisas no final do sétimo capítulo.

Do início do *oitavo* capítulo, até o final do *nono*, ele os estimula à alegria de dar ofertas, tema que já fizera menção no último capítulo da Primeira Epístola. É verdade que ele os elogia por haverem começado bem, mas, para que o ardor de seu zelo não arrefecesse no processo do tempo, como sucede com freqüência, ele lhes encoraja com uma variedade de argumentos por que devem perseverar na mesma trajetória na qual haviam iniciado.

No *décimo* capítulo, ele começa defendendo a si e a seu ofício das acusações com que os ímpios o assaltavam. E, em primeiro lugar, ele mostra que está admiravelmente equipado com a armadura requerida para a manutenção da guerra de Cristo.[8] Ademais, ele declara que a autoridade que exercera na Primeira Epístola estava fundada na certeza de uma boa consciência e, então, lhes mostra que não tinha menos poder em suas ações, quando presente, do que autoridade em suas palavras, quando ausente. Finalmente, ao instituir uma comparação entre ele e eles, lhes mostra quão fútil é sua vanglória.[9]

No *décimo primeiro* capítulo, ele convoca os coríntios a renunciar aquelas inclinações depravadas, pelas quais se deixaram corromper, mostrando-lhes que nada é mais perigoso do que deixar-se afastar da simplicidade do evangelho. A falta de estima para com ele e a preferência

---

7 "Pour ce que ce qu'il en auoit fait, estoit tourné à leur grand proufit." – "Porque o que fizeram veio a reverter em seu grande benefício."

8 "Pour batailler sous l'enseigne de Jesus Christ." – "Por lutar sob as bandeiras de Jesus Cristo."

9 "Finalement, faisant comparaison de sa personne auec telles gens, il monstre que c'est folie à eux de s'esleuer et vanter ainsi, sans auoir dequoy." – "Finalmente, ao traçar uma comparação entre si e tais pessoas, ele mostra que é tolice delas exaltarem-se e jactarem-se, como o faziam, não tendo qualquer base para agirem assim."

por outros indivíduos, que alguns demonstravam, não se deviam a alguma falta existente nele, e sim à arrogância deles ou por não ser-lhes atraente. Os outros não lhes trouxeram nada melhor ou mais excelente, enquanto ele era desprezível a seus olhos, porque não lhes apresentava nenhuma vantagem de elegância e de linguagem[10] ou porque, por um ato de sujeição voluntária, demonstrara indulgência para com as fraquezas deles e não reclamara o que lhe era devido. A maneira irônica[11] com que fala subentende uma censura indireta à ingratidão deles; pois, era justo que eles o subestimassem, só porque se adaptara a eles? Entretanto, torna-se óbvio que a razão por que não aceitara a remuneração que lhe era devida da parte dos coríntios[12] não era que os amava menos do que às outras igrejas, mas que os falsos apóstolos estavam usando a questão da remuneração como um meio de desacreditá-lo; e não queria dar-lhes qualquer vantagem sobre ele.

Tendo reprovado o juízo irracional e maligno dos coríntios, ele se exalta num refrão de piedosa glorificação, lembrando-lhes o quanto ele tem ainda de se gloriar, caso estivesse tão inclinado a isso. Mas, antes esclarece que é por causa deles que ora comete a loucura[13] de cantar assim seus próprios louvores. Finalmente, refreando-se, por assim dizer, no meio de seu curso, confessa que seu principal motivo para gloriar-se é a própria humildade que os orgulhosos desprezam, porque o Senhor lhe ordenou não gloriar-se em coisa alguma, senão em suas próprias fraquezas.

No final do *décimo segundo* capítulo, ele os censura novamente por forçá-lo a fazer o papel de tolo, enquanto eles mesmos se entregavam, como escravos, aos líderes ambiciosos[14] pelos quais eram alienados de Cristo. Ademais, ele investe com forte repreensão contra os que persistiam obstinadamente em seu audacioso ataque contra ele, acrescentando

---

10 "Par vne eloquence de paroles ornees et magnifiques." – "Por meio de uma eloqüência de palavras elegantes e magnificentes."

11 "Qui est vne façon de parler par ironie (c'est à dire par maniere de mocquerie)." – "Que é um exemplo de ironia, ou seja, à guisa de motejo."

12 "Qu'enuers, les autres Eglises." – "Do que as outras igrejas."

13 "Que pour l'amour d'eux il est contraint de faire du sot." – "Que é por amor a eles que o tolo se vê constrangido a agir."

14 "Ils se laissoyent manier et gouuerner à un tas d'ambitieux." – "Deixaram-se dirigir e governar por um bando de ambiciosos."

às suas faltas anteriores esta impudência de sua oposição.[15] No *décimo terceiro* capítulo, ele inflige severa ameaça a tais indivíduos, convida todos os homens, em geral, a reconhecerem seu apostolado, realçando que lhes será vantajoso que façam isso, visto ser arriscado menosprezarem um homem que sabem por experiência própria ser o incontestável e fiel embaixador do Senhor.

---

15 "Ne se contentans point de leurs fautes passees, sinon qu'ils poursuyuissent de luy resister impudemment." – "Não contentes com suas faltas anteriores, sem persistir em opor-se-lhe impudentemente."

Capítulo 1

1. Paulo, apóstolo de Jesus Cristo pela vontade de Deus, e Timóteo, nosso irmão, à igreja de Deus que está em Corinto, com todos os santos que se acham em toda a Acaia:
2. Graça a vós e paz de Deus, nosso Pai, e do Senhor Jesus Cristo.
3. Bendito seja o Deus e Pai de nosso Senhor Jesus Cristo, o Pai de misericórdias e o Deus de todo conforto,
4. que nos conforta em toda a nossa aflição, para que sejamos capazes de confortar aqueles que têm alguma aflição, através do conforto com que nós mesmos somos confortados por Deus.
5. Porque, assim como os sofrimentos de Cristo transbordam em nós, também o nosso conforto transborda através de Cristo.

1. Paulus Apostolus Iesu Christi per voluntatem Dei, et Timotheus frater, Ecclesiæ Dei quæ est Corinthi, cum sanctis omnibus qui sunt in tota Achaia:
2. Gratia vobis et pax a Deo Patre nostro, et Domino Iesu Christo.
3. Benedictus Deus, et Pater Domini nostri Iesu Christi, Pater misericordiarum, et Deus omnis consolationis,
4. Qui consolatur nos in omni tribulatione nostra, ut possimus consolari eos qui in omni tribulatione sunt, per consolationem qua consolatur nos Deus.
5. Quia sicuti abundant passiones Christi in nos: ita per Christum abundat etiam consolatio nostra.

1. Paulo, apóstolo. Suas razões para designar-se *apóstolo de Cristo* e esclarecer que obtivera essa honra *pela vontade de Deus* podem ser encontradas na epístola anterior, onde foi realçado que as únicas pessoas que têm o direito de ser ouvidas são aquelas que Deus enviou e falam a palavra de sua boca. Assim, para assegurar autoridade a alguém, duas coisas são necessárias: a vocação e o desempenho fiel do ofício por aquele que foi chamado. Paulo reivindica para si ambas as coisas. É verdade que os falsos apóstolos faziam o mesmo; visto, porém, que reivindicavam um título ao qual não têm nenhum direito, eles nada conseguem entre os filhos de Deus, os quais podem, com a maior facilidade, convencê-los de impertinência. Daí, o mero título não é suficiente, se não traz consigo a *realidade*; de modo que aquele que alega ser apóstolo deve também provar sua pretensão por meio de sua obra.

À igreja de Deus. É preciso que tenham sempre em vista o fato de que Paulo sempre reconhece a existência da Igreja mesmo onde havia tantos males em seu seio. Uma Igreja[1] que tem em si as marcas genuínas da religião pode ser reconhecida a despeito das falhas de seus membros individuais. Mas, o que ele quis dizer com a expressão *com todos os santos*? Estes santos não estavam associados à igreja? Minha resposta é que esta frase se refere aos crentes que viviam dispersos aqui e ali, nos diversos distritos da província. É bem provável que naqueles tempos conturbados, quando os inimigos de Cristo viviam enfurecendo a todos ao redor, muitos crentes se achassem espalhados por lugares onde não podiam manter convenientemente as assembléias sacras.

3. Bendito seja Deus. Ele começa (como já observamos) com esta nota de ação de graças, em parte com o propósito de enaltecer a bondade de Deus; em parte, para estimular os coríntios, por meio de seu exemplo, a suportarem perseguições de maneira resoluta; e, em parte, para magnificar-se num refrão de piedosa glorificação, em oposição às calúnias malignas dos falsos apóstolos. Pois tal é a depravação do mundo, que trata com escárnio os mártires,[2] a quem deveriam ter em admiração, e tudo fazem para encontrar motivo de censura nos esplêndidos troféus dos piedosos.[3] *Bendito seja Deus*, diz ele. Por qual razão? *Que nos conforta*.[4] O pronome relativo que tem aqui um sentido

---

1 "Um genuíno filho de Deus pode cair em tristezas, segundo vemos em Pedro e Davi. A despeito de tudo isso, ele não é excluído do pacto da graça; ele não perde sua filiação, mesmo ante essas tristes transgressões; porém Deus seria mais severo com toda uma igreja do que com uma pessoa?" – *Burgesse*, sobre 2 Coríntios 1, p. 76 (Londres, 1661).

2 "Des martyres et afflictions des fideles." – "Os martírios e as aflições dos crentes."

3 "Cherche matiere de mespris et diffamation aux enseignes magnifiques de victoire, lesquelles Dieu dresse à ses enfans." – "Busca assunto de menosprezo e difamação nesses esplêndidos emblemas de vitória, os quais Deus fornece a seus filhos."

4 "Que é *consolador* (ὁ παρακαλῶν) – que nunca cessa de consolar, que nunca retira suas consolações. Está em sua natureza ser *sempre consolador* – como o diabo é chamado ὁ πειραζωμ, porque ele está *sempre tentando*" – *Burgesse*, sobre 2 Coríntios, p. 157.

causal⁵ e equivale a porquê. Paulo suportou suas aflições com ânimo e alegria e atribui a Deus essa sua intrepidez, porque era devido ao suporte oriundo da consolação divina que ele não desfalecia.

Paulo O denomina de *o Pai de nosso Senhor Jesus Cristo*, e não sem boa razão, quando se refere às bênçãos, pois, onde Cristo não está, ali também não existe nenhuma bênção. Em contrapartida, onde Cristo intervém, por cujo nome é chamada toda a família, no céu e na terra [Ef 3.15], ali se acham presentes todas as misericórdias e consolações de Deus e, mais ainda, está presente seu amor paterno, a fonte de onde emanam todas as demais bênçãos.

4. Para que sejamos capazes de confortar. Não há dúvida de que, assim como um pouco antes ele defendera suas aflições das humilhações e calúnias com que fora cumulado, assim agora ele instrui os coríntios, dizendo que a vitória que conquistara através do conforto divino foi em favor deles mesmos e para que delas tirassem proveito, a fim de que fossem encorajados e partilhassem de sua paciência, em vez de, arrogantemente, desprezarem seus conflitos. Entretanto, como o apóstolo não vivia para si mesmo, e sim para a igreja, assim ele considerava que todas as bênçãos que lhe foram concedidas por Deus não visavam a si próprio,⁶ e sim que ele tivesse mais possibilidade de auxiliar outrem. Porque, quando o Senhor nos abençoa, também nos convida a seguir seu exemplo e sermos generosos para com nosso próximo. Portanto, as riquezas do Espírito não devem ser guardadas somente para nós, mas cada um comunicar aos demais o que recebeu. É verdade que isto deve ser considerado como uma aplicação especial aos ministros da Palavra,⁷ mas também tem uma aplicação geral a to-

---

5 "Ce mot, Qui, est mis pour Car, ou, Pource que." – "Esta palavra, Quem, é usada em lugar de *Pois* ou *Porquê*."
6 "Pour son proufit particulier." – "Para sua vantagem pessoal."
7 "Não basta que os ministros do evangelho tenham se devotado a muitos livros, para serem capazes de decidir questões polêmicas sobre teologia, convencer os que contradizem a serem doutores angélicos, astutos ou profundos; e serem *mallei hereticorum – os martelos de hereges*. A não ser que também tenham as obras experimentais do Espírito de Deus em suas próprias almas, não serão capazes de aplicá-las aos corações de outrem. Paulo não teria sido capaz de *confortar a outrem*, se o Senhor não o familiarizasse com as consolações celestiais." – *Burgesse*, sobre 2 Coríntios 1, p. 178.

dos os homens, cada um em sua própria medida. Portanto, aqui Paulo reconhece que tem sido sustentado pela *consolação divina, para que ele mesmo fosse capaz de consolar outros.*

5. Porque, assim como os sofrimentos de Cristo transbordam. Esta afirmação pode ser tomada em sentido ativo ou passivo. Se for tomada em sentido ativo, o significado será: "De um lado, sou atormentado com várias aflições; do outro, tenho a oportunidade de confortar outrem." Não obstante, me inclino mais a tomá-lo no sentido passivo — no sentido de que Deus multiplicava suas consolações segundo a medida de suas tribulações. Davi também reconheceu que foi isso mesmo que lhe sucedera: "Na multidão de minhas ansiedades, tuas consolações deleitaram minha alma" [Sl 94.19]. Mas este ensino é mais claro nas próprias palavras de Paulo, porquanto ele chama as aflições do piedoso de **os sofrimentos de Cristo**, justamente como diz em outra passagem que ele "preenche em seu próprio corpo o que faltava nos sofrimentos de Cristo" [Cl 1.24].

É verdade que tanto os bons quantos os maus participam das misérias e dificuldades desta vida; porém, para os ímpios, os sofrimentos são sinais da maldição divina, porquanto resultam do pecado; sua única mensagem é a ira de Deus e nossa comum participação na condenação de Adão; e seu único resultado é o abatimento da alma. No entanto, por meio de seus sofrimentos os crentes estão sendo conformados a Cristo e produzem em seus corpos o morrer de Cristo, para que a vida dele um dia se manifeste neles [2Co 4.10]. Estou falando das aflições que eles suportam em virtude do testemunho de Cristo [Ap 1.9], porque, ainda que as disciplinas que o Senhor lhes impõe, em virtude de seus pecados, lhes sejam benéficas, eles não podem, com justiça, dizer que participam dos sofrimentos de Cristo, a menos que sofram por sua causa, como lemos em 1 Pedro 4.13. Portanto, o que Paulo quer dizer é que Deus está sempre presente com ele em suas tribulações e que, em suas fraquezas, é sustentado pelas consolações de Cristo, de modo a ser impedido de se ver esmagado pelas calamidades.

6. Se formos afligidos, é para vossa consolação e salvação, a qual é eficaz na tolerância dos mesmos sofrimentos que também sofremos; ou, se formos confortados, é para vossa consolação e salvação.
7. E nossa esperança em relação a vós está firme, sabendo que, como sois participantes dos sofrimentos, assim também o sereis da consolação.
8. Porque não queremos, irmãos, que sejais ignorantes no tocante à nossa aflição que nos sobreveio na Ásia, a qual nos prostrou excessivamente, além de nossas forças, a ponto de desesperarmos da própria vida.
9. Mas tivemos em nós a sentença de morte, para que não confiemos em nós mesmos, e sim em Deus que ressuscita os mortos,
10. O qual nos livrou, e nos livra, de tão grande morte, em quem confiamos que ainda nos livrará;
11. Ajudando-nos também vós, com orações por nós, para que, pelo dom que nos foi outorgado por meio de muitas pessoas, sejam dadas graças por muitos em nosso favor.

6. Sive autem affligimur pro vestra consolatione et salute,[8] quæ efficitur in tolerantia ipsarum passionum, quas et nos patimur: sive consolationem accipimus pro vestra consolatione et salute:
7. Spes nostra firma est de vobis,[9] scientes, quod quemadmodum socii estis passionem, ita et consolationis.
8. Nolo enim vos nescire, fratres, de tribulatione nostra, quæ accidit nobis in Asia: nempe quod praeter modum gravati fuerimus supra vires, ita ut de vita quoque anxii essemus.
9. Quin etiam[10] ipsi in nobis ipsis sententiam mortis acceperamus: ne confideremus in nobis, sed in Deo, qui ad vitam suscitat mortuos:
10. Qui ex tanta morte eripuit nos, et eripit, in quo spem fixam habemus, quod etiam posthæc eripiet;
11. Simul adiuvantibus et vobis per deprecationem pro nobis: ut donum, ex multis personis erga nos colatum, gratiarum actione per multos[11] celebretur pro nobis.

6. Se formos afligidos. O termo *e* foi inserido antes da frase "nossa esperança em relação a vós está firme", e isso levou Erasmo a crer que devemos supor a existência do vocábulo *é* antes de "para vossa consolação e salvação", ficando assim a redação: "E, se somos afligidos *é* para vossa consolação". Entretanto, parece-me mais provável que este conectivo *e* significa, aqui, "assim também" ou "em ambos os casos". Paulo já havia dito que recebeu conforto para que pudesse comunicá-lo

---

8 "Pour vostre consolation et salut, ou, C'est pour vostre." – "Para vossa consolação e salvação, ou, É para vossa", etc.
9 "Nostre esperance est ferme de vous, ou, Et l'esperance que nous auons de vous est ferme, scachans." – "Nossa esperança está firme acerca de vós, ou, E a esperança que temos acerca de vós está firme, sabendo."
10 "Mesme, ou, Mais." – "Ainda mais, ou, Porém."
11 "Pour l'esgard de plusieurs personnes, ou, Par le moyen de plusieurs personnes." – "Por causa de muitas pessoas, ou, Por meio de muitas pessoas."

a outrem. Agora vai além e diz que tem a firme esperança de que eles participarão desse conforto. Além do mais, alguns dos mais antigos códices gregos acrescentam logo após a primeira cláusula esta sentença: "E nossa esperança em relação a vós está firme",[12] removendo, assim, a ambigüidade. Porque, quando esta vem no meio, temos de tomá-la com as cláusulas antecedente e procedente. De qualquer modo, se alguém prefere ter uma oração completa com o acréscimo de um verbo em ambas as cláusulas, não haverá nenhum prejuízo, nem grande diferença de significado. Pois, se você a tomar como uma afirmação contínua, ainda terá que explicar as duas partes dela como significando que o apóstolo está aflito e será reanimado com o conforto que será para o bem dos coríntios; e, por isso, sua esperança[13] é que eles finalmente participarão do mesmo conforto que lhes está guardado. Quanto a mim, tenho seguido a redação que acredito adequar-se melhor.

Deve-se observar, porém, que a palavra *afligido* refere-se não apenas à angústia externa, mas também à miséria interior do coração, pois ela deve corresponder em significado ao termo *confortado* (παρακλεῖσθαι), ao qual se opõe. Assim, o significado é que o coração humano é oprimido pela ansiedade, em virtude da miséria[14] que sente. No grego, a palavra que traduzimos por *conforto* é παράκλησις, que também significa *exortação*. Paulo, porém, a usa aqui significando o tipo de conforto por meio do qual o coração de alguém é aliviado de sua dor e elevado acima dela. Por exemplo, Paulo mesmo teria desmoronado sob um terrível fardo de aflições, caso Deus não o tivesse reanimado e levantado pela instrumentalidade de seu conforto. Desta forma, os coríntios recebem força e coragem dos sofrimentos[15] de Paulo e extraem conforto de seu exemplo. Sumariando: Paulo per-

---

12 O Dr. Bloomfield, que dá a esta redação da passagem sua preferência decidida, diz a respeito dela: "A evidência em seu favor é excessivamente forte, enquanto a evidência em favor da redação comum é excessivamente fraca".
13 "Qu'il ha certain espoir." – "Para que ele tenha uma esperança segura."
14 Θλίψις, diz o Dr. Bloomfield, em suas Notas sobre Mateus 24.9, "significa propriamente *compressão* e, figuradamente, constrangimento, opressão, aflição e perseguição".
15 "Voyans les passions du sainct Apostre." – "Contemplando os sofrimentos do santo apóstolo."

cebeu que alguns dentre os coríntios estavam usando suas aflições como pretexto a fim de tratá-lo com desprezo e se põe a corrigir seu erro,[16] demonstrando-lhes, primeiramente, que deveriam pensar nele de forma mais digna, porquanto seus sofrimentos se lhes tornaram numa grande vantagem; e, em segundo lugar, ele os associa consigo, de modo que considerem suas aflições como se fossem deles mesmos. É como se dissesse: "Se sofro aflições, ou se experimento consolação, é tudo em vosso benefício, e minha firme esperança é que continueis a desfrutar desta vantagem".[17]

Pois as aflições de Paulo, bem como suas consolações eram de tal natureza, que teriam contribuído para a edificação dos coríntios, não tivessem eles se privado, por iniciativa própria, da vantagem resultante dela. Paulo, porém, declara que depositava nos coríntios uma confiança tão grande, que estava plenamente certo, em sua esperança, de que não sofreu por eles, nem foi confortado em vão. Os falsos apóstolos envidaram todo esforço para reverter o que sucedera a Paulo em detrimento dele. Se tivessem tido êxito, teriam transformado em nulidade as aflições de Paulo em favor deles, nem teriam tirado vantagem daqueles confortos com os quais o Senhor os aliviara. Em face de tais artifícios, Paulo reafirma sua confiança nos coríntios.

As aflições de Paulo eram uma fonte de conforto para os crentes, porque podiam ser fortalecidos, vendo-o sofrer voluntariamente e suportar bravamente tantas necessidades por amor do evangelho. Pois, conquanto podemos concordar prontamente que devemos suportar aflição por amor do evangelho, a conscientização de nossas próprias fraquezas nos faz tremer, e concluímos que seremos incapazes de fazer o que devemos.[18] Quando assim suceder, lembremo-nos do exemplo dos santos; isso nos ajuda a nos sentirmos mais encorajados. Ademais, a consolação pessoal de Paulo fluía para a Igreja toda, porque

---

16 "Afin d'oster aux Corinthiens ceste manuaise fantasie." – "Com vistas a poupar os coríntios dessa perversa fantasia."
17 "Iusques en la fin." – "Até o fim."
18 "Et ne pensons point estre assez forts." – "E não pensar que somos suficientemente fortes."

dela os crentes descobriam[19] que o Deus que sustentava o apóstolo e o renovava no tempo de suas necessidades jamais falharia em relação a eles também. Desta forma, sua salvação era favorecida tanto por seu sofrimento como por seu conforto. É o que ele traz à lume, quase entre parêntesis, ao dizer que *é eficaz na tolerância*, etc. Ele acrescenta esta cláusula para impedi-los de concluírem que os sofrimentos que ele suportava, sozinho, não tinham, absolutamente, nada a ver com eles. Erasmo toma o particípio ἐνεργουμένης no sentido ativo,[20] porém o significado passivo é melhor,[21] uma vez que a única intenção de Paulo, aqui, é explicar como tudo que lhe sucedia visava à salvação deles. Ele diz que, embora fosse o único a sofrer, seus sofrimentos eram úteis para a salvação deles, não porque eram expiações ou sacrifícios pelos pecados deles, mas porque os fortaleciam e os edificavam. Conseqüentemente, ele associa conforto e salvação para mostrar como a salvação deles devia ser consumada.

7. Sabendo que, como sois participantes dos sofrimentos. É provável que alguns dos coríntios tenham, temporariamente, se afastado de Paulo em razão das calúnias dos falsos apóstolos, de modo que sua reputação fora rebaixada aos olhos deles pela maneira como ele estava sendo humilhantemente tratado diante do mundo. Apesar de tudo isso, Paulo ainda os associa consigo tanto na comunhão de suas aflições como na esperança de suas consolações.[22] Desta forma, sem

---

[19] "Les fideles recueilloyent de là, et s'asseuroyent." – "Os crentes inferiram desse fato e se asseguraram."
[20] "Traduisant, Qui œuure ou besongne." – "Traduzindo-o: as quais obras ou labores."
[21] O Dr. Bloomfield, em suas Notas sobre 1 Tessalonicenses 2.13, explica ἐνεργεῖται no sentido de "*é feito eficaz*" ou "se mostra em seus efeitos" e acrescenta: "Achei este ponto de vista endossado pela opinião de Scott, o qual mantém que ἐνεργεῖται nunca é usado no Novo Testamento como uma forma da voz *média* com um sentido ativo, mas sempre (especialmente nos escritos de Paulo) como voz *passiva*. Aliás, Bp. Bull, Exam., p. 9, vai ainda mais longe e assevera que dificilmente ela ainda é usada assim, mesmo nos escritores clássicos (creio que ele poderia ter dito *nunca*), e sempre num sentido passivo."
[22] "Os coríntios... eram κοινωνοί, *participantes de* ou *em comunhão com ele, em suas aflições*. Quem é mais humilde e servil (τὶ ταπεινοφωνέστερον) do que Paulo em sua expressão? Crisóstomo diz – os que não tinham, em mínima medida, compartilhado com ele nos sofrimentos, mas os fez participantes com ele. Eles são, como Salmeron o expressou, *co-participantes com Paulo nos lucros e nas perdas*. Eles se aventuraram (por assim dizer) juntos no mesmo barco" – *Burgesse*.

expô-los a uma censura pública, ele corrige suas opiniões pervertidas e maliciosas a seu respeito.

8. Porque não queremos, irmãos, que sejais ignorantes. Ele faz menção da gravidade e dificuldade de seus conflitos, para que a glória da vitória com isso viesse a lume mais sobejamente. Desde que enviara a última epístola, ele ficou sempre exposto a grandes perigos e suportou violentos ataques. É bem provável que aqui sua referência seja aos eventos descritos por Lucas, em Atos 19.23, embora a agudeza da crise não seja enfatizada nesta passagem de forma tão clara. Lucas, contudo, afirma que toda a cidade ficou em polvorosa, e não é difícil deduzir o resto, pois sabemos como é o costumeiro resultado de uma sublevação popular, uma vez eclodida. Ele diz que fora oprimido por esta perseguição, *excessivamente, além de nossas forças,* de tal modo que já não podia levar a carga. Esta metáfora é tomada de uma pessoa que sucumbe sob a pressão de um fardo pesado ou de navios que afundam em razão de sua sobrecarga – não que Paulo mesmo tenha realmente desfalecido, mas sentia que suas forças teriam exaurido, caso o Senhor não o tivera suprido com novas forças.[23]

A ponto de desesperarmos da própria vida. Ou seja, "de modo que cheguei a pensar que minha vida já estivesse perdida ou, pelo menos, que pouca esperança me restava. Senti como se tivesse sido trancado em uma prisão, sem a mínima possibilidade de escape".

---

23 "*Pressionado acima da medida* (καθ' ὑπερβολὴν ἐβαρήθημεν). As palavras βάρος e βάρουμαι são aplicadas, às vezes, ao ato de *suportar uma carga* [Mt 20.12; Gl 6.2], quer seja uma carga temporal ou espiritual. Neste lugar, a idéia parece ser tomada dos carregadores que têm uma carga imposta sobre eles, a qual é maior do que suas próprias forças; ou, como diz Crisóstomo, dos navios que são supercarregados e assim correm o risco de naufrágio. E, como se não houvesse ênfase suficiente na palavra *pressão,* ele acrescenta outra para intensificá-la – καθ' ὑπερβολὴν – *acima da medida...* *acima da força* (ὑπερ δύναμις). Crisóstomo observa que esta difere da outra. Pois uma carga pode exceder em peso, mas para alguns homens de muita resistência pode não exceder sua força. Quando *Sansão* [Jz 16.3] carregou os portões da cidade de Gaza com os batentes e tudo mais, sobre seus ombros, ali estava uma carga além da medida; nenhum homem comum poderia fazer isso; mas para *Sansão* não estava acima de sua força. Assim ocorreu com Paulo, que pode ser chamado *Sansão espiritual,* porque aquela força e poder celestiais com os quais Deus o investira capacitaram-no a enfrentar os assaltos das provações que pesavam não simplesmente de forma *hiperbólica,* mas também *acima de suas forças.* Paulo não tinha mais poder para manter-se debaixo daquelas provações" – *Burgesse,* sobre 2 Coríntios 1, pp. 269, 270, 278.

Porventura, esse corajoso soldado de Cristo, tão bravo atleta, seria realmente deixado sem forças, sem a menor esperança, senão a morte?[24] Pois ele mencionou o fato como sendo a razão do que já nos informou: que desesperou da própria vida. Já enfatizei que, ao avaliar seus recursos, Paulo não está levando em conta o auxílio divino, e sim está nos dizendo que avaliava suas próprias condições, e não há dúvida de que toda a força humana vacila ante o temor da morte. Ademais, mesmo os santos precisam sentir-se ameaçados por um total colapso das forças humanas, a fim de aprenderem, de suas próprias fraquezas, a depender inteira e unicamente de Deus. Isto é o que Paulo insiste em dizer. Prefiro tomar a palavra ἐξαπορεῖσθαι, que ele usa aqui, como significando simplesmente *ansiedade em alerta*, e não seguir Erasmo, que a traduz como *desespero*. Paulo quer dizer apenas que estava sucumbindo em meio às maiores dificuldades, de tal forma que não havia como impedir sua vida de perecer.[25]

9. Mas tivemos em nós a sentença de morte – ou diríamos: "Creio que minha morte está estabelecida e determinada". Ele fala de si como alguém condenado à morte, que não tem nada diante de seus olhos, senão a hora de sua execução. Mas ele prossegue dizendo que esta *sentença*[26] de morte foi auto-imposta, significando que somente em sua própria visão sua morte era iminente, visto que não recebera nenhu-

---

24 "Vn champion si preux et magnanime, perdoit-il courage attendant la mort?" – "Um campeão tão valente e magnânimo desfalece o coração, nada visualizando senão a morte?"

25 Ἐξαπορεῖσθαι significa, propriamente, estar completamente parado, não sabendo como proceder. Em Salmos 88.8, em que Davi afirma: "Estou encerrado e não posso sair", as palavras hebraicas אצא ולא (*velo etse*) são traduzidas, na Septuaginta, por καί οὐκ ἐξεπορευόμην – "e não pude sair". É digno de nota que, na versão métrica, a idéia expressa por Calvino, como implícita no verbo ἐξεπορεῖσθαι, é plenamente salientada – "não encontro evasão para mim".

26 "A palavra grega é ἀπόκριμα, usada somente aqui, em todo o Novo Testamento... A tradução mais genuína é *sentença*, pois é assim que *Hesychius* explica a palavra κατακρίμα — ψῆφος, a quem *Favorinus* segue literalmente tanto neste como em muitos outros particulares. A palavra, pois, significa uma sentença emitida contra *quem deve morrer*. Paulo a havia recebido, mas de quem? Não de Deus, pois Este o livrou; nem do magistrado; não lemos que houvesse tal decreto contra ele. Portanto, ele provinha unicamente de seus temores pessoais, de seus próprios pensamentos, que o levaram a dizer: *ele a recebera em si mesmo*. Os pensamentos de Deus eram outros diferentes dos pensamentos de Paulo. Este concluiu absolutamente que morreria, mas Deus tinha proposto o contrário" – Burgess.

ma revelação de Deus. Esta maneira de falar vai além da ἐξαπορεῖσθαι [ansiedade] do versículo anterior. Ali, ele apenas disse que não estava certo se viveria; aqui, ele diz que está certo de morrer. No entanto, a idéia principal a ser notada, aqui, é sua explicação da razão por que fora reduzido a essa situação – *para que não confiemos em nós mesmos*. Não concordo com o ponto de vista de Crisóstomo, de que Paulo não necessitava realmente de uma lição de humildade de tal natureza e que se apresenta a outros como padrão meramente na aparência.[27] Pois ele era um homem que, em outro sentido, estava sujeito aos mesmos sentimentos humanos que qualquer outro homem, não só em relação a coisas tais como calor e frio, mas em experiências tais como confiança mal orientada, precipitação e coisas afins. Não sei se ele se sentia inclinado a esses vícios, porém sei que podia ser tentado por eles, e a experiência que ele descreve aqui era a cura que Deus providenciara no tempo, para que esses vícios não penetrassem em sua mente.[28]

Conseqüentemente, duas coisas devem ser notadas aqui. Em primeiro lugar, a confiança carnal com que somos ensoberbecidos é tão obstinada, que a única forma de destruí-la é cairmos em extremo desespero.[29] Pois a carne é orgulhosa, não se rende voluntariamente e nunca cessa de ser insolente, até que seja fortemente constrangida. Tampouco somos levados a uma verdadeira submissão, enquanto não somos humilhados pela esmagadora mão de Deus [1Pe 5.6]. Em segundo lugar, devemos notar que os resíduos desta doença chamada *orgulho* persistem mesmo nos santos, de modo que eles mui amiúde precisam sentir-se reduzidos a extremos, a fim de despirem-se de toda autoconfiança e aprenderem humildade. As raízes deste mal são tão profundas no coração humano, que ainda o mais perfeito dentre nós

---

27 "Il se propose aux autres comme pour exemple, non pas qu'il en fust ainsi quant à luy". – "Ele se apresentou, por assim dizer, à maneira de exemplo – não que fora assim no tocante a ele mesmo."
28 "De peur qu'ils ne saisissent plenement son esprit et son cœur"; – "Para que não tomassem posse completa de sua mente e seu coração."
29 "Sinon que nous tombions en telle extremite que nous ne voyons aucune esperance en nous." – "Exceto por cairmos em tal extremo, que já não vemos em nós nenhuma esperança."

jamais se livra inteiramente delas, até que Deus o confronte com a morte. E disso podemos inferir o quanto nossa autoconfiança desagrada a Deus, quando, com o propósito de corrigi-la, é necessário que sejamos condenados à morte.

E sim em Deus que ressuscita os mortos. Antes de tudo temos de morrer,[30] a fim de que, renunciando a nossa autoconfiança, e cônscios de nossa fraqueza pessoal, não reivindiquemos nenhuma honra para nós mesmos, como se fôssemos auto-suficientes. No entanto, isso não basta, a menos que demos um passo além. Devemos começar perdendo a esperança em nós mesmos, mas visando depositar nossa esperança em Deus. Temos de nos rebaixar aos nossos próprios olhos, para que sejamos enaltecidos por seu poder. Assim, Paulo, tão logo o orgulho carnal se transformou em nada, estabelece em seu lugar a confiança que repousa em Deus. *Não em nós mesmos*, observa ele, *mas em Deus*.

Ao abordar a questão do poder de Deus que ressuscita os mortos, Paulo tem em vista a emergência de seu argumento, da mesma forma como em Romanos 4.17, onde trata de Abraão. Porque, "crer no Deus que chama à existência as coisas que não são como se fossem" e "esperar no Deus que ressuscita os mortos" é um convite a meditar no poder do Deus que gera seus eleitos do nada e vivifica os que já morreram. Portanto, Paulo está dizendo que a morte foi posta diante de seus olhos com o fim de conduzi-lo a um maior reconhecimento do poder de Deus, por meio do qual ele foi ressuscitado dentre os mortos. O primeiro passo, sem dúvida, seria reconhecer Deus como o autor da vida pela força que Ele nos dá, porém nossa obtusidade é tal, que a luz de vida ofusca amiúde nossos olhos, de tal modo que temos de encarar a morte, antes de sermos conduzidos a Deus.[31]

10. O qual nos livrou... de tão grande morte. Aqui Paulo dá à sua declaração geral uma aplicação pessoal; e, ao louvar a graça de Deus,

---

30 "Comme il nous est necessaire premierement de venir comme à mourir"; – "Como primeiramente necessitamos, por assim dizer, vir a morrer."

31 "Il nous est nécessaire pour estre amenez à Dieu, d'estre reduits â telle extremite que nous voyons la mort present deuant nos yeux." – "É necessário, a fim de que sejamos reconduzidos a Deus, que sejamos levados a tal extremo, que vejamos a morte bem presente diante de nossos olhos."

declara que não se viu frustrado em sua expectativa, porquanto *foi salvo da morte* – e de uma maneira notabilíssima. Este uso de hipérbole não é incomum na Escritura. Freqüentemente, ocorre tanto nos Provérbios quanto nos Salmos, e a linguagem cotidiana faz bom uso dela. Cada um deve aplicar a seu próprio caso o que Paulo diz aqui. **Em quem confiamos que ainda nos livrará.** Ele se assegura de que a bondade de Deus, que tão amiúde experimentara no passado, continuará no futuro; nem é sem boa razão, pois o Senhor, ao cumprir em parte o que prometera, nos convida a esperar com otimismo o que ainda resta. Mais ainda, em proporção ao número de favores que recebemos dEle, por tantas garantias, ou penhores, por assim dizer, ele confirma suas promessas.[32] Ainda que Paulo não tivesse dúvidas quanto à disposição de Deus em se fazer presente com ele, exorta os coríntios a orarem por sua segurança, e sua esperança de que o ajudarão através de suas orações realmente corresponde a essa exortação. O que ele quer dizer é que farão isso não só como o cumprimento de um dever, mas também com real proveito para ele.[33]

"Vossas orações também me ajudarão",[34] diz ele. Porque, uma vez que Deus nos ordena que oremos uns pelos outros, sua vontade é que não faremos isso em vão. Ao lermos que nossas orações são agradáveis a Deus e proveitosas a nós mesmos, isso deve encorajar-nos muito a buscarmos a intercessão de nossos irmãos,[35] quando nos vemos em

---

32 Granville Penn lê a passagem assim: "Quem nos libertou de tão grande morte e nos *libertará*, em quem esperamos que nos liberte" (manuscritos Vaticano e Ephrem). Ele observa: leia-se ῥύσεται, e não ῥύεται, como no *Textus Receptus*. A segunda redação parece ter sido substituída, porque ῥύσεται ocorre outra vez na sentença seguinte; mas o apóstolo reitera a palavra, para que possa qualificá-la por ἠλπίκαμεν ("esperamos").
33 "Mais aussi auec bonne issue, d'autant qu'ils seront exaucez"; – "Mas também com bom sucesso, visto que eles serão ouvidos."
34 "L'aide, dit il, que vous me feriez par vos prieres, ne sera point sans fruit." – "O auxílio, diz ele, que me propiciareis por vossas orações não será sem proveito."
35 *"Ajudando-nos também vós, com orações por nós"* (Ξυνυπουργούντων καὶ ὑμῶν ὑπέρ ἡμῶν τῇ δεήσει). A partícula καὶ é enfática (*também vós*), implicando que nem a promessa de Deus, nem seu poder granjeariam esta misericórdia sozinha, sem a oração deles. Além da bondade de Deus, da parte dEle, devia haver oração da parte dos coríntios. No original, a palavra traduzida por *ajudando* é enfática, sendo duplamente composta. Ὑπουργούντων denota o *serviço* e o *ministério* dos que estão *abaixo de* nós; e assim implica que a igreja deve, como um débito para com os guias

aperturas, bem como a lhes prestarmos, reciprocamente, o mesmo auxílio.³⁶ Não é por falta de fé que o apóstolo se vê impelido a pedir a assistência de seus irmãos, mas, ainda que estava plenamente certo de que Deus cuidaria de sua segurança, mesmo que ficasse privado de todo apoio humano, ele reconhecia que a vontade de Deus era que fosse assistido pelas orações da igreja. Ele ainda levou em conta a promessa de que o apoio deles não seria vão; e, uma vez que não desejava negligenciar nenhuma fonte de ajuda que Deus, porventura, quisesse que ele recebesse, desejava que seus irmãos orassem por sua preservação.

A suma da matéria é esta: sigamos a Palavra de Deus, obedecendo a seus mandamentos e aderindo às suas promessas. Isto não é feito por aqueles que recorrem à assistência dos mortos,³⁷ porquanto tais pessoas não se sentem satisfeitas com os meios de graça que Deus designou, porém introduzem algo novo que não conta com o apoio da Escritura. Portanto, o que aqui lemos acerca de orar uns pelos outros não inclui os mortos, senão que se restringe explicitamente aos vivos. Conseqüentemente, é pueril a tentativa de alguém de encontrar nesta passagem apoio para suas práticas supersticiosas.³⁸

11. Pelo dom que nos foi outorgado por meio de muitas pessoas. Há aqui algumas dificuldades nas palavras de Paulo e nas interpretações que se diversificam delas. Não me deterei a refutar outras traduções, pois, se podemos concordar com o verdadeiro significado, que necessidade haveria para isso? Paulo já dissera que as orações dos coríntios lhe seriam assistenciais. Ele agora acrescenta uma segunda vantagem

---

espirituais, orar com ardor por eles. Então, a palavra é acrescida da preposição σύν, que denota não só as orações eficazes deles, mas sua disposição e concordância nas orações, e isso, em suas assembléias públicas e solenes. Uma vez mais, a palavra significa *trabalhar*, *labutar*, denotando qual é a natureza da oração – na qual a alma labuta – é fervorosa, saturada de agonias; isso mostra que as orações costumeiramente formais da maioria das pessoas não são dignas do nome: nelas não há luta, nem fervor da alma. Eles labutavam em *oração*. Não labutavam usando amigos a solicitarem que o magistrado favorecesse a Paulo, pois deles nada podiam esperar; no entanto, depositaram seus pedidos diante de Deus" – Burgesse.

36 "Que Dieu auroit soin de son salut et prouffit." – "Que Deus cuidaria de sua segurança e vantagem."
37 "Qui out leurs recours aux prieres des saincts trespassez." – "Quem, porventura, recorre às orações dos santos falecidos."
38 "Pour desguiser et farder leur superstition." – "Disfarçar e camuflar sua superstição."

que virá das orações deles – para maior manifestação da glória de Deus. "Pois, se a bênção que Deus me concede", diz ele, "é obtida em resposta a muitas orações, muitos glorificarão a Deus por isso". Ou, podemos expressar de outra forma: "Muitos darão graças a Deus por minha causa, porque, ao ajudar-me, Ele terá respondido às orações não de apenas uma pessoa, mas de muitas". Uma vez que nosso dever é não permitir que nenhum dos favores de Deus flua sem oração, somos obrigados, especialmente, a agradecer-Lhe suas misericórdias, quando Ele responder favoravelmente nossas orações, segundo a ordem que temos no Salmo 50.15. E isto se aplica não somente quando estão envolvidos nossos próprios interesses particulares, mas se aplica também às questões relativas ao bem-estar geral da igreja ou de qualquer um de nossos irmãos. Desta forma, quando oramos uns pelos outros e recebemos o que pedimos, a glória de Deus se manifesta muito mais claramente, e todos reconhecemos, com gratidão, a bondade de Deus tanto para com os indivíduos quanto para com todo o corpo da igreja.

Não há nada forçado nesta interpretação. É verdade que, no grego, o artigo está inserido entre *por muitas pessoas* e *o dom a mim concedido;* e pode-se pensar em separar as duas frases.[39] Mas na verdade não se pode fazer isso, como se dá comumente entre frases tão estreitamente conectadas. Aqui, o artigo está aplicado em lugar de uma partícula adversativa,[40] pois, ainda que o dom tivesse sua fonte em muitas pessoas, ele foi concedido somente a Paulo. Tomar διά πολλῶν como neutro,[41] como o fazem alguns, não se encaixa no contexto.

Pode-se perguntar por que Paulo diz *de muitas pessoas*, e não *de muitos homens*, e o que a palavra *pessoa* significa aqui. Minha resposta

---

39 "Car à suyure l'ordre du texte Grec il y auroit ainsi mot à mot, Afin que de plusieurs personnes, à nous le don conferé, par plusieurs soit recognu en action de graces pour nous." – "Porque, seguindo a ordem do texto grego, literalmente seria assim: A fim de que, de muitas pessoas, o dom conferido a nós seja, por muitos, reconhecido com ação de graças de nossa parte."
40 "Em lieu de quelque particle aduersative qu' on appelle, comme Toutestois ou Neantmoins." – "Em lugar de alguma partícula adversativa, como é chamada, como, por exemplo, A despeito de ou Não obstante."
41 "De rapporter ce mot *Par plusieurs*, aux choses." – "Tomar esta frase, *Por meio de muitos*, como se referindo *a coisas*."

é que isso era como se Paulo estivesse dizendo: *Com respeito a muitos*, porque o favor foi concedido para que fosse dado a muitos. Portanto, já que Deus tinha muitos em mente. Paulo diz que muitas *pessoas* estavam envolvidas. Alguns códices gregos trazem ὑπὲρ ὑμῶν, *em vosso favor*, o que parece ficar mais distanciado do que Paulo quis dizer e do contexto das palavras, mas que pode ser esclarecido em plena harmonia, como que significando: "Quando Deus tiver respondido vossas orações em favor do meu e do vosso próprio bem-estar, muitos darão graças em vosso favor".

12. Porque nossa glória é esta: o testemunho de nossa consciência, de que com santidade e sinceridade de Deus, não em sabedoria carnal, mas na graça de Deus, temos nos conduzido no mundo e mais amplamente para convosco.
13. Porque nenhuma outra coisa vos escrevemos, além das que reconheceis e ainda aprovais, e espero que as aprovareis até o fim;
14. Como também em parte nos compreendestes que somos vossa glória, assim como igualmente sereis a nossa no dia de nosso Senhor Jesus.

12. Nam gloriatio nostra hæc est: testimonium conscientiæ nostræ, quod in simplicitate et puritate[42] Dei, non in sapientia carnali, sed in gratia Dei versati sumus in mundo; abundantius autem erga vos.
13. Non enim alia scribimus vobis quam quæ recognoscitis vel etiam agnoscitis: spero autem, quod usque in finem agnoscetis:
14. Quemadmodum et agnovistis nos ex parte: siquidem gloriatio vestra sumus: sicuti et vos nostra in die Domini Iesu.

12. Porque nossa glória é esta. Ele explica por que seu bem-estar seria do interesse geral de todos — porque ele se conduzira[43] com *santidade e sinceridade* entre todos eles. Então, merecia a plena afeição deles, e teria sido mesquinho não sentir ansiedade em favor de um ministro do Senhor de sua envergadura, para que ele fosse preservado mais tempo para o benefício da igreja. É como se quisesse dizer: "Tenho me conduzido de tal maneira diante de todos, que não me sur-

---

42 "Purete, ou, integrite." – "Pureza ou integridade."
43 *"Temos nos conduzido"* (ἀνεστράφημεν). O verbo ἀναστρέφω é composto de ἀνά *(de novo)* e στρέφω *(voltar)* – um retorno contínuo ao ponto do qual saíra – uma circulação – começando, continuando e terminando tudo para a glória de Deus; começando com as visões divinas e ainda permanecendo nelas; começando no Espírito e terminando no Espírito; agindo em referência a Deus, como fazem os *planetas* em referência ao sol, derivando dEle toda sua luz e movimento e revolvendo, incessante e regularmente, em torno dele. Paulo agia assim; os cristãos primitivos agiam assim; e assim deve agir cada cristão que espera ver Deus em sua glória" – Dr. Adam Clarke.

preende se todos os homens de bem me dediquem sua estima e seu amor". Por amor àqueles para quem estava escrevendo, Paulo usa esta oportunidade para fazer uma digressão para defender sua integridade. No entanto, uma vez que não era o bastante o ter a aprovação dos homens e que Paulo mesmo era a vítima dos juízos nocivos e maliciosos que alguns dirigiam contra ele, arrebatados como estavam pelos afetos corruptos e cegos,[44] ele apela ao testemunho de sua própria consciência; e isso era como se ele estivesse citando Deus mesmo e apelando para a veracidade de sua alegação perante seu tribunal.

Não obstante, como pode este gloriar-se em sua própria integridade e ainda ser consistente com o que ele mesmo diz em 2 Coríntios 10.17: "Aquele, porém, que se gloria, glorie-se no Senhor"? Ainda mais, quem é tão reto[45] que ousaria vangloriar-se diante de Deus? Primeiramente, Paulo não está se pondo contra Deus, como se possuísse algo de si mesmo ou que algo se originasse dele mesmo. Em segundo lugar, ele não faz sua salvação depender da *integridade* que alega possuir, nem põe qualquer confiança nela. Finalmente, é nos dons de Deus que ele se gloria, de modo a glorificar a Deus como o único autor a quem os coríntios deveriam atribuir tudo.[46] Há três condições sob as quais toda pessoa piedosa pode gloriar-se corretamente em todas as bênçãos de Deus, enquanto os ímpios não podem, de forma alguma, gloriar-se em Deus, senão falsa e perversamente. Em primeiro lugar, devemos reconhecer que toda coisa que existe em nós foi recebida de Deus e que nada provém de nós mesmos. Em segundo lugar, devemos guardar firme este fundamento: que a certeza de nossa salvação depende unicamente da misericórdia de Deus; e, finalmente, devemos descansar[47] no único autor de todas as coisas boas. Assim, poderemos gloriar-nos,

---

[44] "Par les affections qu'ils portoyent à d'autres pour des raisons friuoles, et quasi sans scaouir pourquoy." – "Pelos afetos que nutrimos para com outros sobre bases triviais e de uma maneira que nem mesmo sabemos por quê."
[45] "Qui est celuy, tant pur et entier soit il?" – "Onde está o homem que seja tão puro e perfeito?"
[46] "Et rapporte toutes choses a sa bonte." – "E atribui tudo à sua bondade."
[47] "Arrestons nous et reposons du tout." – "Que permaneçamos e repousemos totalmente."

com gratidão, em tudo que é bom.⁴⁸

De que com sinceridade⁴⁹ **de Deus**. Esta expressão é usada aqui no mesmo sentido de "a glória de Deus", em Romanos 3.23, e de "a glória de Deus e a dos homens", em João 12.43. Aqueles que amam a glória dos homens buscam a admiração deles e se enquadram bem no julgamento deles. "A glória de Deus" é o que alguém tem aos olhos de Deus. Assim Paulo não está satisfeito em mostrar que sua sinceridade tem sido notada pelos homens, mas acrescenta que ele tem sido sincero também diante de Deus. Εἰλικρινείᾳ (que traduzi por *pureza* ou *santidade*) significa o mesmo que *sinceridade*, porque é uma forma aberta e franca de comportamento que revela claramente o que está no coração do homem.⁵⁰ Ambos os termos são o oposto de *falsidade astuta* e *maquinações secretas*.

Não em sabedoria carnal. Aqui, Paulo está antecipando acusações que poderiam ser suscitadas contra ele, pois admite prontamente e, deveras, declara publicamente, ou, seja, que ele é carente de algumas qualidades desejáveis, porém acresce que foi dotado com a graça de Deus, a qual é muito melhor. "Concordo", diz ele, "que sou carente de sabedoria carnal, porém tenho sido agraciado com o poder de Deus, e todo aquele que não se satisfaz com isto não tem o direito de lançar escárnio sobre meu apostolado. Mas, se a sabedoria carnal não possui nenhuma importância, não careço de nada que mereça real louvor". Por *sabedoria carnal*, ele quer dizer tudo aquilo que não está em Cristo e que poderia granjear-nos a reputação de sábios. Para uma explicação mais completa, vejam-se o primeiro e segundo capítulos da

---

48 "Bonne et saincte." – "Bom e santo."
49 "O manuscrito mais antigo traz ἁγιότητι (*santidade*), e não ἁπλότητι(*simplicidade*)."
50 "A palavra usada aqui – εἰλικρινεία –, traduzida por *sinceridade*, denota propriedade, *clareza*, tal como é julgada ou discernida na luz solar (de εἴλη, *luz do sol*, e κρίνω, *julgar*); e, daí, pureza, integridade. É mais provável que a frase aqui denote aquela sinceridade que Deus produz e aprova; e o sentimento é que a religião pura, a religião de Deus, produz sinceridade no coração. Seu propósito e alvo são abertos e manifestos, *como que vistos à luz do sol*. Os planos do mundo são obscuros, enganosos e trevosos, *como que feitos à noite*" – Barnes. O mesmo termo é usado por Paulo em 1 Coríntios 5.8 e 2 Coríntios 2.17. Comparando os vários exemplos em que este termo é empregado pelo apóstolo, temos ocasião de observar a admirável harmonia entre suas exortações e sua prática.

Primeira Epístola. Portanto, temos de entender por *graça de Deus*, a qual ele contrasta com sabedoria carnal, tudo aquilo que se acha além da natureza e da capacidade do homem e todos os dons do Espírito Santo que, por meio de sua presença, revelam francamente o poder de Deus nas fraquezas de nossa natureza carnal.

Mais amplamente para convosco. Não que ele fosse menos íntegro em outro lugar, e sim que permanecera mais tempo em Corinto a fim de, entre outras razões, dar-lhes uma prova mais plena e clara de sua boa fé. Ele o expressa deliberadamente assim para mostrar que não havia necessidade de testemunhas em virtude da distância, porque eles mesmos eram as melhores testemunhas de tudo quanto dissera.

13. Porque nenhuma outra coisa vos escrevemos. Aqui ele está censurando indiretamente os falsos apóstolos que se enalteciam continuamente com imoderadas ostentações, que pouca ou nenhuma substância tinham. E, ao mesmo tempo, ele ataca as calúnias que lhe eram dirigidas, para que ninguém, porventura, pensasse que ele reivindicava para si mais do que devia. Portanto, ele diz que, em suas palavras, não se gloria de nada além do que não pudesse provar por seus feitos; afirma também que os coríntios são suas testemunhas de que isso é assim.

Entretanto, a ambigüidade das palavras tem dado ocasião à interpretação equivocada desta passagem. Ἀναγινώσκειν, em grego, às vezes significa *ler* e, às vezes, *identificar*. Ἐπιγινώσκειν significa, às vezes, *descobrir* e, às vezes, tem a mesma significação do verbo latino *agnocere* – reconhecer –, por exemplo, num sentido legal de "reconhecer uma criança",[51] como Budaeus igualmente observou. Assim, ἐπιγινώσκειν é mais forte que ἀναγινώσκειν. Uma pessoa pode *identificar* algo, ou seja, estar particularmente convencida de sua realidade em sua própria mente e, mesmo assim, não o *reconhecer*, ou seja, apresentar expressão pública de que o aceita. Agora podemos examinar as palavras de Paulo. Alguns as traduzem: "Nada escrevemos senão o que

---

51 "Ce que disons *Auouer.* comme on dira *Auouer vn enfant*"; – "O que expressamos pelo verbo *possuir*, como quando falamos de *possuir uma criança*."

vós ledes e reconheceis". Esta tradução, porém, é muito dúbia e completamente inadaptável. Ambrósio dá a seguinte forma: "Vós não só ledes, mas também reconheceis"; porém, esta tradução das palavras é obviamente impossível. A interpretação que ofereço é simples e natural, e a única dificuldade em entendê-la consiste na confusão provocada pelos diferentes significados das palavras. Resumindo, faço Paulo dizer que os coríntios já conhecem e sem dúvida podem dar testemunho de tudo o que ele está dizendo. A primeira palavra é *recognocere*, que significa *estar convencido de uma coisa através da experiência*; e a segunda é *agnocere*, que significa *dar assentimento público à verdade*.[52]

E espero que as aprovareis até o fim. Os coríntios ainda não tinham recuperado completamente seu juízo são, de modo a estarem habilitados a formar uma opinião equilibrada[53] e justa das boas intenções de Paulo; no entanto, já tinham começado a corrigir a idéia errônea e preconcebida antes formada. Conseqüentemente, o que Paulo está querendo dizer aqui é que lhe nasceram esperanças alvissareiras a respeito deles, para o futuro. Ele está dizendo: "Já me aprovastes em parte e espero que venhais a aprovar-me mais e mais no que tenho sido e como tenho agido entre vós".[54] Disso se torna mais fácil entender o que ele quer dizer com ἐπιγινώσκειν (*reconhecimento*).[55] Esta passagem se refere ao tempo quando os coríntios voltarão a seu

---

52 A palavra ἀναγινώσκετε "significa propriamente *conhecer acuradamente, distinguir*. Provavelmente seja usada, aqui, no sentido de conhecer acuradamente ou com certeza, de *reconhecimento* de sua familiaridade com ele". 'Επιγινώσκειν "significa, aqui, que reconheceriam plenamente ou saberiam inteira e satisfatoriamente que os sentimentos expressados por Paulo eram tais, que concordavam com sua maneira geral de vida" – Barnes. O Dr. Bloomfield, que aprova o ponto de vista assumido por Calvino quanto ao significado do verbo ἀναγινώσκετε, observa que a palavra é empregada no mesmo sentido por Xenofonte (Anab., v. 8, 6), bem como em outras partes dos escritores clássicos.
53 "C'est à dire, pour en iuger droitement." – "Equivale a dizer: julgá-la corretamente."
54 "Que vous cognoistrez de plus en plus comme i'ay conversé entre vous, et comme ie m'y suis gouuerné, et ainsi auouërez ce que maintenant i'en di." – "Que vós reconheceis mais e mais como tenho me conduzido entre vós e como tenho regulado a mim mesmo, e assim vós assentireis ao que eu digo agora."
55 "Que c'est qu'il a entendu par lê dernier des deux mots desquels nous auons parler, lequel nous auons traduit *Auouer*"; – "O que ele quis dizer pelas últimas duas palavras das quais temos falado, as quais traduzimos por *reconhecimento*."

bom senso outra vez. Inicialmente, tinham aprovado Paulo plenamente; posteriormente, seu juízo ficou toldado por nuvens escuras,⁵⁶ em virtude de alegações dissimuladas; mas agora começaram parcialmente a readquirir o bom senso.

14. Que somos vossa glória. Já consideramos sucintamente como os santos podem gloriar-se corretamente nas bênçãos divinas, ou seja, quando descansarem unicamente em Deus, não tendo qualquer outro alvo. Assim, Paulo estava certo em gloriar-se no fato de que seu ministério conduzira os coríntios à obediência a Cristo; assim como era correto para os coríntios o gloriarem-se no fato de terem sido instruídos tão fiel e honrosamente por um apóstolo de tal envergadura – um privilégio não concedido a todos. Esta maneira de gloriar-se nos homens não é, de todo, inconsistente com o gloriar-se somente em Deus. Assim, Paulo diz aos coríntios que lhes é muitíssimo vantajoso reconhecê-lo como genuíno e sincero servo de Cristo, porque, se romperem com ele, perderão sua maior glória. Com estas palavras, ele os acusa de leviandade, porque deram demasiada atenção à indisposição e à desconfiança e, assim, se privaram voluntariamente de sua principal glória.

No dia de nosso Senhor. Tomo isso no sentido de o último dia em que se porá um fim a todas as glórias transitórias⁵⁷ do mundo. Paulo está querendo ensinar que a glória de que aqui fala não é a vanglória passageira que tanto impressiona e fascina os homens, mas aquela que é permanente e eterna, porque ela será inabalável no dia de Cristo. Por isso, Paulo celebrará o triunfo devido às muitas vitórias que ele conquistou sob a bandeira de Cristo e guiará em solene processão a todos quantos foram trazidos sob o glorioso jugo de Cristo, por meio de seu ministério. E a igreja de Corinto triunfará, uma vez que foi fundada e instruída por um apóstolo tão admirável.

---

56 "Obscurci et abbastardi en eux par les propos obliques des faux-Apostres et autres malins."
– "Obscurecidos e corrompidos pelas injustas afirmações dos falsos apóstolos, bem como outras de pessoas maliciosas."
57 "Vaines et caduques;" — "Vazios e evanescentes."

15. E nesta confiança eu me dispus a ir primeiro a vós, para que pudésseis ter um segundo benefício;

16. E por vosso intermédio passar à Macedônia, e outra vez da Macedônia ir ter convosco, e por vós ser encaminhado em minha viagem à Judéia.

17. Portanto, ao assim me dispor, revelei leviandade? Ou aquilo que pretendo, o pretendo segundo a carne, de modo que em mim haja o sim, sim e o não, não?

18. Mas, como Deus é fiel, nossa palavra para convosco não é sim e não.

19. Pois o Filho de Deus, Jesus Cristo, que foi por nós anunciado entre vós, sim, por mim e Silvano e Timóteo, não foi sim e não, mas nele está o sim. Portanto, quaisquer que sejam as promessas de Deus, nele está o sim;

20. Pelo que, também, através dele é o Amém, para a glória de Deus, por nosso intermédio.

15. Et hac fiducia volui primum ad vos venire, ut secundum[58] gratiam haberetis, et per vos transire in Macedoniam:

16. Et rursum e Macedonia venire ad vos, et a vobis deduci in Iudæam.

17. Hoc igitur quum animo proposito haberem, nuncubi levitate usus sum? aut quæ cogito, secundum carnem cogito? ut sit apud me Etiam, etiam: et Non, non.

18. Fidelis Deus, quod sermo noster apud vos non fuit Etiam et non.

19. Dei enim Filius Iesus Christus in vobis per nos prædicatus, per me, et Silvanum, et Timotheum, non fuit Etiam et non: sed Etiam fuit in ipso.

20. Quæcunque enim sunt Dei promissiones, in illo sunt Etiam: quare et per ipsum sit Amen Deo ad gloriam per nos.

15. E nesta confiança. Após lhes haver razão para esperarem que ele viria, mudou subseqüentemente sua intenção. O fato de que agora ela tinha que defender-se, por haver mudado de intenção, revela que isso foi feito com base em falsa acusação contra ele. Ao dizer que planejara visitá-los, em virtude de sua *confiança* neles, Paulo transfere indiretamente a responsabilidade para os coríntios, já que foram eles que impediram a ida dele, ao privá-los de *sua confiança*, em face da ingratidão deles.

Para que pudésseis ter um segundo benefício. O primeiro benefício foi que Paulo gastara um total de dezoito meses [At 18.11] em conquistá-los para o Senhor; o segundo foi que, com sua ida, eles seriam confirmados na fé já recebida e seriam motivados a fazer mais progresso nela, por intermédio de suas santas admoestações. Os coríntios se privaram deste [segundo benefício], não permitindo que o apóstolo fosse ter com eles. Em conseqüência, eles se viam punindo-se a si mesmos em razão de sua própria falta, destituindo-se de qualquer

---

58 "Seconde, *ou double.*" — "Segundo *ou duplo.*"

razão para responsabilizar a Paulo. Se alguém preferir Crisóstomo e ler χάριν (*benefício*) em vez de καράν (*alegria*), não faço muita objeção a isso,[59] porém minha própria explicação é mais simples.

17. Revelei leviandade? Há duas razões primordiais por que os planos humanos não são realizados com êxito, nem suas promessas se cumprem fielmente. A primeira é que os homens mudam seu modo de pensar quase que de um momento para outro; e a segunda é que eles são mui precipitados no desempenho de seus compromissos. Fazer planos ou promessas, para logo depois voltar atrás, é sinal de instabilidade. Paulo está dizendo que ele estava livre de tais fracassos. Diz ele: "Não é uma questão de leviandade o haver eu voltado atrás na promessa que fiz". Ele também alega estar livre de autoconfiança temerária e injustificada, pois esta é a maneira como interpreto a expressão *pretendo segundo a carne*. Porque este, como já disse, é um hábito comum nos homens, ou, seja, tomar suas decisões sobre o que farão, de forma precipitada e presunçosa, como se não dependessem da providência de Deus, nem estivessem sujeitos à vontade dEle. A fim de punir sua presunção, Deus reduz seus planos a nada e, amiúde, os expõe ao ridículo.

A expressão "segundo a carne" pode ser entendida num sentido mais geral, de incluir suas maquinações perversas, não direcionadas a quaisquer bons propósitos – aqueles, por exemplo, direcionados por ambição, ou por avareza, ou por outros motivos perversos. Contudo, em minha opinião, ele não estava preocupado com essas coisas, nesta passagem, mas tão-somente com a leviandade que é tão evidente, em todo tempo, na forma como os homens fazem seus planos. Portanto, "pretender segundo a carne" é deixar de reconhecer o governo de Deus sobre nós e afastá-lo de nós, substituindo-o por uma

---

59 A maioria dos comentaristas modernos explicam χάριν como *dádiva* ou *benefício*; mas os comentaristas antigos, e mesmo alguns modernos, como Wolf e Schleus, preferem o termo *gratificação* para traduzir χαράν. Pareceria significar *benefício* em geral, toda vantagem espiritual ou gratificação de sua sociedade, comunicada por sua presença" – Bloomfield. Um manuscrito traz χαράν. Kypke, que traduz χάριν por *alegria*, cita exemplos em apoio de seu significado de χάρις, ainda que reconhecesse ser inusitado, com base em Plutarco, Políbio e Eurípedes. A frase é traduzida por "*um prazer maior*" na versão de Tyndale (1534), bem como nas versões de Crammer (1539) e Genebra (1557).

presunção temerária, que Deus pune com justiça e expõe ao ridículo. Para eximir-se desta falta, Paulo coloca esta pergunta na boca de seus oponentes, pois é bem provável, como já me referi, que boatos maliciosos estivessem circulando. **De modo que em mim haja o sim, sim, e o não, não?** Há quem tome esta declaração com o que vem antes, explicando-a da seguinte maneira: "Como se estivesse em meu poder realizar sempre o que pretendo". Assim, os homens decidem fazer tudo quanto vem à sua mente e ordenam seus próprios caminhos, quando não podem governar nem mesmo sua língua, como disse Salomão [Pv 16.1]. Certamente, as palavras significam que uma intenção, uma vez ratificada, deve permanecer inabalável, e o que foi uma vez rejeitado não deve ser feito. Assim, Tiago diz em sua epístola [5.12]: "Que vosso sim seja sim, e vosso não seja não, para não cairdes em dissimulação". Essa interpretação se ajusta muito bem com o que vem antes, pois querer que nossas decisões tenham, sem exceção, a força de oráculos[60] é, sem dúvida, pretender segundo a carne. Entretanto, não se ajusta com o que segue imediatamente – "Deus é fiel", etc. –, pois quando Paulo quer asseverar que não agia com leviandade em sua pregação, ele usa a mesma forma de palavras; e seria absurdo se, quase no mesmo versículo, ele considerasse uma falha que seu sim fosse sim, e seu não fosse não e, então, prosseguisse reivindicando-o como sendo sua maior virtude. Eu sei que tipo de resposta seria dada por aqueles que têm predileção por distinções sutis, porém não tenho inclinação por algo que não possui nenhuma solidez.

Não tenho nenhuma dúvida de que, embora estas palavras possam produzir um significado diferente, Paulo realmente as utilizou para reprovar a inconstância e para livrar-se da acusação de prometer habitualmente o que ele não podia cumprir.[61] Desta forma, a repetição

---

60 "Que nos deliberations et conseils soyent comme oracles et reuelations Diuines." – "Que nossos propósitos e planos sejam como oráculos e revelações divinas."
61 "Ele (o apóstolo) antecipa e repele uma reprimenda de ἰλαφρία, ou *leviandade de propósito*, naquela mudança de mente, como se ele fosse *um homem de sim e não* (Shakespeare), em cuja palavra não se pode depositar nenhuma confiança. No versículo seguinte, ele denomina Deus de testemunha de que sua palavra dirigida a eles não era 'sim e não'; e, no início do capítulo

do *sim* e do *não* deixa de ter a mesma força que em Mateus 5.37 e em Tiago 5.12, mas significa "que, agora, *sim* pode ser *sim*, para mim, e, quando me parecer bem, *não* pode ser *não*". Ao mesmo tempo, é possível que a repetição se deva a um erro de copista, visto que a Vulgata não repete as palavras.[62] Entretanto, não é necessário que fiquemos tão ansiosos no tocante a essas palavras, contanto que nos apeguemos ao que Paulo quer significar, o que, como já disse, se faz plenamente claro no que vem a seguir.[63]

18. Deus é fiel. Ao usar o termo *palavra* (*sermo*), Paulo quer dizer *doutrina*, como se manifesta pela razão que ele acrescenta, quando diz que *o Filho de Deus, que ele anunciava*, era invariável. Ele deseja que sua integridade pessoal seja julgada com base na plena consistência de algum ponto da doutrina e, assim, refuta a desfavorável insinuação de leviandade[64] ou má fé que lhe foi desferida. No entanto, não se conclui necessariamente que um homem fidedigno em sua doutrina seja igualmente fidedigno em toda palavra que ele fale. Paulo, porém, dá pouco valor ao que os homens venham a pensar dele, pessoalmente, contanto que a autoridade de seu ensino seja preservada, e sua principal preocupação é que os coríntios se lembrem dela. Ele diz realmente que tem mostrado a mesma boa intenção ao longo de toda sua vida, como os co-

---

seguinte, ele lhes explica que fora por causa deles que ele se abstivera de executar sua primeira intenção." – Penn.

62 A tradução da Vulgata é esta: "Ut sit apud me *est* et *non*" – "Que comigo houvesse *sim* e *não*". Esta redação – τὸ ναὶ καὶ τὸ οὔ (sim e não), se encontra em um manuscrito grego, como afirmado por Semler. Wycliffe (1380), seguindo a Vulgata, redige: "que em mim seja *isto é* e *isto não*".

63 "Entre os judeus uma maneira de caracterizar uma pessoa de estrita probidade e boa fé era dizer: 'Seu *sim* é *sim*, e seu *não* é *não*' – isto é, você pode depender de sua palavra; como ele declara, assim é; e, como ele promete, assim fará. Nosso Senhor deve, pois, ser considerado aqui [Mt 5.37] não como que prescrevendo os termos precisos pelos quais devemos afirmar ou negar. Nesse caso, se ajustaria melhor à simplicidade de seu estilo é dizer meramente: ναὶ καὶ οὔ (*sim* e *não*), sem pôr em dúvida as palavras. Mas, Ele deve ser entendido como que prescrevendo um respeito tão habitual e inflexível pela verdade, que tornaria o juramento desnecessário. Em 2 Co 1.20 temos outro exemplo de que essa maneira de converter advérbios em substantivos estava presente no idioma dos escritores sacros: 'Pois todas as promessas de Deus são, nele, o *sim* e, nele, o *Amém*' (ἐν αὐτῷ τὸ ναὶ καὶ ἐν αὐτῷ τὸ ἀμήν) – isto é, *verdades certas e infalíveis*. De fato, uma expressão comum no idioma grego é converter, por meio do artigo, alguma das partes do discurso num substantivo" – *Campbell on the Gospels*, vol. II, p. 278.

64 "N'a point dit l'vn, puis l'autre"; – "Não diz uma coisa e, depois, outra."

ríntios mesmos têm presenciado em seu ministério. Contudo, ao tratar das acusações feitas contra ele, parece que defende deliberadamente antes a sua *doutrina*, e não a sua *pessoa*, uma vez que jamais permitiria que seu apostolado fosse difamado, mesmo indiretamente, e que, por outro lado, não se importava com sua reputação pessoal.

Observe-se com que zelo ele se aplica a isto. Ele toma Deus por testemunha de quão reto e sincero tem sido o seu ensino; não é um ensino ambíguo, nem variável, nem contemporizador. Ele declara que o seu ensino é tão verdadeiro como o próprio Deus, como se dissesse: "A verdade de minha pregação é tão certa e infalível como é verdadeiro e fidedigno o próprio Deus". E isto não surpreende, uma vez que a Palavra de Deus, como disse Isaías, dura para sempre [Is 40.8]; e esta é a mesma Palavra que os profetas e apóstolos proclamaram ao mundo, como Pedro também o explica [1Pe 1.25]. Esta é a fonte da confiança[65] ousada que Paulo revela em Gálatas [1.8], quando pronuncia um *anátema* sobre os anjos, caso se atrevessem a apresentar outro evangelho que fosse contrário ao do próprio apóstolo. Quem ousaria fazer os próprios anjos celestiais sujeitos à sua doutrina, se não tivesse Deus como o seu autor e defensor? Os ministros[66] da Palavra deveriam ter a mesma segurança de consciência, ao subirem ao púlpito para falar em nome de Cristo, tendo a consciência de que sua doutrina não pode ser destruída, assim como Deus mesmo não o pode.

19. Pois o Filho de Deus. Temos aqui a prova da ousada alegação de Paulo – sua pregação[67] não era outra coisa senão Cristo, que é a eterna e imutável verdade de Deus. A frase "que foi por nós anunciado" é enfática. Pode acontecer, e freqüentemente acontece, que Cristo seja desfigurado pela imaginação dos homens e sua verdade adultera-

---

65 "De là vient aussi que S. Paul est bien si hardi." – "Daí também procede por que São Paulo é tão ousado."
66 "Et annonciateurs de la parolle de Dieu." – "E arautos da palavra de Deus."
67 "Il dit donc que sa parolle n'a point este oui et non, c'est à dire variable; pource que sa predication", etc. – "Ele diz, pois, que sua palavra nunca foi sim e não, ou seja, variável; porque sua pregação", etc.

da por seus artifícios.⁶⁸ Paulo nega que ele ou seus associados tenham feito isso e alega que, com sinceridade e toda a integridade, defenderam o Cristo puro e evidente. Não está plenamente claro por que ele omite Apolo, ao mencionar Timóteo e Silvano, mas, provavelmente, esses tenham sido os mais sujeitos a difamações ardilosas,⁶⁹ e assim Paulo se revela mais cuidadoso em defendê-los.

Nestas palavras, Paulo mostra que todo seu ensino consistia tão-somente no simples conhecimento de Cristo, porque nele todo o evangelho está realmente inserido. Assim, aqueles que ensinam algo que não seja *Cristo* perambulam por territórios proibidos, embora muitos deles venham a orgulhar-se de sua demonstração de sabedoria. Porque Cristo é *o fim da lei* [Rm 10.4], bem como o cerne, a suma e perfeição de toda doutrina espiritual.

Em segundo lugar, Paulo notifica que sua doutrina acerca de Cristo não era alterável nem ambígua, como se apresentasse Cristo em diferentes formas e em diferentes tempos, como Proteus.⁷⁰ Alguns chegam mesmo a tratar Cristo desta forma,⁷¹ fazendo jogo de seu ensino, como alguém que passa uma bola de uma mão para outra, meramente para ostentar sua habilidade. Outros, querendo agradar aos homens, apresentam Cristo sob diferentes disfarces; e ainda outros ensinam uma coisa hoje e outra, amanhã, sem nenhum recato. Esse não era o Cristo de Paulo, nem o Cristo de qualquer um dos apóstolos legítimos.⁷² É falsa a alegação dos homens que pintam Cristo em cores diversificadas, visando à sua própria vantagem como ministros de Cristo. Pois o único e verdadeiro Cristo é Aquele em quem se pode contemplar este invariável e perpétuo *sim*, que Paulo declara ser característico dele.

---

68 "Et mensonges." – "E falazes".
69 "Des calomniateurs et mesdisans." – "Por caluniadores e difamadores."
70 "En sorte qu'il l'ait transfigure, maintenant en vne sorte, tantost en vne autre, comme les Poëtes disent que Proteus se transformoit en diuerses sortes." – "De modo a apresentá-lo em diferentes formas: agora, em uma forma; depois, em outra, como os poetas dizem que Proteus se transformava em diferentes formas." Os seguintes poetas (entre outros) fazem menção de Proteus, que mudava sua forma: Virgílio (Georg., iv., 387), Ovídio (Met., viii., 730), Horácio (Sat., ii, 3, 71; Ep., I, i, 90).
71 "En toutes manieres." – "De toda maneira."
72 "Celui de tous vrais et fideles ministres." – "Que de todos os ministros verdadeiros e fiéis."

20. Portanto, quaisquer que sejam as promessas de Deus. Aqui, uma vez mais, ele confirma quão firme e inflexível a proclamação de Cristo deve ser, visto que Ele mesmo é o fundamento[73] de todas as promessas de Deus. Seria completo absurdo se Cristo, em quem se asseguram todas as promessas de Deus, fosse vacilante.[74] Embora esta declaração seja geral, como logo se verá, é aplicável à questão em mãos para confirmar a estabilidade da doutrina de Paulo. Aqui ele não está falando apenas do evangelho em termos gerais, e sim está reivindicando esta distinção para o seu próprio evangelho, ou seja: "Se as promessas de Deus são seguras e bem fundadas, então, minha doutrina tem de ser igualmente segura, uma vez que esta não leva em conta nada mais, senão Cristo mesmo, em quem todas estas promessas estão estabelecidas". Já que sua única intenção era mostrar que o evangelho por ele proclamado é puro e não distorcido por qualquer adição estranha,[75] consideremos a doutrina geral de que todas as promessas de Deus dependem tão-somente de Cristo. Esta é uma asseveração notável e um dos principais artigos de nossa fé. Ele depende, sucessivamente, de outro princípio: é unicamente em Cristo que Deus o Pai se inclina graciosamente para nós. Suas promessas são as testemunhas de seu beneplácito paternal para conosco. Assim, segue-se que elas são cumpridas unicamente em Cristo.

As promessas são evidências da graça divina, porque, ainda que Deus faz o bem também aos ímpios, quando as promessas são somadas a estas benevolências, seu propósito especial é revelar-lhes a si mesmo como Pai. Em segundo lugar, somos incapazes de apropriar-nos das promessas de Deus, se ainda não recebemos a remissão de nossos pecados, que nos vem através de Cristo. Em terceiro lugar, a principal de todas as promessas de Deus é aquela pela qual Ele nos

---
73 "Le fondement et la fermeté." – "O fundamento e a segurança."
74 "Que celuy en qui toutes les promesses de Dieu sont establies et ratifices, fust comme vn homme chancelant et inconstant." – "Que ele, em quem todas as promessas de Deus estão estabelecidas e ratificadas, fosse como um homem que é inconstante e instável."
75 "Il a presché le vray et pur Evangile, et sans y auoir rien adiousté qu'il ait corrompu ou falsifié." – "Ele pregou o evangelho verdadeiro e puro, sem adicionar-lhe nada que o corrompesse ou adulterasse."

adota como seus filhos, sendo Cristo a causa e a raiz de nossa adoção (*causa et radix adoptionis*). Porque Deus é Pai unicamente daqueles que são membros e irmãos de seu Filho Unigênito. Tudo nos vem desta única fonte. Todas as promessas de Deus procedem de seu amor por nós, mas fora de Cristo somos mais odiosos do que aceitáveis a seus olhos. Assim, não é de admirar que aqui Paulo diga que todas as promessas de Deus são confirmadas e ratificadas em Cristo.

Surge, porém, a pergunta: antes da vinda de Cristo, as promessas eram incertas e inúteis, visto que Paulo, aqui, parece falar de Cristo como *manifestado na carne* [1Tm 3.16]? Minha resposta é que todas as promessas dadas aos crentes, desde o princípio do mundo, tinham em Cristo seu fundamento. Portanto, sempre que Moisés e os profetas tratam da reconciliação com Deus, ou da esperança da salvação, ou da certeza da graça, de alguma maneira eles fazem menção de Cristo e, ao mesmo tempo, proclamam sua vinda e seu reino. Outra vez, digo que as promessas sob o Antigo Testamento foram cumpridas em relação aos fiéis, até onde eram um bem para eles, porém, ao mesmo tempo, elas foram, em certo sentido, adiadas até que Cristo viesse, porque foi através dEle que elas alcançaram seu real cumprimento. Os crentes que confiaram nas promessas, eles mesmos adiaram seu verdadeiro cumprimento até o aparecimento do Mediador e retiveram sua esperança até aquele tempo. Resumindo, se alguém considera a eficácia da morte e ressurreição de Cristo, ele mesmo facilmente entenderá como as promessas de Deus, que de outra forma não teriam tido um cumprimento seguro, foram seladas e confirmadas em Cristo.

Pelo que, também, através dele, é o Amém. Aqui, os manuscritos gregos estão em desacordo. Alguns têm as duas cláusulas reunidas numa só – "Todas as promessas de Deus são, através dele, o sim e, através dele, o Amém, para a glória de Deus, por nosso intermédio".[76] A

---

76 As versões e os manuscritos mais antigos lêem o versículo assim: ὅσαι γὰρ ἐπαγγελίαι θεοῦ ἐν αὐτῷ τὸ ναί· διὸ καὶ δι' αὐτοῦ τοῦ Ἀμὴν τῷ θεῷ πρὸς δόξαν δι' ἡμῶν – "Pois todas as promessas de Deus nele são o sim, porque são através dAquele que é o Amém, para a glória de Deus, por nosso intermédio" – Penn.

outra redação, que tenho seguido, é mais simples e nos fornece um significado mais completo. Paulo já dissera que Deus ratificou em Cristo todas as suas promessas e nos diz que agora é a nossa vez de assentir a esta ratificação. Fazemos isso quando descansamos em Cristo em certeza de fé, confirmando assim que Deus é fiel, segundo lemos em João 3.33, e quando fazemos isso para a glória de Deus, visto que este é o propósito a que todas as coisas servem [Ef 1.13; Rm 3.4].

Admito que a outra redação geralmente é mais adotada, porém forçada; e não tenho nenhuma hesitação em preferir aquela que contém um ensino mais completo e se ajusta melhor ao contexto. Portanto, Paulo lembra os coríntios que, visto terem sido instruídos na simples verdade de Deus, é seu dever responder com seu "amém". No entanto, se alguém se sente relutante em afastar-se da outra redação, deve extrair dela uma exortação,[77] a um acordo mútuo em doutrina e fé.

21.Ora, aquele que nos estabeleceu convosco em Cristo e nos ungiu é Deus;	21. Qui autem confirmat nos vobiscum in Christo, et qui unxit nos, Deus est:
22. O qual também nos selou e nos deu o penhor do Espírito em nossos corações.	22. Qui et obsignavit nos, et dedit arrhabonem Spiritus in cordibus nostris.

Deus é, realmente, sempre verdadeiro e fiel em todas as suas promessas; tão logo Ele fale, tem sempre presente o seu *Amém*. No entanto, tal é nossa ignorância, que só lhe respondemos com o nosso Amém quando Ele nos mune com um testemunho seguro, em nossos corações, por meio de sua Palavra. Ele faz isso através de seu Espírito; e isso é o que Paulo está dizendo aqui. Ele ensinou previamente que esta é uma harmonia condizente – quando, de um lado, a vocação é sem arrependimento [Rm 11.29]; e nós, por nossa vez, com uma fé inabalável, aceitamos a benção da adoção que Ele nos oferece. Não é de admirar que Deus se mantenha fiel à sua dádiva, porém, quanto a sermos, por nós mesmos, igualmente inabaláveis em nossa fé, isso é

---

77 "Qu'il scache tousiours qu'il en faut tirer vne exhortation." – "Que ele sempre saiba isto: devemos deduzir dela uma exortação."

algo que está além do poder humano.⁷⁸ Todavia, Paulo nos ensina que Deus tem a cura para nossa fraqueza ou *defeito* (como ele o chama), porque corrige nossa infidelidade e nos fortalece através de seu Espírito. Assim podemos glorificá-lo por meio de uma fé firme e constante. Paulo está, aqui, associando-se explicitamente com os coríntios com o fim de conquistar seu favor e criar uma unidade mais sólida.⁷⁹

21. Aquele que... nos ungiu é Deus. Paulo diz a mesma coisa fazendo uso de palavras diferentes e fala de *ungir* e *selar*, bem como de *estabelecer*. E, por meio desta dúplice metáfora,⁸⁰ ele ilustra mais claramente o que já dissera sem qualquer figura de linguagem. Pois, quando Deus derrama sobre nós o dom celestial de seu Espírito, esta é sua maneira de selar a infalibilidade de sua Palavra em nossos corações. Então, ele estabelece uma quarta maneira, ao dizer que o Espírito nos concedeu um *penhor* – uma comparação que ele usa com freqüência e que é a mais adequada.⁸¹ Como o Espírito é a nossa segurança, porque testifica acerca de nossa adoção, e o *selo* (σφραγὶς), porque estabelece a fé genuína nas promessas, assim Ele é chamado de nosso *penhor,*⁸² porque é obra sua ratificar o pacto de Deus de ambas as partes; e, sem o *penhor*, o pacto pairaria suspenso no ar.⁸³

---

78 "D'apporter de nostre costé vne correspondance mutuelle à la vocation de Dieu en perseuerant constamment en la foy." – "Para manter de nossa parte uma correspondência mútua à vocação de Deus, perseverando firmemente na fé."

79 "Expressement afin de les gaigner et attirer a vraye vnite." – "Expressamente com o propósito de ganhá-los e atraí-los a uma unidade verdadeira."

80 "Par les deux mots qui sont dits par metaphore et similitude." – "Por estas três palavras que são empregadas à maneira de metáfora e similitude."

81 "Αρραβών e o latim *arrhabo* se derivam do hebraico ערבון (*gnarabon*) – um penhor ou garantia; isto é, uma parte de qualquer preço acordado e *pago* para ratificar o acordo; em alemão, *Hand-gift*" – Bloomfield. "Tudo indica que a palavra foi transferida, provavelmente, de um termo comercial, do hebraico ou fenício, para os idiomas ocidentais" – Gesenius.

82 "Se Deus, havendo outrora dado este *penhor*, não houvesse também dado o resto da herança, sofreria a perda de seu penhor, como Crisóstomo mui elegante e sonoramente argumenta" – *Anotações*, de Leigh.

83 "Um *selo* era usado para diferentes propósitos: marcar a propriedade de uma pessoa, garantir seus tesouros ou autenticar uma escritura. No *primeiro* sentido, o Espírito distingue os crentes como o povo peculiar de Deus; no *segundo*, ele os guarda como suas jóias preciosas; no *terceiro*, ele confirma ou ratifica o direito deles à salvação... Um *penhor* é uma parte dada como segurança da posse futura de tudo. O Espírito Santo é o penhor da herança celestial, porque começa aquela santidade na alma que será aperfeiçoada no céu e reparte aquelas alegrias que são prelibações de

Aqui devemos observar primeiramente a relação⁸⁴ que Paulo requer entre o evangelho de Deus e a nossa fé. Uma vez que tudo o que Deus diz é absolutamente certo, Paulo deseja que o recebamos em nossa mente com um assentimento firme e resoluto. Em segundo lugar, devemos observar que, visto que este grau de certeza está além da capacidade da mente humana, é função do Espírito Santo confirmar dentro de nós o que Deus promete em sua Palavra. Essa é a razão por que Ele é chamado de *Unção, Penhor, Revigorador, Selo*. Em terceiro lugar, devemos notar que todos aqueles que não têm o testemunho do Espírito Santo, para que possam dizer *Amém* a Deus, quando Ele os chama para uma esperança segura de salvação, não têm direito algum de serem chamados de cristãos.

23. Eu, porém, por minha alma tomo a Deus por testemunha de que, para vos poupar, me abstive de voltar a Corinto.	23. Ego autem testem invoco Deum in animam meam, quod parcens vobis nondum venerim Corinthum.
24. Não que tenhamos domínio sobre vossa fé, mas somos cooperadores de vossa alegria; porquanto, pela fé, já estais firmados.	24. Non quod dominemur fidei vestrae, sed adiutores sumus⁸⁵ gaudii vestri: fide enim statis.

23. Eu, porém... tomo a Deus por testemunha. Finalmente, agora Paulo começa a explicar por que modificou seus planos. Até aqui ele esteve simplesmente repelindo as falsas alegações de seus inimigos, mas, quando diz que *os poupou*, ele está lançando de volta, implicitamente, a responsabilidade sobre eles e lembrando-os de que seria injusto que estivesse a sofrer por causa de suas faltas, mais injusto ainda se eles permitissem que ele sofresse, e ainda muito mais injusto se eles aceitassem uma alegação tão injustificada e fizessem um inocente sofrer pelos pecados dos culpados – os coríntios. Com a decisão de não voltar, ele os poupou, porque, se tivesse voltado, teria sido forçado a repreendê-los ainda mais severamente; assim, ele escolhe antes deixá-los voltar

---

sua bem-aventurança" – *Dick's Theology*, vol. iii. p. 524- 525.
84 "La correespondence mutuelle." – "A correspondência mútua."
85 "Nous sommes adiuteurs de vostre ioye; ou, nous aidons à." – "Somos auxiliares de vossa alegria ou ajudamos."

ao seu bom senso, para depois ir, porquanto poderia não haver mais necessidade de um remédio tão drástico.[86] Essa atitude revela em Paulo mais que uma amabilidade paternal para com os coríntios, pois era um sinal de grande indulgência não aproveitar uma oportunidade como esta para repreendê-los, quando tinha boas razões de estar irado contra eles.

Ele faz isso também na forma de juramento, para deixar bem claro que não inventara nenhuma escusa com o fim de não voltar. Pois a questão envolvia em si certa conseqüência, e era da maior importância que ele estivesse inteiramente livre de toda suspeita de falsidade ou pretensão. Há duas coisas que tornam um juramento legítimo e religioso – a *ocasião* e a *intenção*. Por *ocasião*, quero dizer quando um juramento não é feito levianamente, por meras futilidades ou por questões de nenhuma importância, mas tão-somente em conexão com algo realmente importante. Por *intenção*, quero dizer que não se deve tirar vantagens pessoais, senão que tudo deve ser para a glória de Deus e o bem-estar dos irmãos. Devemos ter sempre em mente o fato de que o propósito de um juramento é promover a glória de Deus e socorrer nosso próximo numa causa justa.[87]

Devemos observar ainda a *forma* do juramento. Primeiramente, ele toma a Deus por sua testemunha e, em seguida, agrega a expressão *por minha alma*. Em coisas duvidosas ou obscuras, nas quais o conhecimento ou a percepção humana falham, nos volvemos para Deus, o único que é a verdade e pode testificar da verdade. A expressão "por minha alma" significa "que Deus me castigue se estou mentindo". Mesmo que não esteja explicitamente expresso, é preciso compreender sempre um fato sério em conexão com um juramento, porque, se formos infiéis, Deus permanece fiel e não negará a si mesmo [2Tm 2.13], de tal sorte que não permitirá que fique impune a profanação de seu Nome.

24. Não que tenhamos domínio. Aqui, ele antecipa uma possível

---

[86] "Remede plus aspre et rigoureux." – "Um remédio mais drástico e mais rigoroso."
[87] "Moyennant que ce soit en chose iuste et raisonable." – "Contanto que seja numa questão justa e racional."

objeção sobre o que talvez lhe seria dito: "O quê! Então, ages de maneira tão tirânica,⁸⁸ a ponto de tua aparência ser tão apavorante? Essa não deve ser a seriedade de um pastor cristão, e sim a crueldade de um tirano feroz". Paulo refuta esta objeção, primeiro *indiretamente*, ao afirmar que não era assim. Em seguida, *diretamente*, ao alegar que sua disposição paternal para com eles foi o que o levou a tratá-los tão severamente. Quando ele diz que não era o senhor da fé dos coríntios, mostra que um exercício de senhorio de tal envergadura seria injusto e intolerável e que equivaleria a um ato de tirania sobre a igreja. A fé deve ser completamente livre de qualquer escravidão humana.⁸⁹ Observemos bem quem disse isso, pois, se existia algum mortal com o direito de reivindicar tal senhorio, esse homem era Paulo. Portanto, concluímos que a fé não deve ter sobre si nenhum senhor, exceto a Palavra de Deus, a qual não está sujeita ao controle humano.⁹⁰ Erasmo observou que, se agregarmos a partícula grega ἕνεκα, a oração pode ser levada a

---

88 "Es-tu si insupportable, et si orgueilleux?" – "Tu és tão insuportável e orgulhoso?"
89 "Il confesse franchement." – "Ele confessa francamente."
90 Os pontos de vista aqui expressos por Calvino são severamente criticados pelos romanistas nos seguintes termos, os quais podem ser lidos nas Anotações acrescentadas à versão Rheims do Novo Testamento: "Calvino e seus sectários sediciosos, juntamente com outros que desprezam o domínio, tal como São Judas descreve, querem libertar-se de todo jugo dos magistrados e governantes espirituais: a saber, que, no tocante a sua fé, não se sujeitam a ninguém, nem para o exame e prova de sua doutrina, mas somente a Deus e à sua palavra. E não é de admirar que os malfeitores e rebeldes da igreja não venham ao tribunal, senão ao de Deus, para que assim permaneçam impunes pelo menos durante esta vida. Pois ainda que as Escrituras condenem claramente suas heresias, contudo podem dissimular com falsas glosas, construções, corrupções e negações dos livros canônicos, se não fossem normas ou sentenças judiciais de homens que os governem e os reprimam". A estas afirmações, o Dr. Fulke, em sua primorosa obra em refutação dos erros do papado (Londres, 1601), p. 559, replica oportunamente nestes termos: "Isto nada mais é do que uma difamação indecente e inconseqüente de Calvino e de todos nós, a saber, que desprezamos o senhorio só porque não nos submetemos à tirania do Anticristo, que quer ser senhor de nossa fé e arroga para si autoridade de formular novos artigos de fé, que não têm base nem autoridade na palavra de Deus. Calvino, porém, de bom grado reconhecia toda a autoridade dos ministros da igreja, a autoridade que a Escritura lhes outorga, e tanto praticava como se submetia à disciplina da igreja e seus governantes legítimos, ainda que não se rendia ao jugo tirânico do papa, que não é soberano da igreja, nem verdadeiro membro da mesma. Sim, Calvino e nós mesmos nos submetemos não só à autoridade da igreja, mas também à punição dos magistrados civis, se formos encontrados a ensinar ou a fazer alguma coisa contrária à doutrina da fé, recebida e aprovada pela igreja, enquanto os clérigos papistas, em causas de religião, não se sujeitam aos governantes temporais, ao juízo e à correção."

significar: "Não que exerçamos senhorio sobre vós no tocante a vossa fé"; mas isso tem quase o mesmo significado, porquanto ele diz que o senhorio espiritual não pertence a ninguém, senão a Deus somente. Eis um princípio perenemente estabelecido: que os pastores não exerçam nenhum senhorio especial sobre a consciência dos homens,[91] porque são *ministros* e *cooperadores, e não senhores* [1Pe 5.3].

O que Paulo, pois, confia a si e a outros para que façam? Ele diz que são *cooperadores de vossa alegria* – pelo que, entendo eu, significa *felicidade*. Ele contrasta essa alegria com o terror que é despertado pela crueldade de tiranos e pelos falsos profetas,[92] que agem como tiranos que "dominam com rigor e pela força", tal como diz Ezequiel [34.4]. Ele mostra que seu relacionamento com os coríntios tinha sido completamente diferente, porque ele jamais reivindicou qualquer domínio sobre eles, senão que procurou estabelecer com eles a paz, a liberdade e a plena alegria.

Porquanto, pela fé, já estais firmados. Geralmente, deixa-se em silêncio ou explica-se insuficientemente a razão por que Paulo acrescenta isso. Como o vejo, Paulo está ainda argumentando com base nos opostos. Porque, se a natureza ou o resultado da fé é dar-nos tal suporte que nos tornemos capazes de ficar firmes sobre nossos próprios pés,[93] é absurdo nos sujeitarmos aos homens. E, assim, ele remove aquele domínio injusto do qual um pouco antes ele declarou não ser culpado.

---

91 "Que les Pasteurs set Evesques n'ont point de iurisdiction propre sur les consciences." – "Que os pastores e bispos não exerçam nenhuma jurisdição peculiar sobre as consciências."
92 "Et les faux-apostres aussi." – "E também falsos apóstolos."
93 "Afin que nous demeurions fermes." – "A fim de podermos permanecer seguros."

Capítulo 2

1. Porém, determinei isto por mim mesmo, que não voltaria a estar convosco em tristeza.
2. Porque, se vos entristeço, quem, pois, me alegrará, senão aquele que está entristecido por mim?

1. Decreveram autem hoc in me ipso, non amplius venire in tristita ad vos.[1]
2. Si enim ego contristo vos: et quis est qui me exhilaret, nisi is qui erit tristitia affectus ex me?

1. Porém, determinei. Quem quer que tenha dividido os capítulos, fez uma ruptura inadequada aqui, pois só agora é que, finalmente, o apóstolo explica de que maneira ele os poupou. "Eu determinei", diz ele, "que não voltaria a ter convosco em tristeza, ou seja, para não fazer-vos entristecidos com minha volta". Porque, uma vez fora a eles por intermédio de uma carta, com a qual os deixara seriamente mortificados. E, assim, até que voltassem a seu bom senso, Paulo estava indisposto a visitá-los; se assim o fizesse, seria forçado a entristecê-los novamente com sua presença. Ele preferiu conceder-lhes mais tempo para que se arrependessem.[2] A palavra ἔκρινα deve ser considerada um mais-que-perfeito,[3] pois, quando assinala uma razão para a delonga que ocorrera, ele explica qual fora previamente sua intenção.

2. Porque, se vos entristeço. Temos aqui a prova do que ele realmente disse. Nenhum homem traz, voluntariamente, tristeza sobre si mesmo, e Paulo diz que seu sentimento de solidariedade para com os

---

[1] "De ne venir à vous derechef auec tristesse, ou, pour vos apporter fascherie." – "Não ir novamente ter convosco com tristeza, ou, causar vossa angústia."
[2] "De se repentir et amender." – "Para arrependimento e emenda."
[3] "Et de faict il faut necessairement traduire, *l'auoye deliberé*: non pás, *l'ay delibere*." – "E, deveras, temos, necessariamente, de traduzi-lo assim: *Eu tinha determinado*; e não: *Eu tenho determinado*."

coríntios⁴ é tal, que não consegue ser alegre, a menos que eles sejam felizes. Além disso, ele diz ainda que os coríntios são a fonte e autores da alegria dele; e não é possível que sejam alegres e transmitam alegria com o coração toldado de tristeza. Se os pastores cultivarem o mesmo sentimento para com seu povo, esta será a melhor maneira de impedi--los de estremecer e amedrontar aqueles que devem ser reanimados com carinhosa benevolência. Pois é daí que pode nascer uma severidade excessivamente desagradável,⁵ de modo a não nos alegrarmos com o bem-estar da igreja como deveríamos fazê-lo.

3. E escrevi esta mesma coisa com receio de que, quando for, eu tenha tristeza da parte daqueles que deveriam alegrar-me; tendo confiança em todos vós de que minha alegria é a de todos vós.
4. Porque, em meio a muita aflição e angústia de coração vos escrevi com muitas lágrimas, não para que ficásseis entristecidos, mas para que pudésseis conhecer o amor que vos tenho com muita abundância.
5. Mas, se alguém causou tristeza, ele causou tristeza não só a mim, mas em parte (para não ser tão severo) a todos vós

3. Et scripseram vobis hoc, ne veniens, a quibus oportebat me gaudere: fideciam habens de vobis omnibus, quod meum gaudium vestrum omnium sit.

4. Ex multa enim afflictione et angustia cordis scripsi vobis per multas lacrimas: non ut contristaremini, sed ut caritatem cognosceretis, quam habeo abundantius erga vos.

5. Si quis autem contristavit, non me contristavit, sed ex parte: ut ne vos omnes gravem.

3. E escrevi esta mesma coisa. Ele havia dito, um pouco antes, que atrasara em ir ter com eles a fim de não ir uma segunda vez em tristeza e severidade; agora, ele quer que saibam que foi pela primeira vez em tristeza, através de uma epístola, para que não sentissem todo o rigor de sua severidade, quando se apresentasse pessoalmente entre eles. Dessa forma, eles não têm motivo de queixa pela tristeza que sentiram, porque, ao impô-la, ele buscava o bem-estar deles. Ele vai mais longe e lhes diz que, quando escreveu, não queria magoá--los ou mostrar indignação contra eles; antes, queria dar-lhes prova

---

4 "C'est à dire vne telle conuenance et conionction de nature et d'affections, entre luty et les Corinthiens." – "Equivale a dizer: tal era a sintonia e conexão da natureza e afeições entre ele e os coríntios."
5 "La seuerite trop grande et chagrin." – "Uma excessiva severidade e mortificação."

de seu amor e de preocupação por eles. Dessa forma, ele remove a impressão de aspereza que sua carta poderia ter produzido, e mostra que sua intenção era magnânima e cheia de boa vontade. No entanto, quando, mais tarde, ele prossegue, admitindo a severidade que aqui está a negar, há uma aparente contradição. Minha resposta é que aqui não existe nenhuma inconsistência, visto que Paulo jamais diz que seu propósito último era ofender os coríntios; o que ele faz é apenas seguir o método que adotou para conduzi-los à sua verdadeira alegria. Aqui ele passa por alto o silêncio, ou a delonga, mencionando sucintamente o significado, o que não foi tão satisfatório.

Tendo confiança. Para convencer os coríntios de sua boa vontade para com eles, Paulo lhes diz que confia neles. O ódio gera má vontade, mas a alegria compartilhada confere perfeito amor.[6] Contudo, se os coríntios não vivem à altura da confiança que o apóstolo depositara neles, então, o desapontam vergonhosamente.

4. Porque, em meio a muita aflição. Aqui, ele apresenta uma segunda explicação para demonstrar que não fora tão severo quanto pareceu. Aqueles que sentem prazer em desdenhar do infortúnio alheio e, desse modo, provam sua própria covardia, são insuportáveis. Paulo, porém, afirma que sua própria atitude tem sido completamente diferente. "Foi a intensidade da aflição", diz ele, "que me constrangeu a escrever como o fiz". Quem não se desculparia e não sorveria boa parte do que é motivado por tal aflição, especialmente quando sua infelicidade não era em função de si mesmo, mas que foi causada por eles mesmos, quando Paulo não dá vazão a essa tristeza, a fim de aliviar-se e responsabilizá-los, e, ao contrário, lhes mostra seu amor? Esta é a razão por que os coríntios não deviam ofender-se ante a severidade da reprovação de Paulo.

Ele faz menção de *lágrimas*, o que, num homem bravo e corajoso, são sinais de grande ansiedade. Disso percebemos em que tipo de espírito piedoso e santo as reprovações e admoestações devem ser administradas. Porque há muitos reprovadores ruidosos que exibem um

---

6 "Il faut bien dire que l'amitie y est entiere." – "Não podemos senão dizer que há inteira amizade."

fervor inusitado, quando denunciam e fazem pesquisas contra as faltas de outrem, e possuem um coração insensível,[7] tanto que até parecem sentir prazer em exercitar sua garganta e pulmões.[8] Entretanto, é próprio que um pastor piedoso chore em seu interior, antes de fazer outros chorarem;[9] sofra nos recessos de seu próprio coração, antes de apresentar algum sinal público de sua ira, e conserve para si mesmo mais tristeza do que a que ele causa nos outros. Devemos observar que as lágrimas de Paulo, que por sua abundância testificam da ternura de seu coração, eram mais heróicas do que a insensibilidade cruel dos estóicos.[10] Porque, quanto mais terno é o amor, mais digno é ele de louvor.

O advérbio traduzido pela expressão *com muita abundância* pode ser considerado um comparativo. Assim, ela subentende uma acusação contra os coríntios, no sentido de que não retribuíram ao amor de Paulo, porque seu amor por Paulo era frio, enquanto o de Paulo por eles era fervoroso. Minha interpretação aqui é mais simples, significando que Paulo lhes está dedicando seu amor para que essa confiança suavizasse alguma aspereza que, porventura, houvera em suas palavras.

5. Mas, se alguém causou tristeza. Ele apresenta uma terceira explicação para reduzir a ofensa que teria causado – ou seja, ele compartilha sua aflição com os coríntios e diz que a causa dela pode ser procurada em outra parte. "Vós e eu", diz Paulo, "participamos da mesma tristeza; e outro é culpado por ela". Mas, mesmo sobre este *outro* ele fala de maneira totalmente gentil, porque diz "se alguém", sem impor sua acusação contra nenhum indivíduo em particular. Contudo, há quem tome o que ele diz como que significando: "Quem me causou angústia ofendeu igualmente a vós também; porque devíeis sofrer a tristeza comigo. No entanto tendes deixado sofrê-la *quase* sozinho, porém não

---

7 "Ils ne s'en soucient point, et n'en sont nullement touchez." – "Não se sentem preocupados com isso e não se deixam afetar por isso, em nenhum grau."
8 "En criant." – "Em clamar."
9 Pode haver pouca dúvida de que nosso autor tivesse aqui ante seus olhos o célebre sentimento de Horácio, em seu "Ars Poetica" (1.102): "Si vis me flere, dolendum primum ipsi tibi" - "se você me quer ver chorando, então, chore primeiro."
10 "Qui vouloyent apparoistre comme insensibles". – "Que queriam parecer como se fossem destituídos de sentimento."

disse *totalmente* sozinho para não ser demasiadamente drástico com todos vós". Entendida assim, a segunda cláusula seria uma correção da primeira. Entretanto, a interpretação de Crisóstomo é muito mais inteligente, porque ele constrói a frase como uma declaração contínua: "Esse indivíduo entristeceu não só a mim, mas quase a todos vós".[11] Discordo de Crisóstomo somente no que se refere à expressão "em parte". Faço-a significar "em certa medida". Sei que Ambrósio a traduziu "parte dos santos", com base no fato de que a igreja de Corinto se achava dividida, isso, porém, demonstra mais engenhosidade do que precisão.

6. Basta-lhe uma só punição infligida pela maioria.

7. De modo que, ao contrário, deveis perdoá-lo e confortá-lo, a fim de que, de alguma maneira, não venha ele a ser consumido por sua excessiva tristeza.

8. Por conseguinte, eu vos imploro que confirmeis para com ele vosso amor.

9. Porque foi com esta finalidade, também, que vos escrevi, para que eu tenha uma prova de vossa parte, se sois obedientes em todas as coisas.

10. Mas a quem perdoais alguma coisa, eu também perdôo; porque, o que também tenho perdoado, se alguma coisa tenho perdoado, foi por vossa causa que perdoei na presença de Cristo;

11. para que Satanás não alcance nenhuma vantagem sobre nós, pois não ignoramos seus ardis.

6. Sufficit ei, qui talis est, correctio, quæ illi contigit a pluribus.

7. Ut potius e diverso debeatis condonare, et consolari: ne forte abundantiori tristitia absorbeatur, qui eiusmodi est.

8. Quamobrem obsecro vos, ut confirmetis erga eum caritatem.

9. Nam in hoc etiam scripseram vobis, ut probationem vestri cognoscerem: an ad omnia obedientes sitis.

10. Cui autem condonatis, etiam ego: etenim cui condonavi, si quid condonavi, propter vos condonavi in conspectu Christi.

11. Ut ne occupemur a Satana: non enim cogitationes eius ignoramus.

6. Basta-lhe. Paulo agora estende sua clemência até mesmo àquele que pecara de forma ainda mais grave que os demais, por cuja causa Paulo ficara tão irado com todos eles, por terem tolerado seu pecado. O fato de estar ele pronto a perdoar aquele que merecera uma punição

---

11 "As palavras podem ser assim traduzidas: "Mas, se alguém (significando a pessoa incestuosa) tem ocasionado tristeza, ele entristeceu não tanto a mim, quanto, em algum medida (para que eu não seja duro demais com ele), a todos vós"... Ἐπιβαρῶ deve, de acordo com a versão Siríaca e Emmerling, ser entendido intransitivamente, no sentido 'ne quid gravius dicam' (para que eu não diga nada severo demais), ou seja, 'ne dicam nos solos' (para que eu não diga – somente nós). Deste sentido de ἐπιβαρεῖν τινι (*suportar dificuldade*), Wetstein, de Appião, cita dois exemplos" – Bloomfield.

muito mais severa é demonstração evidente aos coríntios de que Paulo detestava severidade em demasia. Não que ele tenha adotado tal atitude apenas em beneficio pessoal, pois ele era naturalmente de uma disposição indulgente. Entretanto, os coríntios devem ver nisto prova de sua grande humanidade. Além disso, ele não mostra simplesmente quão indulgente está disposto a ser, mas afirma também que recebe o culpado de volta com a mesma magnanimidade.

Contudo, devemos considerar esta questão com um pouco mais de detalhes. A referência é a um homem que se corrompera por meio de uma união incestuosa com sua madrasta [veja-se 1Co 5]. Esta foi uma ofensa intolerável,[12] e Paulo ordenou que aquele homem fosse excomungado. Igualmente repreendera severamente os coríntios por estimularem este pecado, ocultando-o e tolerando-o entre eles mesmos por muito tempo. Desta passagem concluímos que, tendo sido exortado pela igreja, o homem arrependeu-se; e agora Paulo ordena que ele seja perdoado e reanimado pelo conforto da igreja.

Esta passagem precisa ser cuidadosamente examinada, porque ensina com que imparcialidade e brandura a disciplina da igreja deve ser exercida, a fim de que não seja indevidamente severa. A severidade é necessária para que os ímpios não venham a ser mais audaciosos, ao ser-lhes permitido prosseguirem seu caminho impunemente – porque isto seria o mesmo que incitamento ao pecado. Mas, por outro lado, corre-se o risco de a pessoa que é disciplinada cair em desespero; por isso, a igreja deve praticar a moderação e estar pronta a perdoar o culpado, tão logo esteja certa de que ele está sinceramente arrependido. Em minha opinião, os bispos da igreja primitiva eram carentes de sabedoria nesta matéria, e nenhuma escusa existe para eles, porém devemos tomar conhecimento de seu erro e aprender a evitá-lo. Para Paulo, era suficiente que um faltoso se arrependesse, para, em seguida, ser reconciliado com a igreja; porém, aqueles bispos não levavam em conta o arrependimento, do contrário não existiriam os decretos

---

12 "De ce qu'ils auoyent si longuement nourri ce mal-heureux en son peche." – "Porque eles haviam encorajado aquele homem infeliz, por tanto tempo, em seu pecado."

canônicos a exigirem um período de penitência com a duração de três ou sete anos ou, às vezes, por toda a vida; em consideração a esses decretos, eles mantinham os pobres infelizes excluídos da comunhão da igreja. Um faltoso assim tratado tende ou a manter-se ainda mais afastado da igreja ou[13] é induzido à prática da hipocrisia. Mesmo que esta prática fosse mais aceitável em si mesma, eu não poderia aprová--la, porque ela se afasta do método de lidar com faltosos ordenado pelo Espírito Santo, o qual o apóstolo prescreve aqui.

7. A fim de que, de alguma maneira, não venha ele a ser consumido por sua excessiva tristeza. O propósito da excomunhão, em relação a uma pessoa que ofende, é que ela seja vencida pela consciência de seu pecado, humilhe-se diante de Deus e da igreja e seja convencida a buscar o perdão com genuíno arrependimento e confissão de sua culpa. O homem que procede dessa maneira necessita mais de conforto do que de reprovação. E continuar tratando-o com severidade já não é disciplina, e sim abuso cruel. Devemos, pois, ser extremamente cuidadosos para não levarmos nossa disciplina além deste limite.[14] Não existe nada mais perigoso do que dar a Satanás uma chance de reduzir um pecador a extremo desespero. Sempre que deixamos de confortar os que são movidos a uma sincera confissão de seus pecados, favorecemos a Satanás.

9. Porque foi com esta finalidade, também, que vos escrevi. Ele antecipa uma objeção que poderia ser atribuída contra ele. Pois alguém poderia dizer: "O que quiseste dizer com estar tão zangado conosco, por não tomarmos qualquer atitude contra este homem? Mudar, tão de repente, de juiz severo para defensor, não é este o sinal de um homem que não pode equilibrar sua própria mente?"[15] Tal impressão poderia denegrir grandemente a autoridade de Paulo; ele, porém, responde que agora havia obtido o que queria e, portanto, es-

---

13 "Ou pour le noins." – "Ou pelo menos."
14 "Plus qu'il est yci demonstre." – "Além do que é aqui realçado."
15 "D'vn homme inconstant, et qui est mené de contraires affections." – "De um homem que é instável e influenciado por disposições conflitantes."

tava satisfeito, de modo que sua ira deve dar lugar à clemência. Agora, a negligência dos coríntios foi corrigida, por isso não há razão por que eles não deviam demonstrar compaixão, restaurando o homem que se achava prostrado e tão abatido.[16]

10. Mas a quem perdoais alguma coisa. Aproveitando a ocasião mais natural para conquistar o favor dos coríntios, ele dá sua aprovação ao perdão já concedido por eles,[17] como se quisesse dizer: "Não hesiteis em perdoá-lo; prometo confirmar tudo o que tiverdes feito e dou meu consentimento à decisão de perdoá-lo". Em segundo lugar, ele diz que procede assim por amor deles, mas também com sinceridade e de todo o coração. Ele já provara quão preocupado estava com a salvação desse homem; agora, declara que voluntariamente dá aos coríntios a sua aprovação.

Quanto à expressão *na presença de Cristo*, alguns preferem *pessoa*,[18] porque, ao promover esta reconciliação, Paulo estava agindo no lugar de Cristo,[19] representando sua pessoa.[20] Entendo, porém, como sendo mais provável que ele estivesse apenas declarando que seu perdão era sincero e despretensioso. Usualmente, ele usa esta frase para indicar sinceridade pura e não fingida. Se alguém ainda prefere a outra redação, deve-se notar que a pessoa de Cristo está implícita, porque nada existe que nos inclinaria mais à prática da misericórdia.

11. Para que Satanás não alcance nenhuma vantagem sobre nós. Isto pode ser considerado como se referindo ao que já dissera acerca da excessiva tristeza. Pois uma das piores artimanhas[21] de Satanás é a de privar-nos de toda consolação e em seguida arrojar-nos num abismo de desespero. Esta é a interpretação que Crisóstomo faz

---

16 "Ce poure homme le voyans bien confus et abbatu." – "Este pobre homem, ao vê-lo envergonhado e derrotado."
17 "A ce pecheur." – "A este ofensor."
18 "Aucuns aiment mieux dire, En la pesonne de Cristo." – "Alguns preferem dizer: Na pessoa de Cristo."
19 "Estoit comme lieutenant de Cristo." – "Era como se fosse o representante de Cristo."
20 Raphelius, em seu Semicent. Annot., cita uma passagem de Eusébio (Hist. Eccl. lib. iii. cap. 38), na qual ele faz menção da Epístola de Clemente ἥν ἐκ προσώπου τῆς Ῥωμαίων Ἐκκλεσίας τῇ Κορινθίων διετυπώσατο, "que ele escrevera em nome da igreja dos romanos à dos coríntios."
21 "Tres dangereuse." – "Muito perigoso."

da passagem. Prefiro relacioná-la a Paulo e aos coríntios. Satanás estava enredando-os num duplo perigo – o de serem duros e severos demais, e o de permitirem que se suscitassem dissensões entre eles. Acontece amiúde que, movidos por seu zelo em favor da correção, os homens são induzidos a uma severidade farisaica que transtorna o pobre pecador em vez de curá-lo. Segundo meu ponto de vista, Paulo aqui está mais preocupado com o segundo perigo, porque, se ele, em alguma medida, não tivesse deferido o desejo dos coríntios, Satanás teria reforçado sua posição, provocando disputa entre eles. **Não ignoramos seus ardis.** Noutras palavras: "Estamos cientes do aviso do Senhor no sentido de que a mais freqüente artimanha de Satanás, quando não consegue ferir-nos abertamente, é surpreender-nos com um ataque secreto,[22] no momento em que baixamos a guarda. Desde que estejamos conscientes de que ele nos atacará por meio de métodos indiretos e empreenderá contra nós assaltos secretos, devemos olhar para frente com muita atenção e vigiar para não sermos feridos. Paulo usa a palavra *ardis* no mesmo sentido do hebraico זמה (*zimmah*) —, porém com um sentido negativo,[23] significando os esquemas engenhosos contra os quais os crentes devem estar atentos; e estarão se permitirem que o Espírito de Deus os governe. Em suma, uma vez que Deus já nos avisou de que Satanás reunirá todas as suas forças para nos dominar e já nos mostrou que tipo de métodos ele usa, então, estejamos alertas e prontos para enfrentá-lo, de modo que não descubra alguma fenda em nossa armadura.

12. Ora, quando cheguei a Trôade para [pregar] o evangelho de Cristo, e quando uma porta se me abriu no Senhor,
13. Não tive alívio em meu espírito, porque não encontrei meu irmão Tito; por isso,

12. Porro quum venissem Troadem in Evangelium Christi; etiam ostio mihi aperto in Domino.
13. Non habui relaxationem espiritui meo, eo quod non invenneram Titum fratrem meum;

22 O leitor encontrará o mesmo sentimento expresso mais plenamente por Calvino no Argumento na Primeira Epístola aos Coríntios.
23 O termo hebraico זמה (*zimmah*) é usado num sentido negativo (significando *ardil perverso*) em Provérbios 21.27 e 24.9. A palavra empregada pelo apóstolo, νοήματα, é usada por Homero (Ilíada, x.104, xviii.328) no sentido de *esquemas* ou *ardis*.

despedindo-me deles, parti para a Macedônia.

14. Graças, porém, a Deus, que em Cristo sempre nos conduz em triunfo, e faz manifesto, através de nós, em todo lugar, a fragrância de seu conhecimento.

15. Porque nós somos para com Deus o suave perfume de Cristo, naqueles que estão sendo salvos e naqueles que perecem.

16. Para com estes, fragrância de morte para morte; para com aqueles, fragrância de vida para vida. E quem é suficiente para estas coisas?

17. Porque nós não estamos, como muitos, adulterando a palavra de Deus; senão que, com sinceridade, da parte de Deus, na presença de Deus falamos em Cristo.

sed illis valedicens profectus sum in Macedoniam.

14. Deo autem gratia, qui semper triumphare nos facit in Christo; et odorem cognitionis eius manifestat per nos in omini loco.

15. Quia Christi suavis odor sumus Deo, in iis qui salvi funt, et in iis qui pereunt.

16. His quidem odor mortis in mortem, illis vero odor vitæ in vitam; et ad haec quis idoneus?

17. Non enim sumus quemadmodum multi, adulterantes sermonem Dei: sed tanquam ex sinceritate, tanquam ex Deo, in conspectu Dei in Christo loquimur.[24]

12. Quando chegamos a Trôade. Ao apresentar este relato do que fizera recentemente, dos lugares que visitara e do roteiro que seguira, Paulo confirma ainda mais contundentemente o que dissera sobre seu propósito de visitar Corinto. Ele diz que viera de Éfeso a Trôade por causa do evangelho e que não teria tomado aquele caminho para Acaia, a não ser que quisesse passar pela Macedônia. No entanto, não encontrando Tito em Trôade, a quem enviara a Corinto, e não podendo, assim, obter dele a informação que esperava sobre o estado da igreja de Corinto, ainda que houvesse grande campo e grande oportunidade de ser útil no trabalho ali, ele analisou tudo isso e foi para Macedônia ansioso por ver Tito. Aqui está uma grande prova de sua mui especial afeição pelos coríntios, de tal modo que sua preocupação por eles não o deixava descansar em parte alguma, nem mesmo onde se lhe oferecia grande esperança de sucesso, enquanto não recebesse notícias deles. Disso se torna evidente por que ele retardara sua ida;

---

24 "Car nous ne sommes point comme plusieurs, corrompans la parolle de Deus: ains nous parlons comme en purete, et comme de par Dieu, deuant Dieu en Christ, *ou*, Car nous ne faisons pasa traffique de la parolle de Diu, comme font plusieurs, ains nous parlons touchant Christ, *ou selon Chist*, comme en integrite, et comme de par Dieu, deuant Dieu." – "Porque não estamos, como muitos, corrompendo a palavra de Deus; mas falamos, como em pureza e da parte de Deus, diante de Deus, em Cristo, *ou*, Porque não fazemos tráfico da palavra de Deus, como *fazem* muitos; mas falamos acerca de Cristo, *ou segundo Cristo*, como em integridade e como da parte de Deus, diante de Deus."

foi porque não queria ir enquanto não falasse com Tito. Mais tarde, com base no que Tito lhe contou, ele entendeu que o tempo de sua visita ainda não chegara. Portanto, é evidente que Paulo amava os coríntios de tal maneira que se prontificou a modificar os preparativos de sua viagem e percorrer muitos quilômetros extras, indo ter com eles bem depois do que prometera, não porque se esquecera de seu compromisso, ou mudara precipitadamente seus planos, ou fora irresoluto em suas intenções,[25] mas porque o adiamento seria melhor para eles.

Uma porta se me abriu. Já tratei desta metáfora no último capítulo da Primeira Epístola aos Coríntios [1Co 16.9]. Sua intenção é dizer que se lhe apresentara uma oportunidade de promover o evangelho.[26] Assim como uma porta aberta faz possível uma entrada, assim também os servos do Senhor fazem progresso quando se lhes apresenta uma oportunidade. A porta está fechada quando não há esperança de sucesso. Portanto, quando a porta está fechada, temos que tomar um caminho diferente, em vez de nos gastarmos em esforços vãos, para transitarmos por ele; mas, quando se nos apresenta uma oportunidade para a edificação, lembremo-nos de que a porta se nos abriu pela mão de Deus, a fim de que proclamemos a Cristo naquele lugar, e não recusemos aceitar o generoso convite que Deus assim nos oferece.

Contudo, talvez pareça que Paulo errou ao deixar de considerar ou, por outra qualquer razão, aproveitar esta oportunidade em Trôade, prosseguindo, em vez disso, rumo à Macedônia. Não deveria ele ter-se devotado à obra que tinha em mãos, em vez de simplesmente partir,

---

25 Elsner, ao comentar 1 Coríntios 16.9 – "uma porta grande e eficaz se me abriu" –, após citar uma variedade de passagens de autores latinos e gregos, nas quais se emprega uma metáfora correspondente, observa que os escritores rabínicos empregam no mesmo sentido o termo חתפ (phethach), uma porta. Assim Raschi, ao falar da questão proposta a Hagar pelo anjo ("Donde vens?" — Gn 16.8), observa: "Noverat id (ângelus) sed (interrogavit) ut חתפ, januam, ei daret colloquendi"; – "Ele (o anjo) sabia disto, mas (propôs a pergunta) para que propiciasse a ela uma oportunidade de lhe falar".

26 "Ne refusons point de nous employer en ce que nous pourrons seruir, quand nous voyons que Dieu nous y inuite si liberalement." – "Não recusemos dedicar-nos a prestar o serviço que podemos, quando percebemos que Deus nos convida tão bondosamente."

fugindo para outro lugar? Minha resposta é que Paulo nunca se preocupava apenas com uma igreja, mas tinha sobre si a obrigação de muitas outras. E para ele não era correto negligenciar seu dever para com estas outras, por conta do interesse presente de uma única igreja. Também, em virtude de sua ligação com a igreja de Corinto ser tão estreita, ele impôs a si mesmo o dever especial de se prontificar a ir em assistência a essa. Pois, obviamente, é correto que ele cultivasse afeição tão singular[27] por uma igreja que fora fundada por intermédio de seu próprio ministério. Assim também, em nossa própria época, é nosso dever servir à igreja toda e dar assistência a todo o Corpo [de Cristo]; não obstante, todos nós cultivamos laços mais fortes e mais sagrados em relação a nossa própria igreja, à qual somos especialmente obrigados a servir. As coisas em Corinto iam tão mal, que Paulo estava ansioso com seus resultados, mais do que costumeiramente; e, nessas circunstâncias, não é de admirar que sua ansiedade o fizesse deixar passar uma oportunidade que, em caso contrário, não teria negligenciado, visto que ele não podia estar em todo lugar ao mesmo tempo. De qualquer modo, não é plausível que ele saísse de Trôade, enquanto não se provesse de um substituto para seu lugar, a fim de tirar vantagem da *porta aberta*.[28]

14. Graças, porém, a Deus. Aqui Paulo, uma vez mais, se gloria no sucesso de seu ministério e enfatiza que não esteve ocioso em nenhum dos lugares que visitou. Mas não há nesta ostentação nenhum mal, visto que começa com ações de graça e volta a este último ponto, como veremos. Ele não celebra suas realizações com base em qualquer desejo de gloriar-se, e não como os fariseus, que faziam tudo para exibir gratidão a Deus, enquanto, por dentro, eram saturados de orgulho e arrogância. Paulo, ao contrário, deseja sinceramente que tudo quanto era digno de louvor, em sua obra, fosse reconhecido como procedente apenas de Deus, cujo poder deve ser o único a ser glorificado. Ele, também, canta seus próprios louvores visando ao bem dos coríntios,

---

27 "Fust aimee de luy d'vne affection singuliere et especiale." – "Fosse amada por ele com uma afeição singular e especial."
28 "L'ouuerture que Dieu auoit faite." – "A abertura que Deus fizera."

para que, ouvindo como ele servia a Deus com tanto êxito em outros lugares, se prontificassem a admitir que o trabalho do apóstolo entre eles não fora em vão e que aprendessem a respeitar um ministro a quem Deus estava fazendo tão glorioso e tão frutífero por toda parte; porque é pecaminoso desprezar ou pensar levianamente de alguém a quem Deus tem honrado tão grandemente. Nada foi mais danoso para os coríntios do que seu método equivocado de avaliar o apostolado e a doutrina de Paulo; e nada poderia ser-lhes mais vantajoso do que conservar ambas estas honras. Muitos tinham começado a desacreditá-lo. Por isso, ele tinha o dever de romper seu silêncio. Além disso, ele contrasta esta ostentação santa com a malícia de seus oponentes.

Que... sempre nos conduz em triunfo. Se tomarmos o verbo literalmente, ele significará: *Qui nos triumphat – Que triunfa sobre nós.*[29] Todavia, Paulo está se referindo a algo distinto do significado comum desta frase latina.[30] Diz-se dos prisioneiros que são levados em triunfo quando, para desgraça deles, são presos com correntes e arrastados adiante do carro do vencedor. Contudo, Paulo quer dizer que ele tinha participação no triunfo que Deus estava celebrando, porque era através de seu trabalho que o triunfo fora alcançado, assim como os principais capitães participavam do triunfo do general,[31] por cavalgarem seus corcéis ao lado da carruagem dele. Portanto, uma vez que todos os ministros do evangelho lutam sob a bandeira de Deus e conquistam para Ele a vitória e a honra de um *triunfo,*[32] Deus honra a cada

---

29 "Qui triomphe tousiours de nous." – "Que sempre triunfa sobre nós."

30 "Θριαμβεύειν com o acusativo é usado aqui como o hiphil do hebraico, da mesma maneira como μαθητεύειν (fazer discípulo, Mt 13.52), βασιλεύειν (fazer um rei, 1Sm 13.22) e outros" – Billroth, *on the Corinthians,* Bib. Cab. Nº xxiii. p. 181. O significado é: "Faz-nos triunfar".

31 Em tais ocasiões, os *legati* (representantes) do general e tribunos militares cavalgavam comumente a seu lado (ver Cic. Pis. 25).

32 "Um *triunfo* entre os romanos, ao qual Paulo faz alusão aqui, era uma honra pública e solene conferida por eles a um general vitorioso, permitindo-lhe a uma procissão magnificente pelas ruas da cidade. Isso não era concedido pelo senado, a menos que o general granjeasse *uma vitória magistral e decisiva;* vencesse uma província, etc. O povo de Corinto estava suficientemente familiarizado com a natureza de um triunfo. Certa de duzentos anos antes disso, Lucius Mummius, cônsul romano, vencera toda a Acaia, destruíra Corinto, Tebes e Cálcis; e, por ordem do senado, teve um grande triunfo e foi cognominado de *Acaicus*" – Dr. A. Clarke.

um deles com participação em seu triunfo, segundo a sua posição no exército e o esforço despendido. Assim ele mantém a posse de seu triunfo, porém não seu próprio triunfo, mas o de Deus. Ele acrescenta, *em Cristo*, uma vez que é nEle que Deus mesmo triunfa, porque foi nEle que Deus conferiu toda a glória de seu reino (*imperium*). Se alguém preferir traduzir esta frase como "que triunfa através de nós", também se ajusta bem ao seu significado.[33]

A fragrância de seu conhecimento. O triunfo era este: que através de Paulo, Deus estava poderosa e gloriosamente em ação, enchendo o mundo com a fragrância saudável de sua graça; e, por meio de sua doutrina, Paulo conduzira alguns ao conhecimento de Cristo. Ele retoma a metáfora da *fragrância* mais adiante, usando-a para realçar a suave doçura do evangelho, bem como seu poder e eficácia em insuflar vida nos homens. Paulo ainda lhes recorda que sua própria pregação até aqui tem sido uma fragrância que conduz almas à vida. Disso aprendemos que a única maneira de fazermos progresso seguro é deixar-se atrair pela suave fragrância de Cristo, de modo a desejá-lo tanto que demos adeus às fascinações deste mundo.

Paulo disse *em todo lugar* para realçar o fato de que alcançava algum sucesso e recompensa por seu trabalho, em todo lugar por onde andava. Os coríntios sabiam em quantos lugares Paulo já semeara a semente do evangelho; agora, ele lhes diz que, do primeiro ao último, ele tem sido generosamente abençoado em todos eles.[34]

15. Somos... o suave perfume de Cristo. Paulo, agora, aplica aos apóstolos a mesma metáfora que usara em referência ao conhecimento de Cristo, porém seu significado permanece o mesmo. Como são chamados a luz do mundo [Mt 5.14], visto que projetam luz sobre os homens, quando lhes oferece o evangelho, e não porque brilham com algum fulgor a fluir de si mesmos, também aqui são chamados de *sua-*

---

[33] "C'est plustot au nom de Dieu, que en leur propre nom." – "É no nome de Deus, e não em seu próprio."

[34] "La benediction de Dieu continue sur son ministere comme on l'y auoit apperceue au commencement." – "A bênção de Deus continua sobre seu ministério, como eles a tinham visto no início."

ve fragrância, não porque produzem em si mesmos alguma fragrância, mas porque ensinam que a fragrância que eles trazem é suficiente para encher o mundo todo com seu deleitável aroma.[35] É evidente que esta figura se aplica a todos os ministros do evangelho, porque, onde houver pregação do evangelho, pura e genuína, ali se encontrará também esta forte fragrância que Paulo menciona. Ao mesmo tempo, ele está falando especialmente de si mesmo e de seus associados, transformando em virtude aquilo que seus caluniadores alegavam ser uma falta dele. Foi pela razão de muitos se oporem e odiarem a Paulo que alguns coríntios começavam a desprezá-lo. Sua réplica, porém, a esse comportamento é que os ministros do evangelho que são fiéis e sinceros desfrutam uma doce fragrância diante de Deus, não só quando vivificam suas almas pela fragrância da salvação, mas também quando trazem morte aos descrentes. Portanto, o fato de que o evangelho é resistido não deve ser motivo para diminuirmos seu valor. Diz Paulo: ambas as fragrâncias são agradáveis a Deus – por meio das quais os eleitos são recriados para a salvação e os réprobos, atormentados.

Esta é uma passagem notável, da qual podemos aprender que, sejam quais forem os resultados de nossa pregação, isso é agradável a Deus, contanto que o evangelho seja pregado, e nossa obediência lhe seja aceitável. O bom nome do evangelho não é desonrado, de modo algum, pelo fato de que não é totalmente proveitoso. Pois Deus é glorificado quando o evangelho causa a ruína dos réprobos. E, se algo é um suave aroma para Deus, o mesmo deve ser igualmente para nós, ou seja, não devemos sentir-nos ofendidos, caso a pregação do evan-

---

35 "Elsner e muitos outros comentaristas crêem, com suficiente razão, que aqui há uma alusão aos perfumes que costumeiramente eram incensados durante as procissões triunfais dos vencedores romanos. Plutarco, em certa ocasião desse tipo, descreve as ruas e templos como sendo θυμιαματων πληρεις – 'impregnados de incenso'; e poderia ser propriamente chamado aroma de morte para os vencidos e de vida para os vencedores. É possível que nos versículos seguintes o apóstolo se referiu mais aos diferentes efeitos dos fortes perfumes — alegrar alguns e precipitar outros em variadas desordens —, de acordo com as diferentes disposições com que os recebiam. É bem provável que não haja esse mesmo fundamento para outra conjectura que tem sido apresentada, a conjectura de que a expressão *nos faz triunfar em Cristo* contem uma alusão ao costume do general vencedor que, em suas procissões triunfais, costumava levar consigo, em seu carro, alguns de seus parentes" – *Illustrated Commentary*.

gelho não resulte na salvação de todos os seus ouvintes, mas devemos considerá-lo plenamente satisfatório, se ele promove a glória de Deus, ao trazer aos réprobos a justa condenação. Ainda que os arautos do evangelho sejam considerados um mau odor no mundo, em razão de seu sucesso não ser tão grande como deles se espera, eles têm a excelente consolação de saber que fazem subir para Deus um incenso de suave fragrância e que o que é ofensivo ao mundo é um deleitável perfume para Deus e os anjos.[36]

Ele põe grande ênfase na palavra *fragrância*. É como se quisesse dizer: "O poder do evangelho é tão grande que ou ele vivifica ou mata,[37] não só por seu *sabor*, mas também por seu *odor*. Se o resultado for vida ou morte, ele nunca é pregado em vão". Suscita-se, porém, a indagação de como isso pode ser consistente com a natureza do evangelho definida por Paulo, um pouco depois, como "o ministério de vida" [2Co 3.6]. A resposta é simples: o evangelho é pregado *para a salvação*, porquanto este é seu real propósito, mas só os crentes têm participação nesta salvação; para os descrentes, ele é ocasião de *condenação*, porém são eles mesmos que o fazem assim. Portanto, Cristo não veio ao mundo *para condenar* o mundo [Jo 3.17] – não havia neces-

---

36 "'Somos para com Deus o suave *perfume* (ou odor, conforme o significado mais apropriado da palavra ὀσμή) de Cristo, naqueles que estão sendo salvos e naqueles que perecem. Para com estes, fragrância de morte para morte; para com aqueles, *fragrância* de vida para vida.' Isso coloca um fardo pesado sobre o espírito de Paulo. Oh! que nunca sejamos para ninguém o fragrância de morte para a morte! Quem é suficiente para estas coisas? Mas, quer para a vida, quer para a morte, em ambos os casos somos um suave perfume para Deus em Cristo. Quando Ele vê a sinceridade de nossos corações e quantas almas arrancamos, prazerosamente, do estado de morte para esta vida. A sua obra efetuada de salvar almas Lhe é tão grata e agradável, que a experiência e o desejo dela não é ingratidão" – *Howe's Works* (Londres, 1834), p. 999.

37 "*Somos... fragrância de morte para a morte*. É provável que a linguagem aqui usada seja emprestada das expressões semelhantes que eram comum entre os judeus. Assim em Debarim Raba, sect. i. fol. 248, lemos: 'Como a abelha produz algum mel ao proprietário, mas ferroadas para outros, assim ocorre com as palavras da lei.' Elas (as palavras da lei) são um perfume de vida para Israel, porém um perfume de morte para as pessoas deste mundo.' Assim, em Täarieth, fol. vii. 1: "'Quem quer que atente à lei, em virtude da própria lei, para esse ela se converte num *aroma de vida* — סם חיים (*sam chiim*); mas para aquele que não atenta à lei, em virtude da própria lei, para esse ela se converte em *aroma de morte* — סם מות (*sam maveth*)'; cuja idéia é que, como a medicina habilmente aplicada sarará, mas, se mal aplicada, agravará a enfermidade, assim se dá com as palavras da lei. Outra vez, "A palavra da lei que procede da boca de Deus é um perfume de vida para os israelitas, porém um perfume de morte para os gentios'" – Barnes.

sidade disso, uma vez que já estávamos todos condenados sem Cristo. Assim Cristo envia os apóstolos não só para ligar, mas também para desligar; não só para perdoar pecados, mas também para retê-los [Mt 18.18; Jo 20.23]. Ele é a luz do mundo [Jo 8.12], mas cega os incrédulos [Jo 9.39]. Ele é a pedra fundamental, mas, para muitos, é a pedra de tropeço [Is 8.14][38]. No entanto, a função própria (*proprium officium*) do evangelho[39] deve ser sempre distinguida do que podemos chamar de *função acidental* (*ab accidentali*), que deve ser imputada à *depravação* dos homens pela qual a vida se converte em morte.

16. E quem é suficiente para estas coisas? Há quem pense[40] que esta exclamação está inserida aqui para proteger-se contra a arrogância, pois ele está dizendo que ser um bom apóstolo[41] de Cristo é uma tarefa que está além do poder humano e, por isso, ele atribui o louvor a Deus. Outros entendem que ele está se referindo à escassez de bons ministros. Quanto a mim, entendo que existe aqui um contraste implícito, que ele tornará mais explícito, como se estivesse dizendo: "A profissão é comum e muitos desfrutam dela, mas ter o próprio negócio é uma excelência muito rara e distinta.[42] Não reivindico para mim mesmo nada que não eu não tenha, caso seja posto à prova". Já que todos os que exercem o ofício de mestre reclamam a honra a eles devida, Paulo se distingue dos demais mestres que tinham pouco ou nada do

---

38 "De scandale et achoppement." – "De ofensa e escândalo."
39 "Le propre et naturel office de l'Euangile." – "O ofício próprio e natural do evangelho."
40 Entre esses está Crisóstomo que, ao comentar estas palavras, afirma: Ἐπιδὴ μεγάλα ἐφθέγξατο, ὅτι θυσία ἐσμὲν τοῦ Χριστοῦ καὶ εὐωδία, καὶ θριαμβευόμεθα πανταχοῦ, πάλιν μετριάζει τῷ θεῷ πάντα ἀνατίθεις· διὸ καὶ φησὶ, καὶ πρὸς ταῦτα τίς ἱκανός; τὸ γὰρ πᾶν τοῦ Χριστοῦ φησιν, ἐστιν· οὐδὲν ἡμέτερον· ὁρᾷς ἐπεναντίας ψευδαποστόλοις φθεγγόμενον οἱ μὲν γὰρ καυχῶνται ὡς παρ' ἑαυτῶν εἰσφέροντές τι εἰς τὸ κήρυγμα οὗτος δὲ διὰ τοῦτό φησι καυχᾶσθαι, ἐπειδὴ οὐδὲν αὐτοῦ φησιν εἶναι. – "Tendo pronunciado grandes coisas – que somos uma oferenda e suave perfume de Cristo e que somos feitos triunfar por toda parte, ele outra vez qualifica isto, atribuindo tudo a Deus. Por conseguinte, ele afirma: *E quem é suficiente para estas coisas?* Porque tudo, diz ele, é de Cristo; nada é nosso. Você percebe que, de certo modo, ele se expressa indiretamente em oposição aos falsos apóstolos. Pois estes deveras se vangloriam, como se de si mesmos contribuíssem com algo para sua pregação, enquanto que ele, em contrapartida, se gloria neste fundamento: porque nada, diz ele, é seu".
41 "Loyale et fidele Apostre." – "Um apóstolo leal e fiel."
42 "C'est vne vertu excellence, et bien Clair semee." – "É uma excelência eminente e mui pouco inculcada."

poder do Espírito, ao reivindicarem para si uma excelência especial.
17. Porque não estamos, como muitos. Agora ele se contrasta mais explicitamente com os falsos apóstolos, tanto para explicar em maiores detalhes como para excluí-los do crédito que reivindicavam para si. "Tenho o direito", diz ele, "de falar de meu apostolado em termos contundentes, e não tenho receio de ser achado culpado de vaidade, caso se exija prova. No entanto, muitos fazem para si, embora falsamente, as mesmas reivindicações. Contudo, é fácil descobrir que eles nada têm a ver comigo, porque *adulteram* a palavra de Deus, da qual sou ministro em plena consciência e sinceridade para a edificação da igreja". Não creio que aqueles que são aqui reprovados estivessem pregando doutrinas que fossem abertamente ímpias ou falsas. É mais provável que estivessem, por lucro ou por ambição, corrompendo o *uso* da doutrina genuína, para que não restasse nela nenhum vigor. A isto ele chama *adulterar*. Erasmo prefere a tradução "tirar proveito". O verbo grego καπηλεύειν deriva-se do mau procedimento de mercadores ou estalajadeiros em adulterarem suas mercadorias, para que lhes rendessem melhor preço. Não sei se o verbo *cauponari*⁴³ – mascatear – tem ou não este significado em latim.⁴⁴

Mas o contraste que Paulo está provocando aqui torna mui evidente que ele pretende expressar uma *corrupção da doutrina* que consistia não em *desviar-se* da verdade, e sim em apresentá-la com um *falso propósito* e *sem genuína sinceridade*. Porquanto, a doutrina de

---

43 "Erasme l'a traduit par vn autre mot Latin que moy, qui vient d'vn mot qui signifie tauernier." – "Erasmo a traduziu por uma palavra latina diferente da que tenho usado – derivada de uma palavra que significa um auxiliar de taberna."

44 *Raphelius* cita uma passagem de Heródoto (lib. iii. p. 225), na qual, ao falar de Dario Histaspes, o primeiro a cobrar tributo dos persas, ele afirma que os persas diziam: "ὡς Δαρειος μέν ἦν κάπελος, ὅτι εκαπελευε παντα τὰ πράγματα" – "que Dario era um mascate, pois convertia tudo em lucro". Herodião (lib. vi. cap. 11) usa a expressão "fazer a paz *com dinheiro*". A frase *Cauponari bellum* é empregada por Cícero num sentido semelhante (Off. 1.12), significando "fazer guerra *com dinheiro*". Em Isaías 1.22, a Septuaginta traz o seguinte: "Οἱ κάπηλοι σου μισγοῦσι τον οἶνον ὕδατι" – "Teus vinhateiros misturam vinho com água". Κάπηλος (conforme o Dr. Bloomfield mostra, usando duas passagens de Platão) significa propriamente um *varejista*, alguém que negocia em segunda mão. Ele observa que os "κάπηλοι eram *vendedores ambulantes* (e, principalmente, de gêneros alimentícios e bebidas), correspondendo exatamente aos nossos vendedores ambulantes".

Deus pode ser corrompida de duas formas: *diretamente*, ao ser misturada com falsidades e mentiras, e assim deixa de ser a pura e genuína doutrina de Deus, porém é mimoseada falsamente sob esse nome; e *indiretamente*, quando, ainda que sua pureza seja conservada, ela é desviada desta direção, com o fim de agradar a homens, e deformada por tentativas indignas em usá-la para angariar favores. Assim, há muitos cujo ensino não contém nada de ímpio, senão que buscam a aprovação do mundo pela exibição de talento ou eloqüência, ou são ambiciosos por alguma posição, ou correm após lucros torpes e, assim, corrompem a própria doutrina, abusando ilegalmente dela para que sirva a seus próprios fins perversos. Portanto, prefiro manter a palavra *adulterar*, porque ela explica melhor o que comumente ocorre quando os homens brincam com a santa Palavra de Deus e mudam-na para que sirva a suas próprias conveniências.[45] Eles não fazem outra coisa senão degenerar a verdade e pregar um evangelho, em certo sentido, espúrio e adulterado.

Senão que, com sinceridade. Aqui, a palavra *que* é supérflua, como igualmente em muitos outros lugares.[46] Paulo está contrastando a corrupção que já mencionara com a pureza que pode ser considerada como que aplicável tanto ao *caráter* da pregação quanto aos *motivos* do pregador; em minha opinião, principalmente ao segundo. Em segundo lugar, ele contrasta a corrupção com seu próprio ministério que era fiel e conscencioso, pois ele entrega o evangelho à igreja de mão em mão, como ele mesmo diz, sendo esta a obra para a qual ele fora comissionado e da qual ele fora incumbido por Deus. Em terceiro lugar, ele acrescenta um lembrete relativo à *presença de Deus*. Se alguém tiver estes três elementos em mente, não correrá nenhum risco de corromper a Palavra de Deus. Primeiro, devemos ser motivados por legítimo zelo por Deus; segundo, devemos lembrar que a obra que

---

[45] O leitor encontrará esta classe de pessoas referidas em maior extensão em Calvino, no início de 2 Coríntios 2.19.

[46] Assim em Atos 17.14 lemos que os irmãos enviaram Paulo até ao mar (ὡς ἐπὶ τὴν θαλασσαν), onde ὡς (como) é redundante, em concordância com vários exemplos da mesma expressão citados por Wetstein, extraídas de *Pausanias* e *Arrian*.

estamos realizando é dEle e que deve ser introduzido só aquilo que vem dEle; terceiro, devemos lembrar que ele vê tudo quanto fazemos e aprender a confiar tudo ao seu juízo. *Em Cristo* significa o mesmo que "segundo Cristo". A tradução de Erasmo, "por Cristo", não faz justiça ao que Paulo tencionava.[47]

---

47 A expressão é traduzida pelo Dr. Bloomfield assim: "No nome de Cristo, como seus legados".

Capítulo 3

1. Começamos, outra vez, a recomendar-nos a nós mesmos? Ou necessitamos, como alguns, de cartas de recomendação para vós ou de vós?
2. Vós sois nossa carta, escrita em nossos corações, conhecida e lida por todos os homens;
3. Tendo-se manifesto que sois cartas de Cristo, ministrada por nós, escrita não com tinta, mas com o Espírito do Deus vivente; não em tábuas de pedra, mas em tábuas de carne, ou, seja, no coração.

1. Incipimus rursum nos ipsos commendare? numquid, sicuti quidam, commendaticiis epistolis opus habemus ad vos? aut commendaticiis a vobis?
2. Epistola nostra vos estis, scripta in cordibus nostris, quæ cognoscitur et legitur ab omnibus hominibus.
3. Dum palam fit, vos esse Epistolam Christi, subministratam a nobis, scriptam non atramento, sed Spiritu Dei vivi: non in tabulis lapideis, sed in tabulis cordis carneis.[1]

1. Começamos, outra vez? Outra objeção movida contra Paulo parecia ter por base a impressão de que ele era muito extremado nos relatos de suas próprias realizações – uma acusação suscitada por aqueles que estavam sempre ofendidos com o fato de que as excelências superiores de Paulo os impediam de conquistar a glória que tanto almejavam para si. Em minha opinião, eles já tinham encontrado erro desde a primeira epístola, porque nela Paulo os impedira de entoar seus próprios louvores. Aqui, *recomendar* significa gabar-se tolamente além da medida ou, pelo menos, proclamar as próprias virtudes por razões egoístas. Os difamadores de Paulo tinham uma justificativa plausível para seus protestos,[2] como deveras constitui algo repugnan-

---
[1] "Tables de cœur de chair; *ou*, tables charnelles du cœur; *ou*, tables du cœur qui sont de chair." – "Tábuas do coração de carne; ou, tábuas carnais do coração; ou, tábuas do coração *que são de carne*."
[2] "Mal sonnante aux aureilles." – "Soando ofensivamente os ouvidos."

te estar alguém sempre tocando a própria trombeta. Paulo, porém, poderia alegar necessidade, ou seja, que ele se ostentava só porque tinha que fazê-lo. Seu propósito em assim fazer o eximia de toda culpa, porquanto sua única preocupação era conservar intacta a honra de seu apostolado, para a edificação da igreja. Não estivesse a honra de Cristo em jogo, ele não teria dificuldade em permitir um ataque à sua reputação pessoal sem qualquer resposta. Mas ele viu que um enfraquecimento de sua autoridade poderia trazer aos coríntios um grande prejuízo. Ele inicia, pois, notificando-lhes sua acusação, conscientizando-os de que ele não está, de modo algum, ignorando as conversas e boatos que circulavam entre eles.

Ou necessitamos? Sua resposta é, antes de tudo dirigida mais ao povo que fazia a acusação do que à acusação propriamente dita, ainda que, mais tarde, ele dará também uma resposta à altura. Agora, porém, ele reprova sua malícia em defender-se, em virtude de, às vezes, relutantemente e sob pressão, haver mencionado a graça que Deus lhe conferira, quando, ao mesmo tempo, eles correm de um lado para outro mendigando cartas excessivamente recheadas do apoio dos homens.[3] Ele diz que não tem necessidade de recomendação verbal,[4] uma vez que seus feitos o recomendam sobejamente. Mostra ainda que tinham desmesurada fome de glória, já que eles mesmos correram a solicitar o apoio humano. Desta forma, ele refuta elegante e convenientemente suas acusações. Não estamos, entretanto, concluindo disto que é absolutamente errôneo receber cartas de recomendação, uma vez que sejam para bom uso. Pois Paulo recomendou-se muitas vezes e jamais o faria se, porventura, fosse errôneo. Aqui se exigem duas coisas: primeira, que a recomendação não seja obtida por meio de lisonjas, mas que consista de um testemunho transparente e simples;[5] segunda, que

---

3 "Par la faueur et recommendation des hommes." – "Pelo favor e recomendação dos homens."
4 "Letres recommendatoires." – "Cartas de recomendação."
5 "Enucleatum testimonium." – "Vn vray tesmoignage rendu d'vn iugement entier auec prudence et em verite." – "Um verdadeiro testemunho, dado com sólido critério, com prudência e com verdade." Cícero faz uso de uma expressão semelhante, a qual Calvino mui provavelmente tinha ante seus olhos – "Enucleata suffragia" – "Votos dados judiciosamente, com um juízo imparcial."

ela não seja conferida como uma busca de promoção humana, mas que sirva unicamente para o avanço do reino de Cristo. Essa é a razão por que Paulo disse que estava preocupado com aqueles que o atacavam com suas falsas acusações.

2. Sois nossa carta. É muita astúcia da parte de Paulo dizer que sua alegação para gloriar-se tem por base a própria salvação dos coríntios, como se dissesse: "Já que sois cristãos, eu terei sobeja recomendação. Vossa fé me recomenda, porque ela é o selo de meu apostolado [2Co 9.2]."

Ao dizer *escrita em nossos corações*, ele pode estar se referindo a Silvano e Timóteo; assim, o significado será: "Somos felizes em deixar que os atuais resultados de nosso labor nos recomendem; as recomendações conquistadas por outros tremulam ante os olhos dos homens, mas as nossas têm sua sede na consciência". Ou podemos tomar a expressão como que se referindo, em parte, aos coríntios, no seguinte sentido: "Aqueles que buscam recomendações de outros não levam em sua consciência o que levam no papel; e aqueles que amiúde recomendam outros, assim o fazem mais por indulgência do que por bom juízo, mas nós temos um atestado de nosso apostolado gravado nos corações dos homens".

Conhecida e lida. Isto pode também ser traduzido por "conhecida e reconhecida", uma vez que o verbo ἀναγινώσκεσθαι[6] é ambíguo, e, em minha opinião, esta construção pode ser mais adequada, porém não quis afastar-me do texto não autorizado, a menos que tivesse de fazê-lo. O tradutor deve considerar por si só qual tradução é preferível. Se aceitarmos *reconhecida*, haverá uma antítese implícita entre uma carta autêntica escrita com evidente boa fé e aquelas que não

---

6 Calvino tem tido ocasião de observar a dupla significação desta palavra, ao comentar 2 Coríntios 1.13. Um exemplo da ambigüidade da palavra ocorre em Mateus 24.15, onde as palavras ὁ ἀναγινώσκων νοείτω são entendidas por Kypke como palavras não do evangelista, mas de Cristo, e significam: "Aquele que reconhece isto [isto é, o pleno cumprimento da profecia de Daniel pela "abominação da desolação que está onde não devia], que ele note bem e reflita"; enquanto outros intérpretes consideram as palavras em questão como uma admoestação do evangelista ao leitor – "Aquele que leia, *entenda* ou *tome nota*".

passam de imitações.⁷ E é evidente que o contexto tende a apoiar esta interpretação, uma vez que a carta de Cristo está sendo contrastada com aquelas que são forjadas e, portanto, falsas.

3. Sois carta de Cristo. Prosseguindo com a mesma metáfora, Paulo diz que a carta fora escrita por Cristo, porquanto a fé dos coríntios era obra dele. Então, diz que a carta fora *ministrada* por ele mesmo [Paulo], manejando ele mesmo, por assim dizer, a tinta e a pena. Em outras palavras, ele faz Cristo o Autor, e ele, o instrumento, a fim de que seus caluniadores viessem a entender que teriam que tratar com Cristo, caso continuassem a falar maliciosamente contra ele.⁸ O que segue é intencional, com o fim de aumentar a autoridade da carta, mas, na segunda sentença,⁹ ele já está preparando o caminho para a comparação entre lei e evangelho, a ser seguido. Porque ele aproveita esta oportunidade para, pouco depois, passar a esta comparação, como veremos. Os contrastes que ele introduz entre *tinta* e *Espírito*, *pedras* e *corações* são de grande ajuda para tornar claro este ponto. Comparar tinta com o Espírito de Deus e pedras com o coração humano nos dá uma explicação mais plena do que se ele simplesmente mencionasse o Espírito e o coração, sem quaisquer termos contrastantes.

Não em tábuas de pedras. Ele está fazendo alusão às promessas feitas em Jeremias 32.31-40 e Ezequiel 36.26-27 concernentes à graça da nova aliança. "Firmarei", diz ele, "nova aliança com a casa de Israel e com a casa de Judá. Não conforme a aliança que fiz com seus pais. Na mente lhes imprimirei minhas leis, também no coração lhas inscreverei". "Dar-vos-ei coração novo, e porei dentro em vós espírito novo; tirarei de vós o coração de pedra e vos darei coração de carne, e farei que andeis em meus estatutos". Paulo declara que esta promessa se cumpriu em sua pregação, e disso se torna evidente que ele é um fiel

---

7 "Celles qui sont attitrees et faites à plaisir." — "Tais como são granjeados por meios ilícitos e são feitos segundo a conveniência."
8 "De son apostre." – "Contra seu apóstolo."
9 "Le dernier membre de la sentence." – "A última cláusula da sentença."

ministro da nova aliança – uma recomendação legítima de seu apostolado. O qualificativo *de carne* não é usado aqui num sentido pejorativo, que significa *gentil, educado*,¹⁰ em contraste com *de pedra*, que significa *duro* e *obstinado*, a condição natural do coração humano, até que seja subjugado pelo Espírito de Deus.¹¹

4. E temos tal confiança em Deus, através de Cristo.
5. Não que por nós mesmos sejamos capazes de pensar alguma coisa, como se partisse de nós; senão que nossa capacidade vem de Deus,
6. Que também nos fez capazes de ser ministros de uma nova aliança, não da letra, mas do espírito; porque a letra mata, mas o espírito gera vida.
7. Mas, se o ministério de morte, escrito e gravado em pedras, veio com glória, de tal modo que os filhos de Israel não podiam olhar fixamente para o rosto de Moisés, por causa da glória de seu rosto, glória esta passageira,
8. Como não será de maior glória o ministério do Espírito?
9. Porque se o ministério da condenação é glória, de muito maior glória é o ministério da justiça.
10. Porquanto, na verdade, o que se tornara glorioso, não se tornara glorioso neste respeito, em razão da glória que sobrepuja.
11. Porque, se o que é passageiro teve glória, muito mais glória tem o que é permanente.

4. Fiduciam autem eiusmodi per Christum habemus erga Deum:
5. Non quod idonei simus ex nobis ad cogitandum quicquam, tanquam ex nobis: sed facultas nostra ex Deo est.
6. Qui nos fecit idoneos ministros Novi testamenti,¹² non literae, sed Spiritus: nam litera quidem occidit: Spiritus autem vivificat.
7. Quodsi ministerium mortis in literis insculptum in lapidibus fuit in gloria, ita ut non possent intueri filii Israel in faciem Mosis propter gloriam vultus eius, quæ aboletur:
8. Quomodo non magis ministerium Spiritus erit in gloria?
9. Si enim ministerium damnationis, gloria: quomodo non magis abundet (vel, excellat) ministerium institiæ in gloria?
10. Etenim quod glorificatum fuit, in hac parte, non fuit glorificatum propter antecellentem gloriam.
11. Si enim quod aboletur, per gloriam: multo magis quod manet, erit in gloria.

4. E temos tal confiança em Deus. Uma vez que Paulo já recomendara a si mesmo e o seu apostolado nos termos mais elevados, com o fim de evitar qualquer aparência de arrogância, ele atribui a Deus toda a glória, por meio de quem, diz ele, lhe fora dado tudo quanto possuía. "Ao me gloriar", diz ele, "exalto não a mim mesmo, e sim a Deus, por

---

10 "Vn cœur docile et ployable, ou aisé à ranger." – "Um coração que é passível de ensino e flexível ou fácil de manejar."
11 "Jusques à ce qu'il soit donté et amolli par le sainct Esprit." – "Até que fosse domado e mortificado pelo Espírito Santo."
12 "Du nouueau Testament, *ou, de la nouuelle alliance.*" – "Do Novo Testamento *ou da nova aliança.*"

cuja graça eu sou o que sou" [1Co 15.10]. Ele acrescenta o costumeiro *através de Cristo*, porque este, por assim dizer, é o canal através do qual todas as bênçãos de Deus fluem em nosso favor.

5. Não que por nós mesmos sejamos capazes.[13] Esta renúncia de todo mérito não é o embasamento de uma pretensa modéstia, senão que ele diz, de todo o coração, o que realmente sente. Notemos que ele nada deixa para o homem, pois quase a menor parte de qualquer boa obra é a *intenção*; em outras palavras,[14] a intenção de uma boa obra não tem a primeira nem mesmo a segunda participação do louvor; nem mesmo isto Paulo nos permite. Uma vez que *pensar* é menos que *querer*, quão tolos são aqueles que arrogam para si o direito de querer, quando Paulo não lhes deixa nem ainda o poder de pensar algo certo! Os papistas são ludibriados pela palavra *capazes*, que a Vulgata[15] usou neste versículo. Pois acreditam que encontraram a maneira correta do que Paulo diz, se concordam em que o homem é incapaz de formar boas intenções, mas ainda lhe atribuem certa percepção em sua mente que, com apenas um pouco da ajuda de Deus, é capaz de realizar algo por si mesma. Paulo, porém, declara que o homem é carente não só de *suficiência em si mesmo* (αὐτάκρειαν), mas também de *competência* (ἱκανότητα),[16] que significa *aptidão* (*idoneitas*, em latim; se é que tal palavra existe). Portanto, Paulo não podia ir mais longe em despojar o homem de toda e qualquer boa qualidade.[17]

---

13 "Non point que soyons suffisans." – "Não que sejamos suficientes."
14 "Pour le moins." – "Pelo menos."
15 Wycliffe (1380), seguindo, como costumava fazer, a Vulgata, traduziu o versículo assim: "Não que sejamos suficientes em pensar alguma coisa de nós, como de nós, mas nossa suficiência vem de Deus".
16 "La disposition, preparation, et inclination." – "Disposição, preparação e inclinação."
17 Charnock, em sua obra "Discourse on the Efficient of Regeneration", apresenta uma interessante alusão à exposição que Calvino faz deste versículo. "Pensar", diz ele, "é o degrau menor da escada da preparação; este é o primeiro ato da criatura em qualquer produção racional; contudo, o apóstolo remove isto do homem, como em toda parte de seu próprio ato [2Co 3.5]. Não que somos suficientes em nós mesmos para pensar qualquer coisa como que partindo de nós mesmos, mas nossa suficiência vem de Deus. A palavra significa raciocinar; nenhum ato racional pode ser feito sem raciocínio; este não é meramente nosso. Em nós mesmos não temos suficiência, como partindo de nós mesmos, original e radicalmente de nós mesmos, como se fôssemos os autores dessa suficiência, seja natural ou meritoriamente. E Calvino observa que a palavra não é αὐτάακρεια, e sim ἱκανότης, não auto-capacitação, mas uma aptidão ou adequação para algum pensamento gracio-

6. Que também nos fez capazes.[18] Paulo já reconhecera ser, em si mesmo, completamente insuficiente, mas agora declara que, pela graça de Deus, fora qualificado[19] para um ofício para o qual anteriormente fora imprestável. Daqui podemos inferir a grandeza e dificuldade deste ofício, visto não poder ser empreendido por alguém que para o mesmo não fora preparado nem talhado por Deus. A intenção do apóstolo é enaltecer a dignidade do evangelho, e não há dúvida de que ele, de forma implícita, está censurando a pobreza daqueles que faziam magnificente ostentação de seus dons, quando, na realidade, não possuíam nem mesmo uma única gota da graça celestial.

Não da letra, mas do espírito. Ele agora entra na comparação entre a lei e o evangelho, o que previamente já mencionara. Não fica claro se Paulo suscita esta discussão por ter visto em Corinto alguns obstinados[20] devotos da lei ou por alguma outra razão. Já que não podemos ter nenhuma evidência de que os falsos apóstolos de Corinto estavam confundindo a lei com o evangelho, minha opinião é que, tendo de tratar com tagarelas ineficientes, que buscavam favores através

---

so. Como podemos torná-Lo obrigado devido a algum ato de nossa parte, visto que o ato, em sua totalidade, provém dele, e não de nós mesmos? Porque, como pensar é o primeiro requisito, assim ele é perpetuamente o requisito para o progresso de qualquer ato racional, de modo que cada pensamento, em qualquer ato, e todo o progresso, donde deve haver todo um influxo de pensamentos, provém da suficiência de Deus" – *Charnock's Works*, vol. ii. p. 149.

18 "Lequel aussi nous a rendus suffisans ministres." – "Que também nos fez ministros suficientes."

19 Barnes observa com razão que a tradução em nossa versão autorizada – "Que nos fez ministros aptos" – "não satisfaz bem a força do original", como "parece implicar que Paulo considerava a si e a seus colaboradores como homens de talentos e de habilidade magistral; e que era inclinado a se gloriar dela", enquanto que, em vez disso, "ele não se considerava suficiente para esta obra em sua própria força [2.16; 3.5]; e aqui ele diz que Deus o fez suficiente: não capaz, talentoso, erudito, e sim suficiente (ἱκάνωσεν ἡμᾶς); ele tem suprido nossa deficiência; ele nos tem tornado competentes ou aptos – se uma palavra pode ser cunhada à maneira do grego aqui: 'ele nos *suficienciou* para esta obra'." A infeliz tradução referida se originou (como é mostrado por Granville Penn) na circunstância, ou seja, que a Vulgata, tendo traduzido a expressão – *qui idoneos nos fecit ministros*, Wycliffe a traduziu como segue: *que nos fez também ministros aptos* e que, enquanto Erasmo sugeriu que fosse traduzida assim: *qui idoneos nos fecit ut essemus ministri*, quase dicas, *idoneavit* – que nos adequou ou qualificou para sermos ministros – e enquanto, além disso, na primeira tradução do grego original, em 1526, Tyndale fez esta tradução – nos fez aptos para ministrar, sendo citada a versão original que Wycliffe fez do latim e agora é a redação de nossa versão autorizada.

20 "Mauuais et inconsiderez." – "Perversos e levianos."

de mera loquacidade,²¹ e percebendo que por meio desta exibição ostentosa estavam conquistando os ouvidos dos coríntios, seu propósito foi mostrar-lhes a principal excelência do evangelho e a principal recomendação de seus ministros, que é a eficácia do Espírito. Para este propósito, uma comparação entre a lei e o evangelho é de grande valor; e parece-me ser esta a razão por que ele entra nesta questão aqui.

Seja o que for, não há dúvida de que, por *letra*, Paulo quer dizer o Antigo Testamento e, por *espírito*, ele quer dizer o evangelho. Pois, quando ele diz que é ministro do novo testamento [nova aliança], acrescenta imediatamente, à guisa de explicação, que é ministro do Espírito e com o Espírito ele contrasta a letra. Temos agora que inquirir sobre suas razões para falar desta maneira. Grande autoridade tem-se atribuído a um comentário de Orígenes de que por *letra* devemos entender *o sentido natural e gramatical da Escritura*, a que ele chama de sentido *literal*; e, por *espírito*, o sentido *alegórico*, o que é comumente entendido como sendo de natureza *espiritual*. Assim, por vários séculos foi comumente dito e aceito que Paulo aqui está nos fornecendo a chave para a exposição alegórica da Escritura, enquanto que, de fato, nada poderia estar mais longe de sua mente. Porque, por *letra*, Paulo quer dizer aquela pregação externa que não alcança o coração; e, por *espírito*, a pregação vivificante que, pela graça do Espírito, opera eficazmente nas almas dos homens. Assim, o termo *letra* significa pregação literal, a qual é morta e ineficaz, percebida tão-somente pelos órgãos auditivos; enquanto que *espírito* é a pregação espiritual que não é apenas pronunciada com a boca, mas que percorre eficazmente [1Ts 2.13] sua trajetória com uma significação viva na mente dos homens.²² Paulo tinha em mente a passagem de Jeremias 31.31-33, que já citei, onde o Senhor declara que a lei fora promulgada tão-somente em palavras e que, portanto, foi de curta

---

21 "Il auoit affaire auec des gens qui sans zele preschoyent l'Euangile, comme qui prononceroit vne harangue pour son plaisir, et n'ayans que le babil, pourchassoyent, par cela la faueur des hommes." – "Tinha a ver com pessoas que sem zelo pregavam o evangelho, como alguém que faz arenga de acordo com seus próprios gostos e, embora nada tivessem senão mero tagarelar, procura, por esse meio, granjear os aplausos dos homens."

22 "Es coeurs des auditeurs." – "Nos corações dos ouvintes."

duração, porque o povo não a tinha recebido ainda de todo seu coração. Ele, porém, promete o Espírito de regeneração sob o domínio de Cristo, para escrever seu evangelho, que é o novo testamento [nova aliança], em seus corações. Ele agora salienta que o cumprimento desta profecia deve ser encontrado em sua pregação, para que os coríntios venham a reconhecer a inutilidade de todo o falatório[23] dos fanfarrões que falavam sem a eficácia do Espírito.

Pergunta-se, contudo, se sob a antiga aliança Deus só emitiu uma voz externa e não falou também por meio do seu Espírito, interiormente, nos corações dos piedosos. Minha resposta é que Paulo, aqui, está considerando o que pertencia peculiarmente à lei, pois ainda que Deus estivesse, naquele tempo, operando através de seu Espírito, isso não procedia do ministério de Moisés, e sim da graça de Cristo, segundo lemos em João 1.17: "Porque a lei foi dada por intermédio de Moisés; a graça e a verdade vieram por meio de Jesus Cristo". Certamente, a graça de Deus não estivera inativa em todo aquele tempo, mas é suficiente para esta comparação dizer que ela não era a bênção peculiar da lei.[24] Porque Moisés cumprira seu ofício depois de entregar a doutrina de vida com suas promessas e ameaças adicionais. Essa é a razão por que Paulo denomina a lei de *letra,* visto ser ela, em si mesma, uma pregação de morte, porém denomina o evangelho de *espírito,* porque seu ministério é vivo e, deveras, comunica vida.

Minha segunda resposta é que estas coisas não são afirmações da lei e do evangelho em sentido absoluto, senão só até onde um é contrastado com o outro, porque mesmo o evangelho nem sempre é *espírito*. No entanto, quando ambos estão sendo comparados, é verdadeiro e próprio afirmar que é da natureza da lei ensinar os homens literalmente, a fim de não penetrar além de seus ouvidos, mas é da natureza do evangelho ensiná-los espiritualmente, porque ele é o instrumento da graça de Cristo. Isto depende do decreto de Deus, porque lhe aprouve manifestar

---

23 "Crient et gazouillent." – "Grito e chilreio."
24 "Il suffit, que ce n'estoit point par le moyen de la loy: car elle n'auoit point cela de propre." – "Basta que não foi por meio da lei; pois ela não lhe pertenceu peculiarmente."

a eficácia do Espírito mais no evangelho do que na lei, porque ensinar a mente dos homens de maneira eficaz é obra unicamente do Espírito.

Mas, quando Paulo se qualifica de *ministro do Espírito*, ele não quer dizer que a graça e o poder do Espírito Santo estão ligados à sua pregação de tal modo que poderia, sempre que desejasse, soprar o Espírito juntamente com as palavras que ele falava. Paulo quer dizer simplesmente que Cristo abençoou seu ministério com seu Espírito e assim cumpriu o que fora profetizado acerca do evangelho. Que Cristo concederia seu poder para a doutrina do homem[25] é algo completamente diferente da doutrina do homem[26] que prevalece unicamente em sua própria força. Assim, somos ministros do Espírito não em razão de podermos mantê-lo confinado ou cativo, e não porque ao sabor de nossos próprios caprichos possamos conferir sua graça a todos ou a quem nos agrade, e sim porque, por nosso intermédio, Cristo ilumina as mentes dos homens, renova seus corações e os regenera plenamente.[27] É em virtude deste vínculo e combinação entre a graça de Cristo e a obra do homem que, amiúde, se dá a um ministro o crédito que só a Deus pertence. Pois isto é feito não por atenção a qualquer indivíduo, mas à luz de toda a dispensação do evangelho, o que consiste tanto do poder secreto de Cristo como da obra externa do homem.

Porque a letra mata. Esta passagem tem sido distorcida e interpretada erroneamente; primeiro, por Orígenes, e depois por outros, e todos eles têm contribuído para o surgimento do mais danoso erro, de que as Escrituras são não só inúteis, mas também danosas,[28] caso não sejam alegorizadas. Este erro tem sido a fonte de muitos males. Não só abriu o caminho para a corrupção do significado natural das Escrituras,[29] como também suscitou a ousadia no campo da alegorização como a principal

---

25 "Au ministere de l'homme qui enseigne." – "Para o ministério do homem que ensina."
26 "La doctrine de l'homme, c'est à dire, son ministere." – "A doutrina do homem, ou seja, seu ministério."
27 O leitor encontrará o mesmo tema tratado amplamente por Calvino, ao comentar 1 Coríntios 3.6.
28 "Dangereuse." — "Perigosos."
29 "De corrompre et desguiser le vray et naturel sens de l'Escriture." – "De corromper e dissimular o verdadeiro e natural significado da Escritura."

virtude exegética. Dessa forma, muitos dos antigos, sem qualquer restrição, lançaram todas as sortes de jogos com a sagrada Palavra de Deus,[30] como se fossem eles arremessadores de uma bola para lá e para cá. Este fato deu também aos hereges a chance de precipitar a igreja em desordem, pois quando foi aceita a prática de qualquer um interpretar qualquer passagem de qualquer[31] maneira que desejasse, qualquer idéia maluca, não obstante absurda ou monstruosa, podia ser introduzida sob o pretexto de alegoria. Mesmo homens bons foram arrebatados por sua equivocada paixão por alegorias, formulando daí inúmeras opiniões perversas.

No entanto, o significado desta passagem é que, se a Palavra de Deus é pronunciada meramente com a boca, ela é a causa de morte, porquanto ela é geradora de vida somente quando recebida no coração. Os termos *letra* e *espírito* não têm nada a ver com *métodos* de exposição da Escritura, mas com sua força e fruto. Logo veremos por que o ensino que soa somente nos ouvidos, sem atingir o coração, é chamado gerador de morte.

7. Mas, se o ministério de morte. Ele agora explica de forma mais plena o valor do evangelho, argumentando que Deus revestiu a lei de grande dignidade, ainda que em nada é ela comparável à dignidade do evangelho. A lei foi adornada com muitos milagres, porém aqui Paulo menciona só um deles, o esplendor que brilhou no rosto de Moisés, ofuscando os olhos do povo. Esse esplendor foi símbolo da glória da lei. Argumentando do menor para o maior, Paulo declara ser justo que a glória do evangelho brilhe com maior esplendor, visto que ele é muito superior à lei.

---

30 "É possível que você pense seriamente nas Escrituras", diz o Rev. Andrew Fuller, em seus *Pensamentos sobre Pregação*, "como sendo um livro de enigmas e charadas e que um ministro cristão é propriamente empregado para fornecer escopo à sua fantasia, a fim de descobrir sua solução. Toda a Escritura é de alguma maneira proveitosa; para alguns, doutrina; para outros, reprovação; alguns recebem correção e outros, instrução na justiça, porém não se deve converter tudo em alegoria. Se devemos brincar, que seja com coisas de menos conseqüência do que a palavra do Deus eterno" – *Fuller's Works*, vol. iv. p. 694. O leitor atento não pode deixar de observar quão freqüentemente nosso autor expõe, em termos os mais fortes, o exercício da mera fantasia na interpretação das Santas Escrituras.

31 "Vn propos et vn mot;" — "Uma passagem e uma palavra."

Primeiro, ele chama a lei de o *ministério da morte*; segundo, ele diz que a doutrina da lei foi escrita em letras, com tinta; terceiro, que ela foi escrita em tábuas de pedra; quarto, que ela não era de duração perene, mas temporária e evanescente; e quinto, ele a chama novamente de *ministério da condenação*. Para formar uma antítese completa, Paulo teria de adicionar mais descrições correspondentes do evangelho, mas ele apenas disse que este é o *ministério do Espírito* e *da justiça* e que sua duração é eterna. No que as palavras dizem respeito, a comparação não é completa, porém é suficiente[32] para fazer seu significado claro. Pois ele dissera que o Espírito é gerador de vida, que o coração dos homens exerceu o papel de pedras, e sua vontade, o papel de tinta.

Devemos examinar agora, de forma breve, estes atributos da lei e do evangelho, tendo em mente que Paulo não está falando de toda a doutrina contida na lei e nos profetas, nem do que aconteceu aos pais sob a antiga dispensação, senão que está apenas tomando nota do que pertence peculiarmente ao ministério de Moisés. A lei foi gravada em pedras, e sua doutrina foi literal. Este defeito foi corrigido pelo evangelho, uma vez que a lei estava fadada a ser transitória (*fragilis*), conquanto estivesse destinada tão-somente a tábuas de pedra. Daí ser o evangelho um pacto santo e inviolável, porque foi promulgado sob a égide do Espírito de Deus. Daqui se segue que a lei foi um ministério de condenação e de morte, pois, quando os homens são instruídos acerca de seus deveres e se lhes diz que todo aquele que não satisfaz

---

32 Piscator traça uma comparação extraída pelo apóstolo entre a lei e o evangelho, apresentando *oito* pontos de contraste, como segue:

1. Novi Testamenti. (Novo Testamento.)	1. Veteris Testamenti. (Antigo Testamento.)
2. Spiritus. (Espírito.)	2. Literae. (Letra.)
3. Vitae. (Vida.)	3. Mortis. (Morte.)
4. Inscriptum cordibus. (Escrito no coração dos homens.)	4. Inscriptum lapidibus. (Escrito em pedras.)
5. Semper durans. (Eterno.)	5. Abolendum. (Será removido.)
6. Justitiae. (Justiça.)	6. Damnationis. (Condenação.)
7. Excellenter gloriosum. (Eminentemente glorioso.)	7. Illius Respectu ἄδοξον. (Comparativamente, destituído de glória.)
8. Perspicuum. (Claro.)	8. Obscurum. (Obscuro.)

Piscatoris Scholia in Epist. 2, ad Corinth.

a justiça de Deus é amaldiçoado [Dt 27.26], ele é condenado e se acha culpado de pecado e morte. Por conseguinte, da lei nada recebem senão esta condenação, porque pela lei Deus exige o que lhe é devido, todavia não concede nenhum poder para cumpri-la. Entretanto, por meio do evangelho os homens são regenerados e reconciliados com Deus através da graciosa remissão de seus pecados, de modo que ele é o ministério da justiça e da vida.

Daqui suscita-se, porém, a seguinte pergunta: se o evangelho, para alguns, é "fragrância de morte para morte" (2.16), e Cristo é "rocha de ofensa" e "pedra de tropeço posta para a ruína de muitos" [Lc 2.34; 1Pe 2.8], por que Paulo afirma que só a lei traz morte, quando o evangelho também a traz? Se minha resposta for que para o evangelho a fonte de morte só é acidental (*per accidens*), de maneira que ele é a *razão* (*materia*) e não a *causa* de morte, porque em sua própria natureza ele traz salvação a todos, a dificuldade não fica ainda solucionada, uma vez que o mesmo se pode ainda dizer da lei. Pois ouvimos que Moisés prestou testemunho ao povo de que punha diante deles a vida e a morte [Dt 30.15], e Paulo mesmo diz, em Romanos 7.10, que a lei se tornou nossa ruína, não porque houvesse algo errado nela, mas em razão de nosso pecado. Por conseguinte, uma vez que a lei e o evangelho são *acidentais* (*accidentale*) para conduzir os homens à condenação, a dificuldade ainda permanece.

Minha resposta é que, a despeito disto, ainda permanece uma grande diferença entre ambos. Pois ainda que o evangelho seja a *razão* ou o *motivo* de morte para muitos, ele ainda é chamado justamente a *doutrina de vida*, porque ele é o *meio* de regeneração e oferece graciosamente a reconciliação com Deus. Mas, em razão de que a lei só prescreve regras para o bom viver, sem reformar o coração do homem, na obediência da justiça, e ameaça os transgressores com a morte eterna, nada mais pode fazer senão condenar.[33] Ou, pondo de outra forma, a função da lei é mostrar-nos a *doença* sem oferecer qualquer esperança de cura; e a

---

[33] "Ellen ne nous peut apporter autre chose que condemnation." – "Nada nos pode trazer, senão condenação."

função do evangelho é fornecer o *remédio* para os que vivem em desespero. Uma vez que a lei abandona o homem e o entrega a si mesmo, ela o destina a uma morte inevitável; enquanto o evangelho o leva a Cristo e assim lhe abre os portões da vida. Matar, portanto, é um *acidente* (*accidens*) perpétuo e inevitável da lei, como diz o apóstolo em outra parte: "Tudo o que permanece sob a lei está sujeito à sua maldição" [Gl 3.10], mas o evangelho nem sempre mata, porque nele "se revela a justiça de Deus de fé em fé", porquanto ele é "o poder de Deus para a salvação de todo aquele que crê" [Rm 1.16,17].[34]

Resta-nos ainda discutir o último contraste que Paulo traça entre a lei e o evangelho, porque ele diz que a lei foi estabelecida só por certo tempo e tinha que ser abolida, porém o evangelho permanece para sempre. Há muitas razões por que o ministério de Moisés teria de ser transitório, porquanto as sombras teriam de desvanecer-se com a vinda de Cristo; e a declaração de que "a lei e os profetas duraram até João" [Mt 11.13] se ajusta muito mais do que meras sombras. Pois significa que Cristo pôs fim ao ministério de Moisés até onde suas propriedades peculiares eram distintas do evangelho. Finalmente, o Senhor declara, por boca de Jeremias, que a fraqueza da antiga dispensação era que ela não fora escrita para o coração do homem [Jr 31.32,33]. De minha parte, considero a abolição da lei que aqui está em foco como aplicável a toda a antiga dispensação, até onde ela se opõe ao evangelho, assim como concordo com a declaração de que a lei e os profetas duraram até João, porquanto isto é o que o contexto requer. Aqui, Paulo não está preocupado simplesmente com cerimônias, mas está ensinando quão poderosamente o Espírito de Deus opera sob o evangelho, muito mais do que fez anteriormente sob a lei.

---

34 Turretin, em sua obra *Institutes of Controversial Theology* (vol. ii. p. 159), apresenta um ponto de vista mui semelhante do assunto que Calvino trata aqui. "Quando lex vocatur litera occidens, et ministerium mortis et condemnationis (2 Cor. iii. 6, 7, 8, 9,), intelligenda est non per se et naturâ suâ, sed per accidens, ob corruptionem hominis, non absolute et simpliciter, sed secundum, quid quando spectatur ut fœdus operum, opposite ad fœedus gratiæ." – "Quando a lei é chamada uma letra que mata e ministério de morte e condenação [2Co 3.6-9], é preciso entender isto não em si mesmo e em sua própria natureza, mas acidentalmente, em consequência da corrupção do homem – não absoluta e expressamente, mas relativamente, quando vista como uma aliança das obras, como contrastada com a aliança da graça."

De tal modo que... não podiam olhar. Esta é uma indicação de que Paulo intentava dirigir uma censura indireta àqueles que desprezavam o evangelho como algo demasiadamente humilde,[35] tanto que o mesmo não era digno nem mesmo de ser diretamente contemplado. Ele salienta que o esplendor da lei era tão intenso que os judeus não podiam suportá-lo. Ora, o que pensar do evangelho, cuja glória excede muitíssimo à da lei, assim como Cristo excede muitíssimo a Moisés?!

10. O que se tornara glorioso. Isto não é uma correção do que já foi dito, antes, é uma confirmação, porquanto Paulo tem em mente que a glória da lei é abolida quando produz o evangelho. Assim como a lua e as estrelas, ainda que elas mesmas brilhem e espalhem sua luz por todo o orbe, todavia desvanecem diante do brilho mais intenso do sol, assim também a lei, não obstante ser em si mesma gloriosa, não resplandece em face da maior grandeza do evangelho. Segue-se disto que não podemos apreciar suficientemente nem manter reverentemente a glória de Cristo que resplandece em face da maior grandeza do evangelho, assim como o fulgor do sol resplandece em seus raios, e o evangelho é absurdamente abusado ou, antes, impiamente profanado, quando não se permite que o poder e a majestade do Espírito resplandeçam por seu intermédio, para atrair o coração e a mente dos homens ao céu.

12. Visto, pois, que temos tal esperança, usamos de grande clareza de linguagem;	12. Habentes igitur hanc spem, multa fiducia (vel, libertate) utimur.
13. E não como Moisés que punha um véu em sua face, para que os filhos de Israel não olhassem fixamente na terminação daquilo que era passageiro.	13. Et non quemadmodum Moses (Exod. xxxiv.33-35) ponebat velamen ante faciem suam, ut non intuerentur filii Israel in finem eius quod aboletur.[36]
14. Mas o entendimento deles estava embotado. Pois até o dia de hoje, ao lerem o Antigo Testamento, o mesmo véu permanece não le-	14. Sed excœcati sunt[37] sensus eorum: nam usque in hunc diem velamen illud in lectione Veteris Testamenti[38] manet: nec tollitur, eo

---

35 "Trop abiecte et contemptible." – "Excessivamente humilde e desprezível."
36 "Ne regardassent à la fin de ce qui deuoit prendre fin", ou, "ne veissent de bout de ce", etc., ou, "ne veissent insqu'au fons de ce qui", etc. – "Não podiam olhar para o fim do que se requeria fosse abolido", ou, "Não podiam ver o término do que", etc., ou, "Não podiam ver o âmago do que", etc.
37 "Auenglez ou endureis." – "Cegados ou endurecidos."
38 "O apóstolo diz [2Co 3.14], falando de sua cidadania: 'Até este dia o véu permanece irremovível ante a leitura do Antigo Testamento.' (ἐπὶ τῇ ἀναγινώσει τῆς παλαιᾶς διαθήκης.)

vantado, véu este que é removido em Cristo.
15. Mas até hoje, quando Moisés é lido, o véu está posto sobre o coração deles.
16. Quando, porém, ela [a lei] se volta para o Senhor, o véu é retirado.
17. Ora, o Senhor é o Espírito; e onde o Espírito do Senhor está aí há liberdade.
18. Mas todos nós, com o rosto descoberto, refletindo, como por um espelho, a glória do Senhor, somos transformados na mesma imagem, de glória em glória, como pelo Senhor, o Espírito.

quod aboletur per Christum.[39]
15. Sed usque in hodiernum diem, quum legitur Moses, velamen eorum cordibus impositum est.
16. At ubi conversus fuerit ad Dominum, auferetur velamen.
17. Dominus Spiritus est: ubit autem Spiritus Domini, illic libertas.
18. Nos autem omnes retecta facie gloriam Domini in speculo conspicientes, in eandem imaginem transformamur a gloria in gloriam, tanquam a Domini Spiritu.

12. Visto... que temos tal esperança. Aqui, Paulo estende sua discussão um pouco mais e trata não só da natureza da lei ou de suas características de duração, o que já foi considerado, mas também do seu abuso. Isto, sem dúvida, também pertencia à sua natureza, pois, já que ela estava coberta com um véu, não estava tão exposta aos olhos, e seu brilho inspirava terror – como Paulo diz igualmente em Romanos 8.15, onde explica como o povo de Israel recebeu dela o espírito de escravidão para temor. Aqui, porém, ele está se referindo antes a um extrínseco e fortuito abuso da lei.[40] Desta vez, a rejeição obstinada de Cristo,[41] da parte dos judeus, era uma pedra de tropeço para muitas consciências fracas que estavam em dúvida quanto a se receberiam um Cristo que não era reconhecido pelo povo eleito.[42] O apóstolo re-

---

A palavra, nesta aplicação, é sempre traduzida por *testamento* em nosso idioma. Nisto, temos seguido a Vulgata, como os tradutores mais modernos também o têm feito. Na Bíblia de Genebra, francesa, a palavra é traduzida de ambas as formas no título, para que uma explique a outra. 'Le Nouveau Testament, c'est à dire, La Nouvelle Alliance'; – ('O Novo Testamento, ou seja, A Nova Aliança'), na qual eles copiaam Beza, que diz 'Testamentum Novum, sive Foedus Novum' ('O Novo Testamento ou a Nova Aliança'). Que a segunda tradução da palavra é a melhor versão, isso é inquestionável; mas o título apropriado pelo costume para um livro específico está em pé de igualdade com o nome próprio, o que dificilmente é considerado como um tema para a crítica. Assim, chamamos o Diário de César, Comentários de César, de seu nome latino, ainda que bem diferente, em significado, de nossa palavra" – *Campbell on the Gospels*, Dissertation v. p. iii. sect. 3.
39 "Pource qu'elle est abolie, ou, laquelle est." – "Porque é abolido, ou, o qual é."
40 "D'vn abus accidental, et qui estoit venu d'ailleurs." – "De um abuso que era acidental e que viera de outra região."
41 "De ce qu'ils reiettoyent Iesus Christ d'vne malice endurcie." – "Já que rejeitaram a Cristo com uma malícia empedernida."
42 "Veu que le peuple esleu ne le recognoissoit point pour Sauueur." – "Já que, como o povo

move esta dificuldade, mostrando como a cegueira do povo de Deus tinha sido prefigurada desde o princípio em sua recusa de olhar para o rosto de Moisés, enquanto não estivesse velado. Assim como já mostrara que o brilho do semblante de Moisés era um sinal da glória da lei, também aqui ele ensina que o véu era um sinal da futura cegueira do povo de Israel. Uma vez que Moisés representa a lei, por meio de sua recusa de olhar para ele, os judeus prestavam testemunho de que não tinham olhos para contemplar a lei, exceto quando ela estava velada.

Ele acrescenta que este *véu* não é removido senão por Cristo e conclui que somente aqueles cujas mentes se volvem para Cristo são capazes de ter verdadeiro discernimento.[43] A principal distinção que ele extrai entre a lei e o evangelho é que o brilho da lei ofusca os olhos dos homens, em vez de iluminá-los, mas que, no evangelho, o glorioso rosto de Cristo é nitidamente contemplado. Ele agora se regozija publicamente no fato de que a majestade do evangelho não é terrível, e sim pacífica;[44] não é secreta, e sim plenamente acessível a todos. A palavra παρρησία significa ou a grandeza exaltada do espírito que seria a característica de todos os ministros do evangelho ou a manifestação franca e clara de Cristo. A segunda tradução é mais plausível, porque ele contrasta esta *confiança* com a obscuridade da lei.[45]

13. E não como Moisés. Paulo não se preocupa com as intenções de Moisés. Seu dever era proclamar a lei a seu povo, e sem dúvida pretendia que todos eles entendessem seu real significado, e não escondia deliberadamente sua doutrina em obscuridade. Ela [a lei] era obscura porque o povo era cego; e, já que Moisés não podia renovar a mente de seus ouvintes, ficava satisfeito em desobrigar-se fielmente do dever lan-

---

escolhido, não o reconheceu como Salvador."
43 "Ceux qui appliquent leur entendement à cognoistre Christ." – "Aqueles que aplicam seus entendimentos ao conhecimento de Cristo."
44 "Aimable, et attrayante." – "Amigável e atraente."
45 "Falamos não só com toda *confiança*, mas com toda clareza imaginável, nada retendo, nada dissimulando, nada ocultando; e aqui diferimos grandemente dos doutores judaicos, bem como dos filósofos gentílicos, que visam à *obscuridade* e tudo fazem, por meio de figuras, metáforas e alegorias, para ocultar tudo da pessoa comum. Nós, porém, desejamos que todos ouçam; e falamos de tal modo que todos possam entender" – Dr. Adam Clarke.

çado sobre ele. De fato, quando o Senhor ordenou-lhe pôr um véu entre seu rosto e os olhos dos espectadores, ele obedeceu. Portanto, nada do que se diz aqui denigre a pessoa de Moisés, já que seu dever não era fazer mais do que a função específica a ele imposta. Além disso, a obscuridade ou a visão fraca e turva de que Paulo está falando se restringe somente aos descrentes, porque, embora a lei esteja circunscrita por figuras,[46] não cessa de atribuir sabedoria a bebês [Sl 19.7].[47]

14. O entendimento deles estava embotado. Paulo põe sobre eles toda a responsabilidade, visto que era sua cegueira que os impedia de tirar algum proveito da doutrina da lei. Ele prossegue acrescentando que esse véu permanece até o dia de hoje, significando que a cegueira não durou simplesmente aquele momento, mas, antes, prefigurava que a condição do povo avançaria pelo futuro afora. É como se quisesse dizer: "Aquele véu com que Moisés cobria seu rosto, enquanto entregava a lei, era símbolo do futuro e permanente embotamento do povo. Assim hoje, quando a lei lhes é pregada, ouvindo, não ouvem; vendo, não vêem [Mt 13.13]. Isto, porém, não deve nos perturbar como se algo novo estivesse acontecendo [1Pe 4.12]. Deus vem mostrando desde muito, sob a tipologia do véu, que seria assim". A responsabilidade não deve ser, em hipótese alguma, atribuída à lei; uma vez mais, ele repete que seus corações estavam cobertos com um véu.

O mesmo véu permanece não levantado, véu este que é removido em Cristo. Ele nos diz por que eles permaneceram tanto tempo cegos no meio da luz. A lei é, em si mesma, plena luz, porém só apreciamos sua claridade quando Cristo nos é revelado nela. Os judeus afastam seus olhos de Cristo o máximo que podem, de modo que não nos surpreendemos quando eles não conseguem ver nada, quando recusam olhar para o sol. A cegueira do povo eleito, e especialmente sua longa duração, constitui uma advertência para que não nos enchamos

---

46 "Figures et ombres." – "Figuras e sombras."
47 "A cláusula traduzida em nossa versão autorizada – *tornando sábio o simples* – é traduzida assim por Calvino: *instruindo os bebês em sabedoria*. Na Bíblia de Tyndale, a tradução é: 'E dá sabedoria inclusive aos bebês'. Bebês é a palavra usada na maioria das versões"

de orgulho em nossa confiança nas bênçãos que Deus nos derramou – ponto que Paulo trata em Romanos 11.20. A causa desta cegueira deve nos guardar daquele menosprezo de Cristo que Deus castiga mui severamente. Devemos aprender ainda que, sem Cristo, a essência da justiça, não existe luz, nem na lei, nem em toda a Palavra de Deus.

16. Quando, porém, ela se volta para o Senhor. Este versículo tem sido traduzido erroneamente até agora, porque tanto os escritores latinos como os gregos acreditam que a referência aqui é a Israel, enquanto Paulo está falando de Moisés. Ele já se referiu ao véu que é posto nos corações dos judeus toda vez que Moisés é lido; agora, ele acrescenta que, quando ele se voltar para o Senhor, o véu será retirado. Isto se refere nitidamente a Moisés, ou seja, à *lei*. Uma vez que Cristo é o fim da lei [Rm 10.4],[48] o assunto sobre o qual a lei se referia, sempre que os judeus O excluíam da lei, esta se desviava noutra direção. Assim como, ao ler a lei,[49] eles vagueavam por desvios, assim também a própria lei se lhes torna confusa, como um labirinto, até que seja direcionada ao seu próprio fim (*ad suum finem*), que é Cristo. Se, pois, os judeus procuram Cristo na lei, a verdade de Deus surgirá nitidamente ante seus olhos;[50] porém, enquanto desejarem ser sábios sem Cristo, vaguearão em trevas e jamais atingirão o verdadeiro significado da lei. E o que é dito sobre a lei se aplica a toda a Escritura; pois, quando ela é considerada como não se referindo a Cristo, seu único propósito e centro (*ad unicum scopum*), ela é distorcida e pervertida.[51]

17. O Senhor é o Espírito. Esta passagem, também, tem sido pessimamente interpretada, como se Paulo pretendesse dizer que Cristo é de natureza espiritual, o que tem sido considerado como equivalente a João 4.24: "Deus é espírito". Mas a declaração que temos diante dos olhos nada tem a ver com a natureza de Cristo, senão que sua única

---

48 "La fine t l'accomplissement d'icelle." – "O fim e cumprimento dela."
49 "En lisant la Loy." – "Na leitura da lei."
50 "Ils y trouuerout clairement la pure verité de Dieu." – "Descobrirão claramente nela a pura verdade de Deus."
51 "C'est la destourner hors de son droit sens et du tout la peruertir." – "Isto é desviá-la de seu significado correto e pervertê-la completamente."

preocupação é explicar seu ofício. Relaciona-se com o contexto anterior, onde já ficou expresso que a doutrina da lei é de cunho literal, não apenas morta, mas a *causa* de morte para nós. Ele agora chama Cristo de *seu espírito*,[52] significando que ela se fará viva e só será geradora de vida, se for inspirada por Cristo. Some a alma ao corpo e você terá um homem vivo, dotado de entendimento e percepção, apto para todas as atividades da vida;[53] remova, porém, a alma do corpo, e permanecerá um cadáver inútil, destituído de toda percepção.

Esta passagem merece especial atenção,[54] porque dela podemos aprender como conciliar o louvor que Davi dirige à lei como "convertendo almas", "iluminando os olhos", "comunicando sabedoria aos bebês" [Sl 19.7, 8] com as declarações de Paulo, que parecem contradizer o salmista; pois, segundo Paulo, a lei é "o ministério de pecado e morte", "a letra que não faz outra coisa, senão matar" [2Co 3.7]. Porque, quando a lei é animada por Cristo,[55] as coisas que Davi diz se fazem plenamente aplicáveis a ela; mas, se Cristo é removido dela, então, a descrição de Paulo se faz plenamente verdadeira. Conseqüentemente, *Cristo é a vida da lei*.[56]

Onde o Espírito do Senhor está. Em seguida, Paulo nos informa como Cristo imprime vida à lei, a saber, concedendo-nos seu Espírito. A palavra *espírito* tem aqui um significado diferente daquele do último versículo. Ali, ela significa *alma* e se aplica metaforicamente a Cristo; aqui, porém, ela significa o *Espírito Santo,* que Cristo mesmo nos outorga. Cristo, ao regenerar-nos, dá vida à lei e se revela como a fonte da vida, assim como a alma é a fonte da qual emanam todas as funções vitais do homem. Portanto, Cristo é, por assim dizer, a alma universal de todos os homens (*universalis omnium anima*), não no tocante a sua essência, mas no tocante a sua graça. Ou, pondo de outra forma, Cristo é *o Espírito*

---

52 "L'esprit de la Loy." – "O espírito da lei."
53 "Tous mouuemens et operations de la vie." – "Todos os movimentos e operações de vida."
54 "Voici vn beau passage, et bien digne d'estre noté." – "Aqui está uma passagem bela, que bem merece ser criteriosamente examinada."
55 "Quand l'ame luy est inspiree par Christ." – "Quando uma alma é bafejada por Cristo."
56 "La vie et l'esprit de la Loy." – "A vida e espírito da Lei."

porque Ele nos vivifica pela influência vivificante de seu Espírito.[57]

Ele faz menção ainda da bênção que recebemos desta fonte, ao dizer *aí há liberdade*. Pelo termo *liberdade* não entendo como sendo só o *livramento* da escravidão do pecado e da carne, mas também a *confiança* que recebemos de seu testemunho acerca de nossa adoção. Isto concorda com Romanos 8.15: "Porque não recebemos outra vez o espírito de escravidão para temor", etc. Nesta passagem, Paulo menciona *escravidão* e *temor*, e temos os opostos destes, que são *liberdade* e *confiança*. Assim podemos, com propriedade, seguir Agostinho, ao inferir desta passagem que somos, por natureza, escravos do pecado e libertos através da graça da regeneração. Porque, onde houver a letra nua da lei, aí estará presente o senhorio do pecado. No entanto, como eu já disse, interpreto o termo *liberdade* num sentido mais amplo. Seria possível restringir a graça do Espírito, especialmente no que tange aos ministros, a fim de que esta declaração corresponda ao início do capítulo, de haver nos ministros uma graça espiritual diferenciada e uma liberdade diferenciada da que há nos demais. Não obstante, a primeira interpretação me agrada mais, ainda que não faço nenhuma objeção em aplicar isto a todos segundo a medida de seu dom. Basta-nos, porém, observar que Paulo está realçando a eficácia do Espírito que todos nós, os que fomos regenerados por meio de sua graça, experimentamos para nossa salvação.

18. Mas todos nós, com o rosto descoberto. Não sabemos como teria ocorrido que Erasmo aplicasse esta declaração tão-somente aos ministros, quando ela, obviamente, se aplica a todos os crentes em geral. É verdade que no grego o significado do verbo κατοπρίζεσθαι é incerto, pois, às vezes, significa segurar um espelho para alguém mirar nele e, às vezes, olhar num espelho que é segurado por alguém.[58]

---

57 "Par l'efficace et viue vertu de son Sainct Esprit." – "Pela eficácia e influência vital de seu Espírito Santo."

58 "Plutarco faz uso do primeiro sentido (2.894. D). É mais amiúde empregado na segunda significação. Assim diz Platão: Τοις μεθυουσι συνεβουλευε κατοπρίζεσθαι – "Ele avisou as pessoas embriagadas que se mirassem num espelho". Assim também Diógenes Laert (em Sócrates): Ηξιου δε τους νεους συνεχως κατοπριζεσθαι. Ele pensava que os jovens se mi-

A Vulgata observou corretamente que o segundo significado é o mais preferível aqui; e tenho seguido a sua tradução.[59] Ele diz "todos nós", como para incluir todo o corpo da igreja. Esta é uma conclusão lógica do que vem antes, porque ele está dizendo que no evangelho temos uma revelação aberta de Deus. Defrontar-nos-emos com esta idéia outra vez no quarto capítulo.

Ao mesmo tempo, ele realça a força da revelação e nosso progresso diário nela.[60] Ele usa esta similitude da imagem no espelho para formular três pontos: primeiro, que não precisamos temer a obscuridade, quando nos aproximamos do evangelho, porque nele Deus se nos revela de rosto desvendado;[61] segundo, que o evangelho não seria morte nem contemplação infrutífera, porque, através dele, somos transformados na imagem de Deus; terceiro, que tampouco estas coisas acontecem todas de uma vez, mas que, por meio da imagem de um progresso contínuo, crescemos no conhecimento de Deus e na conformidade da imagem de seu Filho. Este é o significado de *glória em glória*.

Ao acrescentar, *como pelo Senhor, o Espírito*, novamente nos lembra como todo o poder do evangelho depende de ser ele transformado em gerador de vida em nós pela graça do Espírito Santo. A partícula de comparação *como* não sugere que a frase não seja estritamente aplicável, mas, antes, aponta para o *modo* de nossa transformação. Observe-se que *o propósito* do evangelho é a restauração da imagem de Deus em nós, a qual fora cancelada pelo pecado e que esta restauração é progressiva e prossegue ao longo de toda nossa vida, porque Deus faz sua glória brilhar em nós paulatinamente.

Aqui, porém, suscita-se uma indagação. Paulo afirma que contemplamos a glória de Deus com o rosto desvendado;[62] todavia, na primeira

---

rassem, com freqüência, num espelho.

59 Wycliffe (1380), seguindo, como costumava fazer, a Vulgata, faz a seguinte tradução: "E todos nós, com o rosto a descoberto, vimos a glória do Senhor". A tradução de Calvino, como se observará, é: "In speculo conspicientes" – "contemplando num espelho".

60 "Le proufit ou auancement que nous sentons en cela tous les iours." – "O proveito ou vantagem que experimentamos nela a cada dia."

61 "Car là Dieu se descouure à nous face à face." – "Porque Deus ali se nos revela face a face."

62 Granville Penn traduz o versículo assim: "E todos nós, mirando, como num espelho, a glória

epístola [13.12], ele afirmou que agora conhecemos a Deus como num espelho embaçado. À primeira vista parece haver contradição, todavia, não é bem assim. Nosso presente conhecimento de Deus é, deveras, obscuro e débil em comparação à gloriosa visão que teremos de Cristo em seu último aparecimento. Ao mesmo tempo, ele se nos oferece agora para ser visto e publicamente admirado na medida em que nossa salvação requer e nossa capacidade permite.[63] Portanto, o apóstolo fala de *progresso* que só será *perfeição* quando Cristo se manifestar.

---

do Senhor com sua face desvendada" e adiciona a seguinte nota: "São Paulo contrasta a condição dos judeus, quando não podiam fixar seus olhos na glória da face descoberta de Moisés, com o privilégio dos cristãos, que são capacitados a olhar, como num espelho, a face franca e descoberta de Cristo; e, nesse mirar, são transformados na mesma imagem gloriosa. A 'face desvendada', pois, é a de *nosso Senhor*, não daquele que olha".

63 "Esta não é uma mudança só na imagem de Deus com cores leves, uma imagem esboçada como com carvão, e sim uma imagem gloriosa, mesmo no esboço rústico, que se desenvolve em maior beleza pela adição de maiores cores. 'Transformados [diz o apóstolo em 2Co 3.18] na mesma imagem de glória em glória': glória nos primeiros traços, bem como glória nas últimas linhas" – *Charnock's Works*, vol. ii. p. 209.

Capítulo 4

1. Portanto, visto que temos este ministério, como já alcançamos misericórdia, não desfalecemos;
2. Ao contrário, renunciamos as coisas ocultas que envergonham, não andando em astúcia, nem manuseando a palavra de Deus de forma enganosa; antes, pela manifestação da verdade, recomendamo-nos à consciência de todo homem na presença de Deus.
3. Mas, se nosso evangelho está encoberto, é para os que perecem que ele está encoberto;
4. Em quem o deus deste mundo cegou a mente dos incrédulos, para que a luz do evangelho da glória de Cristo, que é a imagem do Deus invisível, não brilhe sobre eles.
5. Porque não pregamos a nós mesmos, mas a Jesus Cristo como Senhor, e a nós mesmos como servos por amor de Jesus.
6. Visto que é Deus quem disse: De trevas resplandecerá luz, ele mesmo resplandeceu em nossos corações, para outorgar a luz do conhecimento da glória de Deus na face de Jesus Cristo.

1. Quamobrem habentes ministerium hoc, sicuti misericordiam sumus consequuti, non deficimus,
2. Sed reiicimus latebras dedecoris, non ambulantes in astutia, neque dolo tractantes sermonem Dei: sed manifestatione veritatis commendantes nos apud omnem conscientiam hominum coram Deo.
3. Si autem velatum est Evangelium nostrum: in iis qui perent velatum est.
4. Quibus deus sæculi hujus excœcavit sensus: nempe infidelibus, ut ne illis resplendeat claritas Evangelii gloriæ Christi, qui est imago Dei invisibilis.
5. Non enim nosmetipsos prædicamus, sed Iesum Christum Dominum: nos vero servos vestros propter Iesum.
6. Quoniam Deus qui iussit e tenebris lumen splendescere, idem illuxit in cordibus nostris ad illuminationem cognitionis gloræ Dei in facie Iesu Christi.

1. Visto que temos este ministério. Ele, então, resume a recomendação de sua própria pessoa, a partir da qual ele se desviou para a argumentação geral sobre a excelência do evangelho. Havendo tratado da natureza do evangelho, ele agora prossegue mostrando quão fiel e sincero ministro do evangelho ele tem sido. Já explicou qual é o verdadeiro evangelho de Cristo; agora afirma que é precisamente este o genuíno evangelho que ele proclama. "Visto que", diz ele, "temos este ministério" – ou seja, o ministério cuja excelência ele já exaltou em termos mui magnificentes, cujo poder e utilidade já explicou amplamente. Assim, para evitar qualquer aparência de estar exaltando seus próprios esforços, ou que por seus próprios méritos tenha alcançado um pináculo tão elevado de honra, ele declara, ao contrário, que deve tudo isso unicamente à misericórdia de Deus. Ele torna seu significado mais forte ainda, ao atribuir seu apostolado à misericórdia de Deus, antes de atribuí-lo à sua graça. *Não desfalecemos*[1] – ou seja, não desistimos de nosso dever,[2] antes o cumprimos fielmente.

2. Ao contrário, renunciamos as coisas ocultas que envergonham. Ao elogiar sua própria sinceridade,[3] Paulo está censurando, implicitamente, os falsos apóstolos, os quais, por seu egoísmo, estavam despojando o evangelho do poder que lhe pertence por direito e tinham como único propósito a autopromoção. Assim, indiretamente, ele lhes imputa os próprios defeitos dos quais Paulo mesmo alega estar isento. Por *coisas ocultas* ou *segredos vergonhosos*, há quem entenda como sendo as sombras da lei mosaica, e Crisóstomo o considera como sendo as vãs exibições das quais os oponentes de Paulo se jactavam. Em minha opinião pessoal, a expressão tem referência a todas as pretensões pelas quais eles adulteravam as puras e inerentes propriedades do evangelho. Pois assim como as mulheres castas e honradas vivem felizes com a graciosidade da beleza natural e não recorrem a ornamentos artificiais, ao passo que as meretrizes nunca se consideram bem adornadas, enquanto não tenham corrompido toda a natureza, para Paulo sua glória estava no estabelecimento do evange-

---

1 "Em vez de οὐκ ἐκκακοῦμεν, *não desfalecemos*, os manuscritos ADFG e alguns outros trazem οὐκ ἐγκακοῦμεν, *não agimos perversamente*. Wakefield pensa ser esta a redação genuína; certamente, ela faz bom sentido com o que precede e que o segue. Se seguirmos esta redação, todo o versículo pode ser lido assim: 'Portanto, como já obtivemos misericórdia ou já fomos graciosamente instruídos, ἠλεήθημεν, por este ministério, não agimos perversamente, porém já renunciamos as coisas ocultas da desonestidade" – Dr. A. Clarke.

2 "Nous n'omettons rien de ce qui est de nostre office." – "Não omitimos qualquer coisa do que pertence a nosso ofício."

3 "Sa droiture et syncerite." – "Sua própria integridade e sinceridade."

lho puro, ao passo que outros ofereciam um evangelho forjado e bem adornado com adições desonrosas. Uma vez que se envergonhavam da singeleza de Cristo, e, ainda mais, porque não podiam exceder[4] nas genuínas virtudes apostólicas, então engendraram um novo evangelho, de muitas maneiras semelhante à filosofia profana, saturado com linguagem em extremo bombástica, porém carente do poder e eficácia do Espírito. É a esses adornos espúrios[5] que desfiguram o evangelho que Paulo chama de *segredos vergonhosos*, porque a nudez daqueles que recorrem a tais dissimulações e disfarces necessariamente é desonrosa e desditosa.

Todavia, Paulo afirma que ele mesmo rejeita e desdenha de tais disfarces, porque a maior porção do rosto de Cristo é contemplada sem véu em sua pregação, através da qual Ele resplandece com maior glória. Não nego que haja aqui, também, uma alusão ao véu de Moisés [Êx 34.33], a que ele já fizera menção, porém o véu que cobre os falsos apóstolos é de uma natureza completamente distinta. Moisés cobria seu rosto em razão de que o incomparável esplendor da glória da lei era tão intenso, que deixava os olhos ofuscados; os falsos apóstolos, porém, punham um véu à guisa de ornamento. Caso permitissem que a simplicidade do evangelho brilhasse, sua desprezível condição e ignorância seriam desmascaradas, por isso escondiam sua vergonha sob tantas vestimentas e máscaras.

Não andando em astúcia. Não há dúvida de que os falsos apóstolos se deleitavam em extremo nas próprias astúcias, as mesmas que Paulo está reprovando, como se fossem para eles grande virtude, justamente como ainda hoje notamos entre aqueles que professam o evangelho, alguns se apresentando com mais subterfúgio do que com sinceridade, são mais superficiais do que consistentes, cuja engenhosidade não passa de infantilidade. Mas, o que se pode fazer com eles? Deleitam-se em ter um nome por sagacidade e, sob esse pretexto, sus-

---

4 "Ne pouuoyent pas estre excellens et enestime." – "Não podiam ser eminentes e ser mantidos em estima."
5 "Ces couleurs fausses, et ces desguisemens." – "Aquelas falsas cores e aqueles disfarces."

têm o aplauso dos ignorantes.⁶ Não obstante, aqui aprendemos em que estima Paulo tinha esta aparência de excelência. Ele declara que *astúcia* é algo indigno dos servos de Cristo.

Nem manuseando a Palavra de Deus de forma enganosa. Não estou certo se esta tradução produz o que Paulo quis significar de forma bastante clara. Porque o verbo grego δολοῦν não significa tanto *agir fraudulentamente*, mas, antes, significa *falsificar*,⁷ segundo o costume dos comerciantes fraudulentos⁸ de tentar esconder o valor de suas mercadorias, imprimindo-lhes um falso brilho. Nesta passagem, por alguma razão, a palavra é usada para indicar o oposto de pregação sincera, e isto se harmoniza com o que vem a seguir.

Pela manifestação da verdade. Paulo reivindica para si mesmo a honra de ter proclamado a sã doutrina do evangelho de forma simples e despretensiosa e afirma ter a *consciência de todo homem* por testemunha *na presença de Deus*. Ele coloca a doutrina forjada⁹ dos sofistas em oposição à verdade manifesta e apela à consciência dos homens e ao tribunal do juízo divino, enquanto seus oponentes confiavam nos julgamentos equivocados e nos sentimentos corrompidos dos homens e se sentiam menos preocupados em *ser* realmente dignos de louvor do que em *parecer* dignos dele. Daqui inferimos que Paulo está provocando o contraste entre um apelo à consciência dos homens e o apelo a seus ouvidos. Seria suficiente para os servos de Cristo ter sua integridade de consciência diante de Deus, e não deviam dar atenção aos desejos perversos dos homens, nem tampouco a seus vãos aplausos.

3. Mas, se nosso evangelho está encoberto. Teria sido fácil despe-

---

6 "Enuers les gens simples, et qui ne scauent pas iuger des choses." – "Entre o povo simples e aqueles que não sabem como julgar as coisas."

7 O verbo δολοῦν é aplicado por Luciano (em Hermot. 59) a respeito de vinhateiros que adulteram o vinho e, nesse sentido, é sinônimo de καπηλεύειν, uso feito por Paulo em 2 Coríntios 2.17. A tradução que Beza faz da sentença corresponde exatamente à que Calvino dá preferência: "Neque falsantes sermonem Dei" – "Nem falsificando a palavra de Deus". Tyndale (1534) traduz a sentença assim: "Nem corrompemos a palavra de Deus". A tradução na versão Rheims (1582) é: "Nem adulterando a palavra de Deus".

8 "Et frippiers." — "E cambistas."

9 "Fardee et desguisee." — "Pintado e dissimulado"

jar escárnio na alegação de Paulo de que sua pregação era muitíssimo clara, porquanto ela contava com muitos oponentes. Paulo, porém, enfrenta esta acusação com implacável autoridade, ameaçando todo aquele que não reconhecesse o poder de seu evangelho e alertando todos de que este é um sinal de reprovação e morte. É exatamente como se dissesse: "Se alguém afirma que não reconhece a manifestação de Cristo, na qual me glorio, por esse mesmo fato prova claramente ser ele mesmo um réprobo,[10] porque a sinceridade de minha pregação[11] é pública e claramente compreendida por todos quantos têm olhos para ver". Aqueles para quem o evangelho está oculto devem, pois, estar cegos e carentes dos próprios vestígios de entendimento racional. A conclusão é que a cegueira dos incrédulos não denigre, de modo algum, a clareza de seu evangelho; o sol não é menos resplandecente só porque os cegos não podem perceber sua luz.

Alegar-se-á que isto se aplica igualmente à lei, porquanto em si mesma ela é "lâmpada[12] para guiar nossos pés" [Sl 119.105] e "iluminar nossos olhos" [Sl 19.8]; e só está oculta para aqueles que perecem. Minha resposta é que, enquanto Cristo estiver associado à lei, o brilho do sol penetra através das nuvens, de modo que os homens têm luz suficiente para seu uso; mas, onde Cristo é dissociado da lei, não fica nada senão trevas ou, antes, uma falsa aparência de luz que ofusca, em vez de iluminar os olhos dos homens. O fato de que ele ousa considerar como réprobos a todos quantos rejeitam sua doutrina é evidência de grande segurança, mas é certo que todos quantos desejam ser considerados ministros de Deus possuam semelhante segurança, de modo que, com uma consciência intrépida, não hesitam em intimar os que se opõem a seu ensino a comparecerem diante do tribunal divino, para que recebam ali a justa condenação.

4. Em quem o deus deste mundo. Paulo está querendo dizer

---

10 "Il ne pourra mieux monstrer signe de sa reprobation, que par là." – "Ele não podia dar uma evidência mais clara do que esta quanto à sua reprovação."
11 "La syncerite et droiture que ie tien à enseigner." – "A sinceridade e integridade que mantenho no ensino."
12 "Vne lanterne ardente." – "Uma lanterna ardente."

que não acredita que se sentiria surpreso pela perversa obstinação de seus oponentes. "Eles não conseguem ver o sol ao meio-dia", diz ele, "porque o diabo cegou seu entendimento". Ninguém em são juízo teria alguma dúvida de que o apóstolo, aqui, se refere a Satanás. Hilário, que se viu obrigado a tratar com os arianos que abusavam desta passagem em apoio de seu ponto de vista de que Cristo era *um deus*, ainda que negassem sua genuína divindade, torce o texto para significar que foi Deus quem cegou o entendimento deste mundo. Crisóstomo, mais tarde, seguiu esta tradução, a fim de não propiciar aos maniqueus sua visão dualística de dois princípios primários.[13] Por que Ambrósio também a aceitou não fica claro, mas a razão de Agostinho foi a mesma de Crisóstomo, porque ele também se viu envolvido na disputa com os maniqueus.

Este é um clássico exemplo do que pode suceder no calor de uma controvérsia, porque, se todos aqueles homens tivessem lido as palavras de Paulo com uma mente serena e isenta, jamais teriam torcido tal texto, para que seu significado fosse assim forçado. Mas, ao serem duramente pressionados por seus oponentes, ficaram mais ansiosos em refutá-los do que em explicar Paulo. Não obstante, que necessidade havia para tal ansiedade? Era um subterfúgio infantil, porque os arianos argumentavam que, em razão de o diabo ser chamado de *deus deste mundo*, a palavra *Deus*, aplicada a Cristo, não expressa a verdadeira, eterna e única divindade. Paulo diz em outro lugar que "muitos são chamados deuses" [1Co 8.5], e Davi declara que "os deuses das nações são demônios" [Sl 96.5][14]. Portanto, quando o diabo é chamado *deus*, em razão de ter domínio sobre os homens e ser adorado por eles

---

13 Os maniqueus, assim chamados por causa de Manes, seu fundador, sustentavam a doutrina de *dois princípios primários*, um *bom* e um *mal*, crendo que assim encontrariam o caminho para a origem do mal.
14 "Les dieux des Gentils sont diables." – "Os deuses dos gentios são demônios." Calvino, aqui, como em muitos outros casos, cita em conformidade com o *sentido*, e não em conformidade com as *palavras*. A passagem à qual Calvino se refere, ele a traduz assim: "Todos os deuses das nações são vaidades", sendo que a palavra hebraica, como ele nota, é אלילים (*elilim*), *meramente nada* [1Co 8.4], em vez de אלהים (*elohim*), *deuses*. Não pode haver dúvida de que Calvino, ao citar esta passagem aqui, pensava no que é afirmado por Paulo em 1 Coríntios 10.20.

no lugar de Deus, como isso pode, de alguma forma, denegrir a dignidade de Cristo? Quanto aos maniqueus, este título não empresta mais apoio a seu ponto de vista do que o chamar o diabo de *príncipe deste mundo* [Jo 14.30].[15]

Assim, não há razão por que devamos ter receio de interpretar esta passagem como aplicável ao diabo, porque isso pode ser feito sem qualquer risco. Porque, se os arianos sustentam[16] que não se pode provar a essência divina de Cristo, por ser-Lhe dado o nome de Deus, da mesma forma não se pode provar a essência divina de Satanás, por ser ele chamado *um deus*; esta disputa é facilmente resolvida. Pois Cristo é chamado *Deus* absolutamente sem qualquer frase qualificativa;[17] Ele também é chamado "Deus bendito para sempre". Ele é chamado Deus que existiu antes da criação do mundo. Todavia, o diabo é chamado o deus deste mundo exatamente na mesma forma como Baal é chamado o deus daqueles que o adoram ou o cão é chamado o deus do Egito.[18] Os maniqueus, em defesa de seus pontos de vista pervertidos, como já expus, dependem de outras passagens da Escritura, além desta; mas tampouco é difícil refutá-los. Seu argumento não se restringe ao *nome* do diabo, mas se estende ao seu *poder*. Em razão de se atribuir a Satanás poder de cegar e domínio sobre os crentes, então deduzem que ele, por sua própria habilidade, é o autor de todo o mal, de modo que não está sujeito ao comando de Deus – como se a Escritura, em muitas passagens, não chamasse os demônios de ministros de Deus, tanto quanto o são os anjos celestiais, ainda que num sentido mui diver-

---

15 Calvino, ao comentar a passagem referida, observa que "o diabo é chamado *o príncipe deste mundo*, não porque tenha ele um reino distinto do de Deus (como imaginavam os maniqueus), mas porque, pela permissão divina, ele exerce sua tirania sobre o mundo."

16 "Tant qu'ils voudront." – "Tanto quanto lhes apraz."

17 Obviamente, Calvino quer dizer por esta sentença: sem nada para adicionar, tendo a tendência de qualificar ou limitar a designação. Em concordância com isto, ele diz nas *Institutas* que o "título" Deus "não é conferido a alguém *sem alguma adição*, como quando se diz que Moisés seria um deus para faraó" [Ex 7.1].

18 Uma variedade de animais, além do cão, era adorada pelos egípcios; e algumas substâncias vegetais, que se desenvolviam em seus jardins, eram adoradas por eles como divindades! Calvino, ao comentar 1 Coríntios 8.5, fala dos egípcios como que rendendo homenagem divina ao "boi, à serpente, ao gato, à cebola, ao alho."

so. Pois, assim como os anjos celestiais são ministros das bênçãos de Deus para nossa salvação, também os demônios executam a ira divina. Portanto, os anjos celestiais são chamados principados e poderes, mas só porque exercem o poder que Deus lhes conferiu. Da mesma forma, Satanás é o príncipe do mundo, não porque tenha ele conferido a si mesmo esse poder principesco, ou obtido o mesmo por seu próprio direito, ou seja capaz de exercê-lo por sua própria vontade, mas ele o possui só até onde o Senhor lhe permite. Assim, a Escritura não só menciona *o bom Espírito de Deus* e os bons anjos, mas também menciona *os maus espíritos de Deus*. Assim, temos em 1 Samuel 16.14: "Tendo-se retirado de Saul o Espírito do Senhor, da parte deste um espírito maligno o atormentava". E, em Salmos 78.49, lemos do castigo infligido pela instrumentalidade de "anjos portadores de males".

Voltando à passagem em pauta, cegar os incrédulos é uma obra comum a Deus e a Satanás, mas o poder que cada um deles possui não é o mesmo, nem a mesma a maneira como ele funciona. Ainda não disse nada sobre a *maneira*, mas a Escritura ensina que Satanás cega os homens[19] não só com a permissão de Deus, mas sob seu comando, para aplicar sua vingança. Assim, Acabe foi enganado por Satanás [1Rs 22.21], porém este não poderia fazer isso de vontade própria. Tendo oferecido seus préstimos a Deus, para fazer o mal, ele foi enviado para ser um espírito mentiroso na boca de todos os profetas [1Rs 22.22]. Portanto, diz-se que Deus é quem cega os homens, porque, tendo-nos privado do correto uso de nossas mentes e da luz de seu Espírito, ele nos entrega ao diabo, para nos reduzir a um estado mental reprovável, e lhe dá poder para nos iludir e, assim, infligir justa vingança sobre nós através do ministério de sua ira.

Portanto, Paulo está querendo dizer que todo aquele que não reconhece que sua doutrina é a pura verdade de Deus, esse se acha possuído do diabo, porque é mais duro chamá-lo de escravo do diabo[20] do que atribuir sua cegueira ao juízo de Deus. Um pouco antes ele

---

19 "Les reprouuez." – "Os réprobos."
20 "'*O deus deste mundo.*' Se pudéssemos considerar isto, em conformidade com o que a ex-

julgara tais pessoas como dignas de destruição [versículo 3] e agora acrescenta que a única razão por que estão perecendo é que por sua própria descrença trouxeram ruína sobre si mesmas.

Para que a luz do evangelho... não brilhe sobre eles. Isto confirma o que ele já dissera, que se alguém rejeita seu evangelho é porque sua própria cegueira o impede de recebê-lo. "Porque nada", diz ele, "aparece nele senão Cristo, e este não aparece de forma obscura, mas resplandece plenamente". Ele agrega que Cristo é a *imagem de Deus*, para tornar ainda mais evidente que aqueles sobre os quais está descrevendo estão completamente destituídos do conhecimento de Deus, porque, segundo João 14.7, "se me tivésseis conhecido, conheceríeis também a meu Pai". Esta é a razão por que ele pronuncia uma sentença tão dura sobre aqueles que punham dúvida em seu apostolado, porque não conseguiam ver Cristo em seu evangelho, embora pudesse ele ser plenamente visto ali. Alguma dúvida paira quanto à questão se *o evangelho da glória de Cristo* significa, segundo a língua hebraica, "o glorioso evangelho de Cristo" ou "o evangelho no qual brilha a glória de Cristo". Quanto a mim, prefiro a segunda tradução como aquela que apresenta um significado mais completo.

No entanto, quando Cristo é chamado *a imagem do Deus invisível*, a referência não é simplesmente à sua essência, porque Ele é, como dizem, co-essencial com o Pai. Antes, refere-se[21] à sua relação conosco,

---

pressão contém de horror e detestabilidade! É algo que nem poderíamos imaginar, que um mundo habitado por criaturas racionais, a própria progênie de Deus, universalmente caiu numa confederação e combinação com outro deus, com um deus inimigo, um deus adversário, contra o Deus vivo e verdadeiro! Os homens têm trocado seu Deus. E que temível escolha têm feito! Fizeram coligação com aquelas criaturas perversas que se cansaram de seu governo de outrora e que foram, por isso, precipitadas num abismo de trevas e presas por cadeias, à espera do juízo do Grande Dia. Mas, a Escritura declara tal coisa em vão? Ou não tem sentido quando ela chama o diabo *o deus deste mundo*? Que o espanto domine nosso coração e ponderemos que toda a ordem das criaturas se afastou de Deus e formaram confederação com o diabo e seus anjos, contra seu fiel e soberano Deus" *Howe's Works* (Londres, 1834), p. 1206.

21 Evidentemente, Calvino faz referência a uma expressão usada pelo Concílio de Nicéia (325 d.C.), com o fim de expressar a unidade de essência na primeira e segunda pessoas da Trindade, tendo sido o Filho declarado como ὁμοούσιος τῷ Πατρὶ – *co-essencial com o Pai*. "A expressão foi usada no mesmo sentido, por alguns escritores, antes do Concílio. Não obstante, é notável que foi rejeitada pelo Concílio de Antioquia (263 d.C.), em virtude da inferência que Paulo de Samosata

porque Ele representa o Pai em relação a nós. O Pai é descrito como sendo *invisível* em razão de Ele mesmo não ser apreendido pela mente humana, mas que se nos revela por intermédio de seu Filho e, assim, se nos apresenta numa forma visível.[22] Digo isto porque os antigos, no calor de seu conflito com os arianos, enfatizaram em demasia o ponto em que o Filho é a imagem do Pai, por causa da inerente e secreta unidade de essência entre as duas pessoas, e tentaram passar por alto o que era de importância mais prática, ou seja, que Ele era a imagem de Deus em relação a nós porque nos revela as coisas que estiveram em seu Pai, as quais, de outra forma, permaneceriam ocultas. Portanto, a palavra *imagem* tem referência a nós, como veremos outra vez mais adiante.[23] O adjetivo *invisível* é omitido em alguns manuscritos gregos, porém, uma vez que ele não é supérfluo, preferi conservá-lo.[24]

5. Porque não pregamos a nós mesmos. Alguns tomam esta expressão como um exemplo de *zeugma*[25] e a traduzem assim: "Não pregamos a nós mesmos como senhores, mas o Filho unigênito de Deus, a quem o Pai constituiu sobre todas as coisas".[26] Não faço obje-

---

pretendeu extrair dela, a saber, que, se Cristo e o Espírito fossem consubstancial com o Pai, conclui-se que havia três substâncias – uma anterior e duas posteriores. Para guardar-se contra esta inferência, o Concílio declarou que o Filho não era ὁμοούσιος τῷ Πατρὶ (*consubstancial com o Pai*). "Paulo [de Samosata] parece haver explicado o termo como que significando *específico* ou *da mesma espécie*; é certo que este sentido às vezes lhe é dado. Assim, Aristóteles chama as estrelas ὁμοούσια, significando que elas eram todas da mesma natureza. No Credo de Nicéia, porém, ela expressa a unidade de essência e foi adotada, após considerável discussão, como apropriada para se fazer oposição aos arianos, os quais afirmavam que a essência do Filho era diferente e separada da do Pai" – *Dick's Theology*, vol. ii. pp. 62, 63.

22 "Cristo é a *imagem de Deus*, como um filho é a imagem de seu pai; não com respeito à propriedade individual que o pai tem distinta do filho e o filho, do pai, mas com respeito à mesma substância e natureza, derivadas do pai por geração. Cristo, aqui, é chamado *a imagem de Deus* [2Co 4.4], 'não tanto', diz Calvino, 'em relação a Deus, como o Pai é o exemplar de sua beleza e excelência, quanto em relação a nós, como Ele nos representa o Pai nas perfeições de sua natureza, no que respeita a nós e ao nosso bem-estar, e O torna visível aos olhos de nossa mente" – *Charnock's Works* (Londres, 1684), vol. ii. p. 476.

23 Ver comentário sobre o versículo 6.

24 Três manuscritos (como afirmou Poole, em sua Sinopse) trazem ἀοράτου (*invisível*), mas geralmente se crê que houve uma interpolação de Colossenses 1.15.

25 *Zeugma* é uma figura de linguagem na qual sujeitos são usados conjuntamente (o termo se deriva de ξεύγνυμι, *união*) com o mesmo predicado, o qual pertence estritamente só a um.

26 "Auquel le Pere a baillé superintendance sur toutes choses." – "A quem o Pai deu a superintendência de todas as coisas."

ção a esta interpretação, mas prefiro a outra tradução: "Não pregamos a nós mesmos, mas a Cristo", porque é mais completa e mais enfática (ἐμφατικωτέρα) e conta com quase todo o apoio universal.[27] Muitos pregam a si mesmos além da forma de dominar sobre outros, quando, por exemplo, preocupam-se mais com sua ostentação do que com a edificação dos outros, quando querem ser de alguma forma eminentes ou quando se enriquecem através do evangelho. A ambição e a avareza, assim como outras ausências de virtudes semelhantes, presentes num ministro, contaminam a pureza de seu ensino, de tal modo que Cristo não é exaltado nele. O homem que deseja pregar unicamente a Cristo deve esquecer de si mesmo.

E a nós mesmos como vossos servos. No caso de alguém lhe dizer: "Mas, de fato, tens muitíssimo a dizer acerca de ti mesmo", Paulo responderia que o que mais ele desejava para si, acima de tudo, era ser servo deles. É como se dissesse: "Quando eu falo de mim mesmo em termos tão exaltados, e, como vos parece, de maneira tão vangloriosa, meu objetivo é servir-vos com o máximo de proveito em Cristo". Caso os coríntios rejeitassem esta explicação, o motivo só poderia ser o seu demasiado orgulho e ingratidão. E, deveras, o fato de que não deram atenção ao santo amor que Paulo lhes devotava revela o quanto estavam corrompidos em seu juízo.

Aqui, porém, todos os pastores da igreja são relembrados de sua posição e condição, porque, seja qual for o título de honra que, porventura, os distinga, nada mais são do que servos dos crentes e, inquestionavelmente, não podem servir a Cristo sem que, ao mesmo tempo, sirvam à sua igreja. Esta é, deveras, uma servidão honrosa e superior a qualquer principado,[28] mas ainda é uma servidão, cujo único alvo é que somente Cristo seja exaltado – não obscurecido pela sombra de um único rival.[29] Por conseguinte, é dever de um bom pas-

---

27 "Comme ainsi soit que la façon de parler est de plus grand poids, et s'estend plus loin." – "Como é uma forma de expressão que tem maior peso e é mais extensa."
28 "Plus heureuse que toutes les principautez du monde." – "Mais venturoso do que todos os principados do mundo."
29 "N'estant nullement empesché par l'ombre de quelque autre qui luy seroit donne pour com-

tor não só refrear todo o desejo de domínio, mas também considerar o serviço prestado ao povo de Deus como a mais elevada honra a que possa aspirar. E é dever do povo, como parte de sua responsabilidade, valorizar os servos de Cristo, primeiro, por causa da majestade de seu Mestre, segundo, por causa da dignidade e excelência do ofício deles, de tal maneira que jamais desprezem aqueles que o Senhor colocou em tão alta posição.

6. É Deus quem disse: De trevas resplandecerá luz. Compreendo ser possível explicar esta passagem de quatro formas distintas. Primeiro, Deus ordenou à luz que brilhasse do meio das trevas; ou seja, ele trouxe a luz do evangelho ao mundo através do ministério dos homens que são, por sua própria natureza, filhos das trevas. Segundo, Deus produziu a luz do evangelho para substituir a lei que estava oculta em sombras escuras e, disso, trouxe luz das trevas. Os que são amantes de sutilezas podem aceitar facilmente essas explicações, mas todos quantos penetram a questão de forma mais profunda prontamente reconhecerão que elas não expressam o pensamento do apóstolo. A terceira explicação é a de Ambrósio: quando todos se achavam envoltos em densas trevas, Deus acendeu a luz de seu evangelho. Os homens se achavam submersos nas trevas da ignorância, quando, repentinamente, Deus brilhou sobre eles por intermédio de seu evangelho. A quarta explicação é a de Crisóstomo, que acreditava existir aqui uma alusão à criação do mundo. Deus, que através de sua Palavra criou a luz, fazendo-a, por assim dizer, surgir das trevas,[30] agora nos iluminou espiritualmente, quando estávamos sepultados nessas trevas. Esta transição[31] (*anagoge*) entre a luz que é visível e física e a luz que é espiritual produz uma interpretação mais agradável, e não há nela nada

---

pagnon." – "Em nenhum grau obstruído pela sombra de nenhum outro, que lhe possa ser dado como companheiro."

30 "Du profond des tenebras." – "Da profundeza das trevas."

31 *Anagoge*. O leitor achará na *Harmonia* um ponto de vista lúcido sobre a essência da palavra *anagoge*, ou melhor, ἀναγωγή empregada, de um lado, pelos "doutores da escola alegorista" e, do outro, por Calvino, cuja reverência pelos oráculos inspirados não lhe permitiria dar vazão à mera fantasia na interpretação deles, nem mesmo num único caso.

forçado, ainda que a tradução de Ambrósio[32] seja também plenamente adequada. Todos podem fazer uso de seu próprio tirocínio.

Resplandeceu em nossos corações. Devemos observar cuidadosamente a dupla iluminação a que ele faz referência aqui. Porque, em primeiro lugar, há a iluminação do evangelho, e, em seguida, vem a iluminação secreta, que tem sua sede em nosso coração.[33] Porque, assim como em sua criação do mundo Deus derramou sobre nós a resplandecência do sol e também nos muniu de olhos para que pudéssemos contemplá-la, igualmente, em nossa redenção, Ele resplandeceu sobre nós na pessoa de seu Filho, por intermédio de seu evangelho; mas tudo seria vão, uma vez que somos cegos, a menos que ele iluminasse também nossas mentes, por intermédio de seu Espírito. De forma que seu pensamento é que Deus abriu os olhos de nosso entendimento.

Na face de Jesus Cristo. Paulo já declarou que Cristo é a imagem do Pai. Agora, ao dizer que a glória de Deus é revelada em sua face, seu pensamento é o mesmo. Esta passagem é muito importante, donde aprendemos que Deus não deve ser visto por trás de sua inescrutável majestade (pois Ele habita em luz inacessível), mas deve ser conhecido na medida em que se nos revela em Cristo. De modo que as tentativas humanas de conhecer Deus fora de Cristo são efêmeras, porque tateiam no escuro. É verdade que, à primeira vista, Deus em Cristo parece ser pobre e abjeto; sua glória, porém, desponta para aqueles que têm a paciência de transpor da cruz à ressurreição.[34] Vemos, uma vez mais, que na palavra *pessoa*[35] – aqui traduzida por *face* – há referência a nós,[36] porque é-nos mais proveitoso contemplar Deus como Ele se revela em seu Filho unigênito do que investigar sua essência secreta.

---

32 "La troisieme exposition." – "A terceira exposição."
33 "Interieurement en nos cœurs." – "Interiormente, em nossos corações."
34 "Ceux, qui ont la patience de venir de la croix à la resurrection." – "Aqueles que têm a paciência de vir da cruz à ressurreição."
35 A expressão original é ἐν προσώπῳ Ἰησοῦ Χριστοῦ – na *pessoa* de Jesus Cristo.
36 "Ce qui est dit de Dieu, c'est pour le regard de nous." – "O que é dito acerca de Deus, é dito em relação a nós".

7. Temos, porém, este tesouro em vasos de barro, para que a excessiva grandeza do poder seja de Deus, e não de nós mesmos.
8. Somos atribulados de todos os lados, porém não esmagados; oprimidos pela pobreza, porém não em miséria;
9. Perseguidos, porém não desamparados; arrojados em terra, porém não destruídos;
10. Trazendo sempre no corpo o morrer de Jesus, para que também a vida de Jesus se manifeste em nosso corpo.
11. Porque, embora vivamos, somos sempre entregues à morte por causa de Jesus, para que também a vida de Jesus se manifeste em nossa carne mortal.
12. De modo que, em nós, opera a morte; porém, em vós, a vida.

7. Habemus autem thesaurum hunc in vasis testaceis: ut exsuperantia potentiæ sit Dei, et non ex nobis:
8. Quando in omnibus premimur, at non anxii reddimur: laboramus inopia, at non destituimur:
9. Persequutionem patimur, at non deserimur: deiicimur, at non perimus:
10. Semper mortificationem Iesu Christi circumferentes in corpore nostro, ut vita Iesu manifestetur in corpore nostro.
11. Semper enim nos, dum vivimus,[37] in mortem tradimur propter Iesum, ut vita Iesu manifestetur[38] in mortali carne nostra.
12. Itaque mors quidem in nobis operatur, vita autem in vobis.[39]

7. Temos, porém, este tesouro. Quem ouvisse Paulo ostentar, de forma tão extremada, a excelência de seu ministério e visse, ao contrário, quão ignóbil e abjeto era ele aos olhos do mundo, concluiria que sua ostentação era infantil e, em si mesma, estulta e ridícula, uma vez que baseavam seu julgamento na insignificância de sua pessoa externa.[40] Os ímpios, especialmente, se aferravam a este fato como um pretexto que contribuía para que lançassem tudo sobre Paulo com desprezo. No entanto, com a maior habilidade, ele revertia em maior triunfo as mesmas coisas que aos olhos dos ignorantes pareciam mais degradar do que glorificar seu apostolado. Primeiramente, ele utiliza a metáfora do *tesouro* que geralmente não é guardado numa caixa esplêndida e ricamente decorada, e sim que é depositado em algum recipiente vulgar, sem qualquer atrativo.[41] Ele, pois, acresce que é assim que o poder de

---

37 "Nous en viuant, ou, nous qui viuons." – "Nós embora vivamos, ou, que vivemos."
38 "Soit aussi manifestee." – "Sejam também manifestados."
39 "La vie en vous, ou, vous em reuient." – "Vida em vós, ou, vem dela para vós."
40 "Ils le iugeoyent selon l'apparence de sa personne, qui estoit petite et contemptible." – "Julgavam-no segundo a aparência de sua pessoa, a qual era pequena e desprezível."
41 "O termo σκεῦος (*vaso*), de σκέω, *segurar*, é uma alusão ao corpo como depositário da alma. Ὄστρακον significa propriamente uma *casca* (de cujo material, provavelmente, os vasos primitivas eram formados); e, em segundo lugar, um vaso de terra queimada. E, como isso é proverbialmente

Deus é mais sublimemente glorificado e mais claramente percebido. É como se dissesse: "Os que usam o aviltamento de minha pessoa como escusa para denegrir a honra de meu ministério são juízes injustos e irracionais, porque um tesouro não se torna menos valioso por ser depositado num recipiente sem qualquer valor. De fato, esta é uma prática muito comum, pois grandes tesouros têm sido guardados em potes de cerâmica. Dessa forma, eles não compreendem que as coisas foram tão bem ordenadas pela providência especial de Deus, de modo que nos ministros não houvesse qualquer aparência de excelência, a fim de que nenhuma grandeza propriamente sua obscureça o poder de Deus. Portanto, uma vez que a condição abjeta dos ministros e a insignificância externa de suas pessoas propiciam ocasião de Deus receber maior glória, é insensato e errôneo medir a dignidade do evangelho pela pessoa dos que o pregam".

Aqui, porém, Paulo está não somente falando da condição dos homens, em geral, mas também avaliando sua própria situação pessoal, embora seja verdade que todos os mortais não passam de vasos de barro. Tome-se o mais eminente dos homens que se possa encontrar, alguns maravilhosamente dotados de todos os dotes de berço, como intelecto e fortuna,[42] mesmo que seja ele um ministro do evangelho, não passará de um indigno e terreno depositário de um inestimável tesouro. Não obstante, Paulo está pensando em si e em seus associados, os quais eram freqüentemente tratados com desdém, precisamente porque nada possuíam de externo para exibir.

8. Somos atribulados de todos os lados. Isto é adicionado à guisa de explicação, com o fim de mostrar que sua condição abjeta, em vez de denegrir a glória de Deus, servia para promovê-la. "Porque", diz ele, "somos reduzidos a humilhação, mas, por fim, o Senhor abre uma

---

quebradiço, ὀστράακιος denotava fraqueza, fragilidade, tanto no sentido natural como no metafórico; e, por isso, era mui aplicável ao corpo humano como frágil e como humilde" – Bloomfield.

42 "De tous ornamens, de race, d'esprit, de richesses, et toutes autres choses semblables." – "Com todos os ornamentos de nascimento, intelecto, riquezas e todas as demais coisas de natureza semelhante."

via de escape;⁴³ somos oprimidos com pobreza, mas o Senhor vem em nosso socorro. Muitos inimigos estão de mãos dadas contra nós, mas na proteção do Senhor estamos seguros. Noutras palavras, ainda que sejamos reduzidos a nada, a ponto de que todos pareçam superiores a nós,⁴⁴ contudo, não pereceremos". A última possibilidade mencionada, de todas é a mais séria. Veja-se como ele reverte em vantagem todas as acusações que os ímpios lhe atribuíam falsamente.⁴⁵

10. O morrer de Jesus.⁴⁶ Agora ele avança para um novo ponto,

---

43 "*Somos atribulados de todos os lados*. Com respeito à natureza da tribulação, é evidente que era externa. A própria palavra ali usada (θλιβόμενοι) significa arrojar uma coisa para fora. Assemelha-se ao bater e colidir das ondas contra uma rocha, o qual não causa dano nem comoção à rocha, e sim um grande estrondo, fragor e tumulto em torno dela. Esse é o tipo de tribulação que essa palavra nos apresenta em sua significação primária e que as circunstâncias do texto declaram ser a significação da coisa aqui implícita... A palavra στενοχωρούμενοι expressa um tipo de restrição tal que infere uma dificuldade de tirar o fôlego, que uma pessoa é tão comprimida que não pode respirar. Essa é a essência original da palavra. Como se ele dissesse: 'Não somos reduzidos a tal extremo por todas as tribulações que nos cercam, mas podemos respirar suficientemente em tudo isso'. Provavelmente, esta coisa desejada queira significar dois graus ou passos de tribulação interior... Ou é uma tribulação que não atingiu o coração, ou, se o atingiu, não o *oprime*, nem o *esmaga*" – *Howe's Works* (Londres, 1834), p. 706.

44 "Na expressão ἐν στενοῖς (*nos estreitos*)", diz o Dr. Bloomfield, "há uma alusão a um exército tão inteiramente cercado e confinado, como o exército romano no Caudinae Forculae, que ali não há nenhuma esperança de escape".

45 "Pour le rendre contemptible." — "Para torná-lo desprezível."

46 "*Mortificatione*" – essa é a tradução de Calvino para o termo original... e evidentemente é empregada para comunicar a idéia de *expor à morte*, sendo a principal idéia a ser expressa, como nosso autor mostra, a de que os apóstolos se sujeitavam, por amor a Cristo, a sofrimentos humilhantes e dolorosos, os quais lhes davam, de certa maneira, uma conformação externa ao seu divino Senhor. *na morte violenta* que lhe foi infligida. O termo *mortificação*, quando tomado em estrita concordância com sua etimologia, no sentido de expor à morte, parece realçar mais plenamente a intenção do apóstolo do que a palavra "moribundo", usada na Versão Autorizada, em inglês. Beza, que faz a mesma tradução de Calvino, anexa as seguintes e valiosas observações: *Mortificationem* (τὴν νέκρωσιν) — sic vocat Paulus miseram illam conditionem fidelium, ac præsertim ministrorum (de his enim proprie agitur) qui *quotidie* (ut ait David) *occiduntur*, quasi *destinationem ad coedem* dicas: additurque *Domini Iesu*, vel, (ut legit vetus interpres) *Iesu Christi*, tum ut declaretur causa propter quam mundus illos ita persequitur; tu metiam quia hac quoque in parte Christo capiti sunt conformes, Christusque adeo ipse quodammodo in iis morte afficitur. Ambrosius maluit *mortem* interpretari, nempe quia in altero membro sit mentio *vitæ* Christi. At ego, si libuisset a Pauli verbis discedere, *cœdem* potius exposuissem: quia non temere Paulus νέκρωσιν maluit scribere quam θάνατον, quoniam etiam Christus hic considerandus nobis est non ut simpliciter mortuus, sed ut interemptus. Verum ut modo dixi νέκρωσις nec *mortem* nec *cœdem* hic significat, sed conditionem illam *quotidianis mortibus* obnoxiam, qualis etiam fuit Christi ad tempus." – "*Mortificação* (τὴν νέκρωσιν). Paulo faz uso deste termo para denotar aquela condição miserável dos crentes e, mais especialmente, dos ministros (pois é deles, propriamente, que ele fala), que são, como diz Davi, *mortos a cada dia* – como se fosse possível dizer que é *entregue à parte para a matança*; e acrescenta:

demonstrando que o mesmo pretexto que os falsos apóstolos alegavam para manter o evangelho em descrédito, em vez de suscitar algum real descrédito contra ele, tornava-o ainda mais glorioso. Pois ele chama todas essas coisas que suscitam o escárnio do mundo contra ele de *morrer* ou *mortificação* de Jesus Cristo, por meio do que ele se preparava para participar de sua bendita ressurreição. Em primeiro lugar, o sofrimento de Cristo,[47] não obstante ser ignominioso aos olhos dos homens, possui mais honra junto a Deus do que todos os triunfos dos generais e de todas as pompas dos reis. Mas devemos igualmente atentar para os resultados finais, ou seja, que sofremos com Ele a fim de sermos glorificados com Ele. Aqui Paulo está administrando uma repreensão oportuna àqueles que se lhe opunham, conscientizando-os de que estavam fazendo objeção à sua própria comunhão com Cristo. Ao mesmo tempo, ele adverte os coríntios quanto à possibilidade de seu escárnio contra a pobreza e abjeta aparência dele levá-los a insultar a Cristo, dirigindo escárnios[48] a seus sofrimentos, os quais devemos ter na mais elevada honra.

Aqui, a palavra traduzida por *morrer* ou *mortificação*[49] tem um sentido distinto daquele expresso em muitas outras passagens da Escritura. Pois amiúde significa renúncia, por meio da qual renunciamos as luxúrias da carne e somos renovados na obediência a Deus. Aqui ela significa aquelas aflições que nos fazem meditar no término da vida pre-

---

do Senhor Jesus ou (como o traduz a Vulgata) *de Jesus Cristo*, em parte com vistas a explicar a razão pela qual o mundo os persegue assim e, em parte, porque neste aspecto também são conformados a Cristo, a Cabeça, e inclusive Cristo mesmo é, neles, de certa forma entregue à morte. Ambrósio preferiu traduzir por *morte*, por esta razão: na outra sentença se faz menção *da vida* de Cristo. De minha parte, contudo, fosse eu afastar-me das palavras de Paulo, o traduziria antes por *matança*, visto que ele não fez uso precipitado de νέκρωσιν, em vez de θάνατον, visto que Cristo também deve ser visto por nós, aqui, não simplesmente como tendo sido morto, mas como tendo sido *entregue à morte*. Mas, como eu disse um pouco antes, νέκρωσις aqui não significa *morte* nem *matança*, e sim uma condição que se expunha *à morte todos os dias*, como também a de Cristo o foi por certo tempo."

47 Pelos "sofrimentos de Cristo", aqui, Calvino obviamente tem em vista não os sofrimentos de nosso Redentor, *pessoalmente*, mas os sofrimentos suportados por Cristo em seus membros, como em Colossenses 1.24.

48 "Matiere d'opprobre et deshonneur." – "Motivo de escárnio e desonra."

49 Wycliffe (1380) traduz a expressão assim: "Além do mais, suportamos o morrer de Jesus em nosso corpo."

sente. Por amor à clareza, podemos chamar o primeiro significado de *mortificação interna*; e, o segundo, de *mortificação externa*. Por ambas somos conformados a Cristo, diretamente, por uma e indiretamente, pela outra. Paulo fala de mortificação interior em Colossenses 3.5 e em Romanos 6.6, onde ele ensina que "nosso velho homem está crucificado, a fim de andarmos em novidade de vida". Ele trata da mortificação externa em Romanos 8.27, onde ensina que fomos "predestinados por Deus para que pudéssemos ser conformados à imagem de seu Filho". O sofrimento é chamado *a mortificação de Cristo* somente em relação aos crentes, porque, quando os ímpios enfrentam as aflições desta presente vida, sua comunhão é com Adão, ao passo que os eleitos têm participação no Filho de Deus, de modo que todas as misérias que se acham em sua própria natureza maldita se tornam proveitosas à sua salvação. Todos os filhos de Deus têm isto em comum – levam sobre si o morrer de Cristo;[50] porém, quanto mais alguém excede a outrem em alcançar maior medida de seus dons, mais perto fica em sua semelhança com Cristo.

Para que também a vida de Jesus. A cura mais eficiente para a adversidade é sabermos que, assim como a morte de Cristo foi a porta da nova vida, assim também, no final de tudo, nossas misérias[51] terminarão na bendita ressurreição, porque Cristo nos uniu a Si na condição de que, se nos submetermos a morrer com Ele neste mundo, participaremos de sua vida.

A frase que vem a seguir pode ser explicada de duas maneiras distintas. Se considerarmos *somos entregues à morte* no sentido de ser acossado por perseguições contínuas e exposto a perigos, então se referirá especialmente a Paulo e aos que, como ele, estavam sendo

---

50 "Temos aqui uma vigorosa forma de expressão do perigo *mortal* ao qual ele estava continuamente exposto (como em 1Co 15.31: καθ' ἡμέρα ἀποθνήσκω — *morro diariamente*); juntamente com uma comparação indireta dos sofrimentos suportados por ele e pelos demais apóstolos em relação àqueles suportados pelo Senhor Jesus *até à morte*. O genitivo τοῦ Κυρίου (*do Senhor*) é, como Grotius observa, um genitivo de *semelhança*. O tempo é 'suportando' – sustentando continuamente perigos e sofrimentos, como aqueles do Senhor Jesus'" – Bloomfield.

51 "La fine et l'issue de toutes miseres et calamitez." – "O fim e o resultado de todas as misérias e calamidades."

publicamente assaltados pela fúria dos ímpios. Neste caso, *por causa de Jesus* significará "para o testemunho de Cristo" [Ap 1.9]. Todavia, uma vez que em outro lugar ser entregue à morte significa ter a morte constantemente diante de nossos olhos e viver de tal maneira que nossa vida se torne realmente uma sombra de morte,[52] não faço objeção se esta passagem for também entendida desta maneira, de modo que ela tenha referência a todos os crentes, a cada um, a seu modo. Em Romanos 8.36, Paulo mesmo interpreta Salmos 44.22 desta maneira. Neste caso, "por causa de Jesus" significaria "porque esta condição é imposta a todos os seus membros". Onde traduzi *embora vivamos*, Erasmo traduziu "nós que vivemos"; porém, minha tradução oferece um sentido mais adequado. Paulo quer dizer que, enquanto estivermos neste mundo, somos mais mortos do que vivos.

12. De modo que... a morte. Isto é dito com ironia, porque não era justo que os coríntios vivessem felizes, livres, tranqüilos e em segurança, enquanto, ao mesmo tempo, Paulo lutava com infindáveis dificuldades.[53] Essa distribuição de quinhões era, deveras, plenamente injusta, e os coríntios precisavam ser reprovados, porquanto tentavam engendrar, insensatamente, para si mesmos um cristianismo sem nenhuma cruz e, pior, desprezavam os servos de Cristo só porque eles não eram altivos. Assim como aqui *morte* significa todas as aflições ou a vida saturada de dificuldades, também neste versículo *vida* significa uma condição de prosperidade e alegria, tal como no provérbio: "Vida não é meramente viver, mas viver bem".[54]

13. Tendo nós o mesmo espírito de fé, segundo o que está escrito: Eu cri, por isso falei; nós também cremos, e por isso falamos;	13. Habentes autem eundem Spiritum fidei, quemadmodum scriptum est (Ps. cxvi.10) Credidi, propterea loquutus sum: nos quoque credimus, ideo et loquimur:

---

52 Evidentemente, Calvino se refere à expressão que ocorre em Salmos 23.4 — *o vale da sombra da morte* — que ele explica, em sentido metafórico, como que denotando profunda aflição.
53 "Eust à combatre contre tant de miseres et calamitez." – "Tinha de lutar contra tantas misérias e calamidades."
54 "Non est *vivere*, sed *valere*, vita" – Martial. Ep. vi. 70.

14. Sabendo que aquele que ressuscitou o Senhor Jesus, também nos ressuscitará com Jesus, e nos apresentará convosco.

15. Porque todas as coisas existem por vossa causa, para que a abundante graça, através da ação de graças de muitos, redunde na glória de Deus.

16. Pelo que não desfalecemos; mas ainda que nosso homem exterior pereça, todavia o homem interior se renova dia a dia.

17. Pois nossa leve aflição, que não passa de um momento, produz em nós um infinito e eterno peso de glória.

18. Ao mesmo tempo, não olhamos para as coisas que se vêem, senão para as coisas que não se vêem; porque as coisas que se vêem são temporais, mas as coisas que não se vêem são eternas.

14. Scientes, quod qui suscitavit Dominum Iesum, nos etiam cum Iesu suscitabit, et constituet vobiscum.

15. Nam omnia propter vos, ut gratia quæ abendaverit propter gratiarum actionem, quæ a multis profiscicetur, abundet in gloriam Dei.

16. Quamobrem non deficimus: verum etsi externus homo nostrer corrumpitur, noster internus renovatur de die in diem.

17. Levitas enim afflictionis nostrae supramodum momentanea,[55] æternum supramodum pondus gloriæ operatur in nobis (*vel, momentanea levitas operatur in excellentia excellenter.*)

18. Dum non spectamus ea quæ videntur, sed quæ non videntur: nam quæ videntur, temporaria sunt: quæ autem non videntur, æterna.

13. Tendo nós o mesmo espírito de fé. Aqui Paulo corrige o que já dissera com ironia. Descreveu a sorte dos coríntios como sendo completamente diferente da sua, não em virtude do que ele pensava ser, mas em virtude do que eles pensavam em seu anseio por um evangelho que fosse alegre e livre de toda ameaça da cruz e em seu desditoso desprezo por Paulo, porque sua vida era tão deficiente em glória. Agora, porém, ele os associa consigo na esperança da mesma bem-aventurança. É como se dissesse: "Ainda que Deus vos esteja poupando e vos tratando com a maior indulgência, enquanto eu recebo um tratamento muito mais severo, esta diferença entre nós não impedirá que nós, vocês e eu, alcancemos, afinal, a glória da mesma ressurreição. Porque todos quantos possuem fé também possuirão a mesma herança". Alguns entendem que o apóstolo está falando aqui dos santos pais que viveram no período da antiga dispensação e que está dizendo que eles participam conosco da mesma fé. Isto é plenamente correto, contudo, não é relevante para o presente tema. Paulo

---

55 "Car nostre legere affliction qui est de peu de duree à merueille, ou, quin e fait que passer." – "Porque nossa leve aflição, que é de duração maravilhosamente curta, ou, que passa rapidamente."

aqui está associando consigo, na comunhão da mesma fé, não a Abraão ou aos demais pais, e sim os coríntios que estavam se afastando dele, movidos por falsa ambição. "Contudo, por pior que minha condição possa parecer agora", diz ele, "um dia teremos igual participação da mesma glória, porque estamos unidos uns aos outros pela mesma fé". Os que examinarem o contexto criteriosamente, concordarão que esta é a interpretação correta. Através de metonímia, ele denomina a fé de *o espírito de fé*,[56] por ser ela um dom do Espírito Santo.

Segundo o que está escrito. Esta é uma citação de Davi que deu origem ao equívoco que já mencionei.[57] No entanto, a citação deve ser considerada como se referindo à *confissão da fé*, em vez de à *unidade da fé*, ou seja, ao que sucede em vez do que precede. Daí, "porque possuímos uma fé inabalável na bendita ressurreição, ousamos falar e pregar o que cremos, como está escrito: 'Eu cri e, por isso, falei'." Isto vem de Salmos 116.10,[58] onde Davi confessa que, sendo reduzido ao último extremo, estava tão abatido que quase caiu, mas rapidamente, reconquistando sua confiança, suplantou a tentação. Assim inicia seu salmo: "Eu cri, portanto falarei", porque a fé é a mãe[59] da confissão. É verdade que Paulo se estimula a imitá-lo[60] e exorta os coríntios a fazerem o mesmo. Segundo a Vulgata, Paulo usa o pretérito em vez do futuro, todavia isso não traz nenhuma consequência.[61] Simplesmente significa que os crentes devem ser corajosos e determinados em con-

---

56 Calvino chama a atenção para esta forma de expressão nas *Institutas*, como uma evidência de que a fé é implantada pelo Espírito de Deus.
57 "Que i'ay dit." — "Que já mencionei." Calvino se refere ao equívoco de afirmar que Paulo alude aos crentes do Antigo Testamento.
58 "A Septuaginta, bem como algumas outras versões antigas, fazem da segunda parte do Salmo 116 [começando no v. 10 – 'Eu cri, por isso falei'] um salmo distinto, separado da primeira; e alguns o têm chamado o *Salmo do Mártir*, presumo ser por causa do versículo 15" – *Henry's Commentary*.
59 "Comme la mere." – "Por assim dizer, a mãe."
60 "S'accourageant à imiter cest exemple de Dauid." – "Estimula a si mesmo a imitar este exemplo de Davi."
61 *Eu cri, por isso falei* (Sl 116.10) – que é uma prova certa da presença da fé. Confissão e fé estão inseparavelmente conectadas. Compare 2 Coríntios 4.13. O apóstolo coloca, segundo o exemplo da Septuaginta, *por isso* em vez de *porque*: 'Eu cri, por isso falei', sem qualquer alteração material do sentido" – Hengstenberg, on the Psalms (Edin. 1848), vol. iii. p. 372.

fessar⁶² o que eles crêem em seu coração [Rm 10.9-10]. Que agora os falsos seguidores de Nicodemos⁶³ vejam o quanto falsificam a fé, ao desejarem guardá-la secretamente em seu íntimo, em completo silêncio, e ao vangloriarem-se de sua sabedoria, porque em toda sua vida eles não falam uma única palavra de confissão sincera.

15. Porque todas as coisas existem por vossa causa. Ele agora se associa aos coríntios não só na esperança de um futuro abençoado, mas também naquelas mesmas aflições das quais, tudo indica, não tinham participado, porquanto Paulo lhes diz que está sofrendo aflições para o bem deles; e, portanto, segue-se que devem transferir para si a participação nelas. O que ele diz aqui depende, primeiramente, da comunhão secreta que os membros de Cristo precisam ter uns com os outros, especialmente no relacionamento recíproco e nos laços íntimos que deve haver entre eles. Esta admoestação era especialmente proveitosa aos coríntios e trazia em si excelente consolação. Pois, que consolação temos no fato de que Deus nos trata com tanta ternura em nossas fraquezas e permite que os dotados de maior força sejam *afligidos* para o bem comum de todos nós! Também foram admoestados a que, visto não poderem dar a Paulo qualquer outro auxílio, pelo menos o sustentassem com suas orações e simpatia.

Para que a abundante graça. Ele então recomenda esta harmonia e solidariedade⁶⁴ entre os membros de Cristo, demonstrando como esta atitude gera frutos numa tendência de antecipar a glória de Deus.

---

62 "A faire confession de bouche" – "Ao fazer confissão com a boca."

63 "Houve também nesse tempo [em torno do ano 1540] certas pessoas que, havendo renunciado a fé protestante, por medo de perseguição, se gabavam de que não havia nenhum dano em permanecerem na comunhão externa da igreja romana, contanto que abraçassem a verdadeira religião em seus corações. E, visto que Calvino, que condenava tão pernicioso sentimento, era considerado por eles como alguém que levava sua severidade longe demais, ele mostrou claramente que sua opinião estava em uníssono, não só com a dos pais da igreja, mas também com a doutrina dos mais eruditos teólogos da época, tais como Melancthon, Bucer e Martyr, bem como os ministros de Zurique; e, por distinguir plenamente aquele erro, é que as pessoas piedosas censuravam os *nicodemitas* – título dado aos que defendiam sua dissimulação movidos pelo exemplo de Nicodemos" — *Mackenzie's Life of Calvin*, p. 59. [No índice geral, há uma referência aos nicodemitas: "Uma classe de pessoas que, no tempo de Calvino, professavam haver abraçado o evangelho, mas que ocultavam seus sentimentos e se associavam às observâncias supersticiosas dos papistas."].

64 "Ceste vnite et consentemente mutuel." – "Aquela unidade e acordo mútuo."

Como é comum em Paulo, ele faz *graça* significar, pelo uso de metonímia, a bênção do livramento, como mencionada anteriormente, ou seja, ainda que ele estivesse acabrunhado, não caíra em desespero; ainda que estivesse em pobreza, não desistiria [vv. 8-9]; o que ele experimentava, na verdade, era um contínuo livramento de toda espécie de infortúnio.[65] Ele diz que graça é "abundante", significando que ela não estava limitada a Paulo, como o único a usufruir dela; ao contrário, ela se estendia aos coríntios, nos quais se transformara numa grande vantagem. Ao demonstrar que esta abundância do dom divino geraria gratidão para a glória do Doador, Paulo nos lembra como, por nosso descuido, podemos perder as bênçãos que Deus nos confere, a não ser que estejamos dispostos e ativos em render graças.

16. Pelo que não desfalecemos.[66] Admitindo que venceu sua causa, ele agora desperta uma confiança ainda mais sublime do que antes. "Não há razão para perdermos a esperança", diz ele, "ou sucumbirmos sob o peso da cruz, visto que ela não só traz inúmeras bênçãos sobre mim, como também opera para o bem de outrem". Deste modo, através de seu exemplo, ele reanima os coríntios, para que fossem corajosos, caso chegasse o tempo em que tivessem de suportar as mesmas aflições. Também põe um basta em sua pecaminosa insolência por meio da qual, sob a influência de falsa ambição, tinham um homem na mais elevada estima, enquanto esse homem mantinha a maior distância da cruz de Cristo.

Ainda que nosso homem exterior pereça. Alguns comentaristas, errônea e insensatamente, confundem o *homem exterior* com o *velho homem*; entretanto, o *velho homem* é, de fato, completamente distinto, como já explicamos em relação a Romanos 6.6. Crisóstomo

---

[65] "De toutes sortes de maux desquels il estoit assailli." – "De todas as sortes de males com que ele era assaltado."

[66] "*Pelo que não desfalecemos*" (οὐκ ἐκκακοῦμεν). Aqui temos a mesma redação variada (como no versículo 1): οὐκ ἐγκακοῦμεν – não praticamos perversidade. Essa redação é endossada pelos manuscritos BDEFG e alguns outros. Mas é notável que Wakefield segue aqui a redação comum, ainda que a redação variada seja, pelo menos, bem endossada neste versículo, como no primeiro versículo. A redação comum, *não desfalecemos*, parece concordar melhor com a intenção do apóstolo" – Dr. A. Clarke.

e outros estão igualmente equivocados ao limitar o *homem exterior* tão-somente ao corpo, porquanto a intenção do apóstolo era incluir tudo quanto tem a ver com a vida presente. Ele faz aqui referência a dois homens, e entendemos por isso dois tipos de vida: um *terreno* e o outro *celestial*. O homem exterior é o seguimento de nossa vida terrena e consiste não só de juventude [1Co 7.36] e boa saúde, mas igualmente de riquezas, honra, amizades e outras tantas coisas afins.[67] Daí, quando sofremos enfermidades ou perdemos essas coisas, as quais são necessárias para a manutenção de nossa vida presente, nosso homem exterior, até aqui, perece. Uma vez que vivemos tão preocupados com essas coisas, até onde tudo segue segundo nossos desejos, o Senhor tira de nós, pouco a pouco, tais coisas que monopolizam nossa atenção e, dessa forma, nos chama de volta a que meditemos sobre uma vida melhor. De fato, é preciso que nossa vida presente pereça, para que o homem interior se mantenha, pois quanto mais a vida terrena declina,[68] mais a vida celestial avança – pelo menos nos crentes. Para os ímpios, o homem exterior também decai,[69] porém não há nada a fazer para impedi-lo. Mas, nos filhos de Deus, essa decadência é o *início* e quase a *causa* da regeneração. Paulo diz que isso sucede diariamente porque Deus está constantemente em ação, nos incitando a refletir sobre a vida por vir. Que isto lance profundas raízes em nossa mente, para que avancemos em progresso ininterrupto, em meio ao perecimento do *homem exterior*!

17. Nossa leve aflição... não passa de um momento. Visto que nossa carne está sempre a esquivar-se de sua própria destruição, não importando qual seja a retribuição reservada para nós; e visto que somos influenciados muito mais poderosamente por nossos presentes sentimentos do que por esperança de bênçãos celestiais, Paulo nos lembra que as aflições e misérias do piedoso têm pouca ou nenhuma

---

67 "Autres aides et commoditez." – "Outros auxílios e conveniências."
68 "De iour en iour." – "De dia a dia."
69 "Il est vray que l'homme exterieur tend à decadence aussi bien es reprouuez et infideles." – "É verdade que o homem exterior tende a decair completamente como ocorre nos réprobos e incrédulos."

amargura, em comparação com a bênção infinita da glória eterna. Ele já dissera que a corrupção do homem exterior não deve nos entristecer pelo fato de que dela resulta a renovação do homem interior. A corrupção, porém, é visível. e a renovação, invisível; portanto, a fim de livrar-nos da influência carnal da vida presente, ele compara as atuais misérias com o bendito porvir. Esta comparação única é mais do que suficiente para encher a mente dos piedosos com paciência e moderação e impedi-los de vacilar sob o peso da cruz. *Paciência* é algo muito difícil para nós, simplesmente porque ficamos aturdidos ante a pouca[70] experiência nas lutas e porque nossos pensamentos não sobem acima delas. Paulo, aqui, prescreve o melhor remédio para guardar-nos de soçobrarmos sob a pressão das aflições, contrastando com elas a bem-aventurança que nos está reservada no céu [Cl 1.5]. Essa comparação torna leve o que antes parecia pesado; torna breve e momentâneo o que parecia durar infindavelmente.

Há aqui certa obscuridade nas palavras de Paulo. Tanto a Vulgata como Erasmo[71] tomam as palavras *com hipérbole para hipérbole*[72] como que descrevendo e exaltando a magnitude da glória celestial que aguarda os crentes; ou, por alguma razão, tomam a frase mais longa com o verbo *produzir*. Não faço objeção a isto, mas, como minha interpretação pessoal é igualmente adequável, deixo a decisão com o leitor.

---

70 "En ce sentiment des maux qui passent tontesfois auec le temps." – "Neste sentimento de males, que, não obstante, passam com a ocasião."

71 As palavras da Vulgata são: "Supra modum in sublimitate" – "Medida em elevação suprema". A tradução de Erasmo é: "Mira supra modum" – "Maravilhosamente acima da medida."

72 "A outrance par outrance." – "De extremo a extremo." "Não é meramente eminente, mas é eminente para eminência; excesso para excesso; uma hipérbole para hipérbole – uma hipérbole cumulada a outra; e a expressão significa *excedente excessivamente* glorioso; glorioso no mais elevado grau possível. A expressão é a forma hebraica de denotar o mais elevado superlativo e significa que todas as hipérboles deixam de expressar aquela glória eterna que permanece para o justo. É infinita e sem fronteiras. Você pode passar de um grau para outro, de uma sublime altitude para outra, mas ainda uma infinitude permanece além. Nada pode descrever a extrema sublimidade dessa glória; nada pode expressar sua infinitude" – Barnes. Crisóstomo explica as palavras καθ' ὑπερβολὴν εἰς ὑπερβολὴν como equivalentes a μέγεθος ὑπερβολικῶς ὑπερβολικόν — uma grandeza *excessivamente excedente*. "Tendo a repetição uma força intensiva (como o hebraico מאד מאד), pode ser traduzida: infinitamente excedente" – Bloomfield.

Produz... eterno peso. Paulo não quer dizer que as aflições tenham invariavelmente este efeito, pois em muitos casos os males de toda espécie que esmagam os homens são mais causa de sua maior destruição do que auxílio para sua salvação. No entanto, uma vez que sua preocupação aqui é com os crentes, o que ele diz se aplica tão-somente a estes, pois esta é a bênção especial que Deus lhes concede, ou seja, as tribulações e misérias a que todos os homens participam preparam os crentes para a bendita ressurreição.

Contudo, quanto à circunstância em que os papistas usam e abusam desta passagem, para provar que as aflições são a causa de nossa salvação é excessivamente estulta;[73] tal argumento, porém, é muito pobre, a não ser que se tome *causa* como sendo equivalente a *meios*, como costumam falar. Pelo menos concordamos de bom grado que devemos entrar no reino do céu através de muitas tribulações;[74] quanto a isso não há desacordo. Mas nosso ensino é que o caráter passageiro de nossas aflições produz em nós um eterno peso de glória,[75] porque todos os filhos de Deus estão predestinados a serem conformados com Cristo [Rm 8.29] no suportarem a cruz; assim, eles estão preparados para usufruir da herança celestial, a qual lhes pertence pela livre e graciosa adoção divina. Os papistas, contudo, inventam obras meritórias[76] pelas quais se adquire o reino do céu.

Repetindo o mesmo ponto de forma sucinta, não negamos que as aflições sejam o meio pelo qual alcançamos o reino celestial, porém negamos que por meio das aflições possamos merecer a herança que nos vem unicamente pela graciosa adoção divina. Os papistas, sem qualquer raciocínio, se apegam a umas poucas palavras e sobre elas constroem uma Torre de Babel, ou seja, afirmam que o reino do céu

---

73 "C'est vn argument trop debile." – "É um argumento excessivamente fraco."
74 "Per multas tribulationes"; "Par beaucoup de tribulations"; "Por muitas tribulações" — esta é a tradução literal das palavras originais: διά πολλῶν θλίψεων. Wycliffe (1380) traduz assim: "Por muitas tribulações". Rheims (1582): "Por muitas tribulações".
75 "São Paulo, nesta expressão — βάρος δόξης (*peso de glória*) —, une elegantemente os dois sentidos do hebraico כבוד, que denota tanto peso quanto glória, isto é, resplandecendo ou sendo irradiado com luz" – Parkhurst.
76 "Que les afflictions sont œuures meritoires." – "Que as aflições são obras meritórias."

não é uma *herança* obtida por Cristo, para nós, e sim uma *recompensa* que pode ser obtida por nossas próprias obras. Uma solução mais completa para este problema se encontra em minhas *Institutas*.

18. Ao mesmo tempo, não olhamos. Notemos bem o que faz com que todas as misérias deste mundo sejam facilmente suportáveis, a saber: devemos transportar nossos pensamentos para a eternidade do reino do céu. Se olharmos ao nosso redor, um momento pode parecer um tempo longo; mas, quando elevamos nossos corações às regiões celestiais, mil anos começam a parecer-nos como um breve momento. As palavras do apóstolo significam igualmente que, quando olhamos para as coisas ao nosso alcance, nossa percepção é iludida, porque tudo o que vemos é temporal, e, portanto, nada há em que podemos descansar, senão na confiança da vida por vir. Notemos a expressão *olhamos... para as coisas que não se vêem*.[77] Os olhos da fé vêem mais do que todos os sentidos naturais do homem; esta é a razão por que a fé é chamada de "a apreensão das coisas que são invisíveis" [Hb 11.1].

---

77 "A palavra aqui traduzida por *olhar* significa *tomar um alvo* (σκοπούντων ἡών). Esta é uma intuição muito pronta que o homem tem do alvo que ele almeja ou o fim que ele designa; devemos ter isto sempre diante dos olhos. E, por este *olhar*, diz o apóstolo, descobrimos que, não obstante todas as decadências do *homem exterior*, o *homem interior é renovado dia a dia* – vida, vigor e ânimo penetrando continuamente em nossos olhos provenientes daquele glorioso alvo que temos diante de nós. Isso requer uma pronta determinação da mente para com esses objetos, mediante uma luz e glória dominante que eles trazem consigo, de modo que a alma não sente, em si mesma, disposição de afastar ou desviar seu olhar" – *Howe's Works* (Londres, 1834), p. 543.

Capítulo 5

1. Pois sabemos que, se nossa casa terrestre deste tabernáculo se desfizer, temos da parte de Deus um edifício, uma casa não feita por mãos, eterna, nos céus.

2. Pois nesta casa gememos, ardentemente aspirando por sermos vestidos de nossa casa que é lá do céu;

3. Se, estando novamente vestidos, não formos encontrados nus.

4. Pois nós, que estamos neste tabernáculo, gememos, sentindo-nos oprimidos; não para que sejamos despidos, e sim revestidos, a fim de que a mortalidade seja absorvida pela vida.

5. Ora, quem nos preparou para isto mesmo foi Deus, o qual nos deu também o penhor do Espírito.

6. Por isso estamos sempre de bom ânimo, sabendo que, enquanto estamos no corpo vivemos, ausentes do Senhor

7. (porque andamos pela fé, e não pela vista);

8. Mas temos confiança e desejamos antes deixar o corpo, para habitar com o Senhor.

1. Scimus enim, quod, si terrenum nostrum domicilium destruatur, ædificationem ex Deo habemus, domum non manufactuam, æternam in cœlis.

2. Etenim in hoc gemimus domicilium nostrum quod est e cœlo, superinduere desiderantes:

3. Siquidem etiam vestiti, non nudi reperiamur.[1]

4. Etenim dum sumus in tabernaculo, gemimus gravati: eo quod non exui volumus,[2] sed superindui, ut destruatur, quod mortale est, a vita.

5. Qui autem aptavit nos ad hoc ipsum, Deus est: qui etiam dedit nobis arrhabonem Spiritus.

6. Confidimus ergo semper, et scimus, quod habitantes in corpore, peregrinamur a Domino.

7. Per fidem enim ambulamus, et non per aspectum.

8. Confidimus, inquam, et libentius optamus peregrinari a corpore, et habitare apud Dominum.

---

1 "Si toutesfois nous sommes trouuez aussi vestus, et non point nuds, ou, Si toutesfois nous sommes trouuez vestus, ou, Veu qu'aussi nous serons trouuez, etc., ou, Veu que mesmes apres auoir este despouillez, nous ne serons trouuez nuds." – "Se, não obstante, formos encontrados também vestidos e não nus; ou: Se, não obstante, formos encontrados vestidos; ou: Visto que seremos também encontrados, etc.; ou: Visto que, mesmo depois de despidos, não seremos encontrados nus."

2 "Pource que nous desirons, ou, em laquelle nous desirons." – "Porque desejamos, ou, no qual desejamos."

1. Pois sabemos. Aqui segue uma amplificação (ἐπεξεργασία) ou enriquecimento da afirmação precedente.³ Ele faz isso com o fim de corrigir nossa impaciência, nosso retraimento da cruz, nosso cansaço, nosso descaso pela humildade e todo nosso orgulho e melindres; e isto só pode ser alcançado quando desprezamos o mundo e elevamos nossas mentes diretamente ao céu. Seu argumento está disposto em dois estágios: primeiro, ele aponta para a miséria como a porção dos homens nesta vida; em seguida, ele avança para a suprema e perfeita bem-aventurança que aguarda os crentes no céu, após a morte. Por que os homens persistiriam em seu desejo equivocado por esta vida, a não ser que quisessem iludir-se, acreditando que são felizes vivendo aqui? Não obstante, não basta pensar nas misérias desta vida, a menos que tenhamos também a antevisão da bem-aventurança e glória da vida por vir. Tanto os maus quanto os bons compartilham do desejo de viver. E a ambos, igualmente, é dado gemer e lamentar sua condição, bem como ansiar pelo remédio para seus males, ao perceberem que nesta vida estão expostos a tão grandes sofrimentos – com a diferença de que os incrédulos só levam em conta os males do corpo, ao passo que os piedosos estão mais profundamente afetados⁴ pelas misérias espirituais. Visto, porém, que os homens, por natureza, se esquivam da morte, os incrédulos nunca renunciam a vida voluntariamente, a menos que a gastem em desgostos e desesperos. Os crentes, porém, partem voluntariamente, pois esperam uma vida melhor que lhes está reservada para além deste mundo. Esta é a essência do argumento, e agora podemos considerar as palavras uma a uma.

Sabemos, diz ele. Este conhecimento não vem do intelecto humano, senão que é dado por revelação do Espírito Santo e, desta forma, pertence tão-somente aos crentes. Mesmo os pagãos tinham alguma noção de imortalidade da alma, porém nenhum deles podia orgulhar-

---

3 "S'ensuit vne declaration de la sentence precedente, plus ample et comme enrichie." – "Aí segue uma explicação da afirmação precedente, mais ampla e, por assim dizer, enriquecida."
4 "Sont touchez plus au vif." — "São mais sensíveis à prontidão."

-se de falar de algo que *conhecia*.⁵ Só os crentes podem falar dela com segurança,⁶ porque ela lhes foi comunicada pelo testemunho da Palavra e do Espírito de Deus. Devemos observar que este conhecimento não é de forma meramente geral, como se os crentes tivessem somente uma garantia geral de que entrariam numa condição melhor após a morte e não tivessem nenhuma garantia firme a respeito deles mesmos, individualmente.⁷ Uma garantia meramente geral seria de pouco valor para produzir uma consolação granjeada com tanta dificuldade. Ao contrário, todos devem ter um conhecimento individual de sua própria imortalidade, pois a única coisa que pode levar-me a encarar a morte com disposição alegre é a convicção inabalável de que estou partindo para uma vida muito melhor.

O corpo, como agora o possuímos, ele o chama *a casa do tabernáculo*. Porque, como os *tabernáculos*⁸ são construídos de material frágil, para uso temporário, sem alicerce sólido, e mais tarde são desmanchados ou caem por si mesmos, assim também o corpo mortal é dado aos homens como uma cabana⁹ frágil para ser ocupada por uns poucos dias. Pedro usa a mesma metáfora em sua segunda epístola [1.13, 14], bem como Jó, ao falar de uma "casa de barro". Com isto Paulo contrasta um edifício que durará para sempre, embora não esclareça se com isso quer dizer o estado de abençoada imortalidade que aguarda os crentes após a morte ou se se refere ao corpo incorruptível e glorioso, como será após a ressurreição. Ambos os significados

---

5 Cícero, que argumenta em favor da imortalidade da alma, com extensão considerável, para que parecesse mais convincente, introduz alguém se queixando de que, enquanto lia os argumentos em favor desta tenda, ele se imaginava convencido; tão logo punha de lado o livro e começava a raciocinar consigo mesmo, sua convicção se esvaía. "Não sei", diz ele, "como ocorre que, quando leio, concordo; mas, quando me desfaço do livro, todo esse assentimento se desvanece". Daí Sêneca (Ep. 102), ao falar dos raciocínios dos antigos filósofos pagãos, sobre este importante ponto, com razão observa que "a imortalidade, por mais desejável que seja, era antes *prometida* do que *provada* por aqueles grandes homens".

6 "Puissent parler ainsi." – "Pode falar assim" – isto é, *com confiança*.

7 "Et que cependant chacun d'eux ne fust point asseuré de sa propre felicité." – "E como se a cada um deles não fosse, no ínterim, assegurado de sua própria felicidade."

8 "Tabernacles ou loges." – "Tabernáculos ou cabanas."

9 "Comme vne logette caduque." – "Como uma frágil cabaninha."

são plenamente oportunos, todavia prefiro considerar que o estado de bem-aventurança da alma após a morte é o início deste edifício, mas que sua conclusão é a glória da ressurreição final.[10] Esta explicação tem melhor apoio do contexto. Os adjetivos que Paulo emprega para este edifício realçam sua perpetuidade.

3. Se, estando novamente vestidos. Paulo agora restringe o que dissera sobre a certeza da vida futura para os crentes, uma vez que esta vida é algo que pertence tão-somente a eles. Os ímpios também são separados do corpo, mas, em razão de não levarem nada para a presença de Deus, senão miséria e nudez, não são vestidos com um corpo glorioso. Os crentes que se vestem de Cristo e se adornam com sua justiça recebem o glorioso manto da imortalidade. Sou inclinado a adotar esta interpretação, em vez de concordar com Crisóstomo e outros que entendem que aqui não se diz nada novo, senão que Paulo simplesmente está repetindo o que já dissera acerca do vestir-se de uma eterna habitação. Aqui, o apóstolo está descrevendo como Deus nos veste duplamente – primeiro, com a justiça de Cristo e a santificação do Espírito, nesta vida; e, então, após a morte, com a imortalidade e glória. A primeira é a causa da segunda, visto que Deus primeiramente justifica aqueles a quem determinou glorificar [Rm 8.30]. Esta interpretação é pressuposta pela palavra *também* (*etiam*, no latim; καὶ, no grego), a qual indubitavelmente indica uma ampliação daquilo que já foi antes, como se Paulo dissesse que uma nova roupa seria providenciada para os crentes depois da morte, visto que já nesta vida eles foram vestidos por Deus.

4. Gememos, sentindo-nos oprimidos. Os descrentes também gemem em virtude de não viverem satisfeitos com sua presente condição; no entanto, depois prevalece uma disposição diferente, ou seja, um anseio pela vida é tão intenso que fogem da morte, e nem percebem que a continuação desta vida mortal é um fardo. Mas os gemidos do crente emanam de sua consciência de que aqui ele vive exilado de

---

10 "La consommation et accomplissement;" — "A consumação e a consecução."

sua terra natal e está confinado no corpo como num asilo (*ergastulo*); assim, ele considera esta vida um fardo, porque nela não pode obter a genuína e perfeita felicidade, visto que não pode escapar da escravidão do pecado, a não ser através da morte, e por isso, ele anseia estar em outro lugar.

Entretanto, uma vez que é natural a todos os vivos desejarem que a vida continue, como é possível que os crentes estejam ansiosos e felizes em cessar de viver? O apóstolo responde a esta pergunta afirmando que os crentes querem a morte, não a fim de perder algo, mas motivados por uma vida melhor. No entanto, ainda há algo mais nestas palavras. Paulo admite que temos uma relutância natural em deixar esta vida, considerada em si mesma, assim como ninguém está disposto a despir-se de suas roupas. Contudo, ele prossegue mostrando que nossa relutância natural contra a morte é vencida pela certeza de fé,[11] assim como o homem não terá dificuldade em lançar fora uma roupa grosseira, suja, usada e esfarrapada, se estiver certo de que será vestido com outra muito mais decente, atraente, nova e durável.

Ademais, ele explica a metáfora, dizendo: *a fim de que a mortalidade seja absorvida*[12] *pela vida*. Visto que carne e sangue não podem herdar o reino de Deus [1Co 15.50], o que é corruptível em nossa natureza precisa morrer, para que sejamos completamente renovados e restaurados a um estado de perfeição. Esta é a razão por que nosso corpo é tido como uma *prisão* (*carcer*) na qual vivemos confinados.

5. Ora, quem nos preparou. Isto é adicionado para enfatizar que esta prontidão para a morte é sobrenatural. Um mero sentimento natural não nos fará dispostos a morrer, porque não compreende a compensação cêntupla que segue a semente que é lançada no solo e morre [Jo 12.24]; assim, esta prontidão para morrer tem de ser operada por Deus em nós. Aqui, Paulo acrescenta ainda a maneira pela qual Deus faz isso – nos fortalecendo por seu Espírito como um penhor e antecipação daquilo que está por vir. A palavra *também* parece ter

---

[11] "Par La fiance qu'ont les fideles." – "Pela confiança que os crentes possuem."
[12] "Soit englouti par la vie." – "Seja deglutido pela vida."

sido acrescentada à guisa de ampliação, como se quisesse dizer: "É Deus quem gera esse desejo em nós e, para que nosso ânimo não diminua nem oscile, Ele nos concede seu Espírito Santo como um penhor, para que, por meio de seu testemunho, a veracidade da promessa seja confirmada e ratificada". O Espírito Santo tem dois ofícios: primeiro, mostrar aos crentes o que devem desejar; em seguida, remover toda hesitação e influenciar seus corações tão eficazmente, que perseverem em escolher o que é bom. Além disso, não haveria qualquer objeção em ampliar o significado da palavra *preparou* para incluir a renovação de vida que Deus outorga aos seus agora, neste mundo, pois desta forma Ele os distingue, mesmo agora, do restante dos homens e mostra que foram designados, por sua graça, para uma condição peculiar.

6. Por isso estamos sempre de bom ânimo. Isto é, como a exercer dependência do penhor do Espírito; pois, do contrário, viveremos sempre a tremer ou, pelo menos, seremos audazes ou alarmados, sucessivamente, sem poder manter a mente equilibrada e disposta. Este bom ânimo de que Paulo fala não ocupa em nós espaço, a menos que seja mantido pelo Espírito de Deus. A partícula *e*, que vem em seguida, deve ser tomada causalmente como significando *porque* – "estamos sempre de bom ânimo *porque* sabemos que, enquanto estamos em casa, no corpo, etc." Ter consciência disso constitui a fonte de nossa tranquilidade e segurança. Os incrédulos estão numa constante efervescência de ansiedade e vivem sempre murmurando, obstinadamente, contra Deus, porquanto imaginam que logo perecerão e põem nesta vida suas mais elevadas e últimas esperanças de felicidade.[13] Nós, em contrapartida, vivemos exercendo o contentamento[14] e continuamos a aguardar a morte com entusiasmo,[15] porque estamos alicerçados numa esperança superior.

Estamos... ausentes do Senhor. Toda a Santa Escritura decla-

---

13 Ver as observações de Calvino sobre o mesmo ponto, ao comentar 1 Coríntios 15.32.
14 "Nous viuous en paix, prenans tout en gre." – "Vivemos em paz, considerando tudo favoravelmente."
15 "Ioyeusement." – "Jubilosamente."

ra que Deus está *presente* conosco; aqui, Paulo ensina que estamos *ausentes* dEle, o que aparenta contradição; mas esta dificuldade é facilmente resolvida, quando reconhecermos que há diferentes tipos de ausência e presença. Portanto, Deus está presente com todos os homens no sentido em que Ele os sustenta por seu poder; Ele habita com os homens no sentido em que vivem, se movem e possuem seu ser por intermédio de Deus [At 17.28]. Ele está presente com aqueles que crêem nEle, na mais excelente energia de seu Espírito; Ele vive neles e habita em seu meio e em seu *íntimo*. Não obstante, ao mesmo tempo Ele está ausente de nós, porque não está presente conosco face a face, pois ainda permanecemos exilados de seu reino e não possuímos ainda aquela bendita imortalidade da qual usufruem os anjos que vivem *com* Ele. Contudo, nesta passagem, *estar ausente* se refere apenas a uma limitação de nosso conhecimento, como se fará evidente em sua exposição posterior.

7. Porque andamos por fé. Traduzi o termo grego εἶδος pelo termo latino *aspectum* (*vista*), em vez de *species* (*aparência*),[16] que é um termo pouco compreensível. Ele está explicando que sua expressão – "estamos ausentes do Senhor" – significa que não o vemos ainda face a face [1Co 8.12]. A maneira dessa ausência é esta: Deus não é claramente contemplado por nós. A razão por que Ele não pode ser visto por nós é que andamos por fé. Ora, a fé se opõe diretamente à vista, porque ela percebe coisas que estão ocultas aos sentidos humanos e penetra coisas ainda futuras, que ainda não aparecem. Os crentes se assemelham mais a homens mortos do que a vivos, pois amiúde sentem como que estando abandonados por Deus e conservam sempre os elementos da morte encerrados em seu íntimo. Dessa forma, eles têm que esperar contra a esperança [Rm 4.18]. Porque agora as coisas esperadas são coisas ocultas, como lemos em Romanos 8.24, e a fé é a manifestação de

---

16 "*Espece*, ainsi qu'on a accoustumé de traduire en Latin ce mot Grec." – "*Species*, como costumavam traduzir esta palavra grega para o latim." Aqueles intérpretes que têm traduzido εἶδος, *species* (aparência), empregam a palavra *species* no sentido do que é *visto*, distinto do que é invisível – *o que tem uma forma visível*. O termo (como Calvino indica) é ambíguo, sendo amiúde empregado para denotar *aparência, distinta de realidade*.

coisas que ainda não aparecem [Hb 11.1].[17] Assim, não é de admirar que o apóstolo tenha dito que ainda não vemos, enquanto andamos por fé. Na verdade, vemos, porém através de óculos escuros [1Co 13.12]; isto é, no lugar da realidade, descansamos na Palavra.

8. Mas temos confiança e. Ele repete o que já dissera sobre a segurança do homem piedoso e que, em vez de ser destruído pelas asperezas da cruz ou de ficar desanimado por suas aflições, ele, ao contrário, se torna muito mais corajoso por meio delas. O maior dos males é a morte, no entanto, os crentes têm saudade dela, porque é o início da bem-aventurança perfeita. *E*, aqui, uma vez mais, significa *porque*; "nada que nos suceda pode abalar nossa confiança e ânimo, porque a morte, que a outros tanto amedronta, é para nós *grande lucro* [Fp 1.21]. Porque nada há melhor do que deixar o corpo, para podermos participar da morada de Deus e usufruir de sua presença real e pública. Assim, pela dissolução do homem exterior, não perdemos nada do que nos pertence".

Note que, como já enfatizamos, a fé genuína produz em nós não simplesmente menosprezo pela morte, mas anseio por ela; assim, ela constitui um sinal de incredulidade em nós, quando o medo dela é mais forte do que a alegria e o conforto da esperança. Os crentes asseiam pela morte, todavia, não com um anseio desordenado, como

---

17 "Concernente ao significado do termo original ὑπόστασις, traduzido por *certeza* [Hb 11.1], tem havido boa porção de discussão e tem sido entendido no sentido de *confiança* ou *subsistência*. Fé é a *confiança* em coisas que se esperam; porque ela nos assegura não só que tais coisas existem, mas também que, pelo poder e fidelidade de Deus, as desfrutaremos. Ela é a *subsistência* de coisas que se esperam, porque ela lhes dá, embora no futuro, uma *subsistência* presente nas mentes dos crentes, de modo que são influenciados por elas, como se fossem realmente presentes. Assim a palavra era entendida por alguns dos comentaristas gregos, que em sua maioria eram competentes juízes de seu significado. 'Visto que as coisas que esperamos', diz Crisóstomo, 'não parecem subsistir, a fé lhes dá subsistência, ou, melhor, ela não *dá*, mas é, em si mesma, sua substância. Assim a ressurreição dos mortos não é pretérita, nem subsiste, mas a fé lhe dá subsistência em nossas almas'. 'A fé', diz outro, 'dá subsistência à ressurreição dos mortos e a põe diante de nossos olhos... Os objetos da fé são não somente bom futuro, mas também coisas invisíveis, boas ou más, que se tornam conhecidas por revelação divina; e destas a fé é a evidência (ἔλεγχος), a *demonstração* ou a *convicção*. Sendo pretéritas, e futuras, e invisíveis, em virtude de sua distância de nós ou da espiritualidade de sua natureza, elas não podem ser descobertas por nossos sentidos, mas a convicção de sua realidade é tão forte na mente do crente, como se fossem postas diante de seus olhos" – *Dick's Theology*, vol. iii. pp. 314-315.

se quisessem antecipar o dia que o Senhor fixou para ela; porquanto eles lutam em seu posto terreno segundo as conveniências do Senhor, preferindo viver para a glória de Cristo [Rm 14.7], antes que morrer em seu próprio proveito.[18] Pois o desejo de que Paulo fala emana da fé e não está, de forma alguma, em dissonância com a vontade divina. Pode-se também inferir destas palavras que as almas liberadas de seus corpos vivem com Deus; porque, se elas têm Deus presente,[19] quando estão ausentes do corpo, então com certeza vivem com ele.

Aqui há quem pergunte: "Como, pois, sucede que os santos pais se retraíram tanto da morte, como, por exemplo, Davi e Ezequias, bem como toda a igreja de Israel, à luz do Salmo 6, Isaías 38.3 e Salmo 115.17?" Conheço a costumeira resposta, ou seja: seu excessivo temor da morte se devia ao fato de que a revelação de uma vida futura era ainda obscura; portanto, o conforto advindo dela era diminuto. Concordo que esta é parte da explicação, porém não a totalidade dela, porque os santos pais da igreja antiga nem sempre tremiam diante do mensageiro da morte, senão que a abraçavam alegremente e com os corações triunfantes. Abraão partiu em ditosa velhice e sem pesares[20] [Gn 25.8], e em parte

---

18 "C'est à dire pour leur propre proufit et vtilite." – "A saber, para seu próprio proveito e vantagem."

19 "Neste mundo", diz Howe, num discurso sobre 2 Coríntios 5.8, "nos achamos cercados por objetos que são adequados, gratificam e entretêm nossos sentidos físicos, bem como por vários princípios, percepções e apetites que pertencem à vida física. Essas coisas nos são familiares e habituais neste mundo e nos fazem, por assim dizer, um com ele. Há particularmente um povo *corporal*, como se notifica neste texto, com o qual estamos associados, enquanto vivermos *no corpo*. As palavras ἐνδημῆσαι e ἐκδημῆσαι, neste versículo (e as mesmas são usadas nos versículos 6 e 9), significam que há um povo ao qual pertencemos e do qual devemos ser separados; ἔνδημος é *civis, incola* ou *indigena* – um *habitante* ou *nativo* entre este ou aquele povo; ἔκδημος é *peregrinus*, alguém que *vive em terra estranha* e está separado do *povo* a que pertence. O apóstolo se considera, enquanto no corpo, como que vivendo entre tal sorte de povo que permanece em corpos; ele se considera esse tipo de pessoa, mas não quer ser mais *alguém que habita* com eles, e sim que se afasta deles, para unir-se e habitar com outro povo. Porque também, em contrapartida, ele contempla 'com o Senhor' um mundo invisível onde Ele reside e um povo incorpóreo sobre o qual Ele preside." – *Howe's Works* (Londres 1834), p. 1023.

20 "Rassassié de iours, et sans regret." – "Satisfeito com os dias e sem pesares." "No hebraico", diz Poole, em suas Anotações, "é *cheio* e *satisfeito*, mas você deve entender *com dias* ou *anos*, como a frase é plenamente expressa em Gênesis 35.29; 1 Crônicas 23.1; 1 Crônicas 29.28; Jó 42.17; Jeremias 6.11. Quando ele (Abraão) viveu à saciedade, estando de algum modo saturado da vida e desejoso de ser dissolvido, ou *cheio de todo bem*, como a versão caldaica o traduz – *satisfeito*, como se diz de

alguma temos qualquer indicação de que Isaque vivesse relutante em morrer [Gn 35.29], e Jacó, em seu último suspiro, declara que aguardava a salvação do Senhor [Gn 49.18]. A razão por que Davi e Ezequias, numa ocasião específica [1Rs 2.10], oraram com lágrimas para Deus sustar a morte, foi porque estavam sendo punidos pelo Senhor em razão de alguns pecados e sentiram na morte a ira de Deus. Esta foi a razão de seu pânico, e os crentes podem ter a mesma experiência ainda hoje sob o domínio de Cristo. No entanto, o desejo de que Paulo fala aqui é a disposição de uma mente bem equilibrada.[21]

9. Portanto, labutamos para que, quer presentes, quer ausentes, lhe sejamos aceitáveis.

10. Porque todos nós seremos manifestos perante o tribunal de Cristo, para que cada um receba as coisas feitas em seu corpo, de acordo com o que fez, seja o bem ou o mal.

11. Conhecendo, pois, o terror do Senhor, persuadimos os homens, porém diante de Deus estamos a descoberto; assim como também espero estar a descoberto em vossas consciências.

12. Não estamos nos recomendando a vós outros; ao contrário, falo para dar-vos ocasião de vos gloriardes por nossa causa, para que tenhais o que responder aos que se gloriam na aparência, e não no coração.

9. Quapropter contendimus, sive domi agentes, sive foris peregrinantes, ut illi placeamus.

10. Omnes enim nos manifestari[22] oportet coram tribunali Christi, ut reportet unusquisque, quæ per corpus facta fuerint, prout fecerit, sive bonum, sive malum.[23]

11. Scientes igitur terrorem illum Domini, suademus hominibus,[24] Deo autem manifesti sumus; confido autem nos et inc conscientiis vestris, manifestos esse.

12. Non enim nosmetipsos iterum commendamus vobis, sed occasionem vobis damus gloriandi de nobis, ut aliquid habeatis adversus eos,[25] qui in facie gloriantur, et non in corde.

9. Portanto, labutamos para que. Paulo já ponderou sobre o ânimo que os cristãos precisam nutrir para que possam suportar as

---

Naftali [Dt 33.23], *com favor* e cheio da *bênção que o Senhor* derramara sobre si e sobre seus filhos."
21 "Vn esprit bien posé, et deliuré de trouble." – "Uma mente bem regulada e isenta de ansiedade."
22 "Estre manifestez, ou comparoir." – "Seja manifestado ou apareça."
23 "Afin qu'vn chacun reporte les choses faites par son corps, selon qu'il a fait, soit bien, soit mal", ou, "reporte en son corps selon qu'il aura fait, ou bien ou mal." – "Para que cada um preste contas das coisas feitas em seu corpo, como as tiver feito, sejam boas, sejam más", ou, "para que preste contas, em seu corpo, segundo as tiver feito, sejam boas, sejam más."
24 "Nous induisons les hommes, ascauoir à la foy, ou, nous persuadons les hommes." – "Induzimos os homens, isto é, à fé, ou, persuadimos os homens."
25 "Afin qu'ayez de quoy respondre a ceux." – "Para que tenhamos com que responder àqueles."

aflições[26] e para que, ainda que moribundos, venham a ser vencedores sobre a morte, porque por meio das aflições e da morte é que alcançam a vida bem-aventurada. Agora ele extrai das mesmas promessas outra conclusão: os crentes se esforcem e considerem o agradar a Deus como seu alvo principal. Pois, sem dúvida, a esperança da ressurreição e a idéia do juízo são evocadas[27] para que fiquemos muitíssimo preocupados e nos ponhamos em alerta, assim como a única razão para nossa negligência e desleixo em nossos deveres é que jamais ou mui raramente pensamos sobre o que devemos lembrar sem cessar, ou seja, que aqui somos apenas inquilinos,[28] por breve tempo, e, quando nosso itinerário findar, teremos de regressar a Cristo. Observemos que Paulo afirma que tal desejo é comum tanto aos que ainda vivem como aos que já morreram; assim, ele confirma novamente a imortalidade da alma – "quer presentes, quer ausentes".

10. Porque todos nós compareceremos. Ainda que isto seja algo que se aplica a todos os homens, nem todos têm disposição suficientemente aguçada para lembrar a cada momento que terão de comparecer diante do tribunal de Cristo. Paulo mesmo, em sua santa preocupação de viver retamente, se colocava continuamente sob o juízo de Cristo; e sua intenção aqui é administrar um corretivo indireto aos mestres ambiciosos que imaginavam que o suficiente era obter o aplauso de seus companheiros.[29] Pois, quando ele diz que ninguém poderá escapar, isso parece quase como se estivesse intimando-os àquela audiência celestial. Ainda que a palavra que traduzi por *seremos manifestos* possa significar simplesmente *comparecer*, em minha opinião Paulo quis dizer muito mais, ou seja, que sairemos para a luz, visto que, agora, muitos estão escondidos nas trevas. Os livros que

---

26 "Quelle constance et magnanimite doyuent auoir les Chrestiens en leurs afflictions." – "Que constância e magnanimidade os cristãos devem nutrir em suas aflições!"
27 "Nous deurions auoir incessamment deuant les yeux et en memoire." – "Devemos ter incessantemente diante de nossos olhos e em nossa lembrança."
28 "Nous sommes yci estrangers." – "Somos forasteiros aqui."
29 "Se contentoyent d'auoir l'applaudissement des hommes, comme feroyent ceux qui ioueroyent quelque rolle en vn theatre." – "Reconheciam que basta o aplauso dos homens, como pessoas que atuam em alguma parte do teatro."

agora estão fechados enfim serão abertos [Dn 7.10].

Para que cada receba. Como esta passagem se preocupa com as retribuições que serão feitas à luz de nossas obras, observemos sucintamente como os malfeitores são punidos por Deus, assim como os feitos bons são galardoados; não obstante, por uma razão distinta. O castigo é atribuído de acordo com o que os feitos maus merecem; não obstante, ao galardoar os feitos bons, Deus não leva em conta seus méritos ou dignidade. Nenhuma obra nossa é tão perfeita e tão completa, em todas as suas partes, que mereça a aprovação de Deus. Além disso, a única forma pela qual alguém pode praticar suas obras de forma agradável a Deus é pelo pleno cumprimento de toda a lei; porém, ninguém há tão perfeito que o faça. Portanto, o único remédio está no fato de que Deus, em sua imerecida bondade, nos aceita e nos justifica, deixando de imputar-nos nossos pecados. Tendo-nos recebido em seu favor, Ele aceita graciosamente também as nossas obras; e desta aceitação imerecida depende a nossa recompensa. Não há qualquer inconsistência em dizermos que Deus recompensa as boas obras preparadas de antemão [Ef 2.10], contanto que entendamos que não há nisso qualquer negação do fato de que é por meio da graça que obtemos a vida eterna. Fiz uma exposição mais completa deste ponto em meu comentário à Primeira Epístola aos Coríntios, e pode-se encontrar uma discussão completa nas *Institutas*. Quando Paulo diz *no corpo*, entendo isto não apenas como uma referência a ações externas, mas a todas as obras que são realizadas nesta vida corpórea.

11. Conhecendo, pois. Paulo, agora, se volta para si mesmo e dá novamente à sua doutrina geral uma aplicação pessoal. "Eu mesmo", diz ele, "conheço bem, em minha própria experiência, que o temor de Deus deve nortear os corações à vida de plena piedade". Porquanto, conhecer o temor do Senhor é conscientizar-se de que cada um de nós, um dia, terá de prestar contas de todas as suas ações ante o tribunal de Cristo. E, se alguém considera seriamente tal coisa, esse mesmo não pode fazer outra coisa senão despertar-se pelo temor e livrar-se de todas as suas negligências.³⁰ Portanto, Paulo testifica que está desempenhando seu apostolado com toda fidelidade e lembra que, com uma consciência pura [2Tm 1.3], tem uma conta a prestar. Por isso, ele continua andando no temor do Senhor [At 9.31]. Não obstante, seus inimigos poderiam objetar: "Tu te enalteces em termos elevados demais; não obstante, quem notaria a veracidade do que pregas?" A isto ele responde que realiza a obra de um mestre diante dos homens, porém é do conhecimento de Deus que tudo o que faz é com sinceridade de coração. É como se dissesse: "É com minha boca que falo aos homens, porém é com o coração que falo a Deus".

Assim como também espero. Esse é um tipo de correção do que havia dito, pois ele agora se gloria de que Deus não é a única testemunha que testificará de sua integridade; há também os próprios coríntios, a quem ele dera plena prova disso. Há dois pontos que é preciso observar aqui: primeiro, que não basta que alguém aja honrosa e energicamente³¹ diante das pessoas, a menos que seu coração seja reto diante de Deus [At 8.21]; segundo, que a ostentação é vã sem as evidências dos fatos que a endossam. Pois ninguém é tão corajoso em fazer reivindicações em prol de si mesmo como aqueles que não possuem absolutamente nada em si mesmos. Se alguém quer desfrutar de credibilidade, ofereça, em abono de suas palavras, feitos que comprovem que elas são verídicas. Não obstante, *estar a descoberto na consciência* é mais do que ser conhecido por meio de evidências, porquanto a consciência penetra mais do que o juízo carnal.

12. Não estamos nos recomendando. Ele está confirmando o que já dissera e, ao mesmo tempo, antecipa uma possível calúnia que poderia surgir contra ele. O fato de ter tanto a dizer sobre si pode ter gerado a impressão de estar demasiadamente preocupado com seu próprio bom nome. De fato é bem provável que alguns perversos tivessem realmente dito isso a respeito dele. Pois, quando ele diz que "não estamos nos recomendando", parece estar lhes respondendo. *Recomendar* tem aqui

---

30 "Tout mespris et toute nonchalance." – "Todo desprezo e toda displicência."
31 "Vertueusement." — "Virtuosamente."

um sentido desfavorável e significa *ostentar* ou *gabar-se*.

Quando Paulo acrescenta que está propiciando-lhes ocasião de gloriarem-se, ele quer dizer, primeiramente, que está argumentando em prol deles, antes que em prol de si mesmo, uma vez que ele já entregou tudo em prol da glória deles. Também os repreende indiretamente em virtude de sua ingratidão em não perceberem que era para que se prontificassem a exaltar seu apostolado, a fim de que ele mesmo não precisasse fazê-lo, e que tivessem em mente que era mais no interesse deles mesmos do que no interesse do próprio Paulo que seu apostolado fosse mantido em honra. Temos ensinado aqui que os servos de Cristo devem se preocupar com sua própria reputação, só enquanto isso for em benefício da igreja. Paulo afirma corretamente que sua preocupação, em todos os sentidos, é pela igreja.[32] Que os outros tenham cuidado para que não tomem pretexto do exemplo de Paulo.[33] Temos igualmente ensinado que a genuína recomendação de um ministro é algo que ele compartilha com a igreja, e não algo pessoal, dele e para ele mesmo. Em outras palavras, é algo que traz benefício a todos.

Para que tenhais o que responder. Ele indica, de passagem, a necessidade de reprimir a vaidade daqueles que fazem ostentações fúteis e diz que este é o dever da igreja. Tal ambição é uma peste maligna de primeiro grau;, portanto, é perigoso favorecê-la por meio de dissimulação. Já que os coríntios, no passado, não tiveram cuidado em agir assim, Paulo os instrui como devem agir no futuro.

Que se gloriam na aparência, e não no coração. Isto significa fazer da aparência externa um disfarce, e considerar a sinceridade do coração como de nenhum valor, pois aqueles que são realmente sábios jamais se gloriarão, a não ser em Deus [1Co 1.31]. Mas, onde há exibicionismo fútil, aí não há sinceridade, nem retidão de coração.

---

32 "Sainct Paul afferme qu'il a eu vne telle affection, et en cela dit verite." – "São Paulo afirma que tem exercitado tal disposição, e nisto ele diz a verdade."

33 "Que les autres aduisent, quand à son exemple ils voudront parler ainsi, que ce ne soit point à fausses enseignes." – "Que outros tenham cuidado quando desejarem falar de si mesmos desta maneira, segundo seu exemplo, para que não o façam sob falsas aparências."

13. Porque, se estamos fora dos sentidos, é para Deus; ou, se conservamos o juízo, é para vós.
14. Porque o amor de Cristo nos constrange; pois assim julgamos nós – que um morreu por todos, portanto todos morreram;
15. E ele morreu por todos, para que os que vivem não mais vivam para si mesmos, mas para aquele que por amor deles morreu e ressuscitou.
16. Por isso, doravante a ninguém conhecemos segundo a carne; ainda que tenhamos conhecido a Cristo segundo a carne, todavia já não o conhecemos desse modo.
17. Portanto, se alguém está em Cristo, que seja ele nova criatura: as coisas antigas passaram; eis que tudo se fez novo.

13. Nam sive insanimus, Deo insanimus: sive sani sumus, vobis sani sumus.
14. Caritas enim Christi constringit nos: iudicantes illud, quodsi unus pro omnibus mortuus fuit, ergo omnes sunt mortui.[34]
15. Et quidem pro omnibus mortuus est: ut qui vivunt, posthac non sibi vivant, sed ei qui pro omnibus mortuus est, et resurrexit.
16. Itaque nos posthac neminem novimus secundum carnem: quin etiam si secundum arnem novimus Christum, iam non amplius novimus.
17. Proinde si quis in Christo, nova sit creatura,[35] vetera præterierunt: ecce, nova facta sunt omnia.

13. Se estamos fora dos sentidos. Ele diz isto a seus oponentes à guisa de concessão. A ostentação de Paulo era bastante racional, ou era, por assim dizer, uma demência sóbria e mui judiciosa; porém ele fala de seu próprio prisma, porquanto, para muitos, ele parecia louco. Ele apresenta uma dupla alegação: primeiro, diz que não se preocupa consigo mesmo, senão apenas em servir a Deus e à igreja; segundo, que não teme o que os homens venham a pensar dele, e está pronto a ser tido como racional ou irracional, se tão-somente puder realizar fielmente a obra de Deus e da igreja. Seu raciocínio é este: "No tocante ao fato de eu fazer constante menção de minha integridade, que as pessoas considerem isso como bem lhes aprouver. Não obstante, não é por mim mesmo que ajo assim; mas, ao contrário, tenho Deus e a igreja exclusivamente em mira. Por isso, estou preparado para ficar em silêncio ou para falar, se assim a glória de Deus e o benefício da igreja o demandem; e ficarei mui contente se o mundo me reconhecer fora de mim mesmo, contanto que eu o seja não por minha própria causa, mas por causa de Deus."[36] Esta passagem não merece ser igno-

---

34 "Sont morts, ou ont este morts." – "Estão mortos ou foram mortos."
35 "Si aucun donc est en Christ, qu'il soit nuuelle creature, ou, Il est." – "Se alguém, portanto, está em Cristo, que seja nova criatura, ou, ele é."
36 "Nestas palavras – "Porque, se estamos fora dos sentidos, é para Deus; ou, se conservamos

rada, sem profunda e constante meditação, pois a menos que sejamos tão resolutos como Paulo o foi aqui, as mínimas ocasiões de ofensas nos distrairão paulatinamente de nossos deveres.

14. Porque o amor de Cristo. A palavra *amor* pode ser compreendida tanto em sentido *ativo* como em sentido *passivo*; quanto a mim, prefiro o primeiro sentido. Porque, a menos que nosso coração seja mais duro que o aço, a lembrança do grande amor que Cristo nos revelou, ao submeter-se à morte em nosso favor, nos constrange a devotar-nos inteiramente a Ele. Paulo mesmo põe isso em realce, ao afirmar que é justo que vivamos para Ele e morramos para nós mesmos. Ele já dissera que o temor o incitava a cumprir seu dever, porquanto um dia teria de prestar contas; e aqui ele traz a lume outro motivo – o imensurável amor de Cristo por nós, amor este que Ele evidenciou por meio de sua morte. O conhecimento deste amor compele de tal forma nossos sentimentos que outra coisa não fazemos, senão amá-Lo em retribuição.

Há uma metáfora[37] implícita no verbo *constranger*, denotando que todo aquele que considera e pondera verdadeiramente o maravilhoso amor que Cristo nos mostrou em sua morte não pode senão ser fundido a ele pelos mais fortes laços e pelo total devotamento ao seu serviço.

Um morreu por todos. Notemos aqui o *propósito* da morte de Cristo – Ele morreu *por* nós para que pudéssemos morrer *para* nós mesmos. Notemos ainda como Paulo prossegue explicando que morrer para nós mesmos é viver para Cristo ou, de forma ainda mais plena, é renunciar-nos a nós mesmos para que possamos viver para Aquele

---

o juízo, é para vós" [2Co 5.13] – o apóstolo defende seu hábito de falar tanto de sua integridade. Ainda que houvesse quem o considerasse fora de suas faculdades mentais por isso, ele não iria leva em conta suas opiniões; pois, se ele fosse tomado por um êxtase ou ficasse fora de si, seu propósito era servir a Deus e a sua igreja. Portanto, ele não levaria em conta as opiniões dos homens, se fosse contado entre os dementes ou entre os sóbrios; assim, ele poderia concretizar o objetivo de seu apostolado. Portanto, o sentido disto, como Calvino o traduz, é este: 'Que os homens pensem o que bem quiserem sobre eu falar tanto de minha integridade; não faço isso por uma razão pessoal, mas levo em conta a Deus e a igreja, se falo tanto dela; pois estou pronto a ficar em silêncio ou a falar, se meu silêncio ou meu discurso glorificar a Deus e trouxer benefício à igreja'" – *Charnock's Works* (Londres 1684), vol. ii. p. 65.

37 "Il y a vne metaphore et similitude." – "Há uma metáfora e similitude."

que nos redimiu, a fim de ter-nos em seu poder como sua possessão exclusiva. Portanto, segue-se que não pertencemos mais a nós mesmos. Temos uma passagem semelhante em Romanos 14.17-19. Duas coisas são aqui realçadas separadamente: que morremos em Cristo, para que nos despíssemos de toda e qualquer ambição e aspiração por eminência, sem sentimento de perda; e mais: que devemos a Cristo tanto nossa vida como nossa morte, de modo que Ele nos uniu a Si de maneira plena.[38]

16. Por isso, doravante a ninguém conhecemos. *Conhecer*, aqui, equivale a *julgar*, como se ele dissesse: "Não julgamos segundo a aparência exterior, como se uma pessoa que parece ser mais eminente realmente o fosse". Sob o termo *carne* ele inclui todos os dotes externos que o ser humano geralmente preza e tudo quanto existe fora da regeneração valorizado pelo homem. Todavia, Paulo está pensando especialmente nas enganosas aparências externas; e certamente ele tem em mente aquela morte ou mortificação da carne já mencionada por ele, como se quisesse dizer: "Visto que já morremos para a vida presente e já não temos nada em nós mesmos, ninguém pode se considerar servo de Cristo com base em alguma excelência carnal".

Ainda que tenhamos conhecido a Cristo. Ele quis dizer o seguinte: "Embora Cristo tenha vivido por algum tempo neste mundo e tenha se dado a conhecer aos homens nas coisas que constituem a vida presente, agora Ele é conhecido de outra forma, a saber, espiritualmente, para que não O imaginemos segundo as formas deste mundo". Alguns fanáticos, como Serveto,[39] têm pervertido esta passagem tentando

---

38 "Pource qu'il a tant fait pour nous, que nous sommes du tout à luy." – "Porque ele fez tanto por nós, que somos inteiramente dele."

39 Os pontos de vista mantidos por Serveto com respeito ao Ser Supremo, bem como à Trindade de pessoas na Deidade, "eram obscuros e fantasiosos, além de toda medida, e condensavam-se, em geral, nas seguintes proposições: a Deidade, antes da criação do mundo, produziu em seu íntimo duas representações pessoais, ou maneiras de existência, que redundariam no meio de relacionamento entre ele e os mortais e por quem, conseqüentemente, ele haveria de revelar sua vontade e exibir sua misericórdia e beneficência aos filhos dos homens; e que estas duas representações haveriam de cessar depois da destruição deste globo terrestre, e seriam *absorvidas na substância da Deidade*, da qual haviam sido foram formadas" – *Moshim's Ecclesiastical History*, vol. iv. pp. 475-476.

fazê-la provar que a natureza humana de Cristo está agora absorvida por sua divindade. No entanto, não é difícil de perceber como pensamentos tão distorcidos como esse estavam distantes da mente do apóstolo; pois aqui ele não está falando da *substância* de seu corpo, e sim de sua *aparência externa*; tampouco está insinuando que já não podemos perceber carne em Cristo, e sim que não podemos julgá-lo segundo a carne.[40]

A Escritura proclama, em todas as suas partes, que Cristo vive, agora, sua vida gloriosa em nossa carne, assim como Ele já sofreu nesta carne.[41] Realmente, se este fundamento for destruído, toda nossa fé cai por terra; pois, donde vem nossa esperança na imortalidade, a não ser da evidência[42] que temos agora em Cristo? Pois, assim como a justiça nos foi restaurada pelo fato de que Cristo cumpriu a lei em nossa natureza e aboliu a desobediência de Adão, assim também vida nos foi restaurada desta mesma maneira: Cristo abriu à nossa natureza humana o reino de Deus, do qual ela havia sido banida, e nos dá um lugar em sua habitação celestial. Portanto, a não ser que reconheçamos a carne de Cristo,[43] toda a segurança e conforto que devemos ter nEle perecerão. Assim, conhecemos, de fato, a Cristo em sua carne como homem genuíno e nosso Irmão, porém não o conhecemos carnalmente, porque nossa confiança está fundada unicamente sobre uma consideração de seus dons espirituais. Ele é espiritual para nós, não porque pôs de lado seu corpo e transformou-se em espírito, mas porque é pela influência

---

40 "Ele (Paulo) recorda as palavras de seu Divino Mestre: 'Todo aquele que faz a vontade de Deus, esse é meu irmão, irmã e mãe'; e ele foi ensinado por eles que, embora o cristianismo não destrua os laços de parentesco, ele requer de todos seus seguidores que se deixem guiar pelas mais elevadas considerações no avanço de seus interesses. Isto pode lançar luzes sobre a ousada expressão que o encontramos usando em outro lugar, ao falar das obrigações sob as quais os crentes se encontram: 'não viver para si mesmos, mas para aquele que morreu e ressuscitou por eles.' 'Doravante não conhecemos a ninguém segundo a carne; sim, ainda que conheçamos a Cristo segundo a carne, contudo agora já não o conhecemos assim'." – *M'Crie's Sermons*, p. 21.

41 "Comme il a souffert mort vne fois en icelle." – "Como ele já sofreu a morte nela."

42 "Comme vne imagem et gage certain enla personne de Christ." – "Como era uma imagem e seguro penhor na pessoa de Cristo."

43 A intenção de Calvino é claramente esta: "Se não reconhecermos o fato de que Cristo é ainda um participante de nossa natureza."

de seu Espírito que Ele regenera e governa os seus.

17. Portanto, se alguém está em Cristo. A conexão desta sentença com seu contexto não é clara e deve ser aclarada assim: "Se alguém deseja conquistar um lugar em Cristo, ou seja, em seu reino ou sua igreja,[44] então que seja uma nova criatura". Ao dizer isso, ele condena todo e qualquer tipo de excelência humana que os homens geralmente imaginam ser grande, se a renovação do coração está ausente dele. Erudição e eloqüência, bem como outros tantos dotes, são coisas preciosas e honrosas; porém, onde está ausente o temor do Senhor e a retidão de consciência, toda sua honra desaparece. Que ninguém, pois, se vanglorie em alguma distinção que talvez possua, uma vez que a principal recomendação feita aos cristãos é que a si mesmos se neguem.

Não se afirma isto apenas com o intuito de reprimir a vaidade dos falsos apóstolos, mas também para corrigir a ostentação e os padrões artificiais de julgamento de muitos dos coríntios, a cujos olhos a aparência externa era considerada mais do que a genuína sinceridade; este é um erro quase comum a todas as épocas. Onde encontraríamos um homem que não considere a ostentação mais importante do que a santidade autêntica? Portanto, que tenhamos em mente esta advertência – todo aquele que ainda não recebeu a renovação do Espírito de Deus não tem nenhum direito na igreja, por mais que reivindique distinções que pense possuir.

As coisas antigas passaram. Quando os profetas falam do reino de Cristo, eles predizem que haverá "novo céu e nova terra" [Is 65.17], pelo que querem dizer que todas as coisas serão transformadas em algo melhor, até que a felicidade dos justos esteja completa. Já que o reino de Cristo é de caráter espiritual, esta conversão deve ocorrer principalmente no espírito; assim, Paulo está certo ao começar por aqui. Portanto, ele está fazendo uma mui preciosa e oportuna alusão a esta profecia, adaptando-a a fim de magnificar a regeneração. Ele chama de *coisas antigas* aquelas que não foram reformadas pelo Espírito

---

44 "Et estre tenu pour membre de ceste saincte compagnie." – "E ser considerado um membro daquela santa sociedade."

de Deus e, assim, usa a palavra em contraste com a graça renovadora. Ele toma a expressão *passaram* no sentido de *desvanecimento paulatino*, assim como as coisas de curta duração declinam quando seu tempo expira. Assim, só é *novo homem* aquele que se expande e é vigoroso[45] no reino de Deus.

18. E todas as coisas são de Deus, que nos reconciliou consigo mesmo por intermédio de Cristo, e nos deu o ministério da reconciliação;
19. A saber, que Deus estava em Cristo reconciliando o mundo consigo mesmo, não lhes imputando suas transgressões, e nos confiou a palavra da reconciliação.
20. Agora, pois, somos embaixadores por Cristo, como se Deus rogasse por nosso intermédio: rogamos, em nome de Cristo, que vos reconcilieis com Deus.
21. Pois aquele que não conheceu pecado, ele o fez ser pecado em nosso lugar, para que nele fôssemos feitos justiça de Deus.

18. Porro omnia ex Deo, qui nos reconciliavit sibi Iesum Christum: et dedit nobis ministerium reconciliationis.
19. Quoniam erat Deus in Christo mundum reconcilians sibi, non imputando illis sua ipsorum peccata: et deposuit in nobis sermonem reconciliationis.
20. Itaque pro Christo legatione fungimur, tanquam Deo exhortante per nos: rogamus pro Christo, reconciliemini Deo.
21. Eum qui peccatum non noverat, pro nobis peccatum fecit, ut nos efficeremur iustitia Dei in ipso.

18. Todas as coisas são de Deus. Paulo tem em mente todas as coisas que pertencem ao reino de Cristo, querendo dizer: "Se desejamos ser de Cristo, devemos ser regenerados por Deus, mas este não é um dom comum." Portanto, aqui ele não está falando da criação em geral, mas da graça da regeneração que Deus confere especialmente a seus próprios eleitos; e ele diz que esta graça é *de Deus*, não em seu caráter de Criador e Artífice do céu e terra, mas como o *novo Criador da igreja*, remodelando seu povo segundo a sua própria imagem. Assim, toda carne é aviltada, e os crentes são admoestados a viverem para Deus, visto que se tornaram *novas criaturas* [v. 17]. Isto não podem fazer, a menos que abandonem o mundo, uma vez que, sendo de Deus, já não pertencem ao mundo [Jo 17.16].

Que nos reconciliou. Aqui há dois pontos diretivos: um concernente à reconciliação do homem com Deus, e o outro concernente aos

---

45 "C'est... dire, dont il falle faire cas;" — "Equivale dizer que devemos considerar."

meios pelos quais podemos desfrutar dos benefícios da reconciliação. Estes elementos têm uma ligação muito estreita com o que precede, porque, uma vez demonstrado que uma boa consciência está acima de toda e qualquer espécie de distinção [v. 11], ele passa a mostrar que todo o evangelho tende a este fim. Não obstante, ele mostra, ao mesmo tempo, a dignidade do ofício apostólico, para que os coríntios fossem instruídos sobre o que deviam buscar nele, enquanto não pudessem distinguir entre os ministros verdadeiros e os falsos, por esta razão: porque se deleitavam demais na mera aparência externa. Ao trazer isto à lembrança, ele os incita a fazer maior progresso no ensino do evangelho. Pois uma admiração néscia pelos homens mundanos, os quais servem a sua própria ambição e não a Cristo, é fruto da ignorância daquilo que o ofício de pregador do evangelho inclui ou impõe.

Volto novamente a considerar os dois principais argumentos que aqui são mencionados. O primeiro é este: *Deus nos reconciliou consigo mesmo por intermédio de Cristo*. Este é imediatamente seguido pela explicação de que *Deus estava em Cristo* e de que em sua pessoa Ele efetuou a reconciliação. Em seguida, adiciona-se a forma pela qual ele fez isso, a saber: *não imputando aos homens suas transgressões*. Uma vez mais, isso é explicado por mostrar como Cristo fez propiciação por nossos pecados e adquiriu a justiça para nós. O segundo grande argumento é: a graça da reconciliação é-nos aplicada por intermédio do evangelho, de modo que nos tornamos participantes dele. Aqui, se bem que em todos os escritos paulinos, temos uma passagem extraordinária, que devemos examinar cuidadosamente, palavra por palavra.

O ministério da reconciliação. Esta é uma das descrições mais notáveis do evangelho, como uma mensagem entregue através de um embaixador com o fim de reconciliar os homens com Deus. É uma dignidade singular dos ministros do evangelho o fato de sermos enviados por Deus com esta missão, sendo nós seus mensageiros e, por assim dizer, seus fiadores.[46] Todavia, isto é dito não tanto com o propósito de exaltar

---

[46] "Et comme pleges de sa bonne volunte enuers nous." – "E como se fossem penhores de seu beneplácito para conosco."

os ministros, mas para confortar os crentes piedosos, a saber: sempre que ouvirem o evangelho, saibam que Deus está tratando com eles e, por assim dizer, lhes especificando seu retorno à graça divina. Que bênção seria mais desejável do que esta? Portanto, lembremo-nos de que este é o principal propósito do evangelho, a saber: embora sejamos, por natureza, filhos da ira [Ef 2.3], a questão entre nós e Deus pode ser resolvida, e podemos ser recebidos por Ele em seu favor. Os ministros são munidos com esta comissão: trazer-nos inteligência de tão grande benefício; mais ainda: assegurar-nos o amor paternal de Deus para conosco. É verdade que qualquer outra pessoa pode ser-nos testemunha da graça de Deus. Contudo, Paulo, ensina que este dever é imposto especialmente aos ministros. Assim, quando um ministro devidamente ordenado (*minister rite ordinatus*) declara, da parte do evangelho, que Deus se nos tornou propício (*propitiatum nobis esse Deum*), ele deve ser ouvido na qualidade de embaixador de Deus, mantendo sobre si um dever público como representante de Deus e legalmente investido de autoridade para fazer-nos esta declaração.

19. Deus estava em Cristo. Alguns consideram esta expressão como que significando simplesmente que "Deus reconciliou o mundo consigo em Cristo"; mas o significado é mais pleno e mais abrangente do que isto; pois ele está dizendo, em primeiro lugar, que "Deus estava em Cristo", para, em seguida, dizer que, por meio desta intervenção, Ele estava reconciliando o mundo consigo mesmo. Esta referência é ao Pai, já que não seria natural dizer que a natureza divina de Cristo estava nEle.[47] Portanto, Paulo está dizendo que *o Pai estava no Filho*, de acordo com João 10.38: "Eu estou no Pai, e o Pai está em mim". Assim, aquele que tem o Filho tem igualmente o Pai. Paulo se expressa nestes termos a fim de aprendermos a viver satisfeitos com Cristo, porquanto nEle encontramos igualmente a Deus, o Pai, na forma como Ele se nos comunica através de seu Filho. Portanto, o que Paulo está dizendo nesta frase equivale ao seguinte: "Levando em conta o fato de

---

47 "Car ce seroit improprement, de dire que la nature Diuine de Christ estoit en Christ." – "Pois seria impróprio dizer que a natureza divina de Cristo estava em Cristo."

que outrora Deus estivera muito distante de nós, agora Ele, em Cristo, aproximou-se de nós, de modo que Cristo se nos tornou o autêntico Emanuel, e seu advento é a plena aproximação de Deus aos homens".

A segunda cláusula trata da obra de Cristo referente à *nossa propiciação* [1Jo 2.2], já que, *fora dEle*, Deus está desgostoso com todos nós, porquanto nos revoltamos contra a justiça.[48] Por que Deus, em Cristo, se manifestou aos homens? Para que houvesse *reconciliação*, a fim de que a hostilidade chegasse ao fim e nós, como estranhos que éramos, fôssemos adotados como filhos. Ainda que a vinda de Cristo tivesse como fonte o imensurável amor de Deus por nós e que os homens soubessem que Deus só seria propiciado por meio de um mediador, não havia da parte dos homens outra coisa senão aquela separação que lhes impede totalmente que tenham acesso a Deus. Sobre este ponto falaremos mais plenamente adiante.

Não lhes imputando. Notemos bem como os homens se voltam para o favor divino – por serem considerados justos, por obterem a remissão de seus pecados. Enquanto Deus nos imputa nossos pecados, Ele não pode fazer outra coisa, senão nos considerar com aversão, porquanto Ele não pode contemplar nem favorecer os pecadores como se fossem amigos. Isso, porém, pode parecer uma contradição do que se diz em outro lugar, a saber: "Fomos amados por ele antes da fundação do mundo" [Ef 1.4] e, sobretudo, João 3.16, onde Ele diz que o amor por nós foi a razão pela qual expiou nossos pecados por intermédio de Cristo, porquanto a *causa* deve sempre preceder o *efeito*. Minha resposta é que fomos, de fato, amados desde antes da fundação do mundo, porém não fora de Cristo. No entanto, concordo que o amor divino, no tocante a Deus, não se prendia a tempo nem a seqüência; porém, no tocante a nós, seu amor tem seu fundamento no sacrifício de Cristo. Pois, quando pensamos em Deus, não pelo prisma de um mediador, só podemos concebê-Lo como que irado conosco; porém, quando um mediador se interpõe entre nós e Ele, descobrimos que Ele é pacificado em relação a

---

48 "De iustice et obeissance." – "De justiça e obediência."

nós. Visto, porém, ser também necessário sabermos que Cristo nos veio da fonte da livre misericórdia de Deus, a Escritura ensina explicitamente que a ira do Pai foi aplacada pelo sacrifício do Filho, e assim o Filho foi oferecido para a expiação dos pecados dos homens, porque Deus exerce compaixão para com eles e os recebe em seu favor com base no penhor do sacrifício de Cristo em favor deles.[49]

Sumariando: onde quer que haja pecado, aí também estará a ira divina, pois Deus não nos será propício enquanto não tiver apagado nossos pecados, não mais no-los imputando. Uma vez que nossa consciência não pode apropriar-se desta bênção[50] sem a intervenção do sacrifício de Cristo, não é sem boa razão que Paulo faça disso o fundamento e causa da reconciliação, em relação a nós.

E nos confiou. Ele reitera que a comissão de nos apresentar esta reconciliação foi entregue aos ministros do evangelho. Pois era possível que se suscitasse a seguinte objeção: "Onde está Cristo agora, o pacificador entre Deus e nós? Até que ponto Ele habita em nós?" Portanto, ele diz que, assim como Cristo sofreu uma única vez[51] [1Pe 3.18], assim diariamente nos oferece o fruto de seu sofrimento através do evangelho, o qual Ele deu ao mundo[52] como um registro seguro e infalível de sua consumada obra de reconciliação. Dessa forma, a parte dos ministros é aplicar-nos o resultado da morte de Cristo.

Não obstante, para que ninguém sonhasse com uma aplicação mágica, tal como a que os papistas engendraram, é preciso que observemos cuidadosamente o que ele diz em seguida e como, para ele, a aplicação consiste inteiramente na pregação do evangelho. Porquanto o papa e seus sacerdotes usam isto como pretexto para provar alguma sombra de justificativa para a total impiedade e o tráfico execrável

---

49 "C'est d'autant que Dieu ayant compassion d'eux, a voulu que ceste mort fust le gage et le moyen par lequel il les receuroit en grace." – "Porque Deus, tendo compaixão deles, determinou que esta morte fosse o penhor e meio pelo qual ele os recebesse em favor."
50 "Et en estre participantes." – "E ser participantes dela."
51 "Comme il a souffert la mort vne fois." – "Como ele sofreu a morte uma vez."
52 "Lequel il a voulu estre gardé e'publié au monde." – "Que ele designou fosse mantido e publicado no mundo."

que eles impõem à salvação das almas. "O Senhor", dizem eles, "nos muniu com a comissão e autoridade para perdoar pecados". Isto eu reconheço, contanto que se prove que eles levam a bom termo a obra de embaixadores como Paulo a descreve aqui. Não obstante, a absolvição praticada pelos papistas é completamente de caráter mágico, além de impedir o perdão dos pecados, transformando as pessoas em estátuas de mármore ou conectando tal absolvição com superstições fictícias e frívolas. Que semelhança pode haver entre essas coisas e o mandamento de Cristo? Os ministros da igreja nos restauram ao favor divino, de uma maneira correta e ordenada, dando-nos *testemunho* através do evangelho de como Deus nos reconciliou consigo mesmo por intermédio de sua graça. Quando este testemunho é removido, tudo o que fica nada mais é senão mera impostura. Cuidemos para não pôr a mínima confiança em coisa alguma que não seja o evangelho.

Realmente não nego que a graça de Cristo é-nos igualmente aplicada nos sacramentos e que nossa reconciliação com Deus é confirmada em nossas consciências; entretanto, como o evangelho está esculpido nos sacramentos, não devem ser considerados separadamente, por si mesmos; devem ser tomados em conexão com o evangelho, do qual são apêndices. Em suma, os ministros da igreja são *embaixadores* a fim de testificarem e proclamarem a bênção da *reconciliação*, unicamente sob a condição de falarem do evangelho como uma garantia legítima para o que eles dizem.

20. Como se Deus rogasse. Isto é da maior importância e absolutamente necessário para revestir de autoridade nosso ministério. Pois, quem admitiria uma proposição que faça sua eterna salvação depender meramente do testemunho humano? A questão é vital demais para ser satisfeita com garantias humanas, a não ser que estejam seguros de que Deus os designou e realmente fala por intermédio deles. Esta é a razão pela qual Cristo mesmo nos recomendou seus apóstolos, como vemos em passagens tais como Lucas 10.16: "Quem vos der ouvidos ouve-me a mim; e quem vos rejeitar a mim me rejeita; quem, porém, me rejeitar, rejeita aquele que me enviou".

Rogamos, em nome de Cristo. Aqui percebemos que Isaías tinha boas razões para exclamar: "Que formosos são sobre os montes os pés do que anuncia as boas-novas, que faz ouvir a paz, que anuncia coisas boas, que faz ouvir a salvação, que diz a Sião: O teu Deus reina!" [Is 52.7]. Pois a única coisa indispensável à nossa completa bem-aventurança e sem a qual somos em extremo miseráveis é-nos conferida unicamente através do evangelho. Mas, se este dever é imposto aos ministros da igreja, de modo tal que, se o descartarem, não poderão considerar-se nem apóstolos nem pastores, não é difícil inferir desta verdade a condição do papa e de toda sua hierarquia. Por certo que desejam ser tidos na conta de apóstolos e pastores, porém, uma vez que não passam de ídolos mudos, o que fazer para que suas vangloriosas reivindicações[53] se harmonizem com esta passagem do apóstolo? O verbo *rogar* implica um enaltecimento sem paralelo[54] da graça de Cristo, como se Ele se aviltasse tanto, que não se importasse de nos *implorar*. Tanto menos escusável é nossa depravação, se nós, cedendo a tal benignidade, não nos mostrarmos prontamente suscetíveis à instrução e obedientes.

Que vos reconcilieis. Notemos bem que Paulo, aqui, está tratando com crentes e declara que ele tem de desempenhar sua incumbência em favor de todos eles, todos os dias. Cristo não sofreu para expiar nossos pecados apenas uma vez, nem foi o evangelho instituído apenas para que os pecados cometidos antes do batismo nos fossem perdoados; ao contrário, visto que pecamos diariamente, também, por meio do perdão diário, Deus nos recebe em seu favor. A obra dos embaixadores[55] do evangelho é perpétua, porque o evangelho tem de ser proclamado incessantemente, na igreja, até aos confins do mundo; e ele não pode ser pregado sem a promessa do perdão dos pecados.

Temos aqui uma passagem explícita e relevante para refutar o ímpio ensino dos papistas, os quais exigem que o pecador busque

---

53 "Leur vanterie orgueilleuse." – "Sua vangloriosa arrogância."
54 "Vne singuliere et inestimable louange." – "Um singular e inestimável enaltecimento."
55 "Vne ambassade et commission perpetuelle." – "Uma embaixada e comissão perpétuas."

o perdão de pecados cometidos após o batismo em algo fora da expiação consumada na morte de Cristo. O ensino comum em todas as escolas papistas é que, após o batismo, temos que *merecer* o perdão de nossos pecados através de penitências, com o auxílio do poder das *chaves* [Mt 16.19]. Por penitência querem dizer *satisfação*; no entanto, o que Paulo tem em mente aqui? Ele nos lembra que, tanto depois como antes do batismo, só existe uma única expiação efetuada por Cristo, e podemos estar certos de que sempre recebemos o perdão pela graça divina, soberana e imerecida. Paulo despreza, como algo completamente estranho, a distinção feita entre o pecado *pré-batismal* e o pecado *pós-batismal*, inventado pelos papistas. Ademais, toda a bazófia deles sobre a administração das *chaves* é sem qualquer fundamento, porquanto pensam nas chaves como algo fora do evangelho, quando, de fato, elas não passam do testemunho da reconciliação graciosamente concedida por Deus, a qual é-nos conferida no evangelho.

21. Aquele que não conheceu pecado. Notemos bem como em todos os escritos de Paulo não há nenhum outro caminho para o favor de Deus, senão aquele que está fundado no sacrifício único de Cristo. Que aprendamos, pois, a sempre volver os olhos para Ele, se quisermos ser absolvidos de nossas culpas. Paulo agora ensina mais claramente aquilo para o qual chamamos a atenção antes: Deus é-nos propício quando nos reconhece por justos. Pois estas duas coisas são equivalentes: somos aceitáveis diante de Deus e somos considerados por Ele como sendo justos.

Não conhecer pecado é estar isento de pecado. Portanto, ele diz que Cristo, embora fosse inteiramente isento de pecado, se fez pecado por nós. Comumente se observa que pecado, aqui, denota um sacrifício expiatório pelo pecado, de modo que é traduzido por *piaculum*, no latim.[56] Nesta e em outras partes, Paulo toma esta expressão emprestada do hebraico, em que אשם (*asham*) significa tanto um sacrifício

---

56 O termo latino *piaculum* é empregado, às vezes, para denotar um *crime que demanda expiação* e, outras vezes, *uma vítima expiatória*.

expiatório como uma falta ou crime.[57] O significado desta palavra, bem como o de toda a sentença, será mais bem entendido se compararmos os dois lados da antítese contida nela. *Pecado* é o oposto de *justiça*, pois Paulo ensina que fomos feitos justiça de Deus como resultado de Cristo haver-se feito pecado. *Justiça*, aqui, significa não uma qualidade ou hábito, mas algo imputado a nós, uma vez que dissemos ter recebido a justiça de Cristo. Qual, pois, é o significado de *pecado*? É a culpa em razão da qual somos acusados diante do tribunal de Deus. Assim como a maldição do homem costumava ser lançada sobre a vítima sacrificial, assim também a condenação de Cristo foi nossa absolvição, e por suas pisaduras fomos sarados.

Para que nele fôssemos feitos justiça de Deus. Primeiramente, a justiça de Deus, aqui, significa não aquela justiça que Deus nos dá, e sim a justiça que nos torna aceitáveis diante dEle; assim como em João 12.43 a glória de Deus significa aquela que Ele aprova, e a glória dos homens a que granjeia a vã aprovação do mundo. Assim, em Romanos 3.23, quando Paulo diz que "carecemos da glória de Deus", ele quer dizer que em nós mesmos não temos nada com que nos gloriarmos diante de Deus. Não é tão difícil a alguém aparentar justiça aos olhos dos homens, mas isso não passa de falsa aparência de justiça, o que por fim gera nossa ruína, porquanto a única e genuína justiça é aquela que tem a aceitação de Deus.

Consideremos agora o contraste entre *justiça* e *pecado*. Como é possível que nos tornemos justos diante de Deus? Da mesma forma como Cristo se fez pecador. Porque ele assumiu, por assim dizer, nossa pessoa, de modo que ele pôde ser o infrator em nosso lugar e, assim, ser considerado pecador, não em razão de suas próprias ofensas, mas em razão das ofensas alheias, visto que, pessoalmente, Ele era puro e livre de toda e qualquer mancha e cancelou a penalidade que era nossa, e não dEle próprio. Ora, é justamente assim que somos justos nEle, não por havermos satisfeito o juízo divino através de nossas obras

---

[57] Assim, em Levítico 5.6, םשא (*asham*) denota uma oferta pela transgressão e, no versículo imediatamente seguinte, significa uma ofensa ou delito.

pessoais, mas em razão de sermos julgados pelo prisma ou sobre a base da justiça de Cristo, a qual vestimos pela fé e se tornou como se fosse propriamente nossa. Esta é a razão por que decidimos conservar a preposição *em*, em vez de *por*, *através de*, visto que *em* transmite um significado mais consoante com a intenção de Paulo.[58]

---

58 A força da preposição ἐν (*in*), usada pelo apóstolo nesta passagem, é mais plenamente realçada por Beza nos seguintes termos: "Justi apud Deum, et quidem justitia non nobis inhærente, sed quæ, quum in Christo sit, nobis per fidem a Deo imputatur. Ideo enim additum est: ἐν αὐτῷ. Sic ergo sumus justitia Dei in ipso, ut ille est peccatum in nobis, nempe ex imputatione. Libet autem hic ex Augustino locum insinem exscirbere, velut istius commentarium plenissimum. Sic igitur ille Serm. 5. de verbis Apostoli: *Deus Pater eum, qui non noverat peccatum* (nempe Iesum Christum) *peccatum effecit, ut nos simus justitia Dei* (non nostra) *in ipso* (non in nobis.) Ele adiciona Filipenses 3.9" – "Justos diante de Deus, e isso por uma justiça que não é inerente a nós, mas que, estando em Cristo, é-nos imputada por Deus, mediante a fé. Pois é justamente por isso que se adiciona: ἐν αὐτῷ (*nele*). Portanto, somos a justiça de Deus nele da mesma forma que ele é em nós – por imputação. Aqui posso citar uma notável passagem de Agostinho, como o comentário mais completo sobre ela. No Sermão 5, sobre as palavras do apóstolo, ele se expressa assim: *Deus o Pai fez pecado Aquele que não conheceu pecado* (Jesus Cristo), *para que fôssemos justiça de Deus* (não a nossa) *nele* (não em nós mesmos). A isto ele adicione Filipenses 3.9."

Capítulo 6

1. Nós, cooperando com ele, também vos rogamos que não recebais a graça de Deus em vão.
2. (Porque ele diz: Eu te ouvi no tempo aceitável e te socorri no dia da salvação; eis que agora é o tempo aceitável; eis que agora é o dia da salvação.)
3. Não causando escândalo em coisa alguma, para que o ministério não seja censurado;
4. Antes, aprovando-nos em todas as coisas, como ministros de Deus, na muita paciência, nas aflições, nas necessidades, nas angústias,
5. Nos açoites, nas prisões, nos tumultos, nos trabalhos, nas vigílias, nos jejuns;
6. Pela sinceridade, pelo conhecimento, pela longanimidade, na benignidade, pelo Espírito Santo, pelo amor não fingido,
7. Pela palavra da verdade, pelo poder de Deus; pelas armas da justiça, as da direita e as da esquerda,
8. Por honra e desonra, por infâmia e boa fama; como enganadores e sendo verdadeiros;
9. Como desconhecidos e sendo bem conhecidos; como moribundos, e eis que vivemos; como castigados, e não mortos;
10. Como entristecidos, porém sempre alegres; como pobres, porém enriquecendo a muitos; como nada tendo e, no entanto, possuindo todas as coisas.

1. Nos vero adiuvantes (*vel,collaborantes*)[1] etiam obsecramus, ne frustra gratiam Dei receperitis.
2. Dicit enim (Ies. 49, 8) Tempore accepto exaudivi te, et in die salutis auxiliatus sum tibi: ecce, nunc tempus acceptum: ecce, nunc dies salutis.
3. Nullum dantes[2] ulla in re offensionem, ut ne vituperetur ministerium:
4. Sed in omnibus commendantes nos[3] tanquam Dei ministri, in patientia multa, in afflictionibus, in necessitatibus, in angustiis,
5. In plagis, in carceribus, in seditionibus, in laboribus, in vigiliis, in ieiuniis;
6. In sinceritate, in scientia, in tolerantia, in mansuetudine, in Spiritu Sancto, in caritate non ficta,
7. In sermone veritatis, in potentia Dei, per arma iustitiæ dextra et sinistra:
8. Per gloriam et ignominiam, per infamiam, et bonam famam: tanquam impostres, tamen veraces:
9. Tanquam ignoti, tamen celebres: tanquam morientes, et ecce, vivimus; tanquam castigati, tamen morte non affecti:
10. Tanquam mœrore affecti, semper tamen gaudentes: tanquam inopes, multos tamen ditantes: tanquam nihil habentes, et omnia possidentes.

---

1 "Ainsi donc en ouurant auec luy, ou, estans ses ouuriers." – "Assim, pois, ao trabalharem com ele, ou, sendo seus operários."
2 "Ne donnans aucun scandale, ou, donnons." – "Não dando escândalo, ou, damos."
3 "Mais nous rendans louables en toutes choses, ou, Mais rendons nous louables." – "Mas tornando-nos aprovados em todas as coisas, ou, nos tornamos aprovados."

1. Cooperando com ele. Paulo tem reiterado as instruções da embaixatura com que os ministros do evangelho têm sido munidos por Deus. Depois de haverem entregue a mensagem que lhes foi ordenada, devem usar sua diligência para que as mesmas tenham bom efeito,[4] a fim de que seu trabalho não seja em vão. Devem, digo, acrescentar à sua mensagem exortações contínuas,[5] para que sua missão seja eficaz. Isso é o que συνεργοῦντες (*cooperadores*) significa, isto é, que estão ansiosos em levar seu trabalho avante, porque não basta *ensinar*, se também não houver *persuasão*. Considerado desta forma, o prefixo σύν pode referir-se tanto a Deus como à embaixada que é confiada a seus servos. Pois a doutrina do evangelho é corroborada por exortações que não podem carecer de efeito, e os ministros conectam sua diligência à comissão divina;[6] visto ser função de um embaixador reforçar com argumentos o que ele anuncia em nome de seu príncipe.

A partícula σύν também pode ser considerada uma referência à diligência dos ministros em comum; pois, se eles fazem a obra do Senhor de bom ânimo, então auxiliem uns aos outros, de modo a dar assistência recíproca. Entretanto, prefiro antes a primeira exposição. Crisóstomo o interpreta como uma referência aos ouvintes com quem os ministros *cooperam*, quando os despertam de sua indolência e inércia.

Os ministros são aqui instruídos que não basta uma mera proposta doutrinal. Devem também labutar para que ela seja recebida pelos ouvintes, e isso não uma só vez, mas continuamente. Pois uma vez que são mensageiros entre Deus e os homens, seu primeiro dever é oferecer a *graça de Deus*;[7] seu segundo dever, porém, é envidar todo

---

4 "Qu'ils ayent lieu, et proufitent." – "Para que fossem concretizadas e para que fossem proveitosas."
5 "Les exhortations par chacun iour." – "Exortações diárias."
6 "Les ministres auec leur mandement qu'ils ont en charge, de declarer de par Dieu, conioignent aussi leur diligence, et affection ardente." – "Os ministros, juntamente com a comissão que eles têm a incumbência de declarar, como que da parte de Deus, também com sua diligência e desejo ardente."
7 "A graça de Deus", diz o Dr. Brown, ao comentar 1 Pedro 5.12, "significa propriamente o favor gracioso de Deus, como um princípio na mente divina; mas é empregada amiúde no sentido dos

esforço, com toda sua energia, para assegurarem-se de que não ofereceram a graça de Deus em vão.

2. Porque ele diz: Eu te ouvi no tempo aceitável. Paulo cita a profecia de Isaías [49.8], que é muitíssimo relevante para a obra de exortação tratada por ele aqui. Não há dúvida de que, nesta passagem, o profeta está falando do reino de Cristo,[8] como se vê claramente pelo contexto. O Pai, ao designar o Filho como líder, com o fim de reunir a igreja, se lhe dirige com estas palavras: "Eu te ouvi no tempo aceitável". Ora, sabemos muito bem que existe certa analogia[9] entre a Cabeça e os membros. Pois Cristo foi ouvido em nosso favor, porque nossa salvação foi posta em suas mãos e em seus cuidados exclusivos. Desta forma, somos todos admoestados na pessoa de Cristo a não negligenciarmos a oportunidade que nos foi dada, para obtermos a salvação. Embora a tradução do intérprete grego seja εὐπρόσδεκτον (*aceitável*),[10] a palavra usada pelo profeta é רצון (*rat-*

---

atos de bondade, os dons e benefícios nos quais o princípio encontra expressão. Tem sido comum interpretar a frase aqui como equivalente ao evangelho, a revelação da graça de Deus; e tem-se considerado o apóstolo como que afirmando que a doutrina que aqueles a quem estava escrevendo abraçaram e à qual aderiram – usando uma frase do apóstolo Paulo, 'que haviam recebido e na qual estavam firmes' – era o verdadeiro evangelho. Contudo tenho dúvida se no Novo Testamento o evangelho é sempre chamado de *a graça de Deus*; e tenho ainda dúvida se as palavras, assim entendidas, são uma afirmação acurada do que esta Epístola realmente contém. Só há mais duas passagens neotestamentárias nas quais tem se imaginado que *a graça de Deus* seja uma designação do evangelho. Depois de começar a mensagem de misericórdia, que os ministros da reconciliação são comissionados a anunciar, o apóstolo, em sua segunda Epístola aos Coríntios, diz: 'Rogamo-vos que não recebais *a graça*, ou *esta graça de Deus*, em vão' [2Co 6.1]. A referência aqui é, sem dúvida, ao evangelho, mas o significado da frase, *a graça de Deus*, evidentemente é apenas a este favor divino, este benefício que assim expressa e, por assim dizer, incorpora a graça divina. E, na Epístola a Tito, o mesmo apóstolo afirma que 'a graça de Deus, trazendo salvação', se manifestou, ou 'apareceu ensinando', aos que a apreendem, 'para negarem a impiedade e concupiscências profanas e viverem sóbria, justa e piedosamente no presente mundo' [Tt 2.11, 12]. Amiúde lemos que aqui a graça de Deus significa o evangelho, porém o evangelho é a manifestação, a revelação desta graça; e a verdade, ensinada na passagem, é que a misericórdia de Deus, graciosa e soberana, quando é apreendida pelo pecador, é o verdadeiro princípio da santidade no coração e vida" – Brown's Expository Discourses on First Peter, vol. iii. pp. 295, 296.

8 "Il ne faut point douter, que le Prophete ne parle du regne de Christ." – "Não há lugar para dúvida de que o profeta fala do reino de Cristo."

9 "Quelle similitude et proportion ou conuenance." – "Semelhança e proporção ou correspondência."

10 A palavra precisa na Septuaginta (à qual a citação do apóstolo corresponde exatamente) é δεκτῷ (*aceitável*). Calvino, provavelmente, foi levado a fazer uso da palavra εὐπρόσδεκτον movido pela circunstância de que o adjetivo é empregado pelo apóstolo na segunda parte do versículo,

son), que significa *benevolência* ou *favor gracioso*.[11]

A citação deve ser aplicada ao presente tema desta maneira. Visto que Deus designa um tempo específico para a manifestação de sua graça, segue-se que nem todos os tempos são igualmente adequados para ela; e, já que um dia específico de salvação é designado, segue-se que a graciosa oferta de salvação não está à disposição todos os dias. Isso depende inteiramente da providência de Deus, pois o único tempo aceitável é aquele que Paulo, em Gálatas 4.4, chamou de "a plenitude dos tempos".[12] Notemos ainda a ordem na qual ele menciona primeiro o *tempo aceitável* e, em seguida, o *dia da salvação;* assim ele indica que a única fonte de nossa salvação é a misericórdia de Deus. Portanto, não devemos olhar para nós mesmos a fim de descobrirmos por que Deus nos salva, como se pudéssemos, por meio de nossas obras, induzi-lo a revelar-nos sua graça, pois donde vem o *dia da salvação*? Porque este é o *tempo aceitável* que Deus, em seu imerecido favor, determinou. Entrementes, devemos manter com firmeza, diante dos olhos, o propósito de Paulo, ou seja, ensinar a necessidade de urgência latente, de modo a não perdermos a oportunidade, porquanto é um grande desprazer para o coração de Deus quando sua graça anunciada é recebida com frieza e indiferença.

Eis que agora é o tempo. O profeta está falando do tempo em que Cristo deveria manifestar-se em carne para a redenção do homem. Paulo usa esta profecia aplicando-a ao tempo em que Cristo está sendo revelado através do ensino contínuo do evangelho, e com boas razões, pois, assim como uma vez, quando Cristo apareceu, a salvação

---

ao comentar a passagem citada.

11 O termo hebraico referido é empregado neste sentido nos seguintes (entre outros) casos: Salmos 5.13; 30.7; Provérbios 16.15; 19.12.

12 Calvino faz uma observação semelhante ao comentar, em Gálatas 4.4, a expressão aqui referida. "Pergit in similitudine adducta, et suo instituto definitum a Patre tempus accommodat: simul tamen ostendit, tempus illud, quod Dei providentia ordinatum erat, maturum fuisse et opportunum. Ea igitur demum iusta est opportunitas ac recta agendi dispensatio, quæ providentia Dei regitur." – "Ele prossegue com a comparação que havia apresentado e aplica a seu propósito à expressão que usara – *o tempo designado pelo Pai* –, mas ainda mostrando que aquele tempo, que fora ordenado pela providência de Deus, era próprio e oportuno. Somente *aquele* era o tempo oportuno e *aquele* era o sistema certo de agir, dirigido pela providência de Deus."

foi enviada ao mundo inteiro, assim agora é Ele enviado todos os dias, quando somos feitos participantes do evangelho. Esta passagem é belíssima e tem sido grande conforto para nós, cristãos, visto sabermos que, enquanto o evangelho é anunciado, a porta do reino de Deus é-nos franqueada e erguido diante de nós um emblema da bondade divina, a acenar-nos que aceitemos a salvação, pois quando somos convocados a aceitá-la, devemos estar certos de que temos grande oportunidade de fazê-lo. Não obstante, a não ser que agarremos esta oportunidade, devemos com razão temer a ameaça subjacente de Paulo, a saber, que logo a porta estará fechada a tantos quantos não entraram no tempo oportuno. Pois esta retribuição sempre vem em decorrência do desprezo à Palavra.

3. Não causando escândalo. Já mostramos em diversas ocasiões que Paulo algumas vezes enaltece o ministério do evangelho em geral e, em outras vezes, aponta para sua integridade pessoal.[13] Portanto, agora ele fala de si mesmo e, através de sua própria pessoa, põe diante de nós um quadro vívido de um bom e fiel apóstolo, e deseja que os coríntios aprendam quão injustos têm sido, promovendo críticas fúteis contra ele. Ao agirem assim, estavam exaltando a hipocrisia[14] e mantendo na mais elevada honra pessoas superficiais, sem o menor sentimento real por elas, e mantendo em baixa estima os ministros que eram, na verdade, os melhores. Sem sombra de dúvida, as muitas coisas que Paulo menciona aqui em seu próprio favor são as mesmas coisas que desprezavam nele; e esses indivíduos eram ainda mais dignos de reprovação por censurarem exatamente aquilo que merecia maior e real louvor.

Paulo trata aqui de três coisas: em primeiro lugar, ele mostra as excelências que deveriam merecer estima nos pregadores do evangelho; em segundo, mostra que ele mesmo possuía essas qualidades;

---

13 "Tantost met en auant la rondeur de sa conscience en la predication d'iceluy." – "Algumas vezes ele traz a lume a retidão de sua consciência na pregação do evangelho."
14 "Ne faisans cas que de masques, c'est à dire, de l'apparence externelle." – "Não pondo valor em qualquer outra coisa, exceto em máscaras; a saber, na aparência externa."

finalmente, ele exorta os coríntios a que não reconheçam como servos de Cristo os que não se conduziam bem no caminho que ele, aqui, por seu próprio exemplo, estabelecia. Seu propósito é granjear autoridade para si e para aqueles que são como ele, em favor da glória de Deus e o bem da igreja; ou antes, para restaurar esta autoridade onde ela sucumbiu e também lembrar os coríntios de seu tolo comprometimento com os falsos apóstolos, os quais os impediam de progredir, no evangelho, à requerida dimensão. Os ministros estavam dando ocasião a escândalo, quando, por meio de suas próprias falhas, impediam o progresso do evangelho naqueles que o ouviam. Paulo declara que ele não pertencia a tal confraria e desafia seu zeloso colegiado a não manchar seu apostolado com alguma sombra de desonra.

Pois esta é uma das armadilhas de Satanás – procurar falhas nos ministros que farão com que o evangelho caia em descrédito. Pois, se ele consegue conduzir o ministério à desonra, toda a esperança de progresso se esvai. Assim, o homem que deseja tornar-se útil ao serviço de Cristo deve devotar toda sua energia para manter a honra de seu ministério. Que ele tudo faça para assegurar-se de que é digno dessa honra, porquanto nada há mais absurdo do que alguém lutar para manter sua reputação diante dos outros, quando ele mesmo se desonra, vivendo uma vida pecaminosa. O único homem digno de honra é aquele que não permite em si mesmo algo que seja indigno do ministério de Cristo.

4. Na muita paciência. O propósito desta lista é revelar que Paulo passou por todos os testes pelos quais o Senhor geralmente prova seus ministros. Ele não se poupou de qualquer dificuldade, a fim de poder cumprir fielmente seu ministério.[15] Entre as coisas mencionadas por ele, há algumas que são sempre requeridas de todos os servos de Cristo, tais como *trabalhos, sinceridade, conhecimento, vigílias, longanimidade, amor, a palavra da verdade, o Espírito Santo, o poder de Deus,*

---

15 "Afin que sa fidelite fust tant plus notoire, et la certitude de son ministere tant mieux approuvee." – "A fim de que sua fidelidade seja muito mais bem conhecida, e a estabilidade de seu ministério, muito mais bem aprovada."

as armas da justiça. Há outras, porém, que não são necessárias em caráter permanente. Para alguém ser servo de Cristo não é indispensável que se sofra *açoites e prisões*; mesmo os ministros mais completos e excelentes podem viver isentos destes. Não obstante, é dever de todos o cultivo da coragem de se oferecer, caso seja do agrado do Senhor, para enfrentar açoites e prisões como Paulo.

Paciência é o controle da mente na adversidade, sendo a mesma uma qualidade invariável no bom ministro.[16] *Aflições* incluem mais que *necessidades*, porquanto entendo este último no sentido de *pobreza*. Este fato é experimentado por muitos ministros, mas nem por todos, visto que há poucos que não conhecem a pobreza. Por que a posse moderada de riquezas impediria um homem de ser considerado servo de Cristo, se em outros aspectos é piedoso, tem um espírito íntegro e vida honrável e excelente? Um homem não é considerado um bom ministro só porque é pobre; em contrapartida, ele não deve ser rejeitado só porque é rico. De fato, em outra passagem [Fp 4.12], Paulo se gloriava tanto em possuir abundância quanto em sofrer necessidade. Portanto, notemos bem esta distinção, como tenho dito, entre as excelências ministeriais que são temporais e as que são permanentes.[17]

5. Nos tumultos. A serenidade e docilidade do caráter de Paulo eram combinadas com a coragem que demonstrava em permanecer impávido em meio aos tumultos e merecera para si mesmo o crédito de enfrentá-los com bravura,[18] ainda que os odiasse. Não é uma questão de simplesmente ficar impassível em meio aos tumultos – isso pode dizer-se de todos os amotinadores[19] –, e sim de que ele não entra-

---

16 "As palavras ἐν ὑπομονῇ πολλῇ (*na muita paciência*) devem ser conectadas com as sentenças seguintes até ἐν νηστείαις (*em vigílias*) e denotam tolerância paciente nas várias aflições especificadas nas palavras seguintes, que não devem ser tratadas (com Rosenm.) como meros *sinônimos* que denotem males *em geral*, mas consideradas *especialmente* e (segundo vejo a intenção do apóstolo) em *grupos*" – Bloomfield.

17 "Entre les louanges temporelles et perpetuelles, c'est à dire qui doyuent tousiours estre es vrais ministres." – "Entre motivos ocasionais de enaltecimento e os perpétuos, isto é, o que deve encontrar-se invariavelmente nos ministros genuínos."

18 "D'vne courage magnanime." – "Com heroísmo magnânimo."

19 "Veu que cela est coustumier à tous mutins de ne s'estonner point quand seditions s'esmeuuent." – "Como é costumeiro de todas as pessoas amotinadoras não permitir ficarem alar-

va em pânico em meio aos tumultos provocados por outrem. Ambas as coisas são requeridas dos ministros do evangelho: que se esforcem ao máximo para manter a serenidade como homens de paz, assim como devem manter-se impávidos em meio às comoções, sem desviarem-se do curso definido e certo, ainda que os céus desabem.[20] Crisóstomo prefere entender ἀκαταστασίας significando as diversas expulsões[21] de diferentes lugares que Paulo enfrentou, visto que ele jamais se permitiu estabelecer-se em um só lugar.[22] *Nos jejuns*. Ele não tem em mente a fome motivada por falta de comida, mas a prática voluntária de abstinência alimentar.

Conhecimento pode significar tanto a auto-aprendizagem como a habilidade em agir correta e conscientemente. Creio que a segunda alternativa é a mais provável, pois imediatamente adiciona *a palavra da verdade*. *Espírito* significa, por metonímia, os dons espirituais. Crisóstomo faz um tolo comentário aqui, inferindo do fato de que o Espírito é mencionado sozinho e por ele mesmo, que todas as demais qualidades mencionadas eram os dotes naturais de Paulo e que não tinham qualquer conexão com o Espírito, como se *benignidade, conhecimento,*

---

madas quando os tumultos prorrompem."
20 Uma expressão proverbial usada por Virgílio (Eneida, i.133, 134).
21 "L'incommodite de ce qu'il estoit souuent contraint de changer de pays, pource qu' on ne lê laissoit en paix en qualque leiu qu'il fust." – "A inconveniência de viver freqüentemente sob a necessidade de mudar de pátria, porque não lhe permitem viver em paz em qualquer lugar onde esteja."
22 Semler entende o termo no mesmo sentido – "Quod non licet diu manere et quiescere quasi uno in loco, sed semper periculorum vitandonum causa locum et solum mutare. Iudæ autem faciumt jam infensi et infesti hostes Pauli, uto vel ex actibus Lucæ satis patet; Paulus ἀκατάστατος, (Jacobi 1:8) dici potest, licet sine animi sui vitio." – ("Como não sendo permitido ficar por muito tempo em descanso, por assim dizer, em um lugar, mas sempre mudando de lugar e solo (para se evitarem os perigos.") "Os judeus eram inimigos de Paulo, tão exasperados e mortais, como transparece mesmo da narrativa de Lucas nos Atos, que se podia dizer que Paulo tinha sido instável [Tg 1.8], ainda que isento de qualquer erro de sua parte." – "Concordo", diz o Dr. Bloomfield, "com Teofilato, Schleusne e Leuneles de que o termo se refere àquele *tipo de vida inconstante e peregrino*, o que, pensando o apóstolo ser mui miserável, é evidente quando conectado com 1 Coríntios 4.11: suportando fome, sede e nudez (Πεινῶμεν καὶ διψῶμεν, καὶ γυμνητεύομεν, καὶ ἀστατοῦμεν), passagem esta, de fato, o melhor comentário sobre o presente, e mostra que κόποις (*trabalhos*) deve ser entendido principalmente como as labutas em seus negócios e νηστείαις (*abstinências*), aquele apoio insuficiente, cujos trabalhos eram tão interrompidos por seus deveres ministeriais, que se podia esperar fossem supridos. Ἀγρυπνίαις (*vigílias*) parece referir-se à redução de seu descanso noturno, refeito pelo tempo gasto de dia em seus trabalhos ministeriais."

pureza, armas da justiça pudessem originar-se de qualquer outra fonte que não seja o Espírito Santo. Ele menciona o Espírito separadamente como um termo geral entre casos específicos.[23] O *poder de Deus* é demonstrado de muitas e diferentes formas, como na magnanimidade, na defesa eficiente da verdade, na divulgação do evangelho, na vitória sobre os inimigos e coisas dessa gênero.

7. Pelas armas da justiça. Aqui, *justiça* deve ser considerada no sentido de retidão de consciência e santidade de vida. Ele usa a metáfora da *armadura* [armas] porque todo aquele que serve a Deus tem de lutar, visto que o diabo está sempre em alerta, a fim de nos vencer. Portanto, o cristão tem de estar armado de todos os lados, pois, se o diabo não obtiver sucesso num assalto, decididamente lançará mão de outro e atacará às vezes de frente, às vezes pela retaguarda e, às vezes, pelos flancos.[24]

8. Por honra e desonra. Esta não é uma prova insignificante para um homem suportar, pois não há nada mais difícil para uma pessoa de caráter consistente do que incorrer em desprestígio. Da história podemos divisar que houve poucos homens de espírito heróico que não desmoronassem, ao se verem atingidos por insultos.[25] Portanto, este é um sinal de um espírito bem estabelecido na virtude – não desviar-se de seus propósitos, sempre que incorra em desventura vexatória. Esta é uma excelência raríssima, e sem ela um homem não pode provar a si mesmo ser servo de Deus. Indubitavelmente, devemos ter em estima

---

23 "'Ἐν πνεύυματι ἁγίω – 'demonstração do *Espírito Santo* – como já demonstrei que o Espírito Santo operava por meu intermédio'. É possível que nestas palavras Paulo esteja fazendo uma alusão aos χαρίσματα (*dons*), mas parece preferível, não obstante, presumir, com Calvino, que ele põe *gênero* e *espécie* em oposição recíproca" – Billroth.

24 "Aqui as armas espirituais não são *particularizadas*; contudo os termos τῶν δεξιῶν καὶι αριστερῶν (à direita e à esquerda), são muito *abrangentes*, referindo-se à armadura e armas completas, de ambos os lados, com as quais o ὁπλίτης, o soldado completamente armado, era munido e que assim era chamado de ἀμφιδέξιος (*ambidestro*). Assim, o sentido geral é: 'Não empregamos nenhuma outra arma, senão a *panoplia da justiça*'" – Bloomfield.

25 "Il y en a eu bien peu, qui estans irritez des iniures et mauuais traittemens que on leur faisoit, ne se soyent descouragez, et n'ayent laissez leur train de vertu." – "Tem havido bem poucos daqueles que, ao se verem irritados por injúrias e maus tratos, não se sintem desencorajados e que não abandonam sua virtuosa carreira."

nosso próprio bom nome, mas só até ao ponto em que tal coisa seja consistente com a edificação de nosso irmão, e não com a extensão da influência causada pelos rumores que, porventura, circulem contra nós,[26] pois devemos antes conservar o mesmo curso imperturbavelmente, quer quando *honrados*, quer quando *desonrados*. Porque Deus permite sermos provados, mesmo pela maldição de pessoas ímpias, para provar[27] se estamos andando em retidão[28] e se, porventura, não somos servos de homens, pois aquele que é desviado de seu dever, pela maldade dos homens, simplesmente prova não haver olhado só para Deus. Assim, pois, percebemos como Paulo estava sempre exposto à infâmia e aos insultos, todavia, não desvanecia ante nenhum deles, mas prosseguia em frente movido por inusitada coragem, rompendo todos os obstáculos a fim de atingir o alvo;[29] portanto, que não desanimemos se as mesmas coisas vierem ao nosso encontro.

Como enganadores. Paulo, aqui, não está falando meramente do que os ímpios do lado de fora pensavam dele [1Co 5.12], senão que está se reportando a acusações insinuadas contra ele no seio da igreja. Qualquer um pode ver, aqui, a atitude de indigna ingratidão em que os coríntios caíram e que gigantescas lutas um homem valente como Paulo teve de enfrentar contra obstáculos tão formidáveis. Ele repele de forma veemente, ainda que indiretamente, as acusações equivocadas de seus oponentes, ao dizer que vivia e se alegrava, mesmo que o desprezassem como se estivesse morto e vencido pelo desânimo. Ele os reprova novamente por sua ingratidão, afirmando que, quando era desprezado por ser pobre, lutava para que muitos se tornassem

---

26 "Du bruit qu'on fera courir de nous." – "Sobre notícias que podem circular contra nós."
27 "Voulant essayer si nous cheminons droit seulement pour l'amour de luy, sans cercher autre recompense." – "Desejando provar se andamos retamente, tão-somente por amor a ele, sem buscar qualquer outra recompensa."
28 "*Gratuito*" – "*gratuitamente*" – Não pode haver dúvida de que Calvino tem aqui diante de seus olhos Jó 1.9: "Porventura Jó teme a Deus por nada?" O termo hebraico החנם (*hachimam*) na Septuaginta é traduzido por δωρεὰν — *gratuitamente*.
29 "Mesme faisant violence à tous empeschemens, est venu, comme par force, jusques au bout." – "Inclusive rompendo violentamente através de todos os impedimentos, chegou, por assim dizer, pela força, ao alvo."

ricos. Viviam entre os coríntios muitos que tinham sido enriquecidos pelas riquezas de Paulo, e cada um deles estava obrigado de várias formas para com ele. Paulo dizia com a mesma ironia de sempre que era desconhecido, quando o fruto de seu trabalho era muitíssimo conhecido e famoso por toda parte. Que ato cruel é desprezar a pobreza de alguém que nos supre[30] de sua própria abundância! Naturalmente, ele está falando de riquezas espirituais, as quais precisam ser consideradas como sendo muito mais preciosas do que as riquezas terrenas.

11. Ó vós, coríntios, nossa boca se vos abriu, nosso coração se vos dilatou.
12. Não estais restringidos em nós, mas estais restringidos em vossas próprias afeições.
13. Ora, para uma recompensa desta espécie (eu vos falo como a filhos), dilatai-vos também.
14. Não vos prendais a jugo desigual com os incrédulos; pois, que comunhão tem a justiça com a injustiça? E que comunhão tem a luz com as trevas?
15. E que acordo tem Cristo com Belial? Ou que parte tem o crente com um infiel?
16. E que harmonia tem o templo de Deus com os ídolos? Porque somos templos do Deus vivo, como Deus mesmo disse: Habitarei neles e andarei entre eles, serei seu Deus, e eles serão meu povo.
17. Por esta razão, saí do meio deles e separai-vos, diz o Senhor; não toqueis em coisas impuras, e eu vos receberei,
18. E serei para convosco Pai, e sereis para comigo filhos e filhas, diz o Senhor Todo-Poderoso.

11. Os nostrum apertum est ad vos, O Corinthii, cor nostrum dilatatum est.
12. Non estis angusti in nobis, sed angusti estis in visceribus vestris.[31]
13. Eandem vero remunerationem, ut a filiis, exigo: dilatamini et vos.
14. Ne ducatis iugum cum infidelibus: quae enim participatio iustitiæ cum iniquitate: quæ communicatio luci cum tenebris?
15. Quis consensus Christo cum Belial: aut quæ portio fideli cum infideli?
16. Quæ autem conventio templo Dei cum idolis? vos enim estis templum Dei viventis: quemadmodum dicit Deus (Lev. xxvi.12,) Habitabo in ipsis, et in médio eorum ambulabo: et erro Deus illorum, et erunt mihi populus.
17. Quamobrem exite de médio eorum et separamini, dicit Dominus (Ies. lii.11,) et immundum ne tetigeritis:
18. Et ego suscipiam vos, et ero vobis in patrem, et eritis mihi in filio et filias, dicit Dominus omnipotens, (Jer. xxxi.9.)

11. Nossa boca se vos abriu. Abrir a boca é sinal de ousadia,[32]

---

30 "Qui te fournit et enrichit par son abundance." – "Que te fornece e enriquece por sua abundância."
31 "En vos entrailles, ou, affections;" — "Em vossas entranhas ou afeições."
32 Deus prometeu a Ezequiel que lhe "*abriria a boca* no meio deles; e saberão que eu *sou* o SENHOR" [Ez 29.21]. Isso é explicado por Gill como que significado "*ousadia e coragem* para falar quando visse suas profecias cumpridas". Paulo mesmo faz uso de expressão semelhante em Efésios 6.19: "Para que me seja dada a palavra, no abrir de minha boca, a palavra com confiança, para

e, se escolhermos relacionar isto com o precedente, podemos ter o seguinte significado: "Tenho amplos motivos para gloriar-me, e uma consciência justa me faz corajoso para abrir minha boca. Se tendes formado um juízo desfavorável a nosso respeito, a culpa não é minha, e sim porque vosso juízo é injusto. Devíeis ser mais generosos em vossa avaliação de meu ministério, o qual Deus demonstrou, de muitas maneiras, ser-vos digno de honra". Quanto a mim, porém, prefiro outra interpretação, pois ele diz que sua boca se abriu porque seu coração se dilatou. Mas, o que significa ter um coração dilatado? Indubitavelmente, significa aquele júbilo que emana da benevolência.[33] Falar de um coração apertado e contraído significando tristeza, pesar ou ira é uma metáfora muito comum, enquanto um coração dilatado significa sentimentos de natureza oposta ou positivos. Aqui, Paulo está falando de algo bem comum à nossa experiência cotidiana, pois, quando estamos diante de nossos amigos, nosso coração se dilata, todos os nossos sentimentos estão a descoberto, nada fica oculto ou retraído, e toda a nossa alma se torna ansiosa e efusiva, com ímpeto de abrir-se e revelar-se.[34] Conseqüentemente, a língua também se sente livre e desembaraçada, não gaguejamos, nem falamos de forma reticente, nem pigarreamos, como sucede quando temos a alma embaraçada e

---

fazer notório o mistério do evangelho".

33 O mesmo conceito, em substância, é assumido por Crisóstomo — Καθάπερ γὰρ τὸ θερμαῖνον εὑρὺν εἴωθεν, οὕτω καὶ τῆς ἀγάπης ἔργον τὸ πλατύνειν ἐστί· θερμὴ γὰρ ἐιστιν ἡ ἀρετὴ καὶ ζέουσα αὑτῃ· καὶ τὸ στόμα ἀνεπέτασε Παύλου καὶ τὴν καρδίαν ἐπλάτυνεν —"Pois, como o calor costuma expandir-se, assim a parte do amor é *ampliar-se*. Pois a virtude é cordial e fervorosa. Foi isto que abriu a boca de Paulo e alargou seu coração".

34 "Motivado por um terno e sincero respeito pelo bem dos cristãos em Corinto, ele [Paulo] determinara não visitá-los até seus corações e afetos agitados fossem apaziguados. Como ele se sentiu, enquanto em Éfeso aguardava para receber notícias deste resultado tão esperado, porém demorado? 'Ó vós, coríntios, vossa boca se nos abriu; nosso coração se dilatou!' Que quadro de um coração! Vemo-lo em pé na praia do mar Egeu, defronte de Corinto, com seus braços estendidos em direção à cidade e em atitude de quem está falando. Ouvimos as palavras por meio das quais ele busca aliviar sua respiração arfante, a ponto de explodir sob a plenitude daqueles desejos que há muito sentira, quando estivera com eles, alegrando-os com a sinceridade de seu afeto e enchendo suas almas com a consolação com que ele mesmo fora confortado. 'Ó vós, coríntios, nossa boca se vos abriu, nosso coração se dilatou! Vós não estais limitados em nós, mas estais limitados em vossas próprias entranhas! Ora, em recompensa disto (fala como a meus filhos), deixai-vos também dilatar'" – M'Crie's Sermons, p. 29.

nossos sentimentos são sombrios e confusos.
12. Não estais restringidos em nós. Ou seja, "é por vossa própria culpa que não sois capazes de partilhar deste senso de júbilo que ora nutro para convosco. Minha boca se abre para tratar-vos de modo familiar; meu coração explode³⁵ de bom grado, mas vós fechais vossas entranhas". A razão disso é que, motivados por juízos perversos acerca de Paulo, não experimentavam nada do que ele lhes oferecia.
13. Ora, para uma recompensa desta espécie. Paulo suaviza sua repreensão, falando-lhes gentilmente, como se fossem seus filhos; e igualmente por esta exortação, pela qual notifica que ainda nutre boa esperança em relação a eles. Pela expressão "recompensa desta espécie", ele tem em mente que os compromissos entre eles eram recíprocos; à semelhança do que sucede entre pais e filhos, aqui os deveres são bilaterais. Como sucede com os pais em seu dever de sustentar e instruir seus filhos, de dirigi-los com bons conselhos e de defendê-los, assim também a justiça exige que os filhos devem retribuir a seus pais [1Tm 5.4]. Aqui, Paulo usa o que os gregos chamavam de ἀντιπελαργίαν – "afeição exercida em retribuição".³⁶ "Eu", diz ele, "de minha parte, nutro para convosco o sentimento de um pai; vós, de vossa parte, por vossa afeição e respeito, deveis provar que sois meus filhos". Ao mesmo tempo, há uma circunstância particular que deve ser observada: que os coríntios, tendo descoberto um pai tão

---

35 "Mon cœur mesme s'ouuriroit volontiers pour vous mettre deuant les yeuxc l'affection que i'ay enuers vous." – "Meu próprio coração espontaneamente se escancara, de modo a pôr diante de vossos olhos o afeto que nutro por vós."

36 O termo ἀντιπελαργία é composto de αντι, em oposição, e πέλαργος, uma cegonha. É empregado para denotar afeição recíproca, de uma interessante peculiaridade na disposição da cegonha. "Esta ave", diz Paxton em suas ilustrações da Escritura (Edin. 1842, vol. ii. p. 432), "há muito veio a ser célebre por suas disposições amistosas e piedosas, não encontrando rival entre a raça emplumada. Seu senso de benevolência é visto em sustentar seus familiares no tempo de incubação, quando eles não têm tempo para procurar seu alimento ou quando se tornam idosos e incapazes de prover o necessário para si mesmos. A palavra *cegonha* em inglês (*stork*) se deriva de στοργὴ, afeição; enquanto no hebraico o nome desta ave é חסידה (*chasidah*) e se deriva de חסד (*chesed*), *beneficente*, porque, diz Bythner, "a cegonha nutre, sustenta e carrega em suas costas, quando cansadas, seus familiares mais idosos". Ao comentar 1 Timóteo 5.4, ele diz: "Ipsæ quoque ciconæ gratitudinem suo exemplo nos docent. Unde et nomen ἀντιπελαργία" – "As próprias cegonhas, com seu exemplo, também nos ensinam a gratidão. Daí o termo ἀντιπελαργία — *afeição em troca*".

indulgente, demonstrassem também afabilidade de sua parte e que retribuíssem sua bondosa condescendência, demonstrando-lhe docilidade. Assim, Paulo os exorta a que esta visão "se alargasse em suas próprias entranhas". O Antigo Intérprete, não captando bem a intenção de Paulo, acrescentou o particípio tendo, ficando assim traduzido: "Tendo uma recompensa desta espécie" – o que não era a intenção de Paulo. Em contrapartida, em nossa exposição (que é também a de Crisóstomo) não há nada forçado.[37]

14. Não vos prendais a jugo desigual. Uma vez reconquistada sua autoridade sobre eles, Paulo prossegue repreendendo-os mais livremente por seu comprometimento com os descrentes, participando publicamente de sua idolatria. Ele os exorta a que se mostrem responsáveis para com ele, como se faz a um pai. E, agora, com os direitos de pai,[38] reprova o fracasso em que caíram. Na primeira epístola explicamos que esta falta estava em imaginarem que nada lhes era proibido no tocante às coisas externas e sem reserva começaram a contaminar-se com ímpias superstições. Ao freqüentarem os banquetes dos descrentes, participavam de seus ritos profanos e impuros, imaginando-se inocentes, quando, na verdade, estavam cometendo graves pecados. Por isso, Paulo, aqui, ataca a idolatria franca e ordena aos cristãos que rompam todos os laços que, porventura, os embaraçam. Ele começa com esta declaração geral e se estende a casos específicos. Porque prender-se a jugo desigual com os incrédulos significa nada menos que manter comunhão com as obras infrutíferas das trevas [Ef 5.11] e estender-lhes a destra[39] como emblema de companheirismo.

Muitos acreditam que Paulo, nesta instância, está se reportando ao matrimônio, contudo o contexto revela claramente que estão equivocados. A palavra empregada por ele significa "estar ligado simultaneamente, lado a lado, na mesma canga", e a metáfora é tomada

---

[37] A tradução da Vulgata: "Eandem remunerationem habentes" – "Tendo a mesma recompensa" é seguida por Wycliffe (1380): "Que tendes a mesma recompensa" e ocorre também na versão Rheims (1582): "Tendo a mesma recompensa".
[38] "Parlant comme en puissance et authorite de pere." – "Falando com o poder e a autoridade de pai."
[39] "Aux infideles." – "Aos incrédulos."

de bois ou cavalos que têm de andar juntos no mesmo passo e partilhar da mesma obra, porque estão firmemente presos à mesma canga.[40] Portanto, quando Paulo nos proíbe sujeitar-nos à mesma canga com os descrentes, como nossos associados, ele simplesmente quer dizer que não devemos comprometer-nos com eles em suas depravações. É verdade que um mesmo sol brilha sobre todos nós, comemos o mesmo pão e respiramos o mesmo ar, e não podemos romper completamente toda conexão com eles. Contudo, Paulo está falando do jugo da impiedade, daquela participação ativa que os crentes não podem participar legalmente. Nesta proibição inclui-se também o matrimônio, visto que ele é um laço que pode envolver homens e mulheres num consenso de impiedade. No entanto, o que penso é simplesmente isto: que a doutrina de Paulo é de caráter geral demais e não deve restringir-se exclusivamente ao matrimônio; pois aqui ele está discursando sobre o esquivar-se da idolatria; em virtude disto, são igualmente proibidos de contrair laços matrimoniais com os perversos.

Pois, que comunhão. Ele torna sua exortação ainda mais forte, mostrando quão absurda e não natural é a tentativa de harmonizar coisas que, por sua própria natureza, são opostas, porque o cristianismo e a idolatria não podem conviver, como não o podem a água e o fogo. Em suma, chegamos a isto: a menos que quisessem que tudo se precipitasse em confusão, tinham de abster-se das contaminações do mundo ímpio. Disto inferimos também que mesmo aqueles que em seu coração não aprovam práticas supersticiosas são contaminados por dissimulação, caso não se apartem delas franca e habilidosamente.

15. E que acordo tem Cristo com Belial? Quanto à etimologia da

---

40 "Joachim Camerarius, em seu Comentário sobre o Novo Testamento (Cambridge 1642), sugere que ἑτεροζυγοῦτες pode ter uma referência a uma balança e que Paulo não queria que os coríntios mantivessem com os incrédulos uma balança desigual. O verbo ζυγοστατειν, como ele observa, é empregado para denotar o equilíbrio dos pratos numa balança. Entretanto, parece mais natural entender a palavra como Calvino e a maioria dos intérpretes fazem, a saber, como que se derivando de ἕτερος (outro) e ζυγὸς, no sentido de canga, e empregada por Paulo no sentido de manter com outra pessoa cada lado de uma canga; ou, como o explica Beza: "Qui cum sint diversæ conditionis, tamen in eodem opere mutuam operam præstant" – "Os que, embora numa condição distinta de cada outro, assumem sua parte correspondente na mesma obra".

palavra *Belial*,⁴¹ nem mesmo os hebreus, entre si, mantêm concordância; no entanto, seu significado não comporta dúvida.⁴² Pois Moisés toma uma palavra ou um pensamento de *Belial*⁴³ no sentido de um pensamento ímpio e vil;⁴⁴ e, em vários casos,⁴⁵ aqueles que são perversos e entregues à iniqüidade são chamados *homens* ou *filhos de Belial* [Dt 13.13; Jz 19.22; 1Sm 2.12]. Foi isto que levou Paulo a empregar aqui o termo, significando o diabo, o líder de todas as pessoas perversas. Pois, do que procede no tocante a duas cabeças, ele desce sem delonga aos membros: "Assim como existe inimizade irreconciliável entre Cristo e Satanás, também deveis manter-vos isentos de toda e qualquer parceria com a impiedade". Paulo, ao dizer que o cristão nada tem em comum com o descrente, não se refere a coisas tais como comida, vestuário, terra, sol, ar, como já ficou esclarecido, senão que se refere àquelas coisas que pertencem particularmente à vida dos incrédulos, das quais o Senhor nos separou.

16. E que harmonia tem o templo de Deus com os ídolos? Até aqui ele proibiu, em termos gerais, os crentes de se associarem com a impiedade. Agora os faz saber qual a principal razão por que lhes proibia de manterem tal associação – porque eles tinham deixado de

---

41 Beza, ao mencionar os diferentes pontos de vista assumidos quanto à etimologia do termo Belial, observa que alguns o derivam de בלי יעל (*beli jahal*), *sem utilidade*, ou de בלי מועיל (*beli mohil*), *indigno*, e que o termo, visto como tendo esta derivação, é peculiarmente apropriado para Satanás, como sendo diametralmente oposto a Cristo, o Maior e Melhor. Jerônimo o deriva de בלי (*beli*), *não*, e עיל (*hol*), *um jugo*, como se dissesse: *sem um jugo, não sujeito ao jugo*. Beza prefere a primeira etimologia, enquanto observa que a segunda é também bastante apropriada a Satanás como um espírito *apóstata*. O termo Belial é traduzido na Septuaginta, em vários passagens, por παράνομος, *iníquo*. Existe aqui uma leve variação de redação. O Edit. Princ. e o Textus Receptus trazem Βελίαλ. A versão de Erasmo, de Stephany e outras edições antigas trazem Βελίαρ, o qual foi restaurado por Bengelius, Mattaias, Griesbach e Tittmann; e isso com razão, pois tanto a evidência externa quanto a interna se põem em seu favor; sendo encontrado na maioria dos manuscritos, em muitos dos antigos escritores eclesiásticos e nos pais gregos" – Bloomfield.

42 "Et assez notoire." – "E é suficientemente notório."

43 Assim em Deuteronômio 15.9: "Guarda-te que não haja pensamento vil em teu coração". A expressão usada é פן-יהיה דבר עם-לבבך בליעל — "Que não haja em teu coração uma coisa de Belial". A mesma expressão ocorre em Salmos 41.9, onde os inimigos de Davi o representam como a sofrer a punição de detestável perversidade — דבר בליעל, "uma coisa de Belial".

44 "Vne meschante et abominable parolle ou pensee." – "Uma palavra ou pensamento perverso e abominável."

45 "Souvent en l'Escriture." – "Freqüentemente na Escritura."

levar em conta que a profissão da idolatria é pecado. Em sua primeira epístola, ele atacara esta atitude licenciosa em Corinto; mas, provavelmente, nem todos eles haviam logrado êxito em levar a bom termo seus conselhos. Esta é a razão por que Paulo se queixa da dureza do coração deles, como a única coisa que os impede de fazer competentemente.[46] Não obstante, ele não traz à baila novamente este assunto, mas se contenta com um pequeno lembrete, assim como fazemos com freqüência, quando tratamos de algo bem familiar. No entanto, a despeito de tudo, sua concisão não o impede de provocar um impacto contundente. Esta frase singular, na qual ele explica que não existe acordo entre os ídolos e o templo de Deus, está saturada de veemência. Porquanto, é uma profanação sacrílega[47] introduzir um ídolo, ou qualquer espécie de culto idolátrico, no templo de Deus. Ora, nós somos os genuínos templos de Deus, portanto é sacrilégio macular-nos com qualquer contaminação advinda da idolatria. Eis uma consideração que deveria ser recebida como se tivesse o peso de mil: "Se você é cristão, que interesse o prenderia aos ídolos, uma vez que agora é templo de Deus?" [Os 14.8]. Entretanto, Paulo, aqui, está combatendo a idolatria mais no nível de exortação do que de doutrina, como eu já disse, uma vez que teria sido supérfluo tratar dela em toda a extensão, embora a atitude cristã para com ela sempre foi duvidosa e obscura.

Como Deus mesmo disse: Habitarei neles. Ele prova que somos templos de Deus partindo da promessa que Deus havia feito ao povo de Israel, de que habitaria *em* seu meio. Notemos, primeiramente, que a única maneira de Deus habitar *entre* nós é habitando *em* cada um de nós; e Ele nos promete isto como uma promessa muitíssimo especial: "Habitarei no meio de vós". Além disso, essa habitação ou presença não pode consistir meramente na doação de benefícios terrenos, senão que se refere primordialmente à graça espiritual. Portanto, não

---

46 "Ce qui seul empeschoit que son enseignement ne proufitast enuers eux." – "A única coisa que impedia seu ensino de lhes ser vantajoso."
47 "C'est vn profanation horrible, et vn sacrilege destestable." – "É uma profanação horrível, e um sacrilégio destestável."

significa simplesmente que Deus está perto de nós, como se Ele estivesse como que voando no ar em torno de nós, senão que, antes, Ele tem sua habitação em nossos corações. Se alguém alegar que a preposição *em* significa simplesmente *entre*, concordo; no entanto, defendo a tese de que da promessa de Deus de que habitaria *entre* nós podemos deduzir que Ele igualmente permaneceria *em* nós.[48] A arca é símbolo deste fato, a qual é mencionada por Moisés na passagem da qual, tudo indica, Paulo extraiu este texto, ou seja, Levítico 26.12. Contudo, se alguém presumir que Paulo estava citando Ezequiel 37.27, o argumento será o mesmo. Porque, na descrição feita da restauração da igreja, o profeta nomeia como sua principal bênção a presença de Deus, a qual, no início, ele prometera pelos lábios de Moisés. Que esta habitação divina foi prefigurada pela arca, isso nos foi sobejamente confirmado por Cristo, porquanto Ele se nos tornou Emanuel[49] [Mt 1.23]. Minha opinião é que, aqui, quem está sendo citado é Ezequiel e não Moisés, porque ele não está apenas se referindo ao simbolismo da arca, mas também às profecias de que este simbolismo encontraria seu cumprimento sob o reinado de Cristo. Entretanto, o apóstolo toma por indubitável o fato de que Deus não habita senão num lugar santo. Se você fala de alguém, "ele mora aqui", isto não faz de tal lugar um templo, mas apenas uma casa comum, pois é prerrogativa especial de Deus que, todo lugar que Ele honra com sua presença, Ele igualmente o santifica.

17. Por esta razão, saí do meio deles. Esta exortação é extraída de Isaías 52.11, onde o profeta, ao predizer o livramento do povo, prossegue falando aos sacerdotes nestes termos. Ele pronuncia estas palavras: "Vós que levais os utensílios do Senhor", e isso tem referência aos sacerdotes, pois o cuidado dos utensílios usados nos sacrifícios e outras partes do culto divino foi confiado a eles. Não há dúvida de

---

48 "*Eu habitarei neles*. No original, as palavras são mui significativas, ἐνοικήσω ἐν αὐτοῖς ('eu habitarei neles') são as palavras, literalmente. O *em*, no original, é repetido duas vezes, como se Deus nunca pudesse ter com eles comunhão suficiente" – *Leigh's Annotations*.
49 "C'est à dire Dieu auce nous." – "Equivale a dizer, Deus conosco."

que o propósito de Paulo é exortá-los a que, enquanto esperavam seu livramento,[50] se pusessem em guarda contra a possibilidade de se deixarem contaminar pelas muitas poluições com que a terra estava dominada. Esse fato é-nos tão relevante hoje como o foi para os antigos levitas, pois, se uma pureza tão grande foi requerida dos guardiães dos utensílios sagrados, quanto mais em se tratando de nós mesmos como vasos de Deus[51] – todos os nossos membros são vasos separados para o culto espiritual de Deus, e nós mesmos somos sacerdócio real [1Pe 2.9]. Portanto, visto que fomos redimidos pela graça de Deus, é justo que conservemos a nós mesmos incontaminados de toda e qualquer impureza, a fim de não poluirmos o santuário de Deus. Não obstante, visto que ainda permanecemos neste mundo, embora já redimidos e resgatados de suas imundícias, não podemos desistir da vida, a fim de nos desfazermos de toda a impureza; temos, antes, que evitar toda e qualquer participação nele. Podemos sumariar, dizendo que, se com um coração sincero lutamos pelas bênçãos da redenção, devemos guardar-nos da contaminação, não nos envolvendo, de modo algum, nas poluições morais do mundo.

18. E serei para convosco Pai. Esta promessa não é feita em apenas uma passagem; ela é freqüentemente reiterada. Paulo a adicionou aqui para que o conhecimento da grande dignidade para a qual Deus nos levantou desperte em nós mais intenso anseio por santidade. Pois, quando Deus reuniu sua igreja dentre as nações profanas e a restaurou, o resultado desta redenção tinha em vista que os crentes fossem considerados filhos e filhas. Para nós não é uma honra comum sermos reconhecidos entre os filhos de Deus; e devemos, de nossa parte, precaver-nos para que não nos transformemos em filhos degenerados. Pois para Deus constitui uma grande afronta nós O chamarmos de *Pai*

---

50 "Cependant qu'ils sont attendans auec ardent desir le iour de deliuerance." – "Enquanto esperavam com ardente desejo o dia do livramento."

51 Diodati, em suas Anotações, explica assim a expressão "vós que levais os vasos do Senhor [Is 52.11]: "Vós, oficiais sagrados, os únicos a quem pertence carregar os vasos e ornamentos do templo; e, assim, espiritualmente, significa todos os crentes, a saber, que cada um é um vaso sagrado do Senhor".

e, ao mesmo tempo, nos contaminarmos com as abominações da idolatria. A idéia de que Deus nos conferiu grande nobreza deve estimular nossa aspiração por santidade e pureza

Capítulo 7

1. Tendo, pois, ó amados, estas promessas, purifiquemo-nos de toda impureza da carne e do espírito, aperfeiçoando a santidade no temor de Deus

1. Has igitur promissiones quum habeamus, dilecti, mundemus nos ab omini inquinamento carnis et spiritus, sanctificationem perficientes in timore Dei.

1. Tendo... estas promessas. É verdade que Deus nos antecipa suas promessas por sua mera graça; mas, quando, de seu beneplácito, nos confere seu favor, requer, imediatamente, de nós gratidão como resposta. Assim, o que Ele disse a Abraão: "Eu sou o teu Deus" [Gn 17.7] foi um oferecimento de sua bondade imerecida; entretanto, ao mesmo tempo, adicionou o que requeria dele: "Anda em minha presença e sê perfeito". Visto que esta segunda sentença nem sempre é explícita, Paulo nos diz que esta condição se acha implícita[1] em todas as promessas de Deus, de modo que devemos ser diligentes na promoção de sua glória. Pois, onde ele busca um argumento para nos estimular? No fato de que Deus nos confere uma honra tão eminente. Tal, pois, é a natureza das promessas, que elas nos conclamam à santificação, como se Deus houvesse interposto uma condição implícita. Também sabemos que as Escrituras, em muitas e diferentes passagens, ensinam sobre os propósitos da redenção e devemos estar atentos a cada sinal do favor divino, à luz desses propósitos.

De toda impureza da carne e do espírito. Tendo já demonstrado

---

[1] "Ceste condition est tacitement attachee a toutes les promesses." – "Esta condição está tacitamente apensa a todas as promessas."

que somos convocados à pureza,² ele agora acrescenta que esta pureza deve evidenciar-se tanto no corpo quanto na alma; pois aqui *carne* significa *corpo*, e *espírito* significa *alma*. Isto se torna óbvio quando consideramos que, se *espírito* significasse a graça da regeneração, a afirmação de Paulo referente à impureza do espírito seria absurda. Ele, pois, deseja que sejamos isentos de impurezas, não meramente *interiores*, que só têm a Deus como testemunha, mas também de *exteriores*, que estão expostas somente à observação dos homens. É como se Paulo dissesse: "Devemos ter consciência não só de que somos puros aos olhos de Deus, mas igualmente consagrar-Lhe todo nosso corpo e todos nossos membros, de modo que nenhuma impureza seja vista em qualquer parte de nosso ser".³

Ora, se levarmos em conta qual é o ponto que ele tem em mãos, prontamente perceberemos que agem com excessiva impudência⁴ aqueles que justificam a idolatria externa, na qual bem sei encontram pretextos.⁵ Porque, se impureza do espírito significa perversão interior e toda espécie de superstição, o que impureza da carne significaria, senão confissão e prática externas da impiedade, seja por pretexto, seja por sinceridade? Eles se gloriam de uma consciência pura, o que, porém, não passa de algo sem fundamento. Mesmo que concordemos que se gloriam falsamente, só mantêm a posse de metade do que Paulo exige dos crentes. E está destituído de razão quem pensa que Deus se satisfaz com apenas uma parte; pois, se uma pessoa demonstrar alguma aparência ou alguma indicação de idolatria ou tomar parte nos ritos supersticiosos e perversos, mesmo que em sua alma seja perfeitamente íntegra – o que é impossível! –, ainda levaria a culpa de haver contaminado seu corpo.

Aperfeiçoando a santidade. O verbo grego ἐπιτελεῖν às vezes

---

2 "Appelez à pureté et sainctete." – "Convocados à pureza e santidade."
3 "Afin qu'il n'apparoisse en nul endroit de nous ancune macule ou souillure." – "Para que não transpareça em qualquer parte de nosso ser nenhuma nódoa ou mancha."
4 "Combien sont impudens et deshontez." – "Quão impudentes são e despudorados."
5 Calvino se refere claramente, aqui e em muitos outros casos, à conduta contemporizadora dos nicodemitas.

significa *aperfeiçoar* e, às vezes, *realizar ritos sagrados*;[6] mas o primeiro sentido é mais comum, e é o que Paulo emprega aqui mais apropriadamente, referindo-se à santificação, que é seu tema nesta passagem. Porque, visto que o termo significa *perfeição*, parece ter-se aplicado deliberadamente às funções sagradas, uma vez que no serviço divino tudo deve ser perfeito e nada defectivo. Portanto, se queremos consagrar-nos a Deus com retidão, temos de dedicar-lhe plenamente corpo e alma.

No temor de Deus. Se em nós o temor de Deus for forte, não transigiremos, tampouco permitiremos que sejamos dominados por arrogante insolência, à semelhança dos coríntios. Pois, como é possível que tantas pessoas se deleitem na idolatria externa e defendam com tanta arrogância uma prática tão grosseira, a não ser pelo fato de nutrirem a idéia de que podem zombar de Deus impunemente? Se o temor de Deus exercer-lhes domínio, imediatamente se desfarão de todas e quaisquer astúcias, sem que se sintam constrangidos por quaisquer disputas.

2. Recebei-nos; a ninguém fizemos mal, a ninguém corrompemos, a ninguém defraudamos.	2. Capaces estote nostri: nemini fecimus iniuriam, neminem corrupimus, neminem fraudavimus.
3. Não digo isto para vos condenar, porque já vos disse antes que estais em nosso coração para juntos morrermos e para juntos vivermos.	3. Non [hoc] ad condemnationem vestri dico: siquidem iam ante dixi vobis, quod in cordibus nostris sitis ad commoriendum et convivendum.
4. Grande é a minha ousadia em falar convosco e muito me glorio por vossa causa; estou saturado de conforto e transbordante de alegria em toda nossa tribulação.	4. Multa mihi fiducia erga vos, multa mihi gloriatio de vobis: impletus sum consolatione supra modum, exundo gaudio in omni tribulatione nostra.
5. Porque, ao chegarmos à Macedônia, nossa carne não teve repouso, senão que nos sentimos atribulados de todos os lados; lutas por fora, temores por dentro.	5. Etenim quum venissemus in Macedoniam, nullam relaxationem habuit caro nostra, sed in omnibus fuimus afflicti: foris pugnae, intus timores.

---

6 É empregado por Heródoto no sentido de aperfeiçoar ou completar (ver Herod. I.51), enquanto em vários casos é usado por ele para significar a realização de um serviço religioso, em conexão com θρησκείας (*cerimônias*), εὐχωλὰς (*votos*) e θυσίας (*sacrifícios*). Ver Herod. II. 37, 63, iv. 26.

6. Não obstante, Deus, que conforta os abatidos, nos confortou com a chegada de Tito;
7. E não só com sua chegada, mas também com a consolação que recebeu de vós, enquanto nos contava de vossa saudade, de vosso pranto, de vossa ardente preocupação comigo, aumentando ainda mais meu regozijo.

6. Sed qui consolatur humiles, consolatus est nos Deus in adventu Titi.
7. Neque solum in adventu eius, sed in consolatione quam acceperat de vobis, annuntians nobis vestrum desiderium, vestras lacrimas, vestrum studium pro me: ita ut magis gauderem.

2. Recebei-nos. Uma vez mais, Paulo volta da doutrina para suas preocupações pessoais, mas simplesmente com esta intenção: não perder tempo admoestando os coríntios. Ainda mais, ele conclui esta última admoestação com a mesma afirmação que já expressara no início, à guisa de prefácio. Pela expressão *recebei-nos*, ou "abri-nos vossos corações", ele quer dizer exatamente o mesmo que "dilatai-vos" [6.13], isto é, "não pervertais vossos sentimentos, nem desvieis vossas opiniões, impedindo que meus ensinamentos tenham acesso direto a vossas mentes e se alojem ali. Porque, visto que em minha dedicação paternal me preocupo com vosso bem-estar, não vos ficaria bem fechar vossos ouvidos[7] para não me ouvirdes."[8]

A ninguém fizemos mal. Ele declara que não há razão por que deviam ter sua mentes alienadas,[9] já que não lhes propiciara nenhuma razão para ofensa. Então, menciona três tipos de ofensas, e alega por ser inocente de todas elas. A primeira é *causar dano* ou *injúria*; a segunda é a *corrupção* produzida por falso ensino; e a terceira é a *fraude* ou *engano* no uso dos bens terrenos. Geralmente é por meio de uma destas três vias que os pastores[10] alienam-se de si seu povo. Ou se comportam de forma irracional, usando sua autoridade como pretexto para crueldade ou opressão tirânica, ou conduzem ao erro os que de-

---

7 "Indignum esset me surdis fabulam canere." – "Seria inconveniente se eu fosse como aquele que conta história para surdos." Uma expressão semelhante é usada por Horácio (Ep. 2, 1, 200) – "Scriptores autem narrare putaret asello fabelam surdo." – "Mas eu pensaria que os escritores estivessem contando história para um asno surdo."
8 "Que ie perdisse mon temps en vous admonestant." – "Que eu perdesse meu tempo vos admoestando."
9 "De luy ou de sa doctrine." – "Dele ou de sua doutrina."
10 "Les ministres et pasteurs." – "Ministros e pastores."

veriam guiar pelo reto caminho, contaminando-os com a corrupção de falsas doutrinas, ou dão evidência de incorrigível ganância, cobiçando o que pertence a outrem. Simplificando, a primeira ofensa é *aspereza* e *abuso de poder* mediante excessiva insolência;[11] a segunda é *infidelidade doutrinal*; e a terceira é *avareza*.

3. Não digo isto para vos condenar. Como a apologia precedente era uma sorte de reclamação, e raramente podemos evitar censura quando reclamamos, ele suaviza isto por causa do que dissera. "Minha intenção", diz ele, "é tornar-me o mais claro possível, de modo que eu não venha a desonrar-vos". É verdade que os coríntios estavam sendo injustos, e, já que Paulo foi achado inocente, eles mereciam a acusação que ora lhes é feita. Por isso eram culpados em duas acusações: primeiro, de *ingratidão*; segundo, de *levantarem falsas acusações contra um homem inocente*. Não obstante, a moderação do apóstolo é tão elevada, que ele se contenta simplesmente em defender-se e em conter as recriminações.

Porque já vos disse antes. Os que amam não criticam;[12] mais ainda: se, porventura, cometem alguma falta, ou a encobrimos ao máximo, para que não seja descoberta, ou a minimizamos por mera benevolência. Pois a disposição de recriminar é um sinal de aversão; daí Paulo, com o fim de mostrar que não nutre intenção de prejudicar os coríntios, declara seu amor por eles. Todavia, ao dizer que não os condena, de alguma forma ele o faz. Mas, assim como existe grande diferença entre o fel e o vinagre, também há diferença entre o tipo de condenação com que perseguimos uma pessoa, com ódio, com o fim de enxovalhá-la com infâmia, e aquela outra pela qual procuramos lembrar o pecador a tomar o caminho certo, de modo que, com sua salvação, ele reconquiste a honra prejudicada.

Estais em nossos corações. Ou seja: "Eu vos levo comigo fechados

---

11 "Quand on est arrogant, et on abuse de la puissance en se desbordant et vsurpant plus qu'il ne faut." – "Quando alguém é presunçoso e abusa de seu poder, indo além dos limites e assumindo mais do que lhe é devido."

12 "Ceux qui aiment vn autre, ne prenent point plaisir a le poursuyure et picquer." – "Os que amam outrem não têm prazer em perseguir e prejudicar o ente querido."

em meu coração". *Para juntos morrermos e para juntos vivermos,* ou seja, "para que nenhuma mudança venha quebrar os laços de amor que existem entre nós, pois estou pronto não só a viver convosco, mas ainda, se preciso for, a morrer convosco e a sofrer tudo, antes de renunciar vossa amizade". Observemos bem que é precisamente isto que todo pastor[13] deve sentir.

4. Grande é a minha ousadia. Agora, como se já obtivera a dilatação do coração, a qual ele desejara da parte dos coríntios, Paulo abandona as queixas e derrama seu coração saturado de profundo entusiasmo: "Por que eu perderia tempo, esforçando-me numa tarefa que já concluí? Creio que já obtive o que buscava; as notícias que Tito me trouxe de vós não só bastam para remover minhas ansiedades, como também me levam a gloriar-me em vós com muita confiança.[14] Realmente, as notícias que ele me trouxe desfizeram as tristezas que me foram causa das muitas aflições que tive de suportar". E assim ele prossegue passo a passo, caminhando rumo a um clímax. *Gloriar* é mais do que ter uma mente tranqüila; e ver-se livre de tristezas causadas por aflições é maior do que ambas. Crisóstomo explica esta *ousadia* de maneira bastante diferenciada, assim: "Se vos trato com tanta liberdade é porque tenho certeza de vossa boa vontade para comigo e penso que posso dispor de muita liberdade convosco". Entretanto, tenho afirma-

---

13 "Pasteurs et ministres." – "Pastores e ministros."
14 "Timóteo é enviado [por Paulo] a Corinto, e depois dele Tito é enviado. Nesse ínterim, 'abre-se uma porta da parte do Senhor', facultando aos apóstolos uma chance de pregar o evangelho de Cristo em Trôade; contudo, por mais estranho que seja, aquele que anelava tão ardorosamente por tais oportunidades, não tinha coração nem língua para melhorar o presente. O mensageiro esperado de Corinto não chegara – ele 'não tinha descanso em seu espírito'; e, abandonando a rica ceifa que acenava aos seus labores, rumou para Macedônia. Nem mesmo achava sossego: 'Pois quando fomos para Macedônia, nossa carne não achou descanso, mas éramos atribulados de todos os lados – lutas por fora, temores por dentro'. Por fim, Tito chega com notícias de Corinto. A carta do apóstolo fora bem recebida, produzira os efeitos esperados, o espírito de arrependimento desceu sobre a igreja, aplicaram-se vigorosamente à correção dos abusos, o amor que nutriam por seu pai espiritual reviveu com força adicional. 'Agora dou graças a Deus que sempre nos conduz em triunfo em Cristo e faz manifesto o aroma de seu conhecimento por nós em cada lugar!' 'Grande é minha ousadia de linguagem para convosco, grande é minha glória em vós, estou cheio de conforto, estou excessivamente jubiloso em todas as nossas tribulações' [2Co 2.14; 7.4]. Que súbita mudança! Que maravilhosa transformação! Anteriormente o vimos como um soldado ferido, fragilizado, estropiado, desanimado, lançado ao chão; agora se ergue, vitorioso e viaja no *carro* triunfante" – *M'Crie's Sermons*, p. 39.

do o que me parece ser o significado mais provável – que a notícia dada por Tito removera a impressão desfavorável, que torturara anteriormente sua mente.¹⁵

5. Porque, ao chegarmos à Macedônia. A agudeza de sua aflição revela que só um poderoso conforto, substituindo-a, poderia removê-la. Diz ele: "Eu me senti premido de todos os lados por angústias internas e externas. Mas tudo isso não interrompeu a alegria que me trouxestes, a qual prevaleceu e até mesmo transbordou".¹⁶ Quando ele afirma "*nossa carne não teve repouso*", é como se dissesse: "Humanamente falando, eu não tive sossego",¹⁷ pois ele excetua o conforto espiritual pelo qual, em todo tempo, era sustentado. Portanto, ele era afligido não só fisicamente, mas também mentalmente, de tal modo que, no tocante às suas aflições humanas, ele não podia sentir outra coisa, senão profunda amargura proveniente de suas aflições.

Lutas por fora. Por *lutas* ele tem em mente os assaltos externos que seus inimigos desferiam contra ele; e por *temores* ele tem em mente as ansiedades que suportava, advindas dos males domésticos da igreja, visto que as angústias que o premiam eram mais de caráter externo do que pessoais. O que ele está querendo dizer é que não só está sendo atacado por seus inimigos declarados, mas que está enfrentando muitos problemas advindos de males domésticos. Ele percebia quão fracos eram muitos deles, e deveras quase todos eram fracos; mas percebia ainda de quantos e quão diversos estratagemas Satanás lança mão para

---

15 "La mauuaise opinion ou le souspeçon qu'il auoit d'eux, et don til estoit tourmenté en son cœur." – "A opinião ou suspeita negativa que tivera deles e com a qual se vira atormentado em seu coração."

16 Aqui, Calvino certamente tem ante seus olhos a palavra singularmente enfática usada por Paulo no versículo precedente: ὑπερπερισσεύομαι - "Estou profundamente jubiloso". "Aqui, a palavra usada não ocorre em nenhuma outra parte do Novo Testamento, exceto em Romanos 5.20. Ela não se encontra nos escritores clássicos; é uma palavra que Paulo, evidentemente, cunhou (de ὑπὲρ e περισσεύω) e significa *superabundar*, transbordar profusamente ou excessivamente. É um termo que só deve ser usado quando o coração transborda e quando seria difícil encontrar palavras para expressar suas concepções. O coração de Paulo estava transbordante de alegria, e ele derrama seus sentimentos na linguagem mais fervente e intensa – 'Eu sinto uma alegria que não é possível expressar'" – Barnes.

17 "Je n'ay point eu de relasche ou soulagement." — "Não tive sossego ou alívio."

transformar tudo em pandemônio. Ele percebia quão poucos, de fato, eram sábios, quão poucos, sinceros, quão poucos, firmes, e quantos eram hipócritas e pessoas de nenhuma dignidade, ambiciosas e perturbadoras. Em meio a tais dificuldades, é inevitável que os servos de Deus tremam e se vejam dominados por profunda ansiedade, isso porque têm de guardar muitas coisas em silêncio, por amor à paz nas igrejas. Assim, ele se expressou bem, ao dizer que havia lutas por fora e temores por dentro. Os pastores fiéis resistem abertamente aos inimigos declarados que atacam o reino de Deus, porém são atormentados interiormente e enfrentam as ansiedades secretas, quando percebem que a igreja labuta sob pressões internas, não ousando falar delas para que sejam curados.[18] Não obstante, ainda que Paulo estivesse envolvido nessas lutas quase que constantemente, é provável que na época em que escreveu estas palavras ele estivesse sendo pressionado mais severamente do que o costumeiro. Pois é certo que os servos de Deus às vezes não têm descanso de seus temores, e Paulo raramente se via livre de lutas externas, mas, visto que nesse tempo estava sendo mais violentamente fustigado, ele fala de suas lutas e temores no plural, significando que estava lutando de mui diversas maneiras contra mui diversos inimigos e, ao mesmo tempo, enfrentava mui diversos temores.

6. Deus, que conforta os abatidos. Isto é mencionado como uma razão, pois ele tem em mente que lhe foi ministrada consolação, porquanto fora atingido e quase esmagado por problemas — este é o método de Deus confortar os humildes e os humilhados. Deste fato podemos extrair uma lição mui proveitosa, ou seja: quanto mais aflitos estamos, maior é o conforto que Deus tem preparado para nós. Portanto, esta descrição de Deus contém uma promessa muitíssimo maravilhosa, a saber: que Ele está especialmente solícito em confortar os miseráveis e os que se acham lançados ao pó.

7. E não só com sua chegada. Para que os coríntios não obje-

---

18 "Pour les quelles chasser et y remedier, ils n'osent pas sonner la trompette tout haut, comme on dit." – "Por reprimir tais males e remediá-los, eles não ousam tocar a trombeta em alto e bom som, como dizem."

tassem nestes termos: "Que nos importa se Tito te alegrou com sua chegada? É indubitável que, já que o amas te sintas feliz em vê-lo", Paulo explica que o motivo de sua alegria era que Tito voltou trazendo consigo, da parte dos coríntios, notícias mui alvissareiras. Assim, esclarece que o que mais o alegrara não foi tanto a presença de um único indivíduo, e sim as condições de prosperidade da igreja de Corinto.

Vossa saudade. Note bem quais foram as notícias alvissareiras que Paulo recebeu deles. A *saudade* que sentiam era oriunda da circunstância de que mantinham em alto apreço a doutrina de Paulo. O *pranto* era um sinal de respeito, visto que, movidos por sua reprovação, passaram a deplorar seus pecados; a *ardente preocupação* era uma prova de sua boa vontade. Destas três idéias, Paulo conclui que estavam arrependidos, e isto lhe proporcionava plena satisfação, porquanto ele não tinha outra intenção ou ansiedade além de buscar o bem-estar deles.

Aumentando ainda mais o meu regozijo. Ou seja: "De modo que todas as minhas tristezas e aflições se converteram em alegria". Daqui percebemos não só com que fervor de espírito ele desejava o bem público da igreja, mas também que disposição amável e indulgente ele possuía, como alguém que de repente podia sepultar no esquecimento ofensas de natureza tão séria. Ao mesmo tempo, isso pode ser tomado em outro sentido, de modo que pode ser visto em conexão com o que segue, e não estou certo de que este significado corresponderia melhor com a intenção de Paulo. Mas, visto ser este um assunto de pouca importância, sigo em frente.

---

8. Pois ainda que eu vos tenha entristecido com minha epístola, não me arrependo, embora já me arrependi; pois vejo que aquela epístola vos entristeceu, ainda que só por pouco tempo.

9. Agora me regozijo, não porque fostes entristecidos, mas porque fostes entristecidos para arrependimento, pois fostes entristecidos de uma maneira santa, para que de nós não sofrêsseis nenhum dano.

8. Quoniam etsi contristevi vos in epistola, non me pœnitet: etiamsi pœnituerit. Video enim, quo epistola illa, etsi ad tempus, vos contristavit.

9. Nunc gaudeo: non quod sitis contristati, sed quod sitis contristati in pœnitentiam, contristati enim estis secundum Deum, ita ut nulla in re damno affecti sitis ex nobis.

10. Pois a tristeza segundo Deus que opera arrependimento para a salvação não produz nenhum pesar, mas a tristeza do mundo produz morte.

11. Pois vede, por vós mesmos, quanto cuidado essa tristeza segundo Deus produziu em vós; sim, que defesa; sim, que indignação; sim, que temor; sim, que anelo; sim, que zelo; sim, que punição!

10. Nam quæ secundum Deum est tristitia, pœnitentiam ad salutem non pœnitendam efficit: mundi autem tristitia mortem efficit.

11. Ecce enim hoc ipsum, quod secundum Deum, contristati estis quantum produxit in vobis studium! imo defensionem, imo indignationem, imo timorem, imo desiderium, imo zelum, imo vindictam!

8. Pois ainda que eu vos tenha entristecido. Ele agora passa a desculpar-se com os coríntios por havê-los tratado tão asperamente em sua primeira epístola. É oportuno observar de quantas e diversas maneiras ele lida com os coríntios, como se ele possuísse diferentes personalidades. A razão é que suas palavras foram dirigidas a toda a igreja. Alguns o viam com desagrado; outros o mantinham na mais elevada estima, como de fato merecia; alguns duvidavam, outros confiavam; alguns eram dóceis, outros, obstinados.[19] Esta diversidade levou Paulo a dirigir suas palavras ora a um grupo, ora a outro, para acomodar-se a todos eles. Ele agora suaviza, e mesmo remove, algumas ofensas que sua severidade provavelmente lhes teria causado, mostrando-lhes que tudo resultou no bem deles. "Vosso bem-estar", diz ele, "é tão valioso para mim que me deleito em descobrir que vos tenho feito o bem". Este modo de reduzir uma repreensão só é admissível quando um professor[20] tem respostas satisfatórias às suas reprovações, porquanto, se Paulo tivesse descoberto que os coríntios ainda permaneciam irredutíveis e que não atingira nenhum resultado positivo em suas tentativas para corrigi-los, não teria amenizado um mínimo de sua primeira severidade. Observemos bem o quanto ele se regozija no fato de haver causado tristeza àqueles a quem amava, porque seu desejo de trazer-lhes proveito era maior do que o desejo de agradar-lhes.

Não obstante, o que Paulo queria dizer, ao acrescentar "embora

---

[19] "Obstinez et endurcis." – "Obstinados e empedernidos."
[20] "Le Docteur et Ministre." – "O Mestre e Ministro."

já me arrependi"? Porque, se dissermos que ele estava descontente com o que escrevera, seremos levados à absurda conclusão de que a primeira epístola fora escrita em obediência a um impulso temerário, e não sob as diretrizes do Espírito. Minha resposta é que a palavra *arrependimento*, aqui, é usada num sentido espontâneo significando *pesar*. Pois, quando Paulo causou tristeza nos coríntios, ele mesmo partilhou dessa tristeza, de tal modo que, em certo sentido, ele a causara a si mesmo. É como se dissesse: "Ainda que eu vos fira contra minha vontade e me aflija ao me ver obrigado a usar de severidade convosco, agora não mais me sinto angustiado, ao perceber quão proveitoso tudo isso vos foi". Um pai se entristece quando tem de usar severidade, por algum tempo, e castigar seu filho; não obstante, ele aprova sua atitude, uma vez que ela visa ao bem do filho. Da mesma forma, Paulo não podia sentir-se prazeroso em irritar a mente dos coríntios; mas, estando ciente do motivo que influenciava sua conduta, preferiu o dever à inclinação natural.

Pois vejo. A transição é abrupta, mas não prejudica de modo algum a exatidão do sentido. Em primeiro lugar, ele diz que os resultados concretos lhe têm revelado que sua primeira epístola, conquanto não bem recebida, se tornou, enfim, grande vantagem para os coríntios. Em segundo lugar, acresce que é precisamente por essa razão que ele se alegra.

9. Não porque fostes entristecidos. O que ele tem em mente é que não se deleitava no sofrimento dos coríntios, e, se lhe fosse dado escolher, tentaria, ao mesmo tempo, promover seu bem-estar e sua felicidade. Visto, porém, que lhe falta alternativa, seu bem-estar lhe era de pouca importância, visto que se alegrava no fato de que haviam sido *entristecidos para arrependimento*. Pois existem casos de médicos que, em outros aspectos, são amáveis e leais, porém, ao mesmo tempo, são duros e, às vezes, cruéis com seus clientes. Paulo diz que não é homem que emprega remédios dolorosos, a não ser que seja necessário. Mas, visto que sua experiência com a cura por meios rudes provou ser bem sucedida, ele se congratula com tal expediente. Em

5.4, ele usara uma forma de expressão bem semelhante: "Pois, na verdade, os que estamos neste tabernáculo gememos angustiados, não por querermos ser despidos, mas revestidos, para que o mortal seja absorvido pela vida".

10. Tristeza segundo Deus.[21] Em primeiro lugar, a fim de entendermos o que está implícito na expressão *segundo Deus*, temos de observar o contraste, pois ele opõe *tristeza que é segundo Deus* com a *tristeza do mundo*. Temos de considerar também o mesmo contraste entre dois tipos de alegria. Há a alegria do mundo, na qual os homens, em seus desatinos e sem qualquer reverência para com Deus, se deleitam nas coisas ilusórias deste mundo e se embriagam com seus deleites transitórios, de tal maneira que de nada mais cuidam, senão das coisas terrenas. Em contrapartida, há a alegria segundo Deus, na qual os homens buscam em Deus toda sua felicidade e se deleitam em sua graça; e, ao menosprezarem o mundo, realçam o fato de que, ao desfrutarem das prosperidades terrenas, é como se delas não desfrutassem e mesmo na adversidade têm seu coração iluminado. Da mesma forma, a tristeza deste mundo existe quando o coração humano se perturba em meio às aflições terrenas e é submerso em pranto; mas a tristeza segundo Deus existe quando os homens elevam seus olhos para Deus e consideram que sua miséria consiste em serem eles privados da graça divina e, temendo seu juízo, pranteiam seus pecados. Paulo afirma que este tipo de tristeza é a causa e origem do arrependimento. É preciso observar criteriosamente este fato, pois, a menos que o pecador se sinta insatisfeito consigo mesmo, de tal modo que odeie sua própria vida e, com profunda tristeza, confesse seu pecado, ele jamais recorrerá ao Senhor.[22] Mas uma pessoa não pode sentir este tipo de tristeza sem que experimente também uma mudança de coração. Assim, o ar-

---

21 "Tristitia secundum Deum." – "La tristesse qui est selon Dieu." – "A tristeza que é segundo Deus." "Κατὰ θεὸν, essa é a maneira que Deus requer – com referência à sua vontade e glória, isto é, como Rosenm explica: 'Oriundo das causas das quais ele o teria suscitado, produzindo efeitos tais como ele aprovaria'" – Bloomfield.

22 "Ne pensons pas que jamais il se convertisse au Seigneur." – "Não pensemos que um dia ele se converterá ao Senhor."

rependimento tem início na tristeza, porque, como já disse, ninguém pode tomar o caminho certo sem que primeiro odeie seu pecado; e, onde não existe ódio ao pecado, ali também não existe insatisfação pessoal e tristeza.

Não obstante, há aqui uma bela alusão ao termo arrependimento, quando ele diz *não produz nenhum pesar*. Porque, por mais amargo seja esse *pesar* no primeiro teste, os resultados benéficos que fluem dele o fazem desejável. A expressão pode ser tomada como uma referência tanto à salvação quanto ao arrependimento; quanto a mim, porém, ela se ajusta melhor a arrependimento, como se dissesse: "Pelo próprio resultado aprendemos que a tristeza não deve parecer-nos penosa nem humilhante. De igual modo, ainda que o arrependimento contenha em si algum grau de amargura, lemos que ele *não produz nenhum pesar*, em virtude do precioso e agradável fruto que ele produz."

Para a salvação. Paulo parece fazer do arrependimento a base da salvação; e, se assim fosse, se seguiria que somos justificados pelas obras. Minha resposta é que devemos notar bem do que Paulo trata aqui. Ele não se preocupa com a *causa* da salvação, mas simplesmente realça o arrependimento em razão do fruto que ele produz e diz que ele é como uma via pela qual chegamos à salvação. Nem é sem razão, pois Cristo, deveras, nos *chama* pela via da soberana graça, mas é para *arrependimento*; e Deus perdoa nossos pecados graciosamente, mas somente quando os renunciamos. Deus opera em nós ambas as coisas, concomitantemente, de modo que somos tanto renovados por meio do arrependimento e libertados da escravidão do pecado, como também somos justificados por meio da fé e libertados da maldição que o pecado gera. Estes são os inseparáveis dons da graça; e, em razão dos invariáveis laços que existem entre eles, o arrependimento pode correta e adequadamente ser chamado o *ponto de partida* do caminho que conduz à salvação, mais como *acompanhamento* do que como *causa*. Este argumento não constitui uma evasiva sutil, mas uma simples explicação da dificuldade, pois, enquanto a Escritura ensina que jamais obtemos o perdão de nossos pecados sem o arrependimento, ensina também, em muitos lugares, que a única base de nosso perdão é a misericórdia divina.

11. Quanto cuidado... produziu em vós. Não entrarei em qualquer disputa sobre se o que Paulo enumera aqui são os efeitos, ou se são partes do arrependimento, ou se são preparativos para ele, já que podemos entender seu pensamento sem tomar esse caminho. Ele está simplesmente atestando o arrependimento dos coríntios pelos sinais exteriores que o seguem. Ele faz da "tristeza segundo Deus" o primeiro destes sinais dos quais o restante emana, e de fato isso é assim, pois, tão logo começamos a ficar insatisfeitos conosco mesmos, somos incitados a buscar todo o restante.

Podemos entender o que significa *quanto cuidado* confrontando-o com seu oposto. Enquanto não houver reconhecimento do pecado, permanecemos sonolentos e inativos. E esta modorra, ou displicência, ou indiferença[23] é o oposto deste *quanto cuidado*, de modo que um desejo ardente e ativo passa a corrigir o que fora pecaminoso e a emendar nossa vida.

Sim, que defesa. Tendo Erasmo traduzido esta palavra por *satisfação*, pessoas ignorantes, ludibriadas pela ambigüidade do termo, a aplicaram às *satisfações* papais, enquanto, na verdade, o termo ἀπολογίαν, usado por Paulo, significa *defesa*. Esta é a razão por que preferi seguir a Vulgata[24] e conservar a palavra *defensio*, em latim, porém devemos observar que este é um tipo de *defesa* que tem mais a ver com a busca do perdão do que com a refutação de acusações. É semelhante a um filho que, desejando justificar-se diante de seu pai, não começa com uma súplica advocatícia de sua causa, senão que reconhece sua culpa e se desculpa com um humilde pedido em lugar de confiantes protestos. Os hipócritas também se desculpam e se defendem orgulhosamente, porém eles fazem isso mais com o intuito de ter um debate legal com Deus do que de buscar seu favor. Se o termo

---

23 "Nonchalance, ou paresse, ou asseurance qui procede de stupidite." — "Displicência ou indolência, ou confiança oriunda da estupidez."
24 A versão de Wycliffe (1380), seguindo a Vulgata, traz *defendynge*.

excusationem (*escusa*) for mais aceitável a alguém, não faço nenhuma objeção, desde que não haja nenhuma diferença no significado, o qual aponta para o fato de que os coríntios estavam agora prontos a justificar-se, embora antes não se preocupassem com o que Paulo pensasse sobre eles.

Sim, que indignação.[25] Esta disposição se coaduna também com a tristeza santa – que o pecador se indigna contra suas faltas, como também se indignam todos os que são atingidos por um zelo correto,[26] assim que percebem que Deus foi ofendido. Este sentimento é ainda mais intenso que a tristeza. O primeiro passo consiste no fato de que o mal nos traz desprazer, enquanto o segundo consiste no fato de que devemos despertar nossa indignação, tratando a nós mesmos com severidade e tendo nossa consciência sensibilizada. É possível considerar isso também como significando a indignação dos coríntios contra as faltas do homem ou do pequeno grupo a quem haviam poupado. Assim, se arrependiam de sua aquiescência ou conivência.

Temor procede da percepção do juízo divino, quando o pecador pondera: "Lembra-te bem de que terás de prestar contas de ti mesmo, e que defesa apresentarás diante de um juiz tão severo?" Alarmado por tais pensamentos, ele tremerá de medo; visto, porém, que os ímpios às vezes se deixam afetar por semelhante temor, Paulo adiciona *anelo*, que é de natureza mais voluntária do que temor. Às vezes, somos atemorizados contra nossa vontade, porém jamais desejamos algo senão por nossa própria inclinação. Portanto, enquanto, pela advertência de Paulo, tiveram medo da punição, também agora almejavam ansiosamente a correção.

No entanto, o que significa *zelo*? Não há dúvida de que Paulo a introduziu no clímax desta lista, de modo que deve significar mais do que *desejo*. Ora, podemos entender isso no sentido de que incitavam uns aos outros num espírito de rivalidade mútua. Não obstante, é mais

---

25 "*Voire marrissement*. Il y a proprement au Grec, Indignation ou courroux." – "*Sim, que preocupação*. No grego, é propriamente indignação ou ira."
26 "Qui ont vn bom et sainct zele." – "Quem tem um bom e santo zelo."

simples entendê-lo no sentido de que cada um, com um zelo fervoroso, almejava evidenciar seu arrependimento. Assim, esse zelo é a intensidade do desejo.

Sim, que punição. O que dissemos sobre a *indignação* pode aplicar-se também à *punição*, pois, quanto às maldades que haviam aprovado, por sua conivência e indulgência, mais tarde se mostraram rigorosos em punir. Por algum tempo, foram tolerantes com o incestuoso; porém, ao serem admoestados por Paulo, não só cessaram de favorecê-lo, como também se fizeram juízes severos no julgamento, e esta foi sua *punição*. Mas, visto que devemos castigar os pecados em qualquer parte onde forem encontrados[27] e que é imprescindível começarmos antes por nós mesmos, há uma aplicação mais ampla do que o apóstolo está dizendo aqui. Ele está falando dos sinais de arrependimento, entre os quais há este sinal especial, por meio do qual nós, ao punirmos os pecados, de certa forma antecipamos o próprio juízo de Deus, como ele ensina em outra parte: "Se julgássemos a nós mesmos, não seríamos julgados pelo Senhor" [1Co 11.31]. Não se deve inferir disto que, pela autopunição, os homens podem compensar a Deus pelas faltas cometidas contra Ele,[28] de modo a se livrarem de suas mãos. A questão é a seguinte: o desígnio de Deus é disciplinar-nos com o fim de nos despertar de nossa indiferença, de modo que, lembrando-nos sua ira, sejamos mais precavidos no futuro. Assim, quando o pecador se pune voluntariamente, não há necessidade desse tipo de admoestação da parte de Deus.

Pode-se perguntar se os coríntios estavam assumindo esta *punição*, este *zelo*, este *anelo* etc., por causa de Paulo ou por causa de Deus.[29] Respondo que todas estas coisas são os acompanhantes invariáveis do arrependimento, mas que há diferença no caso de um indivíduo que peca secretamente diante de Deus ou publicamente

---

27 "En quelque personne qu'ils soyent trouuez." – "Em qualquer pessoa em quem se encontrem."
28 "La peine qu'il leur pourroit iustement imposer." – "A punição que poderia ter-lhes infligido com justiça."
29 "Et autres affections yci nommees;" — "E outras disposições aqui mencionadas."

diante do mundo. Se o pecado de uma pessoa é secreto, basta o arrependimento diante de Deus; em contrapartida, onde o pecado é público, aí se requer também uma manifestação pública de arrependimento. Desta forma, os coríntios, que tinham pecado publicamente e ofendido grandemente a homens de bem, era preciso que dessem evidência de seu arrependimento por meio dessas evidências.

11. Em tudo provastes estar limpos neste assunto.
12. Portanto, embora vos tenha escrito, não vos escrevi por causa daquele que praticou o erro, nem por causa daquele que sofreu o dano, mas para que vossa solicitude por nós pudesse manifestar-se entre vós, aos olhos de Deus.
13. Foi por isso que nos sentimos consolados; e, em nossa consolação, nos alegramos excessivamente pela alegria de Tito, porque seu espírito recreou-se por todos vós.
14. Porque, se em alguma coisa me gloriei para com ele por vossa causa, não fiquei envergonhado; mas, como em tudo vos falamos com verdade, assim também nossa exultação na presença de Tito verificou-se verdadeira.
15. E sua profunda afeição é mais rica para convosco, embora ele se lembre da obediência de todos vós, de como com temor e tremor o recebestes.
16. Regozijo-me no fato de que em tudo tenho bom ânimo em relação a vós.

11. Modis omnibus comprobastis vos puros esse in negotio.
12. Itaque si scripsi vobis, non eius causa qui læaeserat, neque eius causa qui læsus fuerat, scripsi: sed ut palam fieret studium vestrum pro nobis apud vos, (*vel, studium nostrum in nobis erga vos,*) in conspectu Dei.
13. Ideirco consolationem accepimus ex consolatione vestri: quin uberius etiam gavisi sumus ob gaudium Titi, quod refocillatus sit eius spiritus ab omnibus vobis.
14. Quodsi quid apud illum de vobis gloriatus sum, non fuerim pudefactus: sed ut omnia in veritate loquuti sumus vobis, ita et gloriatio nostra apud Titum veritas facta est.
15. Et viscera eius maiorem in modum erga vos affecta sunt: dum memoria repetit vestram omnium obedientiam, quemadmodum cum timore et tremore excepritis eam.
16. Gaudeo, quod vobis in omnibus confidam.

11. Provastes estar limpos. O Antigo Intérprete traz a seguinte redação: "Tendes demonstrado"; e Erasmo traz: "Tende-vos recomendado"; eu, porém, preferi esta terceira tradução por parecer-me ser a mais ajustável, ou seja, que os coríntios deram clara e genuína evidência de que não estavam, de alguma forma, envolvidos no crime no qual sua conivência parecia implicá-los.[30] Já vimos qual foi essa evi-

---

30 "Il les absout quant à ce qu'on leur pouuoit obiecter qu'ils auoyent consenti a ce mesfait." – "Ele os absolve à media em que se podesse alegar que tinham concorrido naquele crime."

dência. Paulo não os exime completamente, porém reduz sua ofensa. A excessiva tolerância que demonstraram merecia reprimenda, porém ele os isenta de envolvimento no crime. Devemos notar, igualmente, que Paulo não os isenta a todos individualmente, mas simplesmente à igreja como corpo. Fazemos bem em crer que alguns sabiam disto e o condenavam; porém, ainda que todos sofreram o infortúnio que o crime provocou, posteriormente evidenciou-se que apenas uns poucos incorreram no erro.

12. Portanto, embora vos tenha escrito. Ele age como usualmente o faz uma pessoa que busca a reconciliação. Ele quer que o passado seja sepultado. Não há mais repreensão. Ele não mais os acusa e não mais protesta contra eles. De fato, ele esquece tudo, visto que o arrependimento deles é, por si só, suficiente para satisfazê-lo plenamente. Este é sem dúvida o caminho certo, não para imprimir nos pecadores algo mais, uma vez que eles já foram conduzidos ao arrependimento. Porque, se ainda guardamos viva a lembrança de suas faltas, nós o fazemos motivados por rancor malevolente, e não por afeição piedosa ou anseio por sua salvação. Tudo isso Paulo diz à guisa de apologia, porquanto ele tinha usado de severidade no tocante à questão que o ofendera e exigira a punição do responsável pelo delito, porém agora suprime o que fora algo desagradável, como se dissesse: "Gostaria que agora considerásseis que meu único propósito em escrever, como o fiz foi dar-vos a chance de mostrar vosso ardente afeto por mim; quanto ao resto, vamos esquecer". Outros o entendem neste sentido: que, ao escrever, ele se preocupava não meramente com um indivíduo, e sim com o bem comum de todos eles. Não obstante, a outra interpretação é mais natural.

Vossa solicitude por nós. Uma vez comprovado ser esta a melhor redação nos manuscritos gregos, não me aventurei a suprimi-la totalmente, embora num antigo códice a leitura seja ἡμων (*de nós*);[31]

---

[31] "Alguns (como Newcome e Wakefield) leriam, com base em vários manuscritos, versões, os pais e edições antigas, inclusive a de R. Stephens, τὴν σπουδὴν ὑπέρ ἡμῶν (*vosso cuidado por nós*). Mas, ainda que produza certo sentido, é forçada e pobre de conteúdo, a qual não flui natu-

e parece que, à luz de um comentário de Crisóstomo, em seu tempo, a redação mais geralmente aceita, mesmo entre os gregos, era a das versões latinas[32] – "que nossa solicitude por vós se manifeste entre vós"; ou seja, que se faça patente aos olhos dos coríntios quão preocupado estava Paulo com eles. No entanto, a outra tradução, com a qual a maioria dos códices gregos concorda, é plenamente provável. Pois, de acordo com ela, Paulo estaria se congratulando com os coríntios, porquanto finalmente foram instruídos através deste teste: como se sentiam em relação a ele, como se quisesse dizer: "Vós mesmos não tínheis consciência de quanto afeto sentíeis por mim, até que tivestes prova disso nesta questão". Outros consideram isso como se referindo aos sentimentos especiais de um indivíduo, devendo significar "que se torne evidente entre vós quanto respeito cada um sentia por mim e que tendes a oportunidade de provar o que, até então, estava oculto em vosso coração". Visto ser uma questão de pouca importância, deixo a meus leitores a liberdade de decidir qual significado preferem; visto, porém, que imediatamente acrescenta *aos olhos de Deus*, entendo que ele está dizendo que cada um deles, tendo examinado a si mesmo, seriamente, como estando na presença de Deus,[33] se conhecia agora mais do que antes.

13. Por isso... nos sentimos consolados. Todo o propósito de Paulo era convencer os coríntios de que nada mais lhe importa, senão o bem-estar deles. Em seguida lhes diz que participava com eles de seu conforto. A fonte deste conforto estava no fato de que haviam reconhecido sua culpa, e não só aceitaram sua reprovação de bom grado, mas a receberam com euforia. A aspereza de uma reprovação é suavizada tão logo começamos a experimentar quão edificante se nos

---

ralmente do tema e não é bem concorde com o contexto. A autoridade *externa* para a redação em questão é insuficiente. A Ed. Princ. e o grande volume dos manuscritos trazem ἡμῶν ὑπέρ ὑμῶν – "nosso (cuidado) por vós" – Bloomfield.

[32] A tradução da Vulgata é assim: "Solicitudinem nostram quam habemus pro vobis" – "Nossa ansiedade que sentimos por vós." Wycliffe (1380), seguindo a Vulgata, conforme seu costume, o traduz assim: "Nosso ofício que exercemos por vós diante de Deus".

[33] "Ne plus ne moins que s'il eust este deuant Dieu." – "Nem mais nem menos do que se estivesse na presença de Deus."

tornou. Ele agora adiciona, à guisa de congratulação, que *se alegrava excessivamente pela alegria de Tito*. Este transbordara de alegria ao encontrá-los mais obedientes e condescendentes do que se poderia esperar, aliás, ao deparar-se com uma súbita mudança para melhor. Disto podemos depreender que a amabilidade de Paulo não contém nenhum elemento de falsa lisonja, uma vez que a principal fonte da alegria que com eles compartilhava era o arrependimento deles.

14. Se em alguma coisa me gloriei para com ele. Aqui, Paulo mostra indiretamente quão disposto e amigo ele sempre fora para com os coríntios e com que sinceridade e condescendência ele os julgara, pois, ao tempo em que pareciam não merecer qualquer aprovação, Paulo ainda procura neles muitas virtudes. Eis um caso notável de como um homem de espírito justo e sincero consegue denunciar a quem ele ama e, ao mesmo tempo, nutre grande esperança a respeito deles e ainda leva outros a partilharem desta esperança. Esta sinceridade de Paulo os teria impedido de considerar tudo o que vinha dele como sendo desagradável. Entrementes, ele aproveita esta oportunidade para pôr diante deles, uma vez mais, de passagem, sua fidelidade em todas as áreas, como se quisesse dizer: "Até agora tendes tido chance de provar minha lisura, de modo que tenho provado, por mim mesmo, ser fiel em tudo, e não leviano. Portanto, alegro-me de ter sido, até agora, achado fiel, quando me glorio de vós diante de outros".

15. E sua profunda afeição é mais rica para convosco. O texto latino tem *víscera* (*entranhas*), pois, já que as entranhas são a sede do sentimento de piedade, o amor e todas as afeições piedosas são conhecidos por esse nome.[34] A intenção de Paulo era enfatizar que,

---

34 "A palavra σπλάγχνα", como observou Barnes, em suas Notas sobre 2 Coríntios 6.12, "comumente significa, na Bíblia, as afeições ternas. A palavra grega denota propriamente as vísceras *superiores* – o coração, os pulmões, o fígado. É aplicada pelos escritores gregos para denotar aquelas partes das vítimas que eram comidas durante ou após o sacrifício. Daí ser aplicada ao *coração*, como a sede das emoções e paixões e, especialmente, das afeições ternas – compaixão, piedade, amor, etc. Nossa palavra *entranhas* geralmente se aplica às vísceras *inferiores* e não expressa, de modo algum, a idéia da palavra usada no idioma grego."

embora Tito amasse os coríntios anteriormente, agora ele se deu conta de amá-los ainda mais, do recôndito de seu coração. Ao dizer isso, ele está ao mesmo tempo conquistando a afeição dos coríntios para Tito, uma vez que ser amado é uma vantagem para os servos de Cristo, para que lhes seja possível fazer o bem desembaraçadamente e, ao mesmo tempo, sentir ânimo em seu progresso, de modo que se sintam dignos do amor de todas as pessoas de bem.

Com temor e tremor. Pelo uso destas palavras, ele expressa, às vezes, simplesmente respeito [Ef 4.5], e isto talvez não se ajuste mal nesta passagem, ainda que eu não faça objeção a considerar o *tremor* como mencionado particularmente para significar que, sendo cônscios de terem agido incorretamente, eles tivessem receio de enfrentá-lo face a face. Mesmo aqueles que se obstinam em seus pecados tremem diante do juiz; no entanto, o tremor voluntário que tem por origem o decoro sincero é um sinal de arrependimento. Seja qual for a preferência do leitor, esta passagem ensina que os ministros devem ser recebidos com lisura e justiça. O que enche um pastor fiel e íntegro de prazer não são banquetes suntuosos, nem vestuário esplêndido, nem saudações corteses e honráveis, nem os aplausos das multidões. Ele experimenta, por outro lado, um transbordamento de deleite quando a doutrina da salvação é recebida de seus lábios com reverência, quando ele retém a autoridade que lhe pertence para a edificação da Igreja, quando o povo se rende à sua diretriz, para ser regulado por seu ministério, sob a bandeira de Cristo. E Tito é um exemplo disso. Ao concluir, ele confirma novamente, em toda a extensão, o que já dissera, ou seja, que jamais foi tão ofendido pelos coríntios que perdesse de vez sua confiança neles.

Capítulo 8

1. Além do mais, irmãos, vos fazemos conhecer a graça de Deus, a qual ele concedeu às igrejas da Macedônia;
2. como, em meio a muita prova de aflição, a abundância de sua alegria e de sua profunda pobreza transbordou em riquezas de sua liberalidade.
3. Porque, segundo seu poder, o que eu mesmo testifico, sim, e além de seu poder, deram voluntariamente,
4. pedindo-nos com muitas súplicas que pudessem participar desta graça e da comunhão na contribuição para os santos.
5. E fizeram, não como esperávamos, mas deram-se a si mesmos, primeiramente ao Senhor, depois a nós, pela vontade de Deus.
6. Tanto que exortamos a Tito a que, assim como antes começara, também completasse esta graça em vós.
7. Mas, já que tendes abundância de tudo – fé, eloqüência, conhecimento, toda solicitude e vosso amor para conosco –, sejais igualmente abundantes nesta graça.

1. Certiores autem vos facio, fratres, de gratia Dei, quæ data est in Ecclesiis Macedoniae;
2. Quoniam in multa probatione afflictionis exsuperavit gaudium ipsorum, et profunda illorum paupertas exundavit in divitias simplicitatis[1] eorum.
3. Nam pro viribus (testor) atque etiam supra vires fuerunt voluntarii;
4. Multa cum obtestatione rogantes nos, ut gratiam et societatem ministerii susciperemus in sanctos.
5. Ac non quatenus sperabamus: sed se ipsos dediderunt, primum Domino, deinde et nobis per voluntatem Dei:
6. Ut adhortaremur Titum, ut quemadmodum ante cœpisset, ita et consummaret erga vos hanc quoque gratiam.
7. Verum quemadmodum ubique abundatis fide, et scientia, et omni diligentia, et ea, quae ex vobis erga nos est, caritate: facite, ut in hac quoque beneficentia abundetis.

Se os coríntios ainda estivessem ofendidos por causa da severidade da epístola anterior, isso poderia constituir um obstáculo ao exercício de sua autoridade sobre eles. Portanto, até aqui ele vem tentando conciliar suas afeições. Mas agora que toda ofensa foi re-

---

1 "Simplicite ou promptitude" — "Simplicidade ou prontidão."

movida, e seu ministério reconquistou o pleno favor deles, Paulo recomenda-lhes os irmãos de Jerusalém, para que os auxiliassem em suas necessidades. Ele não poderia ter tentado isso com muito sucesso no início desta epístola; assim, o reteve sabiamente, até que seu espírito estivesse preparado para isso. Assim, neste capítulo e no próximo, toda sua preocupação visa encorajar os coríntios a se manterem ativos e diligentes em arrecadar dinheiro a ser levado a Jerusalém com o fim de suprir as necessidades dos irmãos dali, porquanto eram afligidos pela grande fome, de modo que dificilmente poderiam manter a vida sem a ajuda das demais igrejas. Os apóstolos confiaram a Paulo este negócio [Gl 2.10], ele prometera levá-lo avante, como já o realizara em parte, segundo vemos na primeira epístola. Não obstante, agora ele volta à carga.

1. Vos fazemos conhecer. Paulo louva os macedônios a fim de incitar os coríntios por meio do exemplo daqueles, ainda que expressamente não diga isso, porém os macedônios não tinham necessidade de recomendação, enquanto os coríntios necessitavam de muito estímulo. E, para incitar os coríntios ainda mais à igualá-los ou superá-los, ele atribui à graça de Deus a prontidão dos macedônios em ajudar seus irmãos. Porque, ainda que seja universalmente consensual ser uma virtude louvável prestar ajuda ao necessitado, nem todos os homens consideram a doação como sendo uma vantagem, nem tampouco a atribuem à graça de Deus. Ao contrário disso, acreditam que uma coisa sua, ao ser doada, se perde. No entanto, Paulo declara que, quando prestamos auxílio a nossos irmãos, devemos atribuí-lo à graça de Deus e considerá-lo um extraordinário privilégio a ser ardorosamente buscado.

Entretanto, ele faz menção de duplo favor que fora conferido aos macedônios. O primeiro consiste em que suportavam aflições com calma e corações alegres; o segundo consiste em que, de seus parcos recursos, como se igualmente possuíssem abundância,[2] separaram

---

2 "D'aussi bom cœur qu'ils eussent este bien riches." – "Tão sinceramente como se fossem ricos."

algo para doar a seus irmãos. Como Paulo afirma corretamente, ambas as atitudes são obras do Senhor, pois os homens rapidamente fracassam quando não são sustentados pelo Espírito do Senhor, que é o Autor de toda consolação; e uma inveterada carência de fé confiante nos permeia e nos mantém afastados de todos os deveres de amor, até que superemos tudo isso pela graça do mesmo Espírito.

2. Em meio a muita prova de aflição. Isto significa que, durante o tempo em que foram provados pela adversidade, não cessaram de alegrar-se no Senhor; ao contrário, sua alegria tornou-se suficientemente grande para anular sua tristeza. E isto porque o espírito dos macedônios se desvencilhou de suas próprias frustrações, a fim de poderem socorrer liberalmente[3] seus irmãos que, de outra forma, estariam duramente oprimidos.

Pelo termo *alegria* Paulo quer dizer o conforto espiritual pelo qual os crentes são sustentados nas aflições. O ímpio ou ilude-se a si mesmo com consolações vazias, evitando o pensamento do mal e recreando sua mente com vagas meditações, ou se entrega completamente à tristeza, deixando-se submergir nela; mas os crentes meditam em suas próprias aflições, esperando uma ocasião propícia para alegrarem-se, conforme lemos em Romanos 8.[4]

De sua profunda pobreza. A metáfora é tomada de vasos vazios, como se quisesse dizer que os macedônios foram esvaziados, de modo que agora chegaram ao fundo. Paulo declara que, mesmo em necessidades tão profundas, eles transbordaram em sua generosidade e se fizeram suficientemente ricos, não só tendo o suficiente para si mesmos, mas também para socorrer outros. Notemos bem como podemos ser sempre liberais mesmo quando mergulhados na mais terrível po-

---

3 "Franchement et d'vne affection liberale." – "Alegremente e com espírito liberal."
4 É bem provável que Calvino se refira mais particularmente à afirmação de Paulo em Romanos 8.28: "E sabemos que todas as coisas cooperam juntamente para o bem daqueles que amam a Deus", etc. Ao comentar esta passagem, nosso autor obseerva: "Ex supradictis nunc concludit, tantum abesse, quin salutem nostram remorentur hujus vitæ æaerumnæ, ut sint potius eius adminiscula" – "Do que disse previamente, ele agora extrai esta conclusão: que as angústias desta vida estão mui longe de ser entraves à nossa salvação; ao contrário, são auxílios para ela."

breza, se suprimos as deficiências de nossas bolsas pela generosidade de nossos corações.

Liberalidade é o oposto de *mesquinhez*, como em Romanos 12.8, onde Paulo exige esta qualidade da parte dos diáconos. Pois o que nos torna mais avarentos do que deveríamos é o fato de que somos demasiadamente precavidos, imaginamos e olhamos demais para os prováveis perigos que nos poderão ocorrer; e, por isso, nos tornamos excessivamente cautelosos e cuidadosos, calculando muito petulantemente quanto precisamos para toda a vida e quanto perdemos, quando uma porção mínima é tirada de nós. Mas aquele que depende da bênção do Senhor tem seu espírito livre dessas preocupações ridículas, enquanto, ao mesmo tempo, tem suas mãos livres para a prática da beneficência. Agora aplica-se o argumento do menor para o maior. A má fortuna e, deveras, a própria pobreza não impediram os macedônios de fazer o bem a seus irmãos. Que desculpa poderia haver para os coríntios, se, em sua riqueza e abundância, eles não contribuíssem?

3. Segundo seu poder... e além de seu poder. Quando Paulo diz que os coríntios deram voluntariamente, o que ele quer dizer é que eles, por iniciativa própria, estavam tão dispostos a dar, que não foi preciso nenhum apelo para convencê-los. Teria sido muito importante que eles se esforçassem de acordo com a medida de sua habilidade e avançassem além de suas possibilidades, como prova de admirável e rara superioridade.[5] Ele fala com referência ao hábito comum dos homens, pois sua maneira habitual de fazer o bem segue o que Salomão escreveu: "Bebe a água de tua própria cisterna e das correntes de teu poço"[6] [Pv 5.15]. Os macedônios, contudo, não pensando ou preocupando-se consigo mesmos, estavam dando-se a si mesmos, ao suprir a necessi-

---

5 "Em seu poder, sim, e além de seu poder. Esta é uma hipérbole notável, como aquela de Demóstenes: 'Eu tenho feito tudo, sim, com um empenho que vai além de minha possibilidade.'" – Doddridge.

6 Poole, em suas Anotações, observa que a *metáfora* usada na referida passagem [Pv 5.15] deve ser entendida em referência ou ao uso livre e legítimo de uma propriedade do homem, tanto para seu conforto pessoal como para o bem de outrem, ou ao uso honesto do matrimônio". "O segundo significado", ele observa ainda, "se ajusta melhor ao contexto como um todo, seja o precedente, seja o seguinte; e é assim explicado no final do versículo 18".

dade dos outros.⁷ Em suma, os que dão de seus minguados recursos se mostram condescendentes além de suas possibilidades, uma vez que de seus parcos meios ainda fazem alguma doação a outrem.

4. Pedindo-nos com muitas súplicas. Paulo amplia a prontidão dos macedônios, visto que não somente não esperaram que alguém os admoestasse ao apelo, mas também, eles mesmos, rogaram àqueles que poderiam tê-los admoestado ao apelo, se estes não tivessem antecipado o desejo de todos pela ação deles.⁸ Uma vez mais, temos aqui de aplicar o argumento do menor para o maior. "Se os macedônios, sem necessidade de solicitação, se anteciparam aos demais, por iniciativa própria e com rogos, quão vergonhoso teria sido para os coríntios permanecerem inativos, especialmente depois de um apelo a eles dirigido. Se os macedônios foram à frente de todos, quão desastroso teria sido para os coríntios se não seguissem seu exemplo. De fato, não satisfeitos em solicitar, acrescentaram à sua solicitação muitas súplicas." Ora, disto se torna evidente que rogaram não por mera formalidade, e sim movidos por ardente desejo.

Pudessem participar desta graça. Ele usa o termo *graça* a fim de recomendar a assistência caritativa, ainda que ao mesmo tempo possa ser explicado de diferentes formas. Não obstante, esta interpretação parece-me ser a mais simples, porquanto, visto que nosso Pai celestial nos concede todas as coisas por sua soberana graça, devemos ser imitadores de sua graciosa benevolência, praticando também atos de bondade em favor de outrem; e, em razão de nossos recursos virem dEle, não somos mais que despenseiros dos dons de sua graça. A *comunhão na contribuição* consiste em ser ele um colaborador dos macedônios neste ministério. A parte deles era contribuir de seus próprios recursos, para que o dinheiro pudesse ser administrado em favor dos santos; mas eles queriam que Paulo assumisse a responsabilidade de fazer a coleta.

---

7 "Ont employé leur soin a secourir les autres plustost qu'a subuenir a leur propre necessite." – "Cuidaram primeiramente em assistir aos outros, e não em aliviar suas necessidades pessoais."
8 "Le desir et la solicitation de tous par leur diligence et promptitude." – "O desejo e solicitação de todos por sua diligência e prontidão."

5. Não como esperávamos. Ele esperava deles um grau ordinário de disposição, semelhante ao que todo cristão deve manifestar; porém excederam suas expectativas, porquanto não só puseram seus recursos à disposição, mas se prontificaram a dar-se a si mesmos. *Deram-se a si mesmos, primeiramente ao Senhor, depois a nós.*

Podemos perguntar se este dar-se a si mesmos a Deus e a Paulo consistia em duas coisas distintas. É plenamente natural que Deus, ao outorgar deveres e mandamentos através de algum ministro, associe tal ministro a Si mesmo tanto na autoridade, para ordenar, como no receber obediência. "Pareceu bem ao Espírito e a nós" – dizem os apóstolos [At 15.28] –, quando não eram mais que instrumentos para anunciar o que fora revelado e prescrito pelo Espírito. Outro exemplo: "O povo creu no Senhor e em Moisés, seu servo" [Êx 14.31], enquanto Moisés não tinha qualquer autoridade à parte de Deus. Este é o mesmo significado da frase que vem em seguida – *pela vontade de Deus*. Pois, uma vez que foram obedientes, submetendo-se ao conselho do ministro de Deus, era consistente com esta obediência que ouvissem a Paulo, como se ele fosse a própria boca de Deus.

6. Tanto que exortamos a Tito. Ora, este é um apelo que é de maior força quando descobrem que são expressamente convocados ao dever.[9] Seu desejo de ter os coríntios como participantes desta beneficência não constituía uma ofensa aos macedônios. Tito é defendido de uma possível acusação de estar pressionando os coríntios com muita insistência, como se Paulo tivesse alguma dúvida de sua boa vontade, pois ele estava fazendo isso a pedido dos macedônios, e não em seu próprio nome.

7. Tendes abundância de Tudo. Paulo já se revestira de muita prudência para evitar ofensa, conquanto ele disse que Tito apelara aos coríntios não porque era de sua índole, e sim por sentir-se impulsionado pelos macedônios. Entretanto, ele agora dá um passo adiante e os reanima a não mais esperarem pela mensagem das igrejas ma-

---

9 "Quand ils oyent qu'on les somme nommeement et presentement de faire leur droit." – "Quando ouvem que eles os convocam expressamente e pressurosamente a cumprirem seu dever."

cedônias, ao mesmo tempo que os louva por suas outras excelentes qualidades, como se dissesse: "Não deveis simplesmente entrar em parceria com os macedônios, como solicitaram, mas deveis excedê-los neste assunto como procedestes em outros".

Ele faz distinção entre *eloqüência* e *fé,* visto ser possível a alguém ter fé, mesmo uma grande fé e, no entanto, não ser muito expressivo na Palavra do Senhor. Ele toma o termo *conhecimento* no sentido ou de *prática*, ou de *habilidade*, ou de *prudência*. Ele faz menção do *amor* dos coríntios para com ele a fim de encorajá-los a considerarem sua própria pessoa, ao tempo em que renuncia, com vistas ao benefício público dos irmãos, a afeição pessoal com que o consideravam.[10] Ora, tudo quanto ele diz aqui é com o intuito de restringir-se em tudo, para que não parecesse que os acusava, quando os exortava.

8. Não falo por mandamento, mas por ocasião da prontidão de outros, para provar a sinceridade de vosso amor.
9. Pois conheceis a graça de nosso Senhor Jesus Cristo, que, embora fosse rico, se fez pobre por amor de vós, para que, através de sua pobreza, vos tornásseis ricos.
10. E nisto dou meu veredicto; pois isso é conveniente a vós, que desde o ano passado começastes, não só a fazer, mas também a querer.
11. Portanto, agora completai a obra começada, para que, assim como houve prontidão no querer, assim haja também a concretização daquilo que tendes.
12. Porque, se primeiro houver uma mente disposta, ela é aceita conforme o que o homem tem, e não conforme o que ele não tem.

8. Non secundum imperium loquor, sed per aliorum sollicitudinem, et vestrae dilectionis sinceritatem approbans.
9. Nostis enim gratiam Domini nostri Iesu Christi, quod propter vos pauper factus sit, quum esset dives: ut vos illius paupertate ditesceretis.
10. Et consilium in hoc do: nam hoc vobis conducit: qui quidem non solum facere, verum etiam velle coepistis anno superiore.
11. Nunc autem etiam illud quo facere coepistis, perficite: ut quemadmodum voluntas prompta fuit ita et perficiatis ex eo quod suppetit.
12. Etenim si iam adest animi promptitudo, ea iuxta id quod quisque possidet, accepta est: non iuxta id quod non possidet.

8. Não falo por mandamento. Uma vez mais, ele qualifica sua exortação, declarando que sua intenção jamais foi a de compeli-los, como se lhes estivesse impondo alguma necessidade, porque "falar

---

10 "De laquelle les Corinthiens l'aimoyent et ses compagnons." – "Com que os coríntios amavam a ele e a seus associados."

por mandamento" é impor alguma ação definida e exigir que seja executada estritamente. Entretanto, se alguém perguntar se não teria sido melhor Paulo ordenasse algo que tivesse o caráter de mandamento do Senhor, a resposta é simples: por certo, Deus sempre ordena que aliviemos as necessidades de nossos irmãos, porém em parte alguma determina o quanto devemos dar,[11] de modo que calculemos e dividamos entre nós e os pobres. Em parte alguma Ele nos prende a tempos, nem a pessoas, nem a lugares específicos, mas simplesmente nos ordena que nos deixemos guiar pelas regras do amor.

Ao mesmo tempo, Paulo, aqui, não está considerando o que lhe é ou o que não lhe é lícito, porém diz que ele não está emitindo ordens, como se entendesse que precisavam ser compelidos e que recusavam cumprir seu dever, a menos que fossem constrangidos pela necessidade. Paulo, porém, menciona duas razões pelas quais ele, a despeito de tudo, os incita a cumprir seu dever. Em primeiro lugar, a preocupação que ele sente pelos santos de Jerusalém o compele a agir assim; em segundo lugar, ele quer que o amor dos coríntios se manifeste a todos.

Não considero isso no sentido de que Paulo mesmo desejava ter certeza do amor deles, porquanto já havia dito que estava plenamente persuadido de tal fato,[12] mas queria que todos os homens tivessem dele uma prova pública. Ao mesmo tempo, a primeira sentença, na qual ele fala de sua ansiedade por outrem, admite dois significados: ou que ele mesmo sentia por eles uma ansiedade que não lhe permitia descansar, ou que Paulo se rendia às súplicas daqueles que tinham este propósito no coração e falava não tanto por iniciativa própria, e sim movido pela sugestão de outros.

9. Pois conheceis a graça. Tendo mencionado o amor, Paulo agora se refere a Cristo como o perfeito e único exemplo de amor. "Embora fosse rico", diz ele, "abriu mão da posse de todas as suas bênçãos para que pudesse enriquecer-nos por meio de sua pobreza". Ele não explica por que mencionou Cristo e deixou de levar em conta os próprios

---

11 "Combien nous leur deuons donner." – "Quanto devemos dar-lhes."
12 "Bien persuadé et asseuré." — "Bem persuadido e assegurado."

coríntios, pois ninguém pode deixar de perceber que somos, por este exemplo, estimulado à prática da beneficência, para que não nos poupemos, quando nossos irmãos solicitarem nosso auxílio.

Cristo *era rico* porque era Deus, sob cujo poder e autoridade existem todas as coisas; e, além do mais, mesmo em nossa humanidade, com a qual se vestiu, Ele era, no dizer do apóstolo, o "herdeiro de todas as coisas" [Hb 1.2; 2.8], visto que foi posto por seu Pai acima de todas as criaturas, e todas as coisas foram postas em sujeição a seus pés. Não obstante, Ele *se fez pobre* porque abriu mão de sua possessão e, por algum tempo, deixou de exercer seus direitos. Vemos assim quantas privações e carência de tudo O aguardavam desde o ventre de sua mãe e ouvimos o que Ele mesmo disse: "As raposas têm seus covis, e as aves do céu, ninhos; mas o Filho do homem não tem onde reclinar a cabeça" [Lc 9.58]. Ele consagra a pobreza em sua própria pessoa, para que os crentes não mais a considerassem com horror. Por sua pobreza, Ele nos enriqueceu, para que não mais sintamos ser difícil tirar de nossa abundância o que podemos usar para favorecer nossos irmãos.

10. E nisto dou meu veredicto. Ele põe *veredicto* em contraste com *mandamento*, do qual falara antes [v. 8], como se quisesse dizer: "Eu mostro o que se espera de vós, mas apenas à guisa de conselho ou admoestação". Ora, esta *vantagem* não é percebida pelo juízo da carne, pois onde se achará alguém que concorde que lhe é vantajoso privar-se de algo, a fim de ajudar outra pessoa? Deveras há um provérbio pagão que diz: "Os bens que você tem doado são os únicos que sempre possuirá",[13] mas a razão para isso é que aquilo que é do-

---

13 Deve-se observar que Calvino cita o mesmo sentimento, ao comentar 1 Coríntios 16.2, mas no presente caso ele aproveita a ocasião, mui apropriada a seu propósito pessoal, para notar a conexão em que o poeta a introduz, que é como segue: —

"Callidus effracta nummos fur auferet arca;
Prosternet patrios impia flamma Lares.
Extra fortunam est, quicquid donatur amicis;
Quas dederis, solas semper habebis opes"

"Um ladrão esperto tentará abrir seu cofre e levar embora seu dinheiro; um fogo ateado por um incendiário vil deitará no pó sua mansão paterna; mas tudo quanto foi dado a amigos é posto além de todo e qualquer risco. O que você tem dado graciosamente é a única riqueza que sempre guar-

ado a amigos está salvo de riscos. O Senhor, porém, não deseja que nos deixemos influenciar pela esperança de recompensa ou alguma retribuição em troca de nossa doação; mas, ainda que os homens sejam ingratos, de modo que é como se tivéssemos perdido o que lhes doamos, devemos perseverar em fazer o bem. Nossa vantagem vem do fato de que, como diz Salomão, "quem se compadece do pobre ao Senhor empresta" [Pv 19.17], cuja bênção, por si só, deve ser reconhecida como sendo cem vezes mais valiosa do que todos os tesouros da terra. Não obstante, a palavra *conveniente* é aqui tomada no sentido de *honroso*, ou podemos dizer que Paulo decide o que é *conveniente* pela referência ao que é *honroso*, já que teria sido desditoso para os coríntios retrocederem ou se deterem no meio da trajetória, quando já haviam avançado tanto. Ao mesmo tempo, teria sido também debalde, uma vez que tudo o que haviam tentado fazer teria sido insuficiente para aceitação aos olhos de Deus.

Desde o ano passado começastes, não só a fazer. Como *fazer* é mais do que *querer*, a expressão pode parecer imprópria a alguém. Aqui, porém, *querer* não é tomado simplesmente (como costumamos dizer), mas comunica a idéia de entusiasmo espontâneo, que não espera por um apelo externo. Porque há, por assim dizer, três maneiras pelas quais podemos *agir*. Primeiro, às vezes podemos agir contra nossa vontade, sob a compulsão da vergonha ou do medo. Segundo, podemos agir espontaneamente, porém sob a impulsão de influências originárias de nosso mundo exterior. Ou, terceiro, podemos agir seguindo as sugestões de nossa própria mente, quando decidimos espontaneamente fazer o que devemos. Essa prontidão em agir sem o impulso de estímulos externos é melhor do que a mera execução de obras.[14]

---

dará" – Martial, Ep. 5.39-42. É mencionado pelo Dr. Bennett, em suas preleções sobre a Pregação de Cristo (p. 104), que no túmulo de Robert de Doncaster havia a seguinte inscrição: "O que dei eu tenho; o que guardei eu perdi".

14 "Vne telle promptitude de s'auancer a faire sans estre incité ou aduerti d'ailleurs, est plus que le faict mesme." – "Tal prontidão em se dispor a agir, sem esperar o estímulo ou admoestação de alguém, é mais do que o próprio ato."

11. Completai a obra começada. É provável que o ardor dos coríntios tenha se arrefecido depressa, pois de outra forma teriam posto em obra sua intenção sem qualquer delonga. O apóstolo, porém, sem dizer que fora cometida alguma falta, apela gentilmente a que completem o que haviam começado tão bem.

Quando Paulo adiciona *conforme o que o homem tem*, ele antecipa uma possível objeção. A natureza humana é sempre engenhosa em maquinar escusas – e alguns alegam que têm famílias e seria injusto negligenciá-las; e alguns usam o fato de que não podiam dar muito como justificativa para não dar nada: "Como posso dar tão pouco?" Paulo remove todas as escusas desse gênero, ao dizer-lhes que cada um contribuísse segundo sua capacidade; e, acrescenta, segundo seu modo de raciocinar, que Deus olha para o coração, e não para o quanto é dado; pois, quando ele diz que um coração disposto é aceitável a Deus segundo a capacidade de cada um, ele tem em mente o seguinte: "Se ofereceis uma pequena oferta extraída de vossos parcos recursos, vossa intenção é tão valiosa aos olhos de Deus como se fosse um rico a fazer uma grande oferta extraída de sua abundância" [Mc 12.44]. Pois a disposição em dar não é avaliada pelo que você não tem, ou, em outras palavras, Deus jamais exige que você contribua mais do que seus recursos o permitem. Assim, ninguém é escusado, visto que os ricos, de um lado, devem a Deus um tributo maior, e, do outro, os pobres não devem envergonhar-se de seus parcos recursos.

13. Não para que outros sejam aliviados, e vós, sobrecarregados,

14. mas por uma igualdade; para que, neste tempo presente, vossa abundância supra a carência daqueles, e para que a abundância deles também venha suprir vossa carência, e para que haja igualdade;

15. como está escrito: Aquele que colheu muito não teve demais; e aquele que colheu pouco não teve menos.

16. Mas graças a Deus, que pôs no coração de Tito a mesma solicitude por vós.

13. Non enim ut aliis relaxatio sit, vobis autem angustia: sed ut ex æquabilitate.

14. In præsenti tempore vestra copia illorum succurrat inopiæ: et illorum copia vestræ succurrat inopiæ, quo fiat æquabilitas.

15. Quemadmodum scriptum est (Exod. xvi.18.) Qui multum habebat, huic nihil superfluit: et qui paulum habebat, is nihilominus habuit.

16. Gratia autem Deo, qui dedit eandem sollicitudinem pro vobis in corde Titi,

17. Pois deveras aceitou a exortação; mas, sendo muito diligente, partiu voluntariamente para vós.

17. Qui exhortationem acceperit: quin potius, quum esset diligentior, suapte sponte ad vos venerit.

13. Não para que outros sejam aliviados. Isto confirma o que Paulo disse antes, ou seja, quer na pobreza, quer na riqueza, o que agrada a Deus é um coração disposto, visto que Ele não deseja que sejamos reduzidos a extremos, a fim de que outros venham a receber alívio através de nossa liberalidade. É certo que devemos a Deus não apenas uma parte, mas tudo o que temos e somos; no entanto, em sua condescendência, Ele nos poupa na medida em que ficamos satisfeitos com aquela extensão da participação que Paulo está delineando aqui, de modo que seu ensino, aqui, deve ser entendido como uma renúncia da estrita letra da lei.[15] Mas, ao mesmo tempo, tem o sentido de incitar-nos, de tempos em tempos, à liberalidade, já que não devemos ter demasiado receio de ir longe demais; o perigo é, antes de tudo, fazermos pouco demais.

Não obstante, esta doutrina é necessária em oposição aos fanáticos que acreditam que você nada faz, a menos que se despoje de tudo, de modo a tornar tudo comum.[16] Por certo, a única coisa que conseguem com seu frenesi é que ninguém consegue dar esmolas com uma boa consciência. Portanto, notemos cuidadosamente a *brandura* (ἐπιείκεια)[17] e moderação de Paulo, ao dizer que nossos donativos agradam a Deus quando amenizamos a necessidade de nossos irmãos, tirando de nossa abundância, de tal forma que o resultado não é que

---

15 "Est vn relaschement de ce a quoy nous sommes tenus em rigueur de droict comme on dit." – "É um abatimento do que estamos obrigados pelo rigor do direito, como dizem."

16 Calvino alude à mesma classe de pessoas, ao comentar Atos 2.44 – "Tinham tudo em comum". "Verum sana expositione indiget hic locus propter spiritus fanaticos, qui bonorum κοινωνίαν fingunt, qua omnis politia evertatur." – "Esta passagem, contudo, requer uma interpretação sadia, em razão daqueles espíritos fanáticos que pretendem (κοινωνίαν) uma *comunhão* de bens, pela qual todo o governo civil é subvertido."

17 Beza, ao comentar 2 Coríntios 10.1, observa que ἐπιεικείας significa "uma inclinação à clemência e misericórdia, como oposta a uma disposição de suprimir o máximo e o justo direito de alguém". Ele observa ainda que "Aristóteles contrasta τὸ ἐπιεικες (*brandura*) com τῷ ἀκριβοδικαίῳ (*justiça rigorosa*), e Hermógenes a contrasta com τῷ βιαίῳ (*violência*)".

sejam eles aliviados e nós prejudicados, mas, ao contrário, que lhes demos algo em proporção com nossos próprios recursos e com um coração disposto.[18]

14. Por uma igualdade. *Igualdade* pode ser tomada em dois sentidos: ou significando a mútua compensação, quando cada parte dá uma quantia equivalente, ou uma justa proporção. Entendo ἰσότητα significando simplesmente uma *igualdade de direito proporcional*,[19] como Aristóteles a qualifica.[20] Ele usa o termo com este significado em Colossenses 4.1, onde exorta os senhores a que dêem a seus servos o que é *eqüitativo*. Por certo que ele não está querendo dizer que devam ser eqüitativos em *condição* e *status*, e sim em *bondade* e *clemência*, pois é isso mesmo o que os senhores devem a seus servos. Da mesma maneira, o Senhor ordena que demos em justa proporção dos recursos que nos estão disponíveis, tanto quanto nossos fundos permitam, socorrendo aqueles que se acham em dificuldades, de tal modo que não haja alguns com extrema abundância e outros com extrema carência. Daí ele adicionar *neste tempo presente*. De fato, naquele tempo a necessidade se abatera sobre eles. Daí sermos admoestados a que, ao exercitarmos a beneficência, devemos levar em conta as necessidades que nos cercam, caso nos interesse observar as regras da eqüidade.

Para que a abundância deles. Há certa dúvida quanto a que tipo de abundância Paulo tem em mente. Alguns o entendem assim: visto que o evangelho chegou aos coríntios, vindo da igreja de Jerusalém, suas riquezas espirituais vieram para suprir a pobreza dos coríntios. Em minha opinião, porém, esta não era a intenção de Paulo. Estaria,

---

18 "Et ce d'vne gayete de coeur et franc courage." – "E isso com entusiasmo do coração e coragem franca."

19 "C'est a dire qui est compassee par proportion selon dês qualitez dês personnes et autres circonstances." – "Equivale a dizer que é regulado proporcionalmente, segundo as condições dos indivíduos, bem como outras circunstâncias."

20 "Quærenda omnino ἰσότης est, sed *analogica* qualis est membrorum in corpore humano, qua quidem non omnia in eodem pretio et dignitate habentur, sed omnia tamen, quæ ornamento vel integumento indigent, ornantur et teguntur." – "Deve-se, por todos os meios, almejar a *igualdade*, porém proporcional, tal como subsiste entre os membros do corpo humano, segundo a qual eles não são de fato mantidos na mesma estima e dignidade, não obstante todos eles demandam ornamento ou vestimenta; por isso, são adornados e vestidos" – Heideggerus.

antes, relacionado com a comunhão dos santos, significando que, quando se põe um dever sobre um membro, ele beneficia o corpo inteiro, como se dissesse: "Se te parece enfadonho socorrer a teu irmão com os bens que não possuem qualquer valor intrínseco, lembra-te de quantas bênçãos, de muito maior valor, tens carência e como aqueles que carecem de bens terrenos podem estar em condição de conceder-te essas bênçãos com profusão. Esta participação comum que Cristo instituiu entre os membros de seu corpo deve incitar-te a uma maior atividade e a um mais intenso entusiasmo em fazer o bem". Ou o significado poderia, possivelmente, ser o seguinte: "Tu os alivias agora porque este é seu tempo de necessidade; no entanto, é possível que venha uma outra ocasião em que serão eles a desfrutar da oportunidade de retribuir-te".[21] A primeira interpretação é mais geral e me agrada mais, pois é endossada pelo que ele agora diz uma vez mais sobre igualdade. Pois a regra da eqüidade proporcional na igreja é que, enquanto os membros partilham mutuamente, em proporção às suas dádivas e necessidades, esta participação recíproca resulta numa justa sistematização, ainda que alguns tenham menos e outros mais e as dádivas sejam distribuídas desigualmente.[22]

15. Como está escrito. A passagem que Paulo cita aqui se refere ao *maná*, mas devemos ouvir o que o Senhor diz por meio de Moisés, pois Ele deseja que isto seja considerado como uma advertência perene para que os homens não vivam só pelo pão, mas sejam sustentados por Deus e mantidos salvos e preservados pelo poder secreto de sua vontade, por meio da qual Ele criou todas as coisas. Em outro lugar [Dt 8.3], Moisés admoesta o povo que por algum tempo fora alimentado com o maná a que soubesse que o ser humano não é alimentado por seu próprio esforço e labor, e sim pela bênção de Deus. Assim, no maná vemos claramente, como num espelho, a imagem do pão or-

---

21 "Quelque iour Dieu leur donnera moyen de vous recompenser." – "Deus um dia lhes dará os meios de recompensar-te."
22 "Fait vne proportion fort conuenable, et comme vne belle harmonie." – "Faz uma proporção muito oportuna e, por assim dizer, uma bela harmonia."

dinário que comemos. Agora, aproximemo-nos da passagem citada por Paulo. Quando o maná desceu, receberam ordem de colhê-lo em porções, tantas quantas cada um pudesse comer; mas, como alguns eram mais espertos do que outros, colhiam mais do que realmente necessitavam para seu uso diário,[23] e outros, menos; todavia, ninguém tomava mais que um ômer[24] para seu próprio uso privativo, porque esta era a quantidade estabelecida pelo Senhor. Assim, todos tinham o suficiente para suas necessidades, e ninguém tinha carência. Isto temos em Êxodo 16.18.

Apliquemos agora a história à preocupação de Paulo. O Senhor não nos prescreveu um ômer ou qualquer outra medida para o alimento que temos cotidianamente, porém nos recomendou a frugalidade e a temperança e proibiu que o homem exceda só porque tem abundância. Por isso, aqueles que têm riquezas, seja por herança, ou pela conquista de sua próprio esforço e labor, precisam lembrar que o excedente não deve ser usado para intemperança ou luxúria, mas para abrandar as necessidades dos irmãos. Tudo o que possuímos é *maná*, seja de que fonte venha, desde que seja realmente nosso, já que as riquezas adquiridas por fraude ou por meios ilícitos não merecem o nome de *maná*, senão que, ao contrário, são *codornizes* enviadas por Deus em sua ira [Nm 11.31]. E assim como o maná que era acumulado como excesso de ganância ou falta de fé ficava imediatamente putrificado, assim também não devemos ter dúvidas de que as riquezas que são acumuladas a expensas de nossos irmãos são malditas e logo perecerão, e seu possuidor será arruinado juntamente com elas. Assim, não conseguimos imaginar que a forma de

---

23 "Combien qu'aucuns em amassassent plus qu'il ne leur estoit de besoin pour la nourriture d'vn iour, est les autres moins (comme les vns sont plus habiles que les autres)." – "Ainda que alguns o colhiam mais do que requeriam suas necessidades, como o alimento de um dia, e outros, menos (visto que alguns são mais espertos do que outros)."

24 "Um ômer era cerca de três quartos na medida inglesa. Alguns inferem que, quando alguém ajuntava mais que sua devida porção, ele dava um excedente àqueles que ajuntavam menos. Outros, contudo, presumem que toda a quantidade ajuntada por alguma família era primeiramente posta numa massa comum e medida para os vários indivíduos que compunham a família" – *Busch's Notes on Exodus*.

um rico crescer é fazendo provisões para um futuro distante e defraudando nossos irmãos pobres daquela ajuda que lhes é devida.[25] Deveras reconheço que não estamos limitados a uma igualdade tal que seria injusto que o rico viva de forma mais elegante do que o pobre; mas deve haver uma igualdade tal que ninguém morra de fome e ninguém acumule sua abundância a expensas de outrem. O ômer[26] do homem pobre será alimento comum e uma dieta frugal, e a *porção* do homem rico será mais abundante, segundo suas circunstâncias; todavia, que seja de tal maneira que viva de maneira eqüitativa, e não prejudique a outrem.

16. Mas graças a Deus, que pôs. Para remover as escusas dos coríntios, Paulo agrega que lhes está sendo concedido homens dinâmicos para atenderem a este negócio. Ele aponta Tito como o primeiro entre eles e diz que o mesmo fora movido por Deus. Isto era de grande importância para a causa que Paulo defendia, pois apressar a missão de Tito seria mais eficaz, se os coríntios reconhecessem que ele lhes fora enviado por Deus. Desta passagem, como de incontáveis outras, inferimos que todos os afetos piedosos procedem do Espírito de Deus e, mais que isso, são uma prova do cuidado de Deus por seu povo, de cujo meio ele suscita ministros e guardiães que buscam amenizar suas necessidades. E, se a providência de Deus se revela em prover nutrição para o corpo, quão maior será seu cuidado para que não nos falte o alimento espiritual. Daí ser sua obra especial e peculiar suscitar pastores.[27]

17. Pois deveras aceitou a exortação. Isso significa que em atendimento a Paulo, Tito empreendeu esta tarefa.[28] Mais tarde ele corrige isto e diz que Tito foi não tanto pela influência de conselhos de terceiros, mas, ao contrário, pelo impulso de sua própria vontade, bem como por interesse e disposição pessoal.

---

25 "Le secours et assistance." — "O socorro e assistência."
26 "L'homer, c'est a dire la mesure des pures." – "O ômer, isto é, a medida do pobre."
27 "Les pasteurs et ministres." – "Pastores e ministros."
28 "Que Tite auoit receu ceste charge." – "Que Tito recebeu este encargo."

18. E com ele enviamos o irmão cujo louvor está no evangelho através de todas as igrejas;

19. e não só isso, mas foi também designado pelas igrejas para viajar conosco no desempenho desta graça, a qual é ministrada por nós para a glória do Senhor e para mostrar nossa prontidão;

20. evitando que alguém nos censure nesta abundância que é ministrada por nós;

21. fazendo provisão para estas coisas honestas, não só aos olhos do Senhor, mas também aos olhos dos homens.

22. E com eles enviamos nosso irmão, o qual muitas vezes e em muitas coisas já deu prova de ser diligente, mas agora muito mais diligente, pela muita confiança que tem em vós.

23. Se alguém inquirir sobre Tito, ele é meu companheiro e cooperador em relação a vós; ou, acerca de nossos irmãos, são eles os mensageiros das igrejas e são a glória de Cristo.

24. Manifestai, pois, a eles, diante das igrejas, a prova de vosso amor e de nossa exultação a vosso respeito.

18. Misimus autem uma cum illo fratrem, cuius laus est in Evangelio per omnes Ecclesias.

19. Nec id solum, verum etiam delectus ab Ecclesiis est comes peregrinationis nostræ, cum hac beneficentia[29] quæ administratur a nobis, ad eiusdem Domini gloriam, et animi vetri promptitudinem.

20. Declinantes hoc, ne quis nos carpat in hac exsuperantia, quæ administratur a nobis.

21. Procurantes honesta, non tantum coram Deo, sed etiam coram hominibus.

22. Misimus autem uma cum illis fratrem nostrum, quem probaveramus in multis sæpenumero diligentem; nunc autem multo diligentiorem, ob multam fiduciam quam habeo ergo vos;

23. Sive Titi nomine, qui socius meus est, et erga vos adiutor, sive aliorum, qui fratres nostri sunt, et Apostoli Ecclesiarum, gloria Christi.[30]

24. Proinde documentum caritatis vestræ et nostræ de vobis gloriationis erga eos ostendit et in conspectu Ecclesiarum.

18. E com ele enviamos o irmão. O fato de três mensageiros serem enviados mostra que grandes expectativas houve no tocante ao que os coríntios podiam fazer e a que eles atendessem a este dever o mais cuidadosamente possível, com o fim de não frustrarem as esperanças das igrejas. Quem era esse segundo *irmão* é algo de que ninguém tem certeza, mas alguns presumem ser Lucas; e outros, Barnabé. Crisóstomo prefere Barnabé, e eu concordo com ele, especialmente em razão

---

29 "Cestes aumone ou grace." — "Esta esmola ou graça."
30 "Soit a cause de Tite qui est mon compagnon, et coadiuteur enuers vous: soit aussi a cause des autres, qui sont nos freres Apostres des Eglises, la gloire de Christ; ou, Ainsi donc quant a Tite, il est mon compagnon et coadiuteur enuers vous; et quant a nos freres, ils sont ambassadeurs des Eglises, et la gloire de Christ." – "Seja por causa de Tito, que é meu companheiro e cooperador em relação a vós, seja também por causa dos demais, que são nossos irmãos, apóstolos das igrejas, a glória de Cristo; ou, Assim, pois, quanto a Tito, ele é meu companheiro e cooperador em relação a vós; e, quanto aos nossos irmãos, são eles embaixadores das igrejas e a glória de Cristo."

de ser ele o que fora escolhido pelas igrejas³¹ para ser companheiro de Paulo. Contudo, visto que não há concordância universal de que Lucas era um daqueles através de quem esta epístola foi transmitida, não faço objeção se ele for considerado o terceiro mensageiro.

Quem quer que seja esta segunda pessoa, Paulo a honra com uma recomendação magistral, a saber, que ela se conduzira no evangelho de tal maneira que merecia louvor, porquanto sua vida promovia este mesmo evangelho. Com isso, Paulo quis dizer que esse indivíduo granjeara louvor, não apenas de um indivíduo, ou ainda de uma igreja, mas de todas as igrejas. E a esta recomendação Paulo junta outra que é especialmente relevante ao tema ora em pauta, pois diz que esse irmão fora escolhido para esta obra com o consentimento das igrejas. Ora, era improvável que esta honra lhe seria conferida, se não fosse conhecido como qualificado para ela. Não obstante, observemos o modo da eleição – aquela que era costumeira entre os gregos – χειποτονία (*erguer uma mão*) —,³² quando os líderes³³ assumiam a precedência por autoridade e conselho e regulavam todo o procedimento, enquanto as pessoas comuns notificavam sua aprovação.³⁴

19. A qual é ministrada por nós. Ao recomendar seu próprio ministério, Paulo injeta mais ânimo nos coríntios. Ele afirma que promovia a glória de Deus e a liberalidade deles; segue-se que estas duas coisas estão relacionadas – a glória de Deus e a generosidade

---

31 "Par le commun accord des Eglises." – "Pelo comum acordo das igrejas."

32 "Laquelle les Grecs appellent d'vn nom qui signifie Eleuation des mains." – "A qual os gregos expressam por um termo que significa mostrar as mãos."

33 "Les principaux ou gouerneurs." – "Os líderes ou governantes."

34 Beza, em suas Anotações sobre Atos 14.23, ao comentar a palavra χειροτονήσαντες usada naquela passagem em conexão com a *ordenação* de anciãos em cada Igreja, observa que a palavra, nesta aplicação, originou-se da prática dos gregos – "qui porrectis manibus suffragia ferebant: unde illud Ciceronis pro L. Flacco, *Porrexerunt manitus: psephisma nature est*." – "Que deram seus votos, erguendo suas mãos: daí aquela afirmação feita por Cícero em sua Oração em favor de L. Flaccus – *Ergueram suas mãos* – *um decreto foi aprovado*". Faz-se alusão ao mesmo costume entre os gregos nos escritos de *Xenofonte*, Καὶ ὅτῳ δοκεῖ, ἔφη, ταῦτα, αἱρέτω τὴν χεῖρα, ἀνέτειναν πάντες — "Todo aquele que é desta mentalidade", diz ele, "que erga sua mão – todos ergueram suas mãos" (Xen. de Exped. Cyri. Lib. v. p. 283). Ἔνδοξε δ' ἀναβαλέσθαι ἐς ἑτέραν ἐκκλησίαν· τότε γὰρ ὀψὲ ἦν, καὶ τὰς χεῖρας οὐκ ἂν καθεώρων — "Mas pareceu bem prorrogar a matéria até outra assembléia, pois já era tarde e não podiam ver as mãos" – (Xen. Hist. Grace. Lib. 1, p. 350).

dos coríntios –, de modo que a generosidade não pode cessar, sem que a glória de Deus seja diminuída. Além disso, há os esforços destes homens notáveis, o que seria mui inconsistente rejeitar ou permitir passar sem ser aproveitado.

20. Evitando que[35] alguém nos censure. Neste caso, alguém imaginaria que as igrejas não confiavam na honestidade de Paulo; por isso, ele associou outros consigo, como companheiros à maneira de guardas que amiúde são designados a pessoas vistas sob suspeitas; ele diz que ele mesmo é o fomentador deste arranjo com o fim de prover-se contra aborrecimentos. Aqui, alguém poderia indagar se haveria alguém tão cínico que ousasse insultar, sob a mais leve sombra de suspeita, a um homem cuja fidedignidade, em todos os rincões, estava muito acima de qualquer suspeita. Em resposta, pergunto se alguém poderia ser imune aos ataques caluniosos de Satanás, quando até mesmo Cristo não foi poupado, pois, se ele se expôs às críticas[36] dos ímpios, como poderiam seus servos esperar viver em segurança? [Mt 10.25.] Ao contrário, é precisamente contra um homem plenamente íntegro que Satanás arremessa todos os seus dardos numa tentativa desesperada de achar qualquer meio que seja para macular sua reputação, porquanto sua queda poderia ser um motivo muitíssimo forte de ofensa.[37] Daí, de todas as posições importantes que ocupamos, a maior delas é a necessidade que temos de imitar cuidadosamente a prudência e a modéstia de Paulo. Ele não se sentia tão importante que não admitisse ver-se sob vigilância como um membro qualquer do

---

35 A palavra original, στελλόμενοι, "às vezes significa o recolhimento ou alteração das velas de um navio com o fim de mudar seu curso, para evitar as rochas ou outros perigos que, porventura, se encontra em sua via. Aqui, ela é usada num sentido metafórico para *precaução*, a fim de que ninguém achasse falta no apóstolo, como um infiel administrador das coletas" – M'Knight. O verbo é empregado por Plutarco substancialmente no mesmo sentido: οἱ κατὰ ψυχὴν χειμῶνες βαρύτεροι, στείλασθαι τὸν ἄνθρωπον οὐκ ἐῶντες οὐδὲ ἐπιστῆσαι τεταραγμένον τὸν λογισμὸν — "As tempestades da mente são mais severas, não permitindo ao homem mudar seu curso ou acalmar a razão perturbada" – (Plut. tom. 2 p. 501).
36 "Aux reproches et calomnies." – "Às críticas e calúnias."
37 "Car le scandale qui procederoit de la, seroit beaucoup plus grand que si cela estoit aduenu a vn autre." – "Pois o escândalo oriundo disso seria muito maior do que se tal coisa ocorresse com outro."

rebanho;[38] ele não era tão enfatuado que devesse evitar as falsas acusações, com o fim de não deslustrar sua dignidade. É também verdade que ele evitou perigos e exibiu grande prudência, de modo que as pessoas indispostas não tiveram chance de acusá-lo. E, com toda certeza, nada há que deixe alguém mais vulnerável a acusações sinistras do que a administração dos erários públicos.

21. Fazendo provisão para estas coisas honestas. Em minha opinião, mesmo entre os coríntios havia quem não hesitasse em falar mal de Paulo, caso lhe fosse dada uma chance. Daí, ele queria que soubessem em que pé as coisas estavam, para que toda e qualquer acusação fosse silenciada. Por isso, ele declara que tomava o máximo de cuidado, não só para ter boa consciência diante de Deus, mas também para desfrutar de boa reputação diante dos homens. Não há dúvida de que, por meio de seu exemplo, aqui ele deseja ensinar aos coríntios e a todos os mais que, quanto à atitude de julgar como se deve proceder com integridade, a opinião dos homens não deve ser ignorada. A primeira preocupação[39] é, sem dúvida, a de ser uma boa pessoa, e isso se verifica não só pelos feitos externos, mas também por uma consciência íntegra; a segunda preocupação, porém, consiste no fato de que as pessoas entre as quais você vive devem reconhecer que você é realmente uma boa pessoa.

Entretanto, devemos estar cientes quanto ao propósito com que se deve buscar esta aprovação humana, porquanto nada é pior do que a ambição egoística que corrompe todas as melhores coisas, deforma as mais honrosas e torna ofensivos até mesmo os sacrifícios mais agradáveis aos olhos do Senhor. Por isso, esta passagem é escorregadia no sentido de possibilitar[40] que alguém se anime e pretenda ser como Paulo, e se preocupe em cultivar boa reputação e, contudo, esteja muito

---

38 "Il n'estoit point si arrogant, qu'il ne voulust bien estre admonesté et censuré aussi bien que le plus petit de la bande." – "Ele não era tão arrogante a ponto de não se deixar admoestar e censurar pelo mais humilde do grupo."

39 "Le premier et le principal." – "A primeira e principal coisa."

40 "Ainsi c'est yci vn passage glissant; et pourtant il faut que chacun aduise a soy." – Assim há aqui uma passagem escorregadia, e por isso cada um deve atentar a si mesmo."

longe de ter a disposição de Paulo, porquanto ele se preocupava com as coisas honestas aos olhos dos homens, de modo que ninguém viesse a tropeçar seguindo seu exemplo, mas que, ao contrário, viesse a ser edificado. Portanto, se queremos ser como Paulo, devemos precaver-nos de não buscar um bom nome visando tão-só a nossos próprios interesses. "O homem que negligencia sua reputação", diz Agostinho, "é cruel, porque ela é tão necessária diante de nosso próximo como o é uma boa consciência diante de Deus". Isto é verdadeiro, contanto que você esteja pronto a glorificar a Deus, informando-se sobre o bem-estar de seus irmãos, e esteja preparado para repreender e humilhar em vez de louvar, se isto parece agradável aos olhos do Senhor. Todavia, o cristão deve sempre ter o cuidado de viver uma vida que produza a edificação de seu semelhante e tomar atentas precauções para que os ministros de Satanás não encontrem escusas para caluniá-lo, causando com isso a desonra de Deus e a ofensa dos homens de bem.

22. Pela muita confiança que tem em vós. O significado é este: "Não temo que sua vinda para vosso meio seja infrutífera e debalde, porque desde o início tive grande confiança de que sua missão teria um resultado feliz; estou bem cônscio de sua fidelidade e diligência". Ele diz que o irmão, cujo nome não é mencionado, era ainda mais ardoroso, em parte porque ele percebeu o bom conceito que Paulo tinha dos coríntios, em parte porque Tito despertara seu entusiasmo e, em parte, porque viu muitos homens eminentes aplicarem esforços conjuntos na realização da mesma tarefa. Portanto, só uma coisa permanecia: que os próprios coríntios não falhassem de sua parte.[41]

Quando Paulo fala sobre *os mensageiros das igrejas*, há duas possíveis explicações para o que ele quis dizer: ou que Deus os estabelecera distintamente como mensageiros às igrejas, ou que eles foram designados pelas igrejas para a execução desta obra. A segunda interpretação é a melhor. Eles são, igualmente, chamados a glória de Cristo, porque, visto que somente Cristo é a glória dos crentes, ele deve, por sua vez,

---

41 "Que les Corinthiens auisassent a ne defaillir point de faire leur deuoir de leur costé." – "Que os coríntios seriam cuidadosos, não deixando de cumprir, da sua parte, o seu dever."

ser glorificado por eles. Todos quantos se sobressaem em piedade e santidade são a glória de Cristo, visto que tudo quanto possuem é uma dádiva de Cristo a eles outorgada.

Na conclusão, Paulo menciona duas questões: "Vede que nossos irmãos observem vosso amor" e "vede que eu não tenha me orgulhado de vós em vão". O termo grego εἰς αὐτούς parece significar *diante deles* (*coram ipsis*), porque se refere não aos pobres, e sim aos mensageiros que foram apenas mencionados, porque imediatamente ele adiciona que esses mensageiros[42] não seriam as únicas testemunhas, mas que, através de seu anúncio, a palavra alcançaria até as igrejas mais distantes.

---

42 "Qui estoyent enuoyez comme ambassadeurs vers les Corinthiens." – "Que foram enviados como embaixadores aos coríntios."

Capítulo 9

1. No tocante à administração em favor dos santos, é supérfluo escrever-vos;
2. porque conheço vossa prontidão, na qual me glorio em vosso favor junto aos da Macedônia: que a Acaia está preparada desde o ano passado; e vosso zelo tem excitado muitos deles.
3. Mas enviei os irmãos para que nossa glória, a vosso respeito, não seja debalde neste sentido; para que, como já disse, possais estar preparados;
4. a fim de que, de qualquer maneira, se caso vierem comigo alguns da Macedônia e encontrar-vos desprevenidos, nós (para não dizer vós) seríamos envergonhados quanto a esta confiança.
5. Portanto, julguei ser necessário insistir com os irmãos que me precedessem junto a vós e preparassem de antemão vossa dádiva já prometida, para que a mesma esteja pronta como expressão de bênção, e não de avareza.

1. Nam de subministratione quæ fit in sanctos, supervacuum mihi est scribere vobis.
2. Novi enim promptitudinem animi vestri, de qua pro vobis gloriatus sum apud Macedones: quod Achaia parata sit ab anno superiori: et aemulatio vestri excitavit complures.
3. Misi autem fratres, ut ne gloriatio nostra de vobis inanis fiat in hac parte: ut, quemadmodum dixi, parati sitis.
4. Ne si forte mecum venerint Macedones, et vos deprehenderint imparatos, nos pudore suffundamur (ne dicam vos) in hac fiducia gloriatonis.
5. Necessarium ergo existimavi, exhortari fratres, ut ante venirent ad vos: ut præparent ante promissam benedictionem vestram, quo in promptu sit, atque ita ut benedictio,[1] non tenacitas.

À primeira vista, esta declaração não parece oportuna ou, pelo menos, não bem ajustável ao que antecede. Paulo parece estar apresentando um novo tema. Aliás, os leitores devem observar que aqui ele está seguindo precisamente os mesmos assuntos que vinha tratando. Ainda está explicando que não foi alguma falta de confiança que o levou a apelar aos coríntios, nem sua admoestação estava acompa-

---

[1] "Comme benediction, c'est a dire, don liberal, ou beneficience." – "Como uma bênção, ou seja, um dom ou bondade liberal."

nhada de alguma espécie de reprimenda em virtude dos antecedentes deles; Paulo foi compelido por outras razões. O significado do que ele diz agora é este: "Não vos estou ensinando o dever de ministrar aos santos; pois, que necessidade haveria para isso? Tal coisa é sobejamente do vosso conhecimento, e vossos feitos evidenciam que não tendes intenção de abandoná-la;[2] a razão por que não consigo manter silêncio é que por toda parte me tenho alegrado de vossa generosidade, e minha reputação é tão sólida quanto a vossa". Por isso, alegações tão ansiosas poderiam ter sido muito ofensivas aos coríntios, caso não houvesse algum outro motivo por trás, posto que poderiam ter imaginado ou que estavam sendo acusados de negligência ou que Paulo suspeitava deles. Não obstante, por meio desta explicação um tanto perspicaz, Paulo assegura para si mesmo a liberdade não só de exortá-los sem ofensas como também de instar com eles reiteradamente.

Alguns poderiam suspeitar que Paulo, aqui, está declarando uma confiança que realmente não sentia. Mas tal pensamento seria completamente absurdo, porque, se ele soubesse que os coríntios estavam suficientemente decididos a cumprir seu dever, por que se revela tão reticente em suas admoestações? E se ele tem dúvida de sua espontaneidade, por que diz que sua admoestação era supérflua? O amor envolve tanto boa perspectiva quanto preocupação ansiosa, e Paulo jamais teria dado um testemunho tão favorável em prol dos coríntios, se não estivesse convencido da veracidade do que declara. Ele presenciara um feliz começo; esperava que seu futuro progresso fosse igualmente correspondente, mas, como estava cônscio da indisposição do espírito humano, ele não podia estar tão seguro de que os coríntios não iriam voltar atrás em sua piedosa intenção.

1. Administração. Esta palavra parece não muito adequada para aplicar-se àqueles que doavam de sua subsistência aos pobres, posto que a liberalidade é merecedora de uma designação mais esplêndida.[3] Não obstante, Paulo tinha em mente o que os crentes devem aos seus

---

2 "Ou vous espargner en leur endroit." – "Ou poupar-vos quanto ao que lhes deveis."
3 "Vn titre plus magnifique et honorable." – "Uma designação mais magnificente e honrosa."

companheiros, membros do mesmo corpo.⁴ Os membros de Cristo têm o dever de ministrar uns aos outros, de modo que, quando nos dispomos a socorrer nossos irmãos, não fazemos mais do que desempenhar o ministério que é também dever deles. Por outro lado, negligenciar os santos, quando necessitam de nosso socorro, é algo mais do que apenas ausência de bondade; é usurpá-los daquilo que lhes é devido.

2. Na qual me glorio. Ele agora apresenta provas de seu bom conceito em referência aos coríntios, uma vez que se tornou, por assim dizer, o fiador deles, ao gloriar-se em sua prontidão para doar. Mas, o que ele dissera temerariamente que os fatos não pudessem confirmar? Pois há certo indício de que este fora o caso, porquanto ele se gloriava em que os coríntios haviam preparado dinheiro para um ano, dinheiro este que o levou muitas vezes a insistir que o tivessem pronto. Minha resposta consiste em que o que Paulo diz não deve ser considerado como se os donativos deles já estivessem estocados num cofre; o que ele diz é simplesmente que eles estavam definitivamente decididos entre si. Isto não envolve culpa de leviandade ou equívoco; ele está falando simplesmente desta promessa feita por eles.⁵

3. Mas enviei os irmãos. Agora ele lhes apresenta a razão por que é que, enquanto nutria um conceito favorável quanto à espontaneidade deles, não obstante se pusera a exortá-los prudentemente. "Estou preocupado", diz ele, "por meu próprio bom nome e pelo vosso, pois já que fiz uma promessa em vosso favor, seríamos infelizes se os atos e as palavras não correspondessem. Por isso, deveis tomar meus temores em bom sentido".

4. Quanto a esta confiança. O termo grego é ὑπόστασις; o Antigo Intérprete o traduziu para o latim *substantia* (*substância*);⁶ e Erasmo, *argumentum* (*tema*), mas tampouco é adequado. Budaeus observa que o termo é usado, às vezes, no sentido de *ousadia* ou *confiança*, como

---

4 "Ceux qui sont membres d'vn mesme corps auec eux." – "Os que são membros, com eles mesmos, do mesmo corpo."
5 "Le sainct Apostre donc parloit de ceste promesse des Corinthiens." – "O santo apóstolo, pois, falava desta promessa dos coríntios."
6 Na versão de Wycliffe (1380), a tradução é: "Nesta substância." Igualmente, a de Rheims (1582).

em Políbio, quando diz: οὐχ οὕτω την δύναμιν ὡς τὴν ὑπόστασιν καὶ τόλμαν αὐτοῦ καταπληγμένον τῶν εναντίων – "O que confundiu o inimigo não foi tanto sua força, mas sua ousadia e audácia".[7] Daí, ὑποστατικός indica às vezes alguém que é ousado e confiante.[8] Ora, deve-se reconhecer que esta tradução é bem adequada ao contexto do discurso de Paulo. Daí transparecer que outros intérpretes, por inadvertência, caíram em equívoco.

5. Como expressão de bênção, e não de avareza. No lugar de *bênção*, há quem a traduza por *coleta*. Não obstante, preferi conservar a tradução literal, como o grego empregou o termo εὐλογίας para traduzir o hebraico ברכה (*beracah*), usado no sentido de *bênção*, isto é, uma invocação por prosperidade, bem como no sentido de *beneficência*.[9] Creio que a explicação para esses dois sentidos é esta: em primeira instância, ela é atribuída a Deus,[10] pois sabemos como Deus nos abençoa eficientemente por sua mera vontade.[11] Quando o termo é transferido de Deus para o homem, ele conserva o mesmo significado – sem dúvida, de forma imprópria, porque a bênção do homem não

---

7 A expressão aqui citada de Políbio (lib. vi. cap. 53, p. 691), é usada pelo historiador em relação a uma proeza heróica de Publius Horatius Cocles. Este, juntamente com outros dois, demonstrou singular intrepidez, na ponte Ssubliciana, na ocasião em que Porsena, rei de Clusium, o mais poderoso príncipe da Itália naquele tempo, fez uma tentativa súbita contra a cidade de Roma. Publuis Cocles conteve o ataque do inimigo, obstruindo eficientemente seu avanço, até que a ponte foi destruída na retaguarda; em seguida, ele pulou no rio e nadou de volta aos seus amigos em segurança, por entre os dardos do inimigo. Em honra a tão ousada aventura, uma estátua de Cocles, segundo Levy (ii.10), foi colocada no *Comitium*, e lhe foi feita uma concessão de terra, o quanto ele pudesse arar naquele dia. Raphelius cita outro exemplo em que Políbio emprega ὑπόστασις no mesmo sentido – "Quando os rodianos", diz ele, "percebem τὴν τῶν βυζαντιῶν ὑπόστασις – a intrepidez dos bizantinos" (Pol. Lib. 6: p. 440).

8 O adjetivo ὑποτατικός é usado por Aristóteles neste sentido (Eth. End. ii. 5, 5), e o advérbio derivado dele, ὑποστατικῶς, tem significação correspondente em Polybius (lib. 5: cap. 16, p. 508, linha 1): Τοῦ δὲ βασιλέως ὑποστατικῶς φήσαντος - "O rei, tendo falado com firmeza".

9 "Qui signifie tant benediction, c'est a dire vn souhait ou priere pour la prosperite d'autruy, que beneficence ou leberalite." – "Que denota bênção (isto é, desejo ou oração pela prosperidade de outrem), bem como beneficência ou liberalidade."

10 "Ie pense que la raison de ceste derniere signification est, pource que ce mot est en premier leiu et proprement attribue a Dieu." – "Penso que a razão desta última significação é esta: ela é, em primeiro lugar, e propriamente, atribuída a Deus."

11 "Par la seule et simple volonte." – "Por um mero e simples exercício da vontade."

possui a mesma eficácia¹² que a de Deus; todavia, não é incompatível quando é transferida de um para o outro.¹³

À *bênção* Paulo contrasta πλεονεξίαν (*avareza*), um termo que gregos empregam para denotar *excessiva avidez*, tanto quanto fraude e como avareza.¹⁴ Na antítese a ser extraída, *avareza* produz o melhor sentido, pois Paulo deseja que eles dêem não de má vontade, porém movidos por um espírito liberal, como se poderá perceber mais claramente do que vem a seguir.

6. Digo, porém, isto: Aquele que semeia frugalmente, também colherá frugalmente; aquele que semeia profusamente, também colherá profusamente.
7. Cada um faça segundo o propósito do coração; de modo que dê não de má vontade, nem por necessidade; porque Deus ama ao doador satisfeito.
8. E Deus é capaz de fazer que toda a graça transborde em vós; para que, tendo sempre toda suficiência em todas as coisas, transbordeis em toda boa obra;
9. como está escrito: Distribuiu amplamente; deu aos pobres; sua justiça permanece para sempre.

6. Hoc autem (est): Qui sementem facit parce, is parce messurus est: et qui sementem facit in benedictionibus,¹⁵ in benedictionibus¹⁶ etiam metet.
7. Unusquisque secundum propositum cordis, non ex molestia aut necessitate: nam hilarem datorem diligit Deus.
8. Potens est autem Deus efficere, ut tota gratia in vos exuberet: ut in omnibus omnem sufficientiam habentes, exuberetis in omne opus bonum.
9. Quemadmodum scriptum est (Ps. cxii. 9): Dispersit, dedit pauperibus, iustitia eius manet in saeculum.

6. Digo, porém, isto.¹⁷ Ele agora recomenda a assistência caridosa, usando uma bela comparação em que vincula-a à semeadura. Pois,

---

12 "Que Dieu ha;" — "Que Deus tenha."
13 "O abençoar de Deus e o nosso diferem muitíssimo. Pois Deus nos abençoa eficientemente, ao exibir sobre nós suas misericórdias. Abençoamos [ou bendizemos] a Deus, sem acrescentar-lhe nenhum bem, mas simplesmente declarando. O *benedicere* de Deus é *benefacere* – suas palavras são obras; nossa bênção, porém (como diz Aquino), é apenas *recognoscitium* e *expressivum* – apenas *um reconhecimento e celebração daquela bondade que Deus possui*" – *Burgesse,* sobre 2 Cor. i. p. 127.
14 "Qui signifie tant couuoitise excessiue, ou auarice, que chichete, et quand on rogne quelque chose de ce qu'il faudroit donner." – "Que denota excessiva cobiça ou avareza, bem como sentimento sórdido, quando alguém retém algo que deveria dar."
15 "En benedictions, c'est a dire, a foison et abondamment, ou liberalement;" — "Em bênçãos, ou seja, em pelnitude e de modo abundante ou liberalmente."
16 "En benedictions, ou liberalement;" — "Com bênçãos ou liberalmente."
17 "Or ie di ceci;" — "Agora, digo isto."

na semeadura, a semente é lançada pela mão, espalhada aqui e ali, sobre o solo; é sepultada e, por fim, apodrece; de tal modo que, aparentemente, quase nem existe. Dá-se o mesmo com o donativo: o que sai de nós para alguém, parece diminuir o que possuímos, mas o tempo da ceifa virá, quando os frutos aparecerão e serão recolhidos. Pois o Senhor considera o que é doado aos pobres como sendo doado a Ele mesmo, e um dia recompensará o doador com juros fartos [Pv 19.17].

Focalizemos agora a comparação de Paulo. Ele diz que o homem que é frugal em sua semeadura terá uma colheita tão escassa quanto sua semeadura; mas o homem que semeia generosamente e com mãos abertas fará, igualmente, uma colheita generosa. Que esta doutrina seja solidamente radicada em nossa mente, a saber: sempre que a prudência carnal nos impedir de fazer o bem por receio de perdermos algo, tenhamos prontamente condições de resistir a tais impulsos, movidos pela lembrança da declaração do Senhor de que, ao fazermos o bem, estamos *semeando*. É preciso entender esta colheita, seja em termos de recompensa espiritual de vida eterna ou como uma referência às bênçãos terrenas com as quais o Senhor agracia o benfeitor. Pois o Senhor requer esta beneficência da parte dos crentes não só no céu, mas também neste mundo. É como se Paulo quisesse dizer: "Quanto mais liberais venhais a ser para com vosso semelhante, possuireis muito mais ricamente a bênção que Deus derrama sobre vós". Aqui, novamente, ele usa o termo *bênção* como oposto de *frugal*, assim como um pouco antes ele o contrastara com *avareza*. Tudo indica que a palavra é aqui usada no sentido de *liberalidade ampla e abundante*.

7. Cada um faça segundo o propósito do coração. Tendo-lhes ordenado que dessem liberalmente, isso requeria ainda um acréscimo: que Deus julga liberalmente não com base na *quantidade* dada, e sim na *disposição*. É verdade que Paulo gostaria que os coríntios dessem ampla quantidade, de maneira que os irmãos fossem socorridos o mais liberalmente possível, mas não pretendia extorquir deles nada que fosse contra sua vontade. Daí exortá-los a que dessem liberalmente, mas somente até onde estivessem dispostos. Ele contrasta *propósito do* *coração* com *má vontade* e *por necessidade*. Quando agimos sob a compulsão da necessidade, não agimos em consonância com o propósito de nosso coração, e sim com relutância.[18] A necessidade aqui referida é aquela conhecida como necessidade extrínseca, aquela necessidade que é imposta de fora. Naturalmente, obedecemos a Deus porque é necessário, todavia, o fazemos de coração. Pois neste caso a necessidade é-nos imposta por nós mesmos, movidos por nosso próprio arbítrio; e, posto que nossa carne é relutante, às vezes nos esforçamos demais por compelir-nos à realização do dever imposto. Mas quando somos compelidos externamente a fazer algo que evitaríamos de bom grado, se pudéssemos, então o fazemos, não zelosa ou alegremente, mas com relutância ou com a mente constrangida.

Porque Deus ama ao doador satisfeito. Paulo nos traz de volta a Deus, porque, como disse no início, a doação generosa é um sacrifício, e somente um sacrifício voluntário pode agradar a Deus. Pois, quando diz que Deus ama ao doador contente, ele deduz o contrário, ou seja: Deus rejeita o constrangimento e a coerção. Sua vontade não é dominar-nos como tirano; Ele se nos revela como Pai, portanto requer de nós a espontânea obediência de filhos.[19]

8. E Deus é capaz. Uma vez mais, ele se precavê contra o pensamento vil, que nossa infidelidade está constantemente a nos sugerir: "O quê? Você não tem nenhuma consideração por nossos interesses? Não percebe que, quanto mais você dá, menos lhe é deixado?" Para refutar tal insinuação, Paulo nos encoraja com uma maravilhosa promessa de que sempre que doamos algo recebemos de volta para nosso próprio benefício. Eu já disse que somos, por natureza, extremamente avarentos, porquanto somos inclinados à desconfiança, de tal forma que cada um se vê tentado a conservar avidamente o que possui. Para corrigir esta carência, devemos atentar bem a esta promessa: aqueles que fazem o bem em favor do pobre estão, na verdade, protegendo

---

18 "*Auec* regret et tristesse." — "Com pesar e tristeza."
19 "Vne obeissance filiale, quis oit prompte et franche." – "Uma obediência filial, que é pronta e alegre."

seus próprios interesses, como se estivessem regando seus próprios campos. Porque, por intermédio de sua doação, eles produzem tantos canais de água ao longo dos quais a bênção divina fluirá para enriquecê-los. O que Paulo quer dizer é o seguinte: "Tal liberalidade não vos privará de nada, senão que garantirá que o que derdes vos retornará em muito maior abundância". Ele fala do poder de Deus, não como os poetas fazem, mas na maneira usual da Escritura, a qual lhe atribui um poder que se revela em ação, cuja eficácia presente sentimos pessoalmente; não algum poder inativo que meramente imaginamos.

Tendo sempre toda suficiência em todas as coisas. Ele menciona um duplo benefício oriundo daquela graça que já prometeu aos coríntios, a saber, que teriam o que bastasse para si e um excedente para a prática do bem. Pelo termo *suficiência*, ele tem em mente aquela *medida* que o Senhor bem sabe ser-nos proveitosa, pois nem sempre é-nos proveitoso acumularmos à saciedade. O Senhor administra em nosso favor tanto quanto é-nos proveitoso, às vezes, mais e, às vezes, menos, mas sempre na medida em que ficamos satisfeitos e que vale muito mais do que ter o mundo inteiro e sermos consumidos. Nesta suficiência devemos ser ricos, com o propósito de fazer o bem a outrem. Porque a razão de Deus nos fazer o bem não é tanto para que alguém guarde para si mesmo o que recebeu, mas para que haja mútua participação entre nós, de acordo com os reclamos das necessidades.

9. Como está escrito: Distribuiu. Como comprovação do que disse, ele cita Salmos 112.9, em que, entre outras virtudes de uma pessoa piedosa, o profeta menciona isto: ele não deixará de fazer o bem, mas será como a água que flui incessantemente de uma fonte perene, de modo que o que emana de sua liberalidade jamais cessará. Paulo tem os olhos nisto: "Não nos cansemos de fazer o bem" [Gl 6.9], e isto é também o que as palavras do profeta significam.[20]

---

20 Nosso autor, ao comentar a passagem aqui mencionada, observa: "Esta passagem é citada por Paulo [2Co 9.9]), na qual ele nos informa que para Deus é muito fácil abençoar-nos com abundância, para que façamos livre, liberal e imparcialmente a nossa doação; e isto se encaixa melhor no desígnio do profeta".

10. Aquele que supre semente ao semeador e pão para vosso alimento supra e multiplique vossa semente semeada e aumente os frutos de vossa justiça;

11. sendo enriquecidos em tudo para toda liberalidade, a qual faz com que, por nosso intermédio, sejam tributadas graças a Deus.

12. Porque a administração deste serviço não só supre a carência dos santos, mas também transborda em muitas graças a Deus;

13. visto que, pela experiência desta administração, glorificam a Deus pela sujeição declarada ao evangelho de Cristo e pela liberalidade de vossa contribuição a eles e a todos os homens;

14. enquanto eles, pela oração por vós, demonstram o ardente afeto que vos têm, por causa da superabundante graça de Deus que há em vós.

15. Graças a Deus por seu dom inefável.

10. Porro qui suppeditat semen seminanti, is et panem in cibum suppeditet, et multiplicet sementem vestram, et augeat proventus iustitiæ vestræ.

11. Ut in omnibus locupletemini in omnem simplicitatem, quæ per vos producit gratiarum actionem Deo.

12. nam ministerium huius functionis[21] non solum supplet ea quæ desunt sanctis: verum etiam exuberat in hoc, quod per multos agantur gratiæ Deo:

13. Quod per probationem ministerii huius glorificant Deum super obedientia consensus vestri in Evangelium Christi: et de simplicitate communicationis in ipsos, et in omnes.

14. Et precatione eorum pro vobis: qui desiderant vos propter eminentem Dei gratiam in vobis.

15. Gratia autem Deo super inerrarabili suo munere.

10. Aquele que supre. Esta é uma bela descrição de Deus e da plenitude de sua sublime consolação.[22] Porque aquele que semeia na estação própria virá no tempo da colheita para reunir os frutos de seu próprio esforço e labor, de modo que a semeadura, aparentemente, é a fonte da qual se origina nosso alimento. Paulo, porém, nega tal coisa e sustenta que a semente e o alimento provêm ambos da graça de Deus para o lavrador que a semeia e acredita que é por meio de seu labor que as pessoas são nutridas. A mesma coisa é expressa em Deuteronômio 8.16-18: "Que no deserto te sustentou com maná, que teus pais não conheciam; para te humilhar, e para te provar, e, afinal, te fazer bem. Não digas, pois, em teu coração: A minha força e o poder de meu braço me adquiriram estas riquezas. Antes, te lembrarás do Senhor teu Deus, porque é ele quem te dá força".

---

21 "De ceste oblation;" — "Desta oferenda."
22 "As palavras ὁ ἐπιχορηγῶν βρῶσιν são uma perífrase de Deus (i.e., o Ser Bom), que nos dá ricamente todas as coisas para as desfrutarmos. É formada sobre Isaías 55.10" – Bloomfield.

Supre. Há aqui duas traduções variantes, inclusive no grego. Algumas versões trazem três verbos no futuro – *suprirá, multiplicará, aumentará*.²³ Isto faria desta sentença uma confirmação da sentença imediatamente anterior; é incomum Paulo repetir a mesma promessa usando outros termos a fim de imprimi-la na mente. Em outras versões, os verbos estão no infinitivo, e sabe-se muito bem que o infinitivo é, às vezes, usado em lugar do optativo. Prefiro esta última tradução, ou porque é mais geralmente aceita, ou porque Paulo comumente acompanha suas exortações com orações nas quais ele pede a Deus a coisa que se tornara o assunto de sua exortação, embora não haja nada errôneo na primeira tradução.

Pão para alimento. Paulo faz menção do duplo resultado da bênção divina sobre nós: primeiro, temos o suficiente para o sustento da vida; em seguida, temos algo que doar com o fim de aliviar as necessidades de outras pessoas. Pois assim como não nascemos exclusivamente para nós mesmos,²⁴ o cristão também não deve viver exclusivamente para si, nem usar o que possui somente para seus propósitos particulares ou pessoais.

Pelas termos *semente* e *frutos de justiça* Paulo quer dizer *donativos*. Indiretamente, ele contrasta frutos de justiça com os proventos dos labores que os homens depositam em armazéns, adegas ou celeiros, de modo que possam empanturrar-se com tudo o que coletam e acumulam para seu enriquecimento e aprazimento. Ao falar de *semente*, ele faz referência aos meios pelos quais se faz o bem; e, por *fruto*, ele quer dizer a própria obra de assistência que é prestada;²⁵ porque *justiça*, aqui, é usada por sinédoque, para significar a *beneficência*; como se quisesse dizer: "Possa Deus não só suprir-vos com o que é suficiente para vosso uso pessoal, mas em medida tal que as fontes de vossa

---

23 O manuscrito Vaticano contém os futuros — χορηγήσει (suprirá), πληθύνει (multiplicará) e αὐξήσει (aumentará)." — Penn.
24 Nosso autor aqui, mui provavelmente, tem diante dos olhos a célebre passagem de Horácio: "Nos numerus sumus, et fruges consumere nati." – "Somos apenas um membro da humanidade, nascidos, aparentemente, só para consumir os frutos da terra" (Hor. Ep. i. 2, 27).
25 "L'assistance laquelle on fait par charite." – "A assistência que alguém presta em amor."

liberalidade jorrem sempre, sem jamais se exaurirem". Já que dar assistência às necessidades de nosso semelhante é uma parte da justiça – e não é, de modo algum, a menor parte[26] –, os que negligenciam esta parte de seu dever devem ser tidos na conta de injustos.

11. Sendo enriquecidos em tudo para toda liberalidade. Aqui, uma vez mais, ele emprega o termo *liberalidade* para expressar a natureza da autêntica beneficência – quando, lançando sobre Deus toda nossa preocupação [1Pe 5.7], oferecemos alegremente o que nos pertence para satisfazer quaisquer propósitos aos quais Deus possa nos dirigir. Paulo nos ensina[27] que estas são as verdadeiras riquezas dos crentes – quando confiam que a providência divina lhes dará sustento suficiente, e não desanimam em fazer o bem por desconfiança. É com boas razões que Paulo usa o termo *abundância* para descrever a suficiência de um coração generoso que se sente satisfeito com seu próprio e modesto suprimento. Porque ninguém é mais frustrado ou carente do que aquele que vive sem fé, cuja preocupação com suas posses dilui toda a sua paz.

A qual faz com que, por nosso intermédio. Ele recomenda que os donativos que, porventura, se têm destinado a outras causas nobres sejam destinados à promoção da glória de Deus. Ele prossegue ampliando o ponto e o explica mais claramente assim: "Além do benefício ordinário do amor, eles também produzirão ação de graças". Ele amplia isto dizendo que graças devem ser dadas a Deus por muitos, não meramente pela liberalidade em si mesma, pela qual foram socorridos, mas também pela medida inteira da compaixão entre os coríntios.

Pelo termo *administração*, Paulo tem em mente o que havia realizado por solicitação das igrejas. O termo *functionem*, que traduzimos por *serviço*, é λειτουργία, no grego, e às vezes significa um *sacrifício*, e às vezes, um *ofício* publicamente designado.[28] Qualquer significado

---

26 "Comme a la verite s'en est vne des principales." – "Como, de fato, é uma das principais."
27 "Ou yci il nous remonstre et donne a entendre." – "Agora, aqui ele nos mostra e nos dá a entender."
28 O termo λειτουργία é usado na Septuaginta, com muita freqüência, em conexão com os sacrifícios e outros serviços dos sacerdotes e levitas [cf. Ex 38.21; Nm 4.24; 8.22]. É comumente

se ajusta bem à presente passagem. Pois, de um lado, não é algo incomum que um donativo seja chamado *sacrifício*; e, do outro, quando se distribuem ofícios entre os cidadãos de um país,[29] ninguém se esquiva de cumprir o dever a ele conferido, de forma que, na igreja, repartir com outros é visto como um dever indispensável.[30] Ao socorrer os irmãos de Jerusalém, os coríntios e outros estavam oferecendo a Deus um sacrifício ou desincumbindo um serviço legal que lhes era obrigatório. Paulo era o ministro deste sacrifício. O termo *ministério* ou *serviço* pode também ser considerado como uma referência aos coríntios; isso, porém, é uma questão de pouca importância.

13. Pela experiência desta administração. *Experiência*, aqui, como em muitas outras passagens, significa *prova* ou *teste*.[31] Esta era uma ocasião adequada para provar o amor dos coríntios, ou seja, se eles eram mesmo tão generosos para com os irmãos quanto para consigo mesmos. Contudo, Paulo tem em mente mais do que isso; ele está pensando na harmoniosa obediência deles ao evangelho, pois é por meio de tais provas que evidenciamos que somos obedientes às doutrinas do evangelho.[32] A harmonia deles neste ponto se torna evidente

---

empregado pelos escritores gregos para denotar um serviço público, especialmente em Atenas, exercido pelos cidadãos ricos às suas próprias custas e, geralmente, em rodízio. Os λειτουργοὶ, diz Potter, em sua obra *Antigüidades Gregas* (vol. i. pp. 99, 100), eram "pessoas de bens consideráveis, as quais, por sua própria tribo ou todo o povo, recebiam a ordem de realizar algum dever público ou suprir a comunidade com as coisas necessárias, às suas próprias custas. Destes havia diversos tipos, todos eles eleitos dentre os cento e doze cidadãos mais ricos, que eram designados pelo povo para cumprir, quando requerido, todos os ofícios onerosos e inquietantes na comunidade. Cada tribo elegia cento e vinte dentre seu próprio povo, embora isto fosse contrário à Constituição de Sólon, pela qual cada homem, de que qualidade fosse, era obrigado a servir o público segundo sua habilidade, apenas com esta exceção: dois ofícios não fossem impostos à mesma pessoa simultaneamente, conforme somos informados por Demóstenes em sua oração contra Leptines, na qual ele menciona uma lei antiga que exigia que cada homem se submetesse a alguma λειτουργία a cada segundo ano."

29 "Les charges estans distributees, en vne ville entre les citoyens d'icelle." – "Ofícios sendo distribuídos numa cidade entre seus cidadãos."

30 "Ainsi en l'Eglise la communication consiste en ce que chacun s'acquitte enuers ses prochains de ce qu'il leur doit em charite." – "Assim, na igreja, repartir com os outros consiste em cada um cumprir para com seus semelhantes o que lhes deve em amor."

31 "Tesmoignage, enseignement, ou experience." – "Prova, comprovante ou provação".

32 "Leur obeissance qu'ils rendoyent tous d'vn accord a l'euangile." – "Sua obediência que rendiam, todos de comum acordo, ao evangelho."

pelo fato de que as doações são atribuídas ao consenso comum de todos eles.

14. Pela oração por vós. Paulo não omite nenhuma vantagem resultante da beneficência deles que pudesse ter algum peso para comover os coríntios.[33] Primeiro, ele menciona o conforto que os crentes experimentariam; em seguida, menciona a ação de graças por meio da qual Deus seria glorificado, mostrando que isso seria também uma confissão pela qual se daria prova de seu unânime consenso em fé e obediência piedosa. Agora, ele acrescenta a recompensa que os coríntios receberiam dos santos, a saber, a benevolência se expressando na gratidão[34] e nas orações fervorosas. "Eles terão", diz Paulo, "os meios de retribuir-vos, porque vos acatarão com o amor que vos é devido e, em suas orações, se lembrarão de recomendar-vos a Deus". Concluindo, como atingiram seu objetivo, Paulo se prepara[35] para entoar louvores a Deus, pois ele deseja demonstrar-lhes sua confiança neles, ao tratar de um assunto já concretizado.

---

33 "Qui puisse seruir a esmouuoir et encourager les Corinthiens." – "Para que sirva de estímulo e encorajamento dos coríntios."
34 "Procedante de la recognoissance du benefice qu'ils auoyent receu des Corinthiens." – "Procedente de um reconhecimento da bondade que receberam dos coríntios."
35 "D'vne grande affection." – "Com grande ardor."

Capítulo 10

1. Ora, eu mesmo, Paulo, vos rogo, pela mansidão e benignidade de Cristo, eu que, em presença, sou humilde entre vós, porém, estando ausente, sou ousado para convosco;

2. sim, eu vos suplico que não seja obrigado, quando presente, a usar, com confiança, da ousadia que espero ter para com alguns que nos julgam como se andássemos segundo a carne.

3. Porque, andando na carne, não militamos segundo a carne

4. (porque as armas de nossa milícia não são carnais, mas são poderosas diante de Deus para derrubar fortalezas),

5. subjugando os raciocínios e toda altivez que se exaltam contra o conhecimento de Deus e trazendo cativo todo pensamento à obediência de Cristo

6. e permanecendo em prontidão para vingar toda desobediência, quando se cumprir vossa obediência.

1. Porro ipse ego Paulus exhortor vos[1] per lenitatem et mansuetudinem Christi, qui secundum faciem humilis quidem sum inter vos, absens autem audax sum in vos.

2. rogo autem, ne præsens audeam ea fiducia, qua cogito audax esse in quosdam, qui nos æstimant, acsi secundum carnem ambularemus.

3. nam in carne ambulantes, non secundum carnem militamus.

4. Siquidem arma militiæ nostræ non carnalia sunt, sed potentia Deo ad destructionem munitionum, quibus consilia destruimus.

5. Et omnem celsitudinem, quæ extollitur adversus cognitionem Dei: et captivam ducimus omnem cogitationem ad obediendum Christo:[2]

6. Et in promptu habemus vindictam adversus omnem inobedientiam, quum impleta fuerit vestra obedientia.

Tendo completado sua exortação, Paulo agora prossegue, em parte, a refutar as falsas acusações suscitadas contra ele da parte dos falsos apóstolos e, em parte, refreia a insolência[3] de alguns ímpios que não suportavam ser mantidos sob restrição. Com o fim de minar a autoridade de Paulo, ambos esses grupos estavam compreendendo que a

---

1 "Je vous exhorte, ou prie." – "Eu vos exorto ou rogo."
2 "Et reduisons en captiuite toute intelligence, ou, amenans comme prisonnier, toute", etc. – "E trazemos em cativeiro todo pensamento, ou, conduzimos como um prisioneiro, etc."
3 "L'insolence et audace." – "A insolência e audácia."

veemência com que ele trovejava em suas cartas era θρασοδειλίαν (*mero bravado*),⁴ a bravata de um covarde fanfarrão, visto que, quando estava presente, sua postura e palavra não se compatibilizavam com a tonalidade de suas cartas; ao contrário, eram sem atrativo e desprezível. O que queriam dizer era o seguinte: "Eis aqui um homem que, consciente de sua inferioridade, em nossa presença é por demais modesto e tímido, mas, quando está longe, explode contra nós em ataques ferinos. Por que sua palavra é menos ousada que suas cartas? E, se em sua presença o desprezamos, teremos medo dele quando está longe? Donde vem tal confiança que o faz pensar que pode tratar-nos de qualquer maneira, como bem quer?"⁵ Noções desta espécie se fizeram circular com o fim de fazer a severidade de Paulo cair em ridículo e torná-la ofensiva. A resposta de Paulo é pronta: ele só é franco quando há alguma necessidade para isso, e a despretensão de sua presença física, pela qual eles o mantinham em desprezo, não diminuía de forma alguma sua autoridade, que era caracterizada por sua excelência espiritual e não por qualquer exibição física. Portanto, aqueles que ridicularizavam suas exortações, reprimendas ou ameaças, não escapariam impunemente. A expressão *eu mesmo* é muito enfática, como a dizer que, embora muitos dos mal intencionados pudessem acusá-lo de inconsistência, ele não era inconstante, mas permanecia sempre o mesmo.

1. Eu mesmo... vos rogo. Paulo fala de maneira abrupta, como acontecia amiúde em seus arroubos emocionais. O sentido é o seguinte: "Peço-vos e ansiosamente vos rogo, pela benignidade de Cristo, que não sejais tão obstinados a ponto de compelir-me a ser mais severo do que gostaria de ser ou do que serei capaz de ser contra aqueles que me desprezam, em razão de não existir nada de notável em minha aparência externa e não viver eu a exibir as excelências espirituais com as quais Deus me dotou e pelas quais eu deveria, antes, ser julgado".

A forma de solicitação que ele usa é sugerida pela matéria em dis-

---

4 "Vne hardiesse d'vn vanterau." – "A ousadia de um fanfarrão." Θρασοδειλία é um composto de θράσος (*ousadia*) e δείλια (*timidez*).
5 "Qu'il pense auoir toute authorite sur nous." – "Que ele acha que tem total autoridade sobre nós."

cussão, porquanto lhes apela *pela mansidão e benignidade de Cristo*. Seus detratores descobriram falta nele em razão de sua aparência física carecer de dignidade,⁶ bem como em razão de que trovejava contra eles em suas cartas, à distância. Ele refuta satisfatoriamente ambas as acusações, como ficou dito, mas também realça que nada está mais estreitado em seu coração do que a bondade que caracteriza um ministro de Cristo e da qual o Senhor mesmo deu exemplo: "Aprendei de mim", disse Ele, "porque sou manso e humilde de coração. Porque meu jugo é suave e meu fardo é leve" [Mt 11.29,30]. Igualmente, o profeta, falando sobre Jesus, disse: "Não clamará, nem gritará, nem fará ouvir sua voz na praça" [Is 42.2,3]. A benignidade que Cristo mesmo exibiu, essa mesma Ele a requererá igualmente de seus servos. Ao mencioná-la aqui, Paulo mostra que ela não lhe era estranha,⁷ como se dissesse: "Eu vos rogo que não menosprezeis aquela benignidade que Cristo nos revelou em sua própria pessoa, e diariamente no-la mostra através de seus servos, e que vedes em mim".

Que, em presença. Ele repete a acusação que lhe era feita por seus inimigos.⁸ Verbal e aparentemente, Paulo admite a veracidade de sua acusação, porém, na verdade, ele não lhes faz nenhuma concessão, como veremos.

2. Sim, eu vos suplico. Há quem entenda que esta frase é incompleta e que Paulo não explica o que está pedindo.⁹ Em minha opinião, ele está completando, aqui, o que estava faltando na sentença anterior, de modo que a exortação vem a ser muito geral, ou seja: "Mostrai-vos amáveis e complacentes para comigo, para que eu não venha a ser ainda mais severo". É dever de um bom pastor induzir seu rebanho a seguir seu caminho de maneira pacífica e afável, de modo que o rebanho se

---

6 "Auoit bien peu de dignite et maieste en apparence." — "Tinha bem pouca dignidade e majestade na aparência."
7 "Il n'est pas nouueau a la pratiquer." — "Ele não é estranho para a prática dele."
8 "En contrefaisant les propos qu'ils tenoyent de luy." — "Imitando os discursos que pronunciavam a respeito dele."
9 "Et le sens seroit, Ie vous prie, afin qu'il ne faille point vser de hardiesse." – "E o significado seria: Eu vos rogo, a fim de que eu não tenha ocasião de usar de ousadia."

permita ser guiado sem o uso da violência. Concordo que às vezes é necessário o uso de severidade, mas ele [o bom pastor] deve sempre começar pela benignidade e perseverar nela enquanto seu ouvinte se mostrar tratável.[10] A severidade é um recurso extremo, e todos os demais métodos são, repito, tentativas, antes de usarmos de rigor; de fato, nunca devemos ser rigorosos exceto sob compulsão. Ele prossegue dizendo que os coríntios estavam equivocados, pensando que ele era pusilânime e tímido, quando estava presente com eles; e ameaça enfrentar os obstinados pessoalmente e de frente.[11] "Eles me desprezam", diz ele, "como se eu fosse um homem de espírito fraco, mas eles me encontrarão mais ousado ainda e mais veemente do que gostaria, quando, então, a verdadeira batalha começará". Isso traz a lume o fato de que devemos agir com severidade ao constatarmos, pelas tentativas, que argumentos e brandura não surtiram efeito. "Eu o farei com relutância", diz Paulo, "porém decidi que o farei". Esta é a mais louvável moderação porque, embora devamos chegar ao máximo de nossa habilidade em atrair os homens, em vez de expulsá-los, quando a brandura se comprova inútil no trato com aqueles que são duros e obstinados, o rigor precisa ser exercido. Fazer qualquer outra coisa, além disso, não seria mansidão nem serenidade, e sim frouxidão e covardia.[12]

Que nos julgam. Erasmo traduz: "Aqueles que pensam que andamos segundo a carne"; contudo, a Vulgata, em minha opinião, se aproxima mais do sentido original do apóstolo: "Aqueles que nos julgam como se andássemos segundo a carne".[13] Ao mesmo tempo, aquela tradução não representa um bom latim e não produz plenamente o significado do apóstolo; pois aqui λογίζεσθαι significa *considerar* ou *estimar*[14] – "Eles nos consideram", diz Paulo, "ou eles nos avaliam

---

10 "Docile et traittable." – "Maleável e tratável."
11 "Aux rebelles et obstinez." – "Os rebeldes e obstinados."
12 "Couardice ou nonchalance." – "Covardia ou indiferença."
13 Wycliffe (1380) o traduz assim: "Que nos consideram (i.e., julgam) como se andássemos após a carne." Tyndale (1534), Cranmer (1539) e Genebra (1557) dizem: "Que nos reputam como se andássemos carnalmente". Rheims (1582): "Que pensam de nós como se andássemos de conformidade com a carne."
14 "O sentido é: 'Eu rogo, digo, que não tenha de ser ousado, quando estiver presente, com

como se andássemos segundo a carne".
Andássemos segundo a carne. Crisóstomo diz que isto significa agir alguém infielmente ou proceder intencionalmente mal em seu ofício;[15] e é neste sentido que Paulo usa a expressão com freqüência. Prefiro, contudo, explicar o termo *carne* como se referindo, aqui, a *pompa* ou *exibição externa* ou apenas aos *critérios* pelos quais os falsos apóstolos comumente se recomendavam. Paulo se queixa da irracionalidade daqueles que só viam sua carne, ou seja, sua aparência externa e visível, seguindo o costumeiro hábito de todos os homens, cujas energias são devotadas aos propósitos carnais. Já que Paulo não se sobressaía em nenhum dos dotes que ordinariamente granjeiam o louvor ou a reputação entre os filhos deste mundo, era menosprezado e relegado à classe plebéia. Mas, por que razão?[16] Por causa da ambição egoística pela qual o julgavam com base em sua aparência, e não se preocupavam com o que ele escondia em seu interior.

3. Porque, andando na carne. Aqui, *andar na carne* significa viver no mundo ou, como ele expressa em outro lugar, sentir-se à vontade no corpo [2 Co 5.6]. Ele estava, deveras, encerrado no asilo (*ergastulo*) de seu corpo, mas isso não impedia que o poder do Espírito Santo agisse maravilhosamente em sua fraqueza. Aqui, novamente, está presente o tipo de concessão que realmente não serve aos seus adversários.

Aqueles que **militam segundo a carne** são pessoas que em tudo [e para tudo] confiam nos recursos humanos [e mundanos] nos quais eles se gloriam. A confiança deles não tem por fundamento o governo e a direção do Espírito Santo. Paulo declara que não é um homem

---

aquela confiança, pela qual pretendo ser ousado contra aqueles que me consideram como que *andando segundo a carne*', isto é, guiado por princípios mundanos. Parece haver uma *paranomásia* em λογίζομαι e λογιζόμενους, a qual, se introduzida no inglês, talvez seja mais bem expresso por *avaliar*" – Bloomfield.

15 "Nec satis recte (ut opinor) Chysostomus, κατὰ σάρκα perinde exposuit, acsi accusaretur Apostolus eo nomine quod Spiritu Dei non duceretur, sed pravis carnis affectibus." – "Tampouco é totalmente com propriedade, em minha opinião, que Crisóstomo explicou κατὰ σάρκα como se o apóstolo fosse acusado sobre esta base – que ele não era guiado pelo Espírito de Deus, mas pelas afeições depravadas da carne."

16 "Mais qui estoyent ceux qui le mesprisoyent ainsi?" – "Mas quem são aqueles que o desprezavam assim?"

desse tipo, visto que se acha equipado com armas distintas daquelas que o mundo e a carne usam. O que ele diz acerca de si mesmo aplica-se também a todos os ministros de Cristo.[17] Porque, como dissemos antes [2Co 4.7], estes contêm um inestimável tesouro em seus vasos terrenos, não obstante muitos deles estarem entremeados de fraquezas carnais; mesmo assim, o poder espiritual de Deus resplandece neles [e através deles].

4. Porque as armas de nossa milícia. O tipo de *armas* corresponde ao tipo de *guerra*. Paulo se gloria em estar equipado com armas espirituais, porquanto sua guerra é espiritual; por isso, deduzimos o contrário, que sua guerra não é segundo a carne.[18] A comparação feita entre o ministro do evangelho e a guerra é mais adequada quando pensamos nela em termos de guerra perpétua, que permanece ao longo de toda a vida de um cristão; pois a pessoa que se devota ao serviço de Deus jamais terá trégua da parte de Satanás, mas sofrerá contínua inquietude. Os ministros da Palavra e os pastores [do rebanho] devem ser comparados a porta-bandeiras que marcham diante dos exércitos. E, além destes, certamente não há ninguém a quem Satanás moleste mais, sobre quem ele descarregue mais severamente a sua ira ou que sofra mais profundas e mais dolorosas feridas. O homem que se prepara para exercer este ofício é um pobre equivocado, se não está disposto a suportar tudo corajosamente e não se reveste de poder para a batalha. Pois toda sua obra destina-se à luta. Ele deve aprender a pensar no evangelho como algo que acende a ira de Satanás; portanto, ele não tem nada mais a fazer, senão armar-se para a luta toda vez que percebe uma chance de levar o evangelho avante.

Não obstante, com que sorte de armas Satanás deve ser repelido? Ele só pode ser repelido com armas de natureza espiritual; e aquele que não se acha armado com o poder do Espírito Santo, ainda que

---

17 "Tous vrais seruiteurs et ministres de Jesus Christ." – "Todos os verdadeiros servos e ministros de Jesus Cristo."
18 "Par vn argument prins (comme on appelle) des choses contraires." – "Por um argumento tomado (como é a expressão) de coisas contrárias."

se glorie de ser um ministro de Cristo, logo descobrirá que não o é. Mas, se atentamos à definição completa do que sejam estas *armas espirituais*, a doutrina tem de ser associada ao zelo e uma boa consciência, à operação eficaz do Espírito e a outras graças indispensáveis. Que o papa, caso o queira, reivindique para si títulos de dignidade apostólica;[19] porém, o que poderia ser mais ridículo, se esta regra paulina é o padrão de nosso julgamento?

Poderosas diante de Deus. Esta expressão significa ou "poderosas segundo Deus" ou "poderosas de Deus". Minha opinião é que há implícita, aqui, uma antítese pela qual este poder é contrastado com a fraqueza que, exteriormente, se aparenta nele aos olhos do mundo, de modo que Paulo considera todos os juízos humanos como dignos de nada e busca em Deus a aprovação de sua ousadia.[20] Ao mesmo tempo, a antítese se mantém válida em outro sentido, a saber, o poder de suas armas depende de Deus e não do mundo.

Para derrubar fortalezas. Pelo termo *fortalezas*, Paulo quer dizer *conselhos* e todas as coisas altivas erigidas contra Deus;[21] e mais tarde ele voltará a falar sobre elas, porém a palavra é adequada e significativa. Pois sua intenção é ostentar o fato de que nada há, no mundo, tão solidamente estruturado, que esteja fora do alcance do poder de Deus para destrui-lo. É como se Paulo dissesse: "Eu sei o que o orgulho carnal dos homens é capaz em sua vanglória e com que desdém e indi-

---

19 "Qu'il s'attribue tant qu'il voudra le titre de dignite Apostolique." – "Que ele assuma para si, o quanto lhe agrade, o título de dignidade apostólica."
20 "Ainsi le sens seroit, que laissant la tousles jugemens des hommes, il se retireroit vers Dieu pour auoir approbation de sa force;" — "Assim, o significado seria que, desconsiderando todos os julgamentos dos homens, ele deve dirigir seus olhos diretamente para Deus, a fim de ter a aprovação de sua força."
21 "A palavra aqui traduzida por *fortalezas* (ὀχυρώματα) significa propriamente fortificações sólidas, protegidas ou fortes. Aqui é usada lindamente para denotar os vários obstáculos, se assemelhando a uma fortaleza que existe e é designada e adaptada com o fim de fazer oposição à verdade e ao triunfo da causa cristã. Todos os obstáculos são solidamente fortificados. O mundo inteiro é *fortificado* contra o cristianismo; e as nações da terra já se engajaram em fazer surgir e fortalecer tais fortalezas, ao longo de seis mil anos. A religião cristã sai contra todos poderes combinados e concentrados de resistência do mundo inteiro; é preciso deflagrar guerra contra todo lugar solidamente fortificado do erro e do pecado. Estes fortificações sólidas do erro e do pecado devem ser derrubadas e lançadas a ruínas por nossas armas espirituais" – Barnes.

ferença eles me mantêm em seu menosprezo; como se nada houvesse em mim, senão o que é humilde e abjeto, enquanto eles são exaltados à sublime eminência. Mas sua confiança é estulta, pois a armadura do Senhor, com a qual eu luto, prevalecerá contra todas as defesas nas quais eles põem sua confiança e acreditam ser invencíveis". Visto haver duas formas em que o mundo comumente se arma para combater a Cristo – de um lado, pela astúcia, com seus artifícios ímpios, suas sutilezas e maquinações secretas; e, do outro, pela crueldade e opressão –, Paulo trata de ambas. Pelo termo *raciocínios*, Paulo quer dizer tudo quanto se relaciona com a sabedoria carnal.

Altivez é qualquer tipo de glória e poder mundanos. Não há razão, pois, para o servo de Cristo tremer diante de qualquer oposição levantada contra seu ensino, mesmo que seja ela muitíssimo formidável. Se ele perseverar, a despeito dela, porá toda sorte de maquinações a fugir. Na verdade, a única maneira pela qual o reino de Cristo pode ser instituído e estabelecido é trazendo em sujeição tudo quanto no mundo é exaltado. Pois nada é mais antagônico à sabedoria espiritual de Deus do que a sabedoria carnal dos homens; e nada mais antagônico à sua graça do que as habilidades naturais do homem; e o mesmo sucede em relação a tudo quanto o mundo pretende exaltar. Portanto, o aviltamento do homem é o único fundamento do reino de Cristo. Os profetas se expressam de modo semelhante: "A lua se envergonhará, e o sol se confundirá quando o Senhor dos Exércitos reinar no monte Sião e em Jerusalém" [Is 24.23]. E, outra vez: "Então, a gente se abate, e o homem se avilta; e os olhos dos altivos são humilhados... Só o Senhor será exaltado naquele dia" [Is 5.15; 2.17]. Uma vez que somente Deus brilhará, a glória do mundo todo deve cessar.

5. Trazendo cativo. Em minha opinião, tendo falado do conflito das armas espirituais com os obstáculos que se opõem ao evangelho de Cristo, Paulo agora trata do processo ordinário de preparação por meio do qual os homens devem ser conduzidos à obediência a Cristo. Porque, sempre que descansamos contentes com nossas próprias experiências e somos sábios a nossos próprios olhos, nos mantemos distantes de toda e qualquer aproximação da doutrina de Cristo. Daí, termos primeiro que aceitar o fato de que quem quiser ser sábio deve antes tornar-se tolo [1Co 3.18], ou seja, devemos entregar nosso entendimento e renunciar a sabedoria da carne, oferecendo a Cristo nossa mente vazia para que Ele a encha. Observemos bem a expressão que Paulo usa: "Trazendo cativo todo pensamento", o que equivale dizer que a liberdade da mente humana precisa ser restringida e dominada, de modo que busque não a sabedoria externa da doutrina de Cristo; e a única maneira como a ousadia da mente pode ser restringida é torná-la cativa. Mas isso só é possível quando, pela direção do Espírito, ela permite conduzir-se e permanece em cativeiro voluntário.

6. Permanecendo em prontidão para vingar. Paulo acrescenta isto no caso de homens insolentes se alinharem em oposição ao seu ministério, nutrindo a impressão de que poderiam fazê-lo impunemente. Portanto, ele diz que fora investido de poder não só para predispor discípulos à obediência a Cristo, mas também para vingar os rebeldes;[22] e suas ameaças não são tentativas vazias[23] que visam amedrontá-los; ao contrário, ele está pronto a pô-las em ação. Ademais, esta vingança tem sua autoridade na palavra de Cristo – "Tudo o que ligardes na terra terá sido ligado no céu" [Mt 18.18]. Pois, ainda que Deus não fulmine imediatamente, no exato momento em que o ministro pronuncia a sentença, não obstante o juízo é ratificado[24] e a seu tempo se cumprirá – sob a condição de que o ministro esteja lutando com armas espirituais. Há quem pense que isto tem referência às punições corporais, pelas quais o apóstolo tomou vingança contra os obstinados ou ímpios, assim como Pedro golpeara de morte a Ananias e Safira, e Paulo infligira com cegueira a Elimas, o mágico [At 5.1-10 e 13.6-11]. Mas o primeiro significado se ajusta melhor, visto que os apóstolos não fizeram uso universal e indiscriminado de tal poder

---

22 "Des-rebelles et obstinez." – "Sobre os rebeldes e obstinados."
23 "Pour faire peur (comme on dit) aux petits enfans." – "Para amedrontar (por assim dizer) os pequeninos."
24 "Ferme et stable." – "Firme e estável."

para castigar. Paulo, aqui, está falando em termos gerais, dizendo que ele tem às mãos a vingança contra todos os desobedientes.

Quando se cumprir vossa obediência. Quão prudentemente Paulo se guarda de indispor qualquer deles diante de tão grande severidade! Uma vez tendo ameaçado punir os rebeldes, caso parecesse que estivesse provocando-os, Paulo declara que seu dever para com eles é diferente, ou seja, ele quer simplesmente levá-los à obediência a Cristo. Este é, deveras, o alvo e propósito definido do evangelho, como ele mesmo ensina no início e no encerramento da epístola aos Romanos [1.5 e 16.26]. Portanto, todo mestre cristão deve tomar isto como seu método invariável: primeiro, ele deve envidar esforços, com brandura, para conduzir seus ouvintes à obediência e dirigir-lhes apelos cordialmente, antes de visitá-los com punições por sua rebeldia.[25] Eis a razão por que Cristo[26] deu o mandamento de *perdoar* antes do mandamento de *reter*.[27]

7. Atentais para as coisas segundo a aparência externa? Se alguém confia em si mesmo ser de Cristo, pense nisto outra vez: que, assim como ele é de Cristo, nós também o somos.	7. Quæ secundum faciem sunt videtis: si quis sibi confidit, quia sit Christi, hoc reputet etiam ex se ipso rursum, quod sicuti ipse Christi, ita et nos Christi.
8. Pois, ainda que me glorie um tanto mais de nossa autoridade (a qual o Senhor nos deu para edificação, e não para vossa destruição), não me envergonharei,	8. Nam etsi abundantius glorier de potestate nostra, quam dedit nobis Dominus in ædificationem, et non in destructionem vestram, non pudefiam;

---

25 "Auant qu'entrer à les menacer, et leur denoncer la peine de rebellion." – "Antes de continuar ameaçando-os e anunciando contra eles o castigo da rebelião."
26 "Et pour ceste cause Jesus Christ luy-mesme." – "E por esta razão Jesus Cristo mesmo."
27 Aqui, Calvino certamente alude a João 20.23, sobre o qual ele comentou diz: "Como a missão da salvação e da vida eterna foi confiada aos apóstolos, assim, em contrapartida, eles foram armados com vingança contra todos os ímpios que rejeitam a salvação oferecida a eles, como Paulo ensina [2Co 10.6]. Mas, em ordem, isto vem por último, porque era próprio que o verdadeiro e real desígnio de proclamar o evangelho fosse exibido primeiro. O fato de que somos reconciliados com Deus pertence à natureza do evangelho; e o fato de que os crentes são destinados à vida eterna está conectado acidentalmente com o evangelho. Por esta razão, Paulo, na passagem que acabei de citar, quando ameaça vingança contra os incrédulos, adiciona imediatamente: 'Depois que vossa obediência se cumprir' [2Co 10.6]; pois ele tem em mente que é peculiar ao evangelho o convidar todos à salvação, mas lhe é acidental o trazer destruição a alguém".

9. para que não pareça como se eu quisesse intimidar-vos por meio de minhas cartas.
10. Porque eles dizem: Suas cartas são graves e fortes, mas sua presença física é fraca, e sua palavra, de nenhum préstimo.
11. Que o tal considere o seguinte: o que somos na palavra, por cartas, quando ausentes, tais seremos também em atos, quando presentes.

9. Ne autem videar terrere vos per Epistolas.
10. (Siquidem Epistolae, inquiunt, graves sunt ac robustæ; præsentia autem corporis infirma, et sermo contemptus.)
11. Hoc cogitet qui talis est, quod quales sumus absentes, sermone per Epistolas, tales sumus etiam præsentes, opere.

7. Atentais para as coisas segundo a aparência externa? A frase *segunda a aparência* pode ser considerada de duas maneiras: ou significando as coisas que eles tinham visível e publicamente diante de si, ou significando uma máscara externa a cobrir seus rostos com o fim de enganar. Também a frase pode ser considerada ou como uma afirmação ou como uma pergunta, e o verbo βλέπετε pode ser indicativo ou imperativo. Em minha opinião, a frase transmite uma censura; Paulo está repreendendo os coríntios por permitirem que seus olhos se ofuscassem por uma exibição fútil, como se quisesse dizer: "Estimais outros em grande estilo, os quais se inflam com ares de importância, enquanto me desprezais só pelo fato de nada exibir e ostentar". Pois Cristo mesmo contrasta o juízo "segundo a aparência" com o juízo justo [Jo 7.24 e 8.15, 16]. Daí Paulo reprovar os coríntios, porque, satisfeitos com demonstração ou aparência, não consideravam seriamente que tipo de pessoas devem ser tidas na conta de servas de Cristo.

Se alguém confia em si mesmo. Esta expressão revela grande confiança, porque toma como fato axiomático que Paulo é tão indubitavelmente ministro de Cristo, que se torna impossível negar-lhe a distinção. "Todo aquele que deseja ser considerado ministro de Cristo", diz ele, "deve reconhecer que eu também o sou". Por quê? "Que esse tal", diz ele, "pense bem consigo mesmo, pois, sejam quais forem as qualificações que ele tenha e que o torne digno deste ofício, tudo isso será encontrado em mim". Esta foi a forma que ele encontrou para insinuar que os seus caluniadores, não importando quem rivalizava com ele, não deviam ser considerados servos de Cristo. Isso não significa que todos podem falar com essa segurança, pois certamente pode suceder – aliás, sucede todos os dias – que essa mesma reivindicação seja fomentada arrogantemente por pessoas destituídas de qualquer reputação; e elas não são nada mais do que desonra para Cristo.[28] Entretanto, tudo quanto Paulo disse a seu respeito, ele o provara aos coríntios por meio de *evidências* claras e inquestionáveis. Mas, se alguém se vangloria, usando os mesmos argumentos do apóstolo, sem apresentar as mesmas provas da realidade do que diz, tal indivíduo não faz outra coisa senão cair no ridículo. A expressão *confia em si mesmo* significa dar a si poder ou autoridade sob o pretexto de servir a Cristo, quando, na verdade, seu único desejo é ser tido na mais alta estima.

8. Porque, ainda que me glorie um tanto mais. Incluir-se entre os servos de Cristo, quando na realidade ele excedia grandemente alguns destes, era um sinal de sua modéstia. Ao mesmo tempo, Paulo não estava disposto a demonstrar tanta modéstia a ponto de não manter sua autoridade impoluta. Portanto, ele acrescenta que dissera menos do que tinha direito de dizer, porque ele não pertencia à classe comum de ministros (*ex vulgari ordine ministrorum*), mas era eminente mesmo entre os apóstolos. Por isso, ele diz: "Ainda que me glorie mais, *não me envergonharei*, porque há boas razões para isso." Aqui, Paulo antecipa uma objeção, porque ele não deixa de falar sobre sua própria glória, enquanto, ao mesmo tempo, se refreia de fazer menção posterior a ela, para que os coríntios entendessem que, se ele se gloriava, fazia isso contra sua vontade, quando, na verdade, os falsos apóstolos o constrangiam a fazê-lo; do contrário, ele não o teria feito.

Pelo termo *autoridade*, Paulo tem em mente a autoridade apostólica que ele exercia entre os coríntios, pois, ainda que todos os ministros da Palavra tenham o mesmo ofício em comum (*commune idemque officium*), há graus de honra entre eles (*honoris gradus*). Deus colocara Paulo acima dos demais, ao usar seu labor para fundar[29] aquela igreja

---

28 "Vn tas de garnement." — "Um bando de pródigos."
29 "Pour fonder et batir;" — "Para fundar e edificar."

e ao dignificar seu apostolado de muitas outras maneiras. Em caso de pessoas mal-intencionadas incitarem a malevolência contra ele, só porque defendia sua autoridade, Paulo explica o propósito pelo qual esta autoridade lhe fora dada – para a salvação dos coríntios. Disto segue-se que seu poder não deveria ser-lhes ofensivo nem desagradável, pois é fácil suportar, e mesmo amar, algo que bem sabemos ser-nos vantajoso. Ao mesmo tempo, há um contraste implícito entre sua autoridade e aquela da qual os falsos apóstolos se gloriavam, porque desta os coríntios não recebiam qualquer vantagem, nem obtinham qualquer edificação. Entretanto, não pode haver a menor dúvida de que todos os ministros da Palavra são investidos de autoridade, pois o que seria a pregação da doutrina sem ela? Assim, as palavras de Cristo têm aplicação universal: "Quem vos der ouvidos ouve-me a mim; e quem vos rejeitar a mim me rejeita" [Lc 10.16].

Visto, porém, que muitos reivindicam falsamente uma autoridade que não possuem, notemos criteriosamente que Paulo entende que sua autoridade tem como único propósito a edificação dos crentes. Assim, aqueles que exercem sua autoridade visando destruir a igreja provam que não são pastores, e sim tiranos e ladrões. Em segundo lugar, notemos bem que Paulo alega que sua autoridade lhe fora *dada* por Deus. Isto significa que a pessoa que busca autoridade para fazer algo tem de ter Deus como o autor de tal autoridade. É verdade que outros se vangloriarão disto também, como o papa que, de boca cheia, troveja que é o vigário de Cristo. Não obstante, que prova disto ele pode oferecer?[30] Pois Cristo não conferiu esse tipo de autoridade a fantoches, e sim a apóstolos e a outros ministros seus, para que a doutrina de seu evangelho não fique indefesa. Portanto, a plena autoridade dos ministros tem por base a Palavra, de tal forma que Cristo permanece sempre Senhor e Mestre. Lembremo-nos, pois, de que há duas exigências para que haja autoridade legítima, a saber: ser conferida por Deus e exercida para o bem-estar da igreja. É sobejamente

---

30 "Mais que fait-il? quel tesmoignage en rend-il, pour luy adiouster foy." — "Mas, o que ele faz? Que prova ele dá disto, que crédito se pode dar-lhe?"

conhecido a *quem* Deus conferiu esta autoridade e quais os *limites* que Ele impôs ao seu exercício. Os que obedecem fielmente ao seu mandamento exercem autoridade legítima.

Não obstante, é possível que aqui se proponha uma questão. "Deus disse pela boca de Jeremias: 'Olha que hoje te constituo sobre as nações, e sobre os reinos, para arrancares e derribares, para destruíres e arruinares, e também para edificares e para plantares' [Jr 1.10]; e, no versículo 5, aprendemos que os apóstolos foram separados sobre a mesma base, ou seja, para que destruíssem tudo quanto se exalta contra Cristo. E os mestres do evangelho não podem edificar de nenhuma outra forma, senão destruindo o velho homem. Além disso, pregam o evangelho para a condenação e destruição dos ímpios." Minha resposta é que o que Paulo diz aqui não tem nada a ver com o perverso, pois ele está falando aos coríntios, a quem desejava que seu apostolado fosse benéfico. Com respeito a estes, digo, ele nada podia fazer, exceto aquilo que tinha em vista a edificação. Já observamos, também, que isto foi expressamente dito para que os coríntios soubessem que a autoridade deste santo varão não era assaltada por ninguém mais, senão por Satanás, o inimigo da salvação deles, enquanto o desígnio da autoridade era a edificação deles.

Em geral, é igualmente verdade que, por sua própria natureza, a doutrina do evangelho tende a edificar, e não a destruir. Quando ela destrói, isso não se deve a algo inerente a si mesma, mas em razão do pecado dos homens, que tropeçam na pedra que lhes foi designada como fundamento [1Pe 2.8]. Quanto ao fato de que somos renovados segundo a imagem de Deus pela destruição do velho homem – isso não contradiz, de modo algum, as palavras de Paulo, pois naquele caso a destruição é tomada num bom sentido, mas aqui é num sentido negativo, significando a ruína do que é de Deus ou significando a destruição da alma – como se ele quisesse dizer que sua autoridade não lhes era prejudicial, porque, em vez disso, se manifestava a vantagem dela para a salvação deles.

9. Para que não pareça... intimidar-vos. Paulo menciona novamente a acusação suscitada contra ele, a qual já refutou, ou seja, que em suas cartas era franco, porém, na presença deles, sua coragem se esvaía. Faziam disto uma desculpa para que seus escritos[31] caíssem em descrédito. "O quê?", diziam eles, "ele nos intimidará com suas cartas, à distância, enquanto, se estivesse presente, mal ousaria abrir a boca?" Portanto, para que suas cartas não tivessem menos peso, ele responde que nenhuma objeção tem sucesso contra ele, seja para destruir ou enfraquecer seu crédito, ou mesmo sua doutrina, porquanto os *atos* não podiam ter menos valor que as palavras. Ele não era menos poderoso em suas ações, quando presente, do que era por suas palavras, quando ausente. Daí era injusto que sua presença física fosse considerada tão desprezível.

Com o termo *atos*, aqui, em minha opinião, Paulo tem em mente a eficiência e o sucesso de sua pregação, bem como as excelências que eram dignas de um apóstolo e de toda a sua maneira de viver. Em contrapartida, o termo *palavra* denota não toda a substância da doutrina, mas simplesmente a sua forma e consistência exterior; pois ele teria contendido pela doutrina com mais sutileza. O desprezo procedia disto: ele era deficiente naquela beleza e esplendor de eloqüência que assegura a admiração.[32]

12. Porque não ousamos classificar-nos ou comparar-nos com alguns que se recomendam a si mesmos; mas eles, medindo-se a si mesmos e comparando-se consigo mesmos, agem sem entendimento.	12. Non enim audemus nos quibusdam inserere aut comparare, qui se ipsos commendant: verum ipsi in se ipsis se metientes, et se ipsos comparantes sibi, non sapiunt.
13. Nós, porém, não nos gloriamos além da medida que nos permite chegar a vós.	13. Nos autem non sine modo gloriabimur, sed pro mensura regulæ, quam nobis distribuit Deus: mensura, inquam, perveniendi etiam usque ad vos.
14. Porque não nos alongamos demais, como se não conseguíssemos alcançar-vos; pois já chegamos até vós no evangelho de Cristo;	14. Non enim quase ad vos non perveniremus, supra modum extendimus nos ipsos: siquidem usque ad vos pertigimus in Evangelio Christi.
15. não nos gloriando, além de nossa medi-	

---

31 "Ils rendoyent ses ecrits contemptibles." – "Tornaram seus escritos desprezíveis."
32 "Par laquelle on acquiert grace enuers les hommes." – "Pela qual granjeiam favor entre os homens."

da, no labor de outrem; mas, tendo esperança de que, enquanto vossa fé cresce, seremos engrandecidos em vós segundo nosso limite, com mais abundância,

16. para anunciar o evangelho nos lugares para além de vós, e não para gloriarmo-nos nos limites alheios com referência a coisas já realizadas.

17. Mas aquele que se gloria glorie-se no Senhor.

18. Porque não é aprovado quem a si mesmo se recomenda e sim quem o Senhor recomenda.

15. Non gloriantes sine modo in alienis laboribus,³³ spem autem habentes, crescente fide vestra in vobis, nos maginficatum iri secundum nostram regulam in exuberantiam.

16. Ut etiam ultra vos evangelizem, non in aliena regula, ut de iis, quæ parata sunt, glorier.

17. Cæterum qui gloriatur in Domino glorietur.

18. Non enim qui se ipsum commendat, ille probatus est: sed quem Dominus commendat.

12. Porque não ousamos. Ele diz isto à guisa de *ironia*, pois segue em frente não apenas se comparando ousadamente com eles; mas, desdenhando a vaidade deles, ele os deixa em remota retaguarda. Com esta ironia, ele atinge não só as néscias ostentações dos coríntios, mas a eles próprios, os quais fomentavam sua insensatez mediante aprovação equivocada. "Quanto a mim", diz ele, "estou contente com minha própria moderação, e não ousaria envolver-me com vossos apóstolos, que são arautos de sua própria excelência". E prossegue enfatizando que a ostentação deles nada significa, senão palavras e vanglórias, e assim demonstra quão tolos e indignos eles são. Ao mesmo tempo, Paulo reivindica para si a realidade, em vez de palavras, ou seja, ele possui bases reais e sólidas para gloriar-se. Entretanto, à primeira vista ele cai na mesma insensatez que ora condena em outros, pois prossegue se gloriando. Minha resposta é que devemos ter em mente sua razão em proceder assim. Pois quem se acha totalmente isento de ambição não têm outro desejo senão o de servir ao Senhor de forma proveitosa,³⁴ e não sua própria recomendação como o alvo. Entretanto, no que concerne a esta passagem, não

---

33 "Ne nous glorifians point outre mesure es labeurs d'autres, ou, Ne nous glorifians point en ce qui n'est point de nostre mesure, c'est à dire." – "Não gloriar-se além da medida nos labores de outrem, ou, não gloriar-se no que não está dentro de nossa medida, equivale a dizer", etc.

34 "Car ceux qui estans vuides de toute ambition, desirent seulement de seruir a Dieu auec fruit et proufit, ne regardent point a se priser euxmesmes." – "Pois aqueles que, sendo destituídos de toda ambição, desejam apenas servir a Deus com vantagem e proveito não visam exaltar-se."

há necessidade de nenhuma outra explicação além do que se pode deduzir das próprias palavras; porque os que procuram recomendar-se a si mesmos são indivíduos pobres e famintos de verdadeiro louvor, que a si mesmos, por meio de vãs ostentações e falsidade, atribuem a si mesmos o que na verdade não possuem. Isto se faz evidente do que vem a seguir.

Mas eles, medindo-se a si mesmos. Ele aqui realça, como que apontando o dedo, a insensatez dos coríntios. A pessoa que só tem um olho vê suficientemente bem entre aqueles que são totalmente cegos; o que possui meia audição ouve suficientemente bem entre os que são totalmente surdos. Tais eram aqueles que viviam satisfeitos consigo mesmos e se exibiam entre os demais, simplesmente porque não enxergavam a ninguém que lhes fosse superior, pois, caso tivessem se comparado com Paulo ou com alguém como ele, logo se veriam forçados a desistir do estonteante conceito de sua superioridade pessoal e teriam convertido sua ostentação em vexame.

Se quisermos encontrar uma explicação para esta passagem, podemos achá-la nos monges, pois, embora sejam todos eles completamente analfabetos e ignorantes, ainda, somente em virtude de suas longas batinas e capuzes, possuem a reputação de ser homens letrados. Se um deles cultivou ainda que um leve e superficial conhecimento de literatura, enfuna orgulhosamente sua plumagem à semelhança do pavão; sua celebridade é difundida aos quatro ventos e passa a ser quase cultuado por seus seguidores.[35] Se o disfarce do

---

35 "Os principais lugares nas escolas públicas de aprendizagem com freqüência eram lotados por monges das ordens mendicantes. Esta desditosa circunstância os impedia de emergir daquela ignorância e trevas que há tanto tempo os envolvia; também os tornava inacessíveis àquela auspiciosa luz da ciência melhorada, cujos salutares raios já se faziam sentir em várias das províncias européias. Os instrutores de jovens, dignificados com os veneráveis títulos de artistas, gramáticos, médicos e dialéticos, lotavam as memórias de seus laboriosos pupilos com certa quantidade de termos bárbaros, áridos e distinções sem sentido, bem como de preceitos escolásticos, enunciados no mais elegante estilo; e todos os que pudessem repetir este jargão com certa prontidão e ligeireza eram considerados homens de inusitada eloqüência e erudição. Todo o corpo dos filósofos enaltecia Aristóteles além da medida, enquanto raramente o estudavam, e nenhum deles o entendia" – *Mosheim's Ecclesiastical History* (Lond. 1825), volume 4.

capuz fosse removido,[36] e se fizesse um exame imparcial, sua presunção seria finalmente descoberta. Mas, por quê? O antigo provérbio se revela autêntico: "A ignorância é insolente" – mas a insolência excessivamente orgulhosa dos monges[37] se origina principalmente do fato de que eles vivem a medir a si mesmos. E, visto que em seus conventos não há nada senão barbarismo,[38] não é de admirar que o homem que enxerga com um olho seja rei no país dos cegos. Tais eram os rivais de Paulo, pois em seu íntimo se gabavam, e não paravam para considerar que tipo de virtude deveria angariar-lhes o genuíno louvor e quão distantes estavam da excelência de Paulo e dos que se assemelhavam a ele. Por certo, esta única consideração seria suficiente para cobri-los de vergonha, mas a justa punição dos ambiciosos é que sua estultícia os expõe ao ridículo (o que eles mais desejam evitar); e, em vez da glória que tão imoderadamente buscam,[39] só colhem vergonha.

13. Nós, porém, não nos gloriamos além da medida. Ele agora contrasta sua própria moderação com a estultícia dos falsos apóstolos[40] e, ao mesmo tempo, mostra qual é a real e genuína medida do gloriar-se – mantermo-nos dentro dos limites que nos foram demarcados pelo Senhor. "O Senhor me concedeu isto; ficarei satisfeito com esta medida e não desejarei nem reivindicarei a posse de algo mais." Isto é o que ele tem em mente por "além da medida".[41] Pois a *medida* de

---

36 "Laisser derriere ceste masque de frocs et coqueluches." – "Deixar para trás aquela máscara de batinas e capuzes."
37 "Ceste arrogance intolerable des moines." – "Esta intolerável arrogância dos monges."
38 "Pure barbarie et bestise." – "Mero barbarismo e estupidez."
39 "Laquelle ils appetent par moyens mal propres." – "Que almejam por meios impróprios."
40 "Il oppose maintenant sa modestie a la sotte entrecuidance des faux-apostres." – "Ele agora contrasta sua modéstia com a estulta presunção dos falsos apóstolos."
41 "Dentro dos limites medidos e determinados do *stadium*, o atleta se via obrigado a contender pelo prêmio, que eles perdiam sem esperança de recuperá-lo, caso se desviassem um pouquinho do curso designado. Em alusão a este inviolável arranjo, o apóstolo informa aos coríntios: 'Não nos gloriaremos nas coisas além de nossa medida', etc. Poderia ajudar muito a entender este e os versículos seguintes se, com Hammond, considerarmos os termos usados neles como *agonísticos*. Nesta visão dos termos, a 'medida da regra' (τὸ μέτρον τοῦ κανόνος) alude à pista demarcada e circunscrita por uma linha branca para os corredores nos jogos ístmicos, celebrados entre os coríntios; assim, o apóstolo representa sua obra na pregação do evangelho como sendo sua corrida espiritual, e a província que lhe fora designada, como o circuito ou etapa do terreno, o qual Deus havia distribuído ou medido (ἐμέρισεν αὐτῷ) para ele correr. Por conseguinte, 'gloriar-se

cada um, segundo a qual ele deve regular-se é esta: o dom e a vocação de Deus. Ao mesmo tempo, não é lícito que gloriemos no dom e vocação de Deus em nosso próprio favor, mas só até onde isso promover a glória dAquele que nos é tão liberal e que visa a isto: reconhecermos que nós mesmos Lhe somos devedores por todas as coisas.⁴²

A medida que nos permite chegar até vós. Por esta expressão, ele notifica que não necessitava de recomendações expressas em palavras entre os coríntios, porque eles faziam parte de sua glória, ou, como expressa em outro lugar: "Vós sois minha coroa" [Fp 4.1], mas prossegue usando a mesma figura de linguagem que já usara. "Eu tenho", diz ele, "um campo muito amplo para gloriar-me sem precisar ir além de meus limites, e uma porção deste campo sois vós". Ele reprova mui gentilmente a ingratidão⁴³ deles por ignorarem seu apostolado, o qual deveria ser mantido em alto apreço, especialmente entre eles, já que o mesmo levava em si o selo da aprovação divina. Em cada sentença, devemos entender também um contraste implícito entre ele e os falsos apóstolos, que não tinham este selo de aprovação para exibir.

14. Porque não nos alongamos demais. Paulo faz alusão àquelas pessoas que estendem seus braços ou ficam nas pontas dos pés para alcançar algo que não se acha imediatamente ao seu alcance.⁴⁴ Uma ambiciosa aspiração por glória é semelhante a isso, mas às vezes é muito mais danosa. Pois uma pessoa ambiciosa não se contenta simplesmente em estender suas mãos ou em ficar nas pontas dos pés, mas

---

além da medida' (v. 13, εἰς τὰ ἄμετρα) e 'estender-se além da medida' (ὑπερεκτείνεσθαι) se refere a alguém que corria além ou fora de sua linha. 'Como se não devêssemos chegar até vós' (v. 14, ἄχρι ὑμῶν ἐφθάσαμεν) alude àquele que ultrapassava o alvo; e 'na linha de outro homem' (v. 16, ἐν ἀλλοτρίῳ κανόνι) significa 'na província que era demarcada para alguém mais', em alusão à linha que a corrida era limitada, tendo cada um dos corredores a pista na qual devia correr e que lhe era demarcada com tinta; e, se alguém passasse para a pista de outrem, ele se estendia sobre sua linha" *Paxton's Illustrations* ("Manners and Customs", volume 2).

42 "Afin que nons luy facions hommage de tout ce que nons avons, confessans le tenir de luy." – "Que possamos fazer reconhecimento quanto a cada coisa que temos, confessando que a retemos dele."

43 "Or en parlant ainsi, il taxe (modestement toutesfois) leur ingratitude." – "Mas, falando assim ele reprova (no entanto, modestamente) a ingratidão deles."

44 "'Ἐκτείνω é estender alguém os braços até à medida plena de sua possibilidade; ὑπερεκτείνω, estender-se além de – tentar ir além de sua insuficiência" – Leigh's Critica Sacra.

também apressa-se, por qualquer pretexto, para obter glória.[45] Paulo está se referindo a seus rivais que procediam assim. Em seguida ele declara por que viera aos coríntios: o intuito era fundar sua igreja por meio de seu ministério. Portanto, ele diz que viera no evangelho de Cristo, não lhes viera de mãos vazias,[46] senão que fora o primeiro a trazer-lhes o evangelho. Há quem entenda a preposição *em* de forma diferenciada como sendo equivalente a *por* – "pelo evangelho de Cristo" –, e não há nada errôneo nessa tradução. Não obstante, ao que parece, Paulo está enfatizando uma das vantagens de sua vinda a Corinto, visto que ele trouxera consigo uma dádiva mui preciosa.

15. No labor de outrem. Ele agora reprova os falsos apóstolos mais diretamente como homens que estenderam suas mãos para colher em campo alheio e ousam injuriar aqueles cujo suor e labor tinham lhes preparado o campo. Ele fundara a igreja de Corinto em meio a grande luta e infindáveis dificuldades. Eles [os falsos apóstolos] surgiram depois e encontraram a estrada pronta e a porta aberta. Com o fim de parecerem pessoas importantes, se puseram cinicamente a reivindicar aquilo sobre o que não tinham nenhum direito e a ridicularizar o trabalho de Paulo.

Mas, tendo esperança. Uma vez mais, e indiretamente, ele reprova os coríntios por se tornarem um obstáculo ao seu avanço e difusão do evangelho. Pois, quando ele afirma esperar que, *enquanto vossa fé cresce*, as fronteiras de sua glória serão ampliadas, ele notifica que a fraqueza da fé dos coríntios era a razão por que tal progresso se tornara tardio, em alguma medida. É como se Paulo quisesse dizer: "Se tivésseis progredido na medida em que devíeis, agora eu estaria ocupado em plantar novas igrejas e poderia contar com vossa assistência nesta obra. No entanto, agora, por causa de vossa fraqueza, estais me atrasando. Todavia, espero que o Senhor vos conceda a bênção de

---

45 "Courent a bride aualle, et sont comme transportez a pour chasser quelque couleur de se glorifier." – "Correm a rédea solta e são, por assim dizer, apressados em tomar posse de algum pretexto para gloriar-se."
46 "Vuide ne despourueu;" — "Vazio nem desprovido."

fazer maior progresso no futuro, de modo que a glória do meu ministério venha a ser intensificada de acordo com a medida da vocação divina."[47] *Gloriar nas coisas já realizadas* significa o mesmo que gloriar no labor alheio; ele estava em meio a uma batalha, porém eles estavam retardando o triunfo.[48]

17. Mas aquele que se gloria. Ele diz isto com o fim de corrigir qualquer falsa impressão de que seu gloriar-se pessoal era, em si mesmo, uma ostentação fútil. Assim, ele convoca a si e a outrem a se porem ante o juízo divino, realçando que as únicas pessoas que têm o direito de se gloriar são aquelas que recebem a aprovação de Deus. *Gloriar-se no Senhor* tem aqui um sentido distinto daquele do primeiro capítulo da Primeira Epístola [1.31] ou de Jeremias 9.24. Pois, nessas passagens, a expressão significa reconhecer que Deus é o Autor de todas as coisas boas, de modo que todo o bem deve ser atribuído à sua graça somente, e que os homens não devem exaltar-se, antes, devem glorificar a Deus somente.[49] Aqui, *Gloriar-se no Senhor* significa submeter nosso gloriar tão-só ao juízo divino e considerar tudo o mais como digno de nada, pois enquanto alguns dependem das opiniões humanas e se pesam na falsa balança da opinião pública, e outros são ludibriados por sua própria arrogância, Paulo nos convida a atentarmos a um único tipo de glória, ou seja, devemos agradar ao Senhor, por cujo juízo ficamos de pé ou caímos.

Mesmo os pagãos reconhecem que a glória genuína consiste em uma consciência pura[50] e que isto é muitíssimo certo, porém não é

---

47 "Selon la regle et mesure de la vocation Diuine." – "Segundo a regra e medida da vocação divina."
48 "Car combien que S. Paul eust guerroyé, toutesfois les autres triomphoyent; c'est à dire, combien qu'il eust soustenu tout le fais et la peine, les autres em raportoyent la gloire." – "Pois, ainda que Paulo enfrentasse uma batalha, outros desfrutavam do triunfo; ou seja, ainda que ele vergasse todo o fardo e tribulação, outros eram cumulados de glória."
49 "Et a ce qu'il en iugera." – "E de acordo com seu modo de julgá-lo."
50 "Os pagãos, ainda que nunca pudessem alcançar uma verdadeira espiritualidade e uma consciência santificada, inclusive viver segundo os ditames naturais dela, consideravam a única felicidade *Nil conscire sibi* (*Estar alguém cônscio de não haver cometido nenhum crime*, Hor. Ep. 1:1, 61); isso era a única coisa que tornava alguém feliz... Pindaro chamava-o de *o bom guardião de nossa velhice*. Grande coisa é ter alguém o testemunho de uma boa consciência, destituída de ofensa,

toda a verdade. Pois, visto que quase todo o mundo é cego por excesso de amor-próprio, não devemos repousar tranqüilos em nossa própria auto-estima. Pois, recordemo-nos do que ele diz em outro lugar [1Co 4.4]: embora sua consciência não o acusasse de alguma falha pessoal, ele não se justificava. Lembremo-nos ainda de que o direito de pronunciar juízo contra nós é reservado tão-somente a Deus, porquanto não somos juízes competentes em nossa própria causa. O que segue confirma esta interpretação: *Porque não é aprovado quem a si mesmo se recomenda.* Todos os dias sucede que os homens são facilmente enganados por uma falsa impressão. Portanto, esquecendo tudo o mais, que nosso único propósito seja o de conquistar a aprovação de Deus e vivamos contentes só com sua aprovação, visto que, de direito, isto deve ser considerado muito mais honroso do que todos os aplausos do mundo inteiro. Houve um homem que declarou que para ele só a aprovação de Platão valia o aplauso de milhares;[51] contudo, aqui não estamos tratando dos juízos humanos ou decidindo quem é superior a quem, e sim do próprio juízo divino cuja prerrogativa é destronar todos os juízos humanos.

---

pois esse é o *mille testes* – mais que todos os testemunhos do *mundo*" Burgesse, sobre 2 Coríntios 1.

51 A expressão referida ocorre nos escritos de Cícero. "Plato mihi unus est instar omnium" – "Platão, mesmo individualmente, para mim é igual a todos" – (Cic. Brut. 51). Cícero diz em outro lugar que "preferiria errar com Platão do que pensar corretamente com outros" (Cic. Tusc. 1:17.).

Capítulo 11

1. Tomara me suportásseis um pouco em minha insensatez! Sim, suportai-me ainda.
2. Porque eu tenho por vós um como zelo divino; eu vos desposei com um esposo único, Cristo, querendo apresentar-vos a ele como uma virgem pura.
3. Mas temo que, assim como a serpente enganou Eva com sua astúcia, assim também vossas mentes sejam de alguma sorte corrompidas e se apartem da simplicidade e pureza que há em Cristo.
4. Porque, se vier alguém e pregar outro Jesus, que não pregamos, ou se recebeis um espírito diferente, que não recebestes, ou um evangelho diferente, que não aceitastes, vós o tolerais muito bem.
5. Porque julgo que em nada tenho sido inferior aos mais excelentes apóstolos.
6. Pois, ainda que eu seja rude na palavra, não sou em conhecimento; antes, nos tornamos completamente manifestos entre vós, em todas as coisas.

1. Utinam tolerasetis me paulisper in insipientia mea: imo etiam sufferte me.[1]
2. Nam zelotypus sum erga vos Dei zelo: adiunxi enim vos uni viro, ad exhibendam virginem castam Christo.
3. Sed metuo, ne qua fiat, ut quemadmodum serpens Evam decepit versutia sua: ita corrumpantur sensus vestri a simplicitate, quæ est in Christo.
4. Nam si is qui venit, (vel, si quis veniens,) alium Iesum prædicat, quem non prædicavimus; aut si alium Spiritum accipitis, quem non accepistis: aut Evangelium aliud, quod non accepistis, recte sustinuissetis.
5. Arbitror enim me nihilo inferiorem fuisse eximiis Apostolis.
6. Cæterum licet imperitus sim sermone, non tamen scientia: verum ubique manifesti fuimus in omnibus erga vos.

1. Tomara me suportásseis. Percebendo que os ouvidos dos coríntios estão ainda parcialmente sintonizados em seus rivais,[2] Paulo usa outro mecanismo para, por esse meio, conquistá-los, expressando

---

1 "Mesme aussi supportez moy, ou, et certes vous me supportez." – "Mesmo assim, suportai-me, ou, certamente me suportais."
2 "Des propos des faux apostres." – "Pelos discursos dos falsos apóstolos."

um desejo, como as pessoas o fazem, quando não ousam expressar um pedido franco.³ Mas, logo depois, como se sua confiança retrocedesse, ele pede aos coríntios que suportem ou tolerem sua insensatez. Ele denomina de *insensatez* àquela esplêndida proclamação de seus louvores que vêm logo a seguir, não como se ele fosse estulto em gloriar-se, porquanto o fazia sob a compulsão da necessidade e se restringia a tal ponto, que ninguém tinha condições de dizer que ultrapassava os limites da moderação. No entanto, ele qualificava sua atitude de insensatez, uma vez ser algo impróprio alguém entoar seus próprios louvores, principalmente um homem amante da moderação. E, se ele o faz, é porque tem de fazê-lo.

Considero a expressão *suportai-me* como um imperativo, enquanto Crisóstomo a entende como uma declaração afirmativa, pois o termo grego é ambíguo e qualquer tradução se ajusta muito bem. Todavia, uma vez que as razões que Paulo menciona destinam-se a induzir os coríntios a tolerá-lo e, em seguida, os chamará à razão por nada lhe concederem, eu segui a Vulgata.⁴ Ao dizer *tomara,* etc., é como se ele tivesse perdido a confiança; agora, porém, como a corrigir sua hesitação, ele ordena aberta e francamente.

2. Tenho por vós um zelo divino. Esta é a razão por que ele faz o papel de insensato, porque o ciúme é capaz de pôr uma pessoa, por assim dizer, de ponta cabeça. É como se dissesse: "Não espereis que eu demonstre a serenidade⁵ de um homem tranquilo e não me deixe excitar por algum sentimento forte; porque a força do zelo que sinto por vós não me deixa em paz". Não obstante, existem dois tipos de *zelo* – um que emana de nosso amor egoísta, um zelo negativo e perverso; o outro é aquele que sofremos em nome de Deus⁶ –, e Paulo diz

---

3 "Ceux ausquels ils ont affaire." – "Aqueles com quem eles têm a ver."
4 A tradução da Vulgata é assim: "Sed supportate me" ("Mas suportai-me."). Wycliffe (1380) diz: "Mas também suportai-me". Tyndale (1534) também traduz no imperativo, assim: "Sim, e oro para que me suporteis."
5 "Vne equalite et moderation." — "Uma imparcialidade e moderação."
6 "De laquelle nous sommes esmeus pour l'amour de nostre Dieu." – "Pelo qual somos influenciados pelo amor de nosso Deus."

que tem este último. Muitas pessoas têm zelo por uma questão pessoal e não por consideração a Deus. Contudo, o único zelo correto e, especialmente, saudável é aquele que procura os interesses de Deus, no sentido em que Ele não seja prejudicado naquela honra que é devida tão-somente a Ele.

Eu vos desposei com um único esposo. Que seu zelo era dessa natureza, ele prova com base no desígnio de sua pregação, pois sua tendência era uni-los a Cristo em matrimônio e mantê-los firmes nessa união.[7] Aqui, Paulo nos apresenta, em sua própria pessoa, o retrato de um bom ministro; porque só existe um *Noivo* da Igreja – o Filho de Deus. Todos os ministros são "amigos do noivo", como João Batista fala de si mesmo [Jo 3.29]. Assim, todos os ministros devem preocupar-se em que a fidelidade do santo matrimônio seja mantida pura e inviolável. Isto só podem fazer se compartilharem o amor do Noivo com a Igreja, de modo que cada um esteja tão solícito com a pureza da Igreja como um esposo está solícito com a castidade de sua esposa. No ministério, não deve haver qualquer frieza e indiferença, porque aquele que é frio não pode adequar-se a este ofício; por isso, os ministros devem acautelar-se para não buscarem seus próprios interesses acima dos de Cristo e não se colocarem no lugar dEle, a fim de que, enquanto pretendem ser amigos do noivo,[8] não sejam, de fato, adúlteros a atrair para si mesmos o amor da noiva.

Como uma virgem pura. Só podemos estar desposados com Cristo se trouxermos a pureza como nosso dote e a mantivermos inviolável contra toda e qualquer corrupção. Portanto, é o dever dos ministros do evangelho purificar suas almas, para que sejam noivas castas de Cristo, pois, de outro modo, todo o labor deles se torna inútil. Podemos considerar o sentido, aqui, como sendo ou que devem apresentar-se individualmente como virgens castas, ou que um mi-

---

[7] "Et les faire perseuerer en saincte conionction auec luy." – "E os levar a perseverar numa santa união com ele."
[8] "Paranymphos." – "amigos do noivo." O leitor encontrará o ofício e deveres do *paraninfo* detalhados em considerável extensão na obra do Dr. Adam Clarke, quando comenta João 3.29.

nistro deve apresentar todo o povo e conduzi-lo à presença de Cristo. Prefiro a segunda interpretação e a traduzi de forma diferenciada de Erasmo.[9]

3. Mas temo. Paulo se põe a explicar qual é a natureza da *virgindade* sobre a qual fez menção – nossa apego a Cristo somente, com toda a sinceridade de nosso coração. De fato, Deus requer de nós que vivamos unidos a Ele, tanto no corpo quanto no espírito, e declara ser um Deus zeloso [Ex 20.5], que vinga com extrema severidade o erro cometido contra Ele, a saber: quando alguém lhe vira as costas. Não obstante, esta união com Deus é exemplificada em Cristo, como Paulo ensina em Efésios [5.27]. Na presente passagem, ele nos fala do método pelo qual esta união se realiza, ou seja, quando permanecemos na simplicidade e pureza do evangelho, pois, assim como quando um casamento é acordado entre duas pessoas, se lavra um contrato[10] (*tabulae*), assim também o casamento espiritual entre nós e o Filho de Deus é confirmado pelo evangelho como uma espécie de contrato[11] (*tanquam tabulis*). Mantenhamos a fidelidade, o amor e a obediência que ali prometemos; e Ele, por sua vez, será fiel para conosco.

Paulo, então, diz que está preocupado, ou seja: que a mente dos coríntios não se corrompa e venha a apartar-se da simplicidade e pureza que há em Cristo. O grego traz εἰς Χριστόν, e Erasmo traduz "para com Cristo";[12] a Vulgata, porém, em minha opinião, se aproxima mais da intenção de Paulo.[13] Pela expressão *simplicidade e pureza que há*

---

9 A tradução de Erasmo, citada por Beza (que, como Calvino, a reprova), é "ut exhiberetis" – "para que apresenteis."
10 *Tabulæ*. Juvenal faz uso deste termo no mesmo sentido: "Signatæ tabulæ" – "O contratado matrimonial é assinado" – (Juv. ii.119). Ver também Juv. ix. 75.
11 "Est confermé et establi par l'Euangile, comme par vn instrument authentique." – "É confirmado e estabelecido pelo evangelho como por um instrumento autêntico."
12 Beza, como Calvino, vê a expressão εισ τὸν Χριστόν no sentido de "em Cristo" e menciona a tradução de Erasmo, adicionando uma nota explicativa: "*Quæ* erat erga *Christum*, nempe quia pure ac simpliciter illi obtemperabatis" – "Que era para com Cristo; isto é, visto que lhe obedecestes com pureza e simplicidade". Granmer (1539) traduz assim: "Euen so youre wyttes shuld be corrupte from the singlesnes that ye had toward Christ" – "De modo que venhais a ser corrompidos da singeleza que tínheis para com Cristo".
13 A tradução da Vulgata é a mesma adotada por Calvino: "A simplicitate quæ est in Christo." – "Da simplicidade que está em Cristo."

em Cristo, Paulo tem em mente aquilo que nos conserva na doutrina original e pura do evangelho e não admite nesta doutrina nenhuma mistura estranha.[14] O que ele está querendo nos dizer é que nossas mentes são corrompidas[15] tão logo se desviam, mesmo que seja um pouco, da doutrina pura de Cristo. E sua advertência é correta, pois quem não condenaria uma mulher casada como culpada de impureza desde o momento em que ela passa a dar ouvido a um sedutor? Assim também nós, ao darmos atenção aos mestres ímpios e falsos, que são sedutores da parte de Satanás, damos evidência clara de que não estamos mantendo a fidelidade conjugal com Cristo. Devemos observar igualmente o termo *simplicidade*. O temor de Paulo não era que os coríntios rompessem de forma imediata, aberta e completa com Cristo, mas que se afastassem paulatinamente da simplicidade e pureza que haviam aprendido, seguissem invenções profanas e estranhas e, finalmente, apostatassem.

Em seguida, Paulo delineia uma comparação. *Como a serpente enganou Eva com sua astúcia*. Pois, se os falsos mestres tiverem uma demonstração de sabedoria; se forem poderosos em sua eloqüência para persuadir; se puderem insinuar-se plausivelmente na mente de seus ouvintes e ali instilar sua peçonha, fomentando artifícios, estão expressando os métodos que Satanás empregou para enganar Eva, porquanto ele não declarou abertamente ser seu inimigo, mas se moveu secretamente sob capcioso pretexto.

4. Porque, se vier alguém. Ele agora reprova os coríntios por sua excessiva prontidão em dar boas-vindas aos falsos apóstolos. Pois, enquanto em relação a Paulo eles eram excessivamente rabugentos e irritáveis,[16] a ponto de se ofenderem ante o mais leve pretexto, quando reprovados até de maneira moderada, não houve nada que eles não permitiram aos falsos apóstolos, cujo orgulho, arrogância e exi-

---

14 "Corruptions et desguisemens venans d'ailleurs." – "Corrupções e dissimulações que emanem de alguma outra fonte."
15 "S'abbastardissent, corrompent, et debauchent." – "São adulteradas, corrompidas e depravadas."
16 "Trop chagrins, difficiles, mal-aises a contenter, et faciles a estre irritez." – "Excessivamente suscetíveis, difíceis de agradar, raramente satisfeitos e provocados com muita facilidade."

gências descabidas eles suportavam de boa vontade. Paulo condena esta veneração absurda que só provava a carência de discriminação ou discernimento dos coríntios. É como se dissesse: "Como podeis permitir[17] que tais indivíduos tenham tanta liberdade entre vós e ainda tolerais pacientemente que vos dominem? Se vos trouxessem outro Cristo, outro evangelho ou outro Espírito, além daqueles que de mim recebestes, certamente eu aprovaria vossa deferência para com eles; pois assim eles mereceriam uma honra tão elevada. Mas, visto que não vos deram nada que eu não vos tenha dado antes, que espécie de gratidão é essa que chega quase a adorar aqueles a quem nada deveis e desprezar a mim, por meio de quem Deus vos revelou tão grandes bênçãos?" Os papistas revelam essa mesma espécie de gratidão, hoje, a seus falsos bispos. Porque, enquanto são extremamente oprimidos por sua tirania[18] excessivamente árdua, suportam-na sem dificuldade; contudo, não hesitariam em tratar com desdém o próprio Cristo.[19]

Outro Jesus... e um evangelho diferente significam, aqui, algo distinto do que se acha em Gálatas 1.8. Pois, naquela passagem, *outro* significa *falso* e *fictício* em oposição ao que é *verdadeiro* e *genuíno;* em 2 Coríntios, porém, significa um evangelho que chegou a eles por meio de outro ministério, e não pelo de Paulo.

5. Porque julgo que em nada. Agora ele realça a ingratidão dos coríntios, ao afastar a única escusa válida que poderiam apresentar, pois ele demonstra estar à altura mesmo do principal dos apóstolos. Portanto, os coríntios incorriam em ingratidão[20] por não o considerarem de forma mais honrosa, quando sabiam sobejamente, por experiência própria, que tipo de homem ele era; enquanto, em contrapartida, a autoridade que lhe era devida por direito, transferiam-na para pessoas de nenhum préstimo. Em virtude de sua modéstia, Paulo diz que julga

---

17 "Entreprenent et vsurpent." — "Assumir e usurpar."
18 "Leur dure et insupportable tyrannie." – "Sua severa e intolerável tirania."
19 "Mais de Christ, il ne leur en chaut, et ne font point de conscience de l'auoir en mespris." – "Mas, quanto a Cristo, eles não se preocupam com ele e não nutrem nenhum escrúpulo de mantê-lo em desprezo."
20 "Monstroyent bien en cela leur ingratitude." – "Mostrou claramente esta sua ingratidão."

assim, embora a coisa fosse conhecida e manifesta a todos. O que ele queria dizer é que Deus honrava seu apostolado com as marcas de seu favor, as quais não são inferiores às de João e de Pedro. Além disso, se alguém despreza os dons de Deus, depois de os haver reconhecido claramente, tal pessoa não pode defender-se ante a acusação de malícia e ingratidão. Daí, onde quer que você perceba os dons divinos, ali deve reverenciar a Deus.[21] Quero dizer que toda pessoa é digna de honra quando ela se distingue nos dons da graça de Deus, especialmente se esses dons nos são de algum benefício.

6. Ainda que eu seja rude na palavra. Havia uma única coisa[22] em que, à primeira vista, ele poderia parecer inferior – ele era destituído de eloqüência. Por isso, antecipa e corrige esta crítica,[23] enquanto reconhece ser de fato *rude* e de linguagem sem polimento, embora, ao mesmo tempo, afirme que não o era no *conhecimento*. Pelo termo *palavra*, ele quer dizer, neste contexto, a elegância de expressão; e, pelo termo *conhecimento*, a substância de sua doutrina. Porque, como uma pessoa se constitui tanto de alma como de corpo, assim também no que diz respeito à doutrina há aquele elemento que é ensinado e o ornamento de expressão com que ele se reveste. Portanto, Paulo está asseverando que sabe o que deve ser ensinado e o que deve ser conhecido, embora não seja um orador eloqüente que sabe como apresentar sua doutrina de uma maneira polida e com expressão eloqüente.

Entretanto, surge a indagação se a eloqüência de linguagem[24] era ou não necessária para os apóstolos, uma vez que, sem ela, como poderia ser ele qualificado para o ensino? Para alguns, talvez o *conhecimento* seja suficiente, mas como um bronco poderia ser professor? Minha resposta é que Paulo não diz aqui ser ele tão rude na expressão verbal, que era inteiramente incapaz de dizer algo, como uma criança, e sim

---

21 "Em quelque lieu que nous apperceuerons les dons de Dieu, il faut que là il soit honore de nous, et que nous luy portions reuerence." – "Onde quer que reconheçamos os dons de Deus, ele deve ser honrado por nós, e devemos render-lhe reverência."
22 "Il n'y auoit que ceci seul;" — "Havia somente esta única coisa."
23 "Ce fol iugement." – "Este juízo tolo."
24 "La faculte de bien parler et auec grace." – "A faculdade de falar bem e de forma graciosa."

que, visto não poder rivalizar com outros no esplendor da eloqüência, ele admite a superioridade deles neste particular, porém evoca para si o que mais importava, a saber, a posse e domínio da substância do ensino, deixando para eles a posse da garrulice sem gravidade. Mas, se alguém questiona por que o Senhor, que criou a língua do homem [Êx 4.11], não dotou de eloqüência um apóstolo tão formidável, de modo que não sofresse de tal deficiência, respondo que Paulo recebeu em abundância qualidades que compensavam muitíssimo sua carência de eloqüência. Pois percebemos e sentimos quanta majestade há em seus escritos, quanta autoridade ele alcança, quanta sublimidade ele revela, quanto poder ele possui. Enfim, essas coisas são raios, não meras palavras [sem conteúdo]. E não é igualmente verdade que a eficácia do Espírito Santo é vista mais claramente nas palavras sem polimento do que na aparência de eloqüência e ornamento [de linguagem]? Não obstante, há um tratamento mais completo deste assunto na epístola anterior. Em suma, Paulo admite, no que diz respeito às meras palavras, o que seus adversários alegam à guisa de objeção, enquanto nega a realidade do que afirmam. Aprendamos de seu exemplo a preferir a *realidade* à palavra, segundo um provérbio latino rude mas popular: "Teneant alii quid *nominis*, nos autem quid *rei*." – "Que os outros conheçam alguma coisa do *nome*; nós, porém, conhecemos alguma coisa da *realidade*."[25] Se a eloqüência for adicionada, que seja considerada como algo extra e não seja utilizada para torcer ou adulterar a doutrina, e sim para explicá-la em sua simplicidade genuína.

Em tudo. Como havia algo magnificente em pôr-se no nível dos principais apóstolos, para que isso não fosse atribuído à arrogância, ele toma os coríntios como juízes, contanto que julgassem com base no que eles mesmos experimentaram. Pois eles sabiam sobejamente, com base em muitas provas, que ele não se gloriava desnecessaria-

---

[25] "Et afin que i'vse d'vn prouerbe des Latins barbare, commum toutesfois – 'Que les autres scachent les mots, mais que nous ayons bonne cognoissance de la chose'" – "E usar um provérbio dos latinos, aliás bárbaro, porém comum: 'Que outros conheçam as palavras; nós, porém, temos boa familiaridade com a realidade'." Tymme, em sua tradução do comentário de Calvino sobre Coríntios (1573), traduz este provérbio assim: "Que outros tenham a casca; nós podemos ter a polpa."

mente ou sem boa razão. Portanto, ele quer dizer que não necessitava de lançar mão de palavras, visto que a realidade e a experiência propiciavam evidência de tudo o que estava para dizer.[26]

7. Ou teria eu cometido alguma ofensa, ao humilhar-me, para que pudésseis ser exaltados, só porque vos preguei de graça o evangelho de Deus?

8. Despojei outras igrejas, recebendo delas salários para vos ministrar;

9. e, quando estava entre vós, ao passar privações, não fui pesado a ninguém; pois os irmãos, quando vieram da Macedônia, supriram a medida de minha necessidade; e em tudo me guardei de vos ser oneroso, e ainda me guardarei.

10. Como a verdade de Cristo está em mim, ninguém me privará desta glória nas regiões da Acaia.

11. Por quê? Por que não vos amo? Deus o sabe.

12. Mas o que faço, e continuarei fazendo, é cortar ocasião aos que buscam ocasião, a fim de que, naquilo em que se gloriam, sejam achados assim como nós.

7. Num illud peccavi, quod me ipsum humiliaverim,[27] ut vos exaltaremini: quod gratuito Evangelium Dei prædicaverim vobis?

8. Cæteras Ecclesias deprædatus sum accepto ab illis stipendio, quo vobis inservirem.

9. Et quum apud vos essem et egerem, non onerosus fui cuiquam;[28] nam quod mihi deerat, suppleverunt fratres, qui venerant ex Macedonia; et in omnibus sic me servavi, ne cui essem onerosus, atque ita servabo.

10. Est veritas Christi in me, quod hæc gloriatio non interrumpetur contra me in regionibus Achaiæ.

11. Quapropter? an quod non diligam vos? Deus novit.

12. Verum quod facio, idem et faciam: ut amputem occasionem iis qui cupiunt occasionem, ut in quo glorientur, reperiantur, quemadmodum et nos.

7. Cometido alguma ofensa. Sua humildade foi lançada sobre si à guisa de censura, quando, na verdade, era merecedor mais de excelências do que de enaltecimento ordinário. Aqui, *humildade* significa aviltamento voluntário; pois, ao conduzir-se com modéstia, como se nada houvesse nele que fosse particularmente excelente, de modo que muitos olhavam para ele como uma pessoa comum, ele que tinha feito tanto entre os coríntios. Seu zelo e cuidado pelo bem-estar deles ardiam tão fortemente[29] em seu coração, que sua preocupação por eles

---

26 "Monstrent au doigttout ce qu'il en pourroit dire." – "Aponta com o dedo cada coisa sobre a qual ele se preparava para dizer."
27 "En ce que ie me suis humilié moy mesme, ou, abbaissé;" — "Porque tenho me humilhado ou rebaixado."
28 "Je n'ay foullé personne, ou, ne suis point deu enu lasche en besongne au dommage de quelqu'vn." – "Não fui pesado a ninguém, ou, não me tornei negligente no trabalho para prejudicar a alguém."
29 "Car ce sainct Apostre estoit tellement embrassé du desir." – "Pois este santo apóstolo foi

era mais intensa do que por si mesmo. Portanto, ele diz que resignou espontaneamente sua grandeza para que, através de sua humilhação, os coríntios viessem a se tornar grandes. Porquanto seu objetivo era promover a salvação deles. E agora, indiretamente, os acusa de ingratidão por transformarem sua piedosa intenção em ofensa – de fato, não que quisesse reprová-los, e sim restaurá-los tanto mais a uma mente sã. E certamente os feriu mais severamente, falando *ironicamente*, do que se falasse em linguagem simples e sem figura. Ele poderia ter dito: "O que é isto? Vós me desprezais somente porque me humilhei para vosso benefício?" No entanto, o questionamento do qual faz uso foi mais eficaz para causar-lhes vergonha.

Só porque vos preguei de graça. Esta é uma parte de seu aviltamento, pois ele abriu mão de seus direitos, como se sua condição fosse inferior à dos demais; mas a irracionalidade era tal, que os levava a pensar dele menos do que deviam, como se ele não fosse digno de qualquer honorário. Finalmente, ele adiciona o motivo para oferecer aos coríntios um trabalho gratuito – pois esta não era sua prática geral, senão só em Corinto. Como já vimos na epístola anterior, havia um grande risco de fornecer aos falsos apóstolos um forte pretexto contra ele.

8. Despojei outras igrejas. Em minha opinião, Paulo usou deliberadamente um termo questionável com o fim de fazer ainda mais evidente quão indigno era o menosprezo dos coríntios para com ele. "Tenho procurado", diz ele, "sustentar-me com as ofertas de outras igrejas, a fim de servir-vos. Visto que eu vos poupei tanto, quão irracional de vossa parte é fazer-me uma retribuição tão miserável". Esta é uma metáfora extraída do costume militar, pois assim como os vencedores tomavam despojos dos povos derrotados, assim tudo o que Paulo recebeu das igrejas que conquistara para Cristo foi, por assim dizer, os despojos de sua vitória. Ainda que ele jamais tenha recebido algo contra a vontade delas, sua contribuição espontânea se devia,

profundamente inflamado com desejo."

por assim dizer, a um direito de guerra espiritual.³⁰

Contudo, notemos que ele diz que sofria privações, porque, a menos que fosse premido por necessidades extremas, jamais os sobrecarregaria. Ao longo de todo esse tempo, ele se ocupara de trabalhos manuais, como já aprendemos; mas, como seu trabalho manual era insuficiente para seu sustento, os macedônios fizeram uma contribuição adicional. Portanto, ele não diz que os macedônios³¹ lhe haviam suprido a vida, mas só lhe deram o que lhe faltava. Já falamos em outro lugar da piedosa prudência e cuidado do apóstolo em prover-se contra os perigos; aqui devemos notar o zelo piedoso dos macedônios, os quais não hesitavam em contribuir, tirando de sua própria subsistência para o sustento do apóstolo, a fim de que o evangelho pudesse ser proclamado a outrem, mesmo àqueles que eram mais ricos do que eles. Quão poucos *macedônios* existem hoje! Em contrapartida, quantos *coríntios* existem por toda parte!

10. Como a verdade de Cristo está em mim. Para que ninguém suspeitasse de que as palavras de Paulo tinham o desígnio de induzir os coríntios a serem mais liberais para com ele no futuro, numa tentativa de corrigir suas deficiências pregressas, ele declara, com juramento, que não receberá nada, seja deles, seja de outras igrejas da Acaia, mesmo que lhe seja oferecido. A expressão "como a verdade de Cristo está em mim" está na forma de juramento e equivale a isto: "Que ninguém creia que a verdade de Cristo está em mim, se eu não retiver esta glória entre os habitantes da Acaia". Ora, Corinto estava na Acaia.

11. Por que não vos amo? Costumamos tratar aqueles a quem

---

30 A palavra ἐσύλησα, traduzida por *despojei* se deriva de σύλη (espólios) e, originalmente, vem do verbo hebraico לְלֵשׁ (*shalal*), que amiúde é empregado para denotar *espoliar* ou *fazer pilhagem* [ver Is 10.6; Ez 29.19] – "A palavra ἐσύλησα", diz Barnes, "significa propriamente 'eu espoliei, despojei, roubei'; mas a intenção de Paulo, aqui, é que ele, por assim dizer, os roubou, porque não lhes deu um equivalente ao que lhe fora dado. Eles o sustentaram, enquanto trabalhava para outras pessoas. Um vencedor que despoja um país não dá qualquer equivalente por aquilo que ele toma. É neste sentido que Paulo diz que despojara a igreja de Filipos. Seu princípio geral era que 'o trabalhador é digno de seu salário' e que um homem devia receber sustento das pessoas para quem ele trabalhava [ver 1Co 9.7-14]; ele, porém, não observou esta regra neste caso."

31 "Il ne dit pas que les Macedoniens luy eussent donné tout ce qui luy estoit necessaire." – "Ele não diz que os macedônios lhe deram tudo quanto de que carecia."

amamos com um grau mais elevado de familiaridade. Para que os coríntios não ficassem ofendidos pelo fato de que Paulo recusara a liberalidade deles, enquanto aceitara o auxílio dos macedônios (e até declarou, sob juramento, que agiria assim), ele também antecipa essa suspeita. E, usando uma figura denominada *antipófora*,[32] ele pergunta, como se eles estivessem perguntando, se isto é sinal de uma mente malévola. Paulo não dá uma resposta direta, mas a réplica indireta que ele formula é mais eficaz, visto que evoca a Deus como testemunha de sua boa vontade para com eles. É preciso notar aqui que no curso de três versículos[33] há dois juramentos, porém, juramentos legítimos e santos, porquanto têm uma finalidade benéfica em vista e envolvem uma razão legítima. Daí, condenar todos os juramentos, sem distinção, é agir como um fanático que não consegue distinguir as coisas com nitidez.[34]

12. Mas o que faço. Uma vez mais Paulo explica por que está agindo deste modo.[35] Os falsos apóstolos não recebiam nenhum salário com a finalidade de atrair pessoas ignorantes para seu lado, porque seu serviço gratuito era uma exibição de zelo aparentemente incomum.[36] Se Paulo tivesse exercido seus direitos, era bem provável que triunfassem sobre eles, como se fossem mais superiores do que ele. Por isso, para privá-los da oportunidade de prejudicá-lo, ele também pregava o evangelho gratuitamente. É precisamente este o significado de sua afirmação, ao dizer que desejava *cortar ocasião aos que buscam*

---

[32] "Pour repoudre à l'objection." – "Com vistas a responder a uma objeção."

[33] "Ces trois lignes." – "Estas três linhas."

[34] "Deve-se usar um juramento quando outros meios são deficitários; e, mais particularmente, só devemos jurar quando a honra de Deus está em foco, ou a religião e o cristianismo são falsamente acusados; e estes juramentos devem ser feitos publicamente. A isso podemos adicionar o bem da comunidade; ou devemos jurar numa ocasião particular, a fim deixarmos expostas as acusações e crimes assacados contra nós, se de outra maneira nossa inocência não pode vir a lume; ou em favor de outrem, quando alguém sofrer ou por causa do nome, da vida ou da propriedade e de nós for requerido pelos magistrados, para que a justiça prevaleça" – Burgesse, sobre 2 Coríntios, i. p. 681.

[35] "C'estoit vne fausse monstre de quelque zele excellent, de seruir sans rien prendre." – "Era uma falsa exibição de zelo eminente, servir sem nada receber."

[36] "De la resolution qu'il a prinse en cest endroit." – "Da resolução que teve de tomar quanto a esta questão."

ocasião. Os falsos apóstolos estavam tentando usar este subterfúgio para se infiltrarem e denegrirem a reputação de Paulo, como se fossem, de alguma forma, superiores a ele. Todavia, Paulo se recusa a propiciar-lhes este ensejo. "Seremos julgados", diz ele, "iguais a eles nessa glória, a qual desejam possuir tão-somente para si mesmos". Esta passagem é oportuna para lembrar-nos que não devemos dar aos ímpios oportunidade de agir contra nós com tanta freqüência como gostariam. Uma forma de vencê-los é justamente recusar-nos a entregar-lhes as armas por meio de nossa imprudência.[37]

13. Pois os tais são falsos apóstolos, obreiros fraudulentos, disfarçando-se em apóstolos de Cristo.
14. E não é de estranhar, porquanto o próprio Satanás se disfarça em anjo de luz.
15. Não é muito, pois, que também seus ministros se disfarcem em ministros da justiça, o fim dos quais será conforme suas obras.

13. Siquidem istiusmodi pseudo-apostoli; operarii dolosi sunt, qui transformant se in Apostolos Christi.
14. Neque id mirum: quandoquidem ipse Satanas transfiguratur in Angelum lucis.
15. Non magnum igitur, si et ministri illius transformant se, perinde acsi essent ministri iustitæ: quorum finis erit secundum opera ipsorum.

13. Pois os tais são falsos apóstolos. Embora Paulo já tenha refutado a principal alegação de seus oponentes, ele não fica satisfeito em mostrar que era igual a eles no ponto em que reivindicavam excedê-lo, mas os deixa sem nenhum crédito. Recusar dinheiro parecia altamente louvável, porém ele diz que, no caso deles, era um subterfúgio decepcionante, tal como uma meretriz que toma por empréstimo os vestidos de uma mulher casada honrável. Era preciso arrancar a máscara que tentava turvar a glória de Deus.

Ele os denomina de *obreiros fraudulentos*, isto é, não revelavam sua impiedade à primeira vista, mas se introduziam habilmente sob algum pretexto justo.[38] Por isso, eles devem ser cuidadosa e totalmente examinados, para impedir-nos de aceitá-los como autênticos

---

37 "Par nostre imprudence et inconsideration." – "Por nossa imprudência e desconsideração."
38 "S'insinuent finement sans qu'on y prene garde." – "Eles se introduzem ardilosamente, a menos que alguém fique de guarda contra eles."

servos de Cristo, porque, à primeira vista, fazem uma demonstração superficial de excelência. Paulo também não está interpretando desfavoravelmente uma virtude autêntica motivado por malícia e inveja. Pelo contrário, constrangido pela desonestidade deles, Paulo expõe o mal oculto neles, porque havia uma perigosa profanação da virtude na pretensão deles, a pretensão de demonstrarem maior zelo do que o de todos os servos de Cristo.

14. E não é de estranhar. Este é um argumento do maior para o menor. Se Satanás, o mais depravado de todos os seres e, portanto, o cabeça e chefe dos homens maus, pode disfarçar-se, o que farão seus ministros? Temos experiência de ambas estas coisas, todos os dias, pois, quando Satanás nos tenta ao mal, ele não declara ser o que realmente é. Ele nada conseguiria, se tivéssemos consciência de ser ele nosso inimigo mortal e o destruidor de nossa salvação. Por isso, ele sempre se cobre com algum disfarce, a fim de nos enganar e não exibir de imediato os seus chifres, segundo o dito comum, senão que, antes, se esforça para parecer um anjo de luz. Mesmo quando nos conduz a pecados grosseiros, usa algum pretexto plausível para baixar nossa guarda e apanhar-nos em suas redes. Ele nos ataca sob o disfarce do bem e com o próprio nome de Deus. E seus adeptos, como já disse, seguem os mesmos métodos de seu mestre. Estas são apresentações gloriosas: vigário de Cristo, sucessor de Pedro, servo dos servos de Deus. Contudo, quando as máscaras são removidas, quem e o que se descobrirá ser o papa? Satanás mesmo, seu senhor, dificilmente excederá seu mais ilustre discípulo em qualquer tipo de abominação. Há uma afirmação bem conhecida sobre Babilônia: ela oferecia veneno numa taça de ouro [Jr 51.7]. Por isso, estejamos em guarda contra as falsas aparências.

Não obstante, pode-se perguntar se isto significa que devemos considerar todos com suspeita. Por certo que esta não era a intenção de Paulo. Mas há certas formas de discriminação entre as pessoas que não é sábio ignorar. Seu desígnio era chamar a atenção para este fato, de modo que não julguemos imediatamente um leão por sua pele,³⁹ porque, se não formos precipitados em nosso julgamento, o Senhor nos fará ver que logo as orelhas estarão à mostra. Por esse motivo, Paulo desejava advertir-nos para que nossa avaliação dos servos de Cristo não tenha por base as aparências externas, e sim a observação de elementos de maior importância. *Ministros da justiça* é um hebraísmo que significa *pessoas fiéis e íntegras*.⁴⁰

15. O fim dos quais será. Ele adiciona isto para o conforto dos fiéis. É a declaração de um homem corajoso que despreza os tolos juízos dos homens e espera pacientemente pelo Dia do Senhor. Ao mesmo tempo, mostra que ele possui uma consciência singularmente ousada em não temer o juízo divino.

16. Outra vez digo: Ninguém me julgue insensato; mas, se assim pensais, recebei-me como insensato, para que eu também me glorie um pouco.
17. O que digo, não o digo segundo o Senhor, mas como por insensatez, nesta confiança de gloriar-me.
18. Visto que muitos se gloriam segundo a carne, eu também me gloriarei.
19. Porque, sendo vós sensatos, de boa vontade tolerais os insensatos.
20. Pois, se alguém vos escraviza, se alguém vos devora, se alguém vos defrauda, se alguém se ensoberbece, se alguém vos fere, vós o suportais.
21. Falo com vergonha, como se nós fôssemos fracos; mas naquilo em que alguém se faz ousado (falo com insensatez) eu também sou ousado.

16. Iterum dico, ne quis me putet insipientem esse: alioqui iam etiam ut insipientem accipite me, ut paululum quiddam et ego glorier.
17. Quod dico, non dico secundum Dominum, sed velut per insipientiam: in hac audacia gloriationis.
18. Quandoquidem multi gloriantur secundum carnem, et ego gloriabor.
19. Libenter enim suffertis insipientes: quum sitis ipsi sapientes.
20. suffertis enim, si quis vos in servitutem adigit, si quis exedit, si quis accipit, si quis attollit sese, si quis vos in faciem cædit.
21. Iuxta contumeliam loquor, perinde quasi nos infirmi fuerimus: imo in quocunque audet aliquis, per insipientiam loquor, ego quoque audeo.

---

39 "Comme porte le prouerbe des Latins." – "Como o provérbio em uso entre os latinos."
40 Beza assume o mesmo ponto de vista sobre esta expressão: "Nec enim illi dicuntur sese transfigurare in Satanam, si in ministros probos et integros, quibus opponuntur δόλιοι. Hoc enim declarat epitheton *justitiæ* ex Hebræorum idiotismo" – "Pois não se diz que se transformam em Satanás, mas em ministros, que são honestos e íntegros, como contrastados com aqueles que são (δόλιοι) fraudulentos. Pois esta é a suma do epíteto, *de justiça,* segundo o idioma hebraico."

16. Outra vez digo. O propósito do apóstolo é duplo: em parte, ele deseja expor a aversiva vaidade dos falsos apóstolos, que são trombetas incansáveis de seu próprio louvor; e, em parte, ele deseja também admoestar os coríntios por constrangerem-no a se gloriar contra a sua vontade. "Outra vez digo", diz Paulo, porque mostrara sobejamente que não havia razão para que fosse desprezado e, ao mesmo tempo, mostrara que era totalmente distinto dos outros e não deixaria que sua ostentação fosse medida pelo mesmo critério deles. Uma vez mais Paulo lhes diz que seu propósito em gloriar-se tinha o propósito de impedir que seu apostolado caísse em descrédito; porque, se os coríntios tivessem se comportado como deveriam, nenhuma palavra desta ostentação jamais teria saído de seus lábios.

Recebei-me como insensato. "Se pensais que sou insensato, pelo menos concedei-me o direito e liberdade de falar como um insensato." Esta reprovação é dirigida aos falsos apóstolos que, embora fossem extremamente insensatos nesta matéria, eram não só tolerados pelos coríntios, mas igualmente recebidos com estrepitoso aplauso. Ele prossegue explicando a que tipo de insensatez ele se refere – a de entoar seu próprio louvor. Isto era algo que seus oponentes faziam sem fim ou limites, mas aqui, ao dizer *por um pouco,* Paulo demonstra que para ele tal coisa é totalmente inusitada. Entendo esta expressão num sentido temporal, significando que Paulo não está preparado para continuar se gloriando por mais tempo e que assume, por algum tempo, um caráter que lhe é inusitado, mas o abandona imediatamente, como costumamos fazer com questões irrelevantes ao propósito que temos diante de nós, ao passo que os tolos estão constante e demasiadamente preocupados (ἐν παρέργοις)[41] com questões meramente secundárias.

17. O que digo, não o digo segundo o Senhor. Seu coração estava realmente centrado em Deus, porém sua aparência externa[42] poderia parecer inadequada para um servo de Deus. Ao mesmo tempo, o

---

41 O termo παρέργον denota uma matéria de importância secundária. Assim Tucídites (vi.58) diz: ὅς οὐκ ἐκ παρέργου τὸν πόλεμον ἐποιεῖτο – quem não faz da guerra uma consideração secundária.
42 "La façon exterieure en laquelle il procede." – "A maneira externa na qual ele vai para o trabalho."

que Paulo diz a respeito de si mesmo é o que ele condena nos falsos apóstolos,43 pois seu propósito não era propriamente louvar a si próprio, mas apenas contrastar-se com eles a fim de humilhá-los.44 Por isso, ele transfere para si o que era característico deles, com o fim de abrir os olhos dos coríntios. A palavra que traduzi por confiança é, no grego, ὑπόστασις, e seu significado já foi tratado no capítulo 9 [2Co 9.4]. A tradução tema45 ou substância é totalmente inapropriada aqui.[46]

18. Visto que muitos se gloriam. O sentido é este: "Se alguém traz contra mim a objeção de que faço o que é errôneo, então o que dizer dos outros que fazem o mesmo? Não estou seguindo seu exemplo? Sou o único ou o primeiro a gloriar em si segundo a carne? Se é louvável, quando eles agem assim, por que é criticável quando eu o faço?" Paulo está tão longe de ter motivos egoístas, quando louvava a si mesmo, que está plenamente disposto a assumir a responsabilidade por tal atitude, contanto que exponha a vaidade dos falsos apóstolos.

Gloriar-se segundo a carne é vangloriar-se em exibições exteriores, e não em uma boa consciência. Aqui, o termo *carne* equivale a mundo, no sentido de buscar aplauso para as aparências externas, as quais são sempre consideradas pelo mundo como dignas de elogio e grande valor. Um pouco antes Paulo usa a expressão *em aparência*, o que significa a mesma coisa.

19. De boa vontade tolerais os insensatos. Em minha opinião, ele está usando uma ironia, ao qualificar os coríntios de *sensatos*. Eles o menosprezavam; isso é algo que jamais teriam feito, se não estivessem inflamados com um orgulho tão ostensivo.[47] Por isso, Paulo diz: "Já

---

43 "C'est plustos afin de les condamner es faux-Apostres." – "É antes com o propósito de condená-los nos falsos apóstolos."
44 "Afin de leur abbaisser le caquet." – "Com vistas a rebaixar sua conversa."
45 Calvino se refere aqui à tradução de Erasmo e à Vulgata. O termo empregado por Erasmo é *argumentum* (tema). Em concordância com isto, a versão de Crammer (1539) diz: "Nesta matéria de gloriar-se". A Vulgata usa o termo *substantia* (*substância*). Wycliffe (1380) diz: "Nesta substância de glória". A versão Rheims (1582): "Nesta substância de gloriar-se".
46 "Certes il ne conueniendroit pas bien yci de traduire *matiere* ou *substance*, combien que le mot signifie quelque fois cela" – "Certamente não seria adequado aqui traduzir o termo por *tema* ou *substância*, ainda que a palavra às vezes suporte esse significado."
47 "D'vne merueilleuse arrogance." — "Com espantosa arrogância."

que sois tão sensatos, portai-vos como sensatos, tolerando-me como uma pessoa por quem estais demonstrando o desprezo devido a um insensato". Disto deduzo que aqui Paulo não se refere a todos os coríntios, antes ele está repreendendo determinado grupo dentre eles, um grupo que se comportava de forma descaridosa para com ele.[48]

20. Vós o tolerais. Há três maneiras como podemos entender esta expressão. É possível que Paulo os estava repreendendo ironicamente por serem tão refinados, que não podiam tolerar nada; é possível que os estava acusando de indiferença por se deixarem escravizar vergonhosamente pelos falsos apóstolos; ou podia estar repetindo as acusações feitas contra ele sem qualquer justificativa,[49] as quais sugeriam que ele reivindicava ter o direito de domínio tirânico sobre eles. A segunda interpretação conta com o endosso de Crisóstomo, Ambrósio e Agostinho, sendo comumente aceita; ela se ajusta mais ao contexto, ainda que a terceira interpretação, em minha opinião, seja igualmente boa. Pois vemos quão amiúde ele era caluniado pelos oponentes mal-intencionados, como se fosse um tirano dominador – o que certamente não era verdade. Como a outra interpretação é mais geralmente aceita, não faço objeção em ser ela adotada como a melhor.

O que ele diz aqui está relacionado com o que vem imediatamente antes, a saber: "Dos outros suportais tudo, até que vos oprimam, ou vos façam exigências, ou vos tratem com desprezo. Por que sois menos tolerantes para comigo, quando esses tais não são, de forma alguma, superiores a mim?" Quanto ao que ele diz a respeito de não ser fraco, está querendo dizer que Deus lhe conferira graças tão extraordinárias, que não deviam ser considerado como pertencente à ordem comum. A palavra *fraco* tem uma significação mais extensa, como logo veremos novamente.

O costume invariável, e será assim até ao fim, é o mundo resis-

---

48 "Enuers luy." — "Para com ele."
49 "Ce que malicieusement on disoit de luy pour le rendre odieux." – "O que diziam dele maliciosamente, com vistas a torná-lo odioso."

tir obstinadamente⁵⁰ aos servos de Deus, explodir com fúria incontida contra eles, ao mais leve pretexto,⁵¹ rosnar e murmurar sem pausa, reclamar mesmo de uma disciplina moderada⁵² e, aliás, tratar toda a disciplina com desdém; enquanto, ao mesmo tempo, eles mesmos se põem em sujeição servil aos falsos apóstolos, impostores ou pretensiosos indignos; dão-lhes a liberdade de fazer tudo quanto gostam, e se submetem pacientemente, e suportam toda e qualquer carga que determinem impor-lhes. Assim, em nossos dias, dificilmente se encontrará um homem em trinta que se sujeitará ao jugo de Cristo, enquanto todos os homens têm suportado sem queixas a mais dura tirania papal. As mesmas pessoas que ficam iradas⁵³ contra as repreensões paternais e benfazejas de seus pastores, engoliriam serenamente os mais atrozes insultos dos monges.⁵⁴ Será que aqueles cujos ouvidos são tão delicados e tardios para ouvir a verdade merecem os tormentos e torturas do Anticristo, e não as suaves influências de Cristo? Não obstante, tem sido assim desde o princípio.

21. Naquilo em que alguém se faz ousado. Paulo tem perguntado por que os coríntios revelavam mais respeito por outros do que por ele, já que ele não era, de forma alguma, fraco ou desprezível. Ele agora confirma isto, ao dizer que, se fizerem uma comparação, ele não será inferior a ninguém naquelas coisas que dão a um homem o direito de se gloriar.

22. São hebreus? Eu também. São israelitas? Eu também o sou. São descendência de Abraão? Também o sou.
23. São ministros de Cristo? (Falo como fora de mim.) Eu ainda mais: em trabalhos, muito mais; em prisões, muito mais; em açoites, acima da medida; em risco de morte, muitas vezes.

22. Hebræi sunt? ego quoque. Israelitæ sunt? ego quoque: semen Abrahæ sunt? ego quoque.
23. Ministri Christi sunt? desipiens loquor, plus ego; in laboribus abundantius, in plagis supra modum, in carceribus copiosius, in mortibus sæpe.

50 "De resister et contredire opiniastrement." – "Resistir e contradizer obstinadamente."
51 "Se corroucer aigrement contr'eux a la moindre occasion." – "Ficar intensamente irado contra eles ante a menor ocasião."
52 "Se palindre de leur seuerite, en disant qu'elle est excessiue." – "Queixar-se de sua severidade, dizendo ser ela excessiva."
53 "Ils tempestent et grincent les dents." — "Esbravejam e rangem seus dentes."
54 "Toutes sortes d'iniures et outrages horribles que les moines leur faisoyent." – "Todas as sortes de injúrias e insultos horríveis que os monges podiam infligir-lhes."

24. Recebi dos judeus cinco vezes uma quarentena de açoites, menos um.

25. Três vezes fui açoitado com varas, uma vez fui apedrejado; três vezes sofri naufrágio, uma noite e um dia estive no mar;

26. em jornada, muitas vezes; em perigos de rios, em perigos de salteadores, em perigos entre meus patrícios, em perigos entre gentios, em perigos na cidade, em perigos no deserto, em perigos no mar, em perigos entre falsos irmãos;

27. em labor e fadiga, em vigília, muitas vezes; em fome e sede, em jejuns, muitas vezes; em frio e nudez.

28. Além das coisas exteriores, há o que pesa sobre mim, diariamente, o cuidado por todas as igrejas.

29. Quem é fraco, que eu não o seja? Quem se escandaliza, que eu não me inflame?

24. A Iudæis quinquies quadraginta plagas acceipi una minus.

25. Ter virgis cæsus sum, semel lapidatus sum, ter naufragium feci, noctes et dies egi in profundo.

26. In itineribus saepe, periculis fluminum, periculis latronum, periculis ex genere, periculis ex Gentibus, periculis in urbe, perisculis in deserto, periculis in mari, periculis in falsis fratribus.

27. In labore et molestia, in vigiliis sæpe, in fame et siti, in jeiuniis sæpe, in frigore et nuditate:

28. Præter ea quæ extrinsecus accidunt, quotidiana mea moles,[55] solicitudo omnium Ecclesiaru.

29. Quis infirmatur, et ego non infirmor? quis offenditur, et ego non uror?

22. Ao enumerar exemplos, Paulo lhes mostra mais claramente que, se for o caso de fazer comparação, certamente ele não seria achado inferior. Antes de tudo, ele menciona a glória de sua raça, da qual seus rivais se vangloriavam mais ainda. Diz ele: "Caso se vangloriem de seu nobre nascimento, eu lhes sou igual, porque também sou israelita, da descendência de Abraão". Esta é uma ostentação tola e fútil, mas Paulo usa três expressões para salientá-la e realmente especifica, através delas, três diferentes características de superioridade. Por esta repetição, ele está, em minha opinião, repreendendo indiretamente a insensatez deles, visto que estavam confiando, pela soma[56] e substância de suas alegações, na excelência de uma coisa tão trivial;[57] e esta ostentação estava tão continuamente em seus lábios, que se tornara revoltante, justamente como fazem os homens

---

55 "La pesanteur ordinaire des affaires que i'ay, ou, il y a ce qui m'assiege de iour em iour." – "A carga ordinária de atividades que eu tenho, ou, há aquilo que me cerca diariamente."
56 "Proram et pupoim." – "A proa e a popa."
57 "Vne chose si vaine, et de si petite consequence." – "Uma coisa tão fútil e de tão pouca importância."

tolos, que geralmente derramam torrentes de verbosidade bombástica a respeito de absolutamente nada.

Quanto à procedência do nome *hebreu*, em Gênesis 11.14 o nome parece denotar descendência e deriva-se de Heber. Em Gênesis 14.13, é provável que Abraão tenha sido chamado *hebreu* com nada mais em mente senão o fato de que ele descendia daquele ancestral.[58] Os que explicam o termo como que significando "aqueles que habitam além do rio"[59] não produzem nenhuma evidência substancial em abono de suas conjeturas. É verdade que não lemos que alguém foi chamado de *hebreu* antes de Abraão, que realmente cruzou o rio quando deixou sua terra natal. Também é verdade que mais tarde o nome se tornou comum no seio de sua família, como é óbvio à luz da história de José. No entanto, o termo revela que a palavra se refere ao descendente, e isto é suficientemente confirmado pela passagem a que me reportei.[60]

23. São ministros de Cristo? Agora, quando discute as coisas que realmente fornecem bases para o louvor, Paulo não se contenta em ser reconhecido como *igual* a eles, mas alega ser *superior* a eles. Até agora ele tem dissipado, como fumaça ao vento,[61] as glórias carnais deles, comparando-as com glórias similares que eles possuía. Contudo, visto que não possuíam dignidade sólida, Paulo faz, corretamente, uma nítida distinção entre si mesmo e eles, quando passa a se gloriar seria-

---

58 "Qu'il estoit descendu d'Heber de pere en fils." – "Que havia descendido de Heber, de pai para filho."

59 "Vray est que la coniecture de ceux qui disent qu'ils sont ainsi appelez comme habitans entre la riuiere, n'est pas du tout sans couleur." – "É verdade que a conjetura dos que dizem que são assim chamados 'os que habitam dalém do rio' não está totalmente destituída de uma aparência de verdade."

60 "A palavra *hebreu* significava propriamente *aquele que era dalém de* (עברי, de עבר, *passar, passar sobre*), daí aplicar-se a Abraão, porque ele viera de uma terra estranha; e a palavra denotava propriamente *um forasteiro* – um homem da terra ou país *dalém* (עבר) do Eufrates. O título *israelita* denotava propriamente alguém que descendera de Israel ou Jacó. E a diferença entre eles era que o título *israelita*, sendo um patronímico derivado de um dos fundadores de sua nação, estava em uso entre eles; o título *hebreu* lhes era aplicado pelos cananeus como uma referência a pessoas que vieram *dalém do rio*; e era um nome corrente entre tribos e nações estrangeiras" – Barnes.

61 "Car quant a leurs gloires charnelles, qui n'estoyent que choses vaines, iusques yci il les a fait esuanoir comme en soufflant dessus." – "Pois quanto às suas glórias carnais, as quais eram apenas coisas vãs, até aqui ele as desvanecera, por assim dizer, soprando sobre elas."

mente nas coisas que realmente importam. Porque ser servo de Cristo é uma honra e dignidade muito maior do que ser o primogênito de todos os primogênitos da casa de Abraão. No entanto, uma vez mais, para prevenir contra as falsas interpretações, ele prefacia suas reivindicações, dizendo que fala como alguém que está *fora de si*. "Admitido que esta ostentação é insensata", diz ele, "ela ainda é procedente"

Em trabalhos. Esta é a sua maneira de provar que ele é um servo de Cristo com mais evidência do que eles, e, seguramente, a prova é confiável, visto que os argumentos consistem não de palavras, mas de fatos. Aqui ele fala de *trabalhos* (plural) e mais tarde fala de *trabalho* (singular). Não vejo diferença entre os dois termos, a não ser, talvez, que no segundo caso ele estava falando de uma forma mais geral, combinando, umas com as outras, as coisas que continua a enumerar. Podemos, igualmente, considerar *morte* como significando qualquer espécie de perigo que ameaça morte iminente. Paulo, então, prossegue nomeando esses perigos. É como se dissesse: "Eu tenho provado a mim mesmo em *mortes freqüentemente;* e em *trabalhos,* muito mais freqüentemente". Ele fala de mortes no mesmo sentido que falou no primeiro capítulo [2Co 1.10].

24. Dos judeus. É verdade que naquele tempo os judeus não tinham poderes jurisdicionais, mas, como esta era uma das classes dos assim chamados castigos moderados, provavelmente lhes era permitido aplicá-lo. A lei de Deus preceituava que os que não mereciam castigo capital seriam açoitados na presença de um juiz,[62] contanto que não fossem aplicados mais de quarenta chicotadas, de modo que o corpo não ficasse desfigurado ou mutilado por um ato de crueldade. É provável que, com o passar do tempo, o costume arraigado se detivesse nas trinta e nove chicotadas, para que, no calor do momento, não viessem a exceder o

---

62 Josefo faz menção do costume de fustigar alguém com azorrague *quarenta vezes* menos *uma*: πληγὰς μίας λειπούσης τεσσαράκοντα - "quarenta chibatadas menos uma" (*Antiguidades*, liv. iv., cap. viii, seção 21). Wolfius nota que os judeus dos tempos modernos fazem uso do mesmo número de açoites – trinta e nove – em punir os ofensores. Há evidência disso no que é declarado por Uriel Acosta, que, em seu livro *Vida*, anexado por Limborch ao seu livro *Diálogo* com um judeu erudito, declara que, na punição de seu afastamento dos judeus, recebera açoites acima desse número.

número determinado por Deus. Muitas dessas precauções[63] de origem rabínica[64] são encontradas entre os judeus, fazendo alguma restrição ao que o Senhor permitia. Assim, com o passar do tempo e a mudança das coisas, talvez viessem a pensar que todos os criminosos receberiam esse número de açoites, embora o que o Senhor determinara não fosse a *extensão* da severidade, e sim em que ponto devia parar. Alguns preferem considerar isto como significando que eles exerceram maior crueldade sobre Paulo do que sobre outros, o que de forma alguma é improvável, porque, se a prática deles era tratar tão severamente a todos os criminosos, Paulo poderia dizer que fora açoitado da forma usual. Sua menção do número implica a extrema severidade do castigo recebido.

25. Três vezes fui açoitado com varas. Isto torna evidente que o apóstolo sofreu muitas coisas das quais Lucas não faz menção. Pois este registra apenas *um* apedrejamento,[65] *um* açoitamento e *um* naufrágio. Mas o relato de Lucas não é completo, pois ele não menciona tudo que aconteceu, exceto os eventos mais importantes.

---

63 "Plusieurs semblables pouruoyanceds et remedes inuentez par les Rabbins." – "Muitas provisões e remédios semelhantes, inventados pelos rabinos."

64 "O *Mishna* dá isto como regra (Mish. Maccoth. fol. xxii. 10): 'Quão amiúde ele, o réu, será ferido? Resp.: אלכעין חסר אחד, quarenta açoites, menos um, isto é, com o número que é quase quarenta'. Também pensavam ser correto parar antes de quarenta, para que a pessoa que contava não cometesse equívoco, e assim o réu recebesse *mais de quarenta* açoites, o que seria um ato de injustiça, como a lei o requer, ou, seja, somente *quarenta*" – Dr. A. Clarke. "Como o azorrague era formado de três cordas, e a cada golpe era permitido contar três açoites, o número de golpes nunca excedia a treze, o que perfazia a trinta e nove açoites" – Bloomfield.

65 "*Uma vez* fui apedrejado." Paley observa, em sua obra "Horæ Paulinæ", que esta sentença, "quando confrontada com a história" (contida nos Atos dos Apóstolos) "fornece a abordagem mais próxima de uma contradição, sem que esteja incorrendo numa real contradição, de alguma com a qual ele lembra haver-se defrontado". Enquanto a narrativa contida nos Atos dos Apóstolos dá um relato de apenas um caso em que Paulo realmente foi apedrejado (At 14.19), houve, anteriormente a isso, "um tumulto" contra Paulo e Barnabé, em Icônio: "E, como surgisse um tumulto dos gentios e judeus, associados com as suas autoridades, para os ultrajar e apedrejar, sabendo-o eles, fugiram para Listra e Derbe, cidades da Licaônia e circunvizinhança" [At 14.5-6]. "Ora, se o tumulto houvesse de consumar-se", diz Paley, "e se a história tivesse relatado que uma pedra fora lançada contra eles, visto que ela relata que se fizeram preparações tanto por judeus como por gentios para apedrejarem a Paulo e seus companheiros; ou mesmo se o relato desta transação tivesse sido interrompido, sem continuar a informar-nos que Paulo e seus companheiros estavam *cientes de seu perigo e fugiram*, isso resultaraia numa contradição entre a história e o apóstolo. A verdade é necessariamente consistente; mas é quase impossível que relatos independentes, que não têm a verdade a guiá-los, avancem até à contradição e não se tornem contraditórios".

Pela expressão *perigos entre meus patrícios*, ele queria dizer as coisas que lhe sobrevieram da parte de seu próprio povo, em resultado do ódio que todos os judeus sentiam por ele. Paulo tinha os *gentios* também como inimigos; e, de uma terceira direção, ameaçavam-no as ciladas preparadas por *falsos irmãos*. Aconteceu, pois, que, pelo nome de Cristo, ele veio a ser odiado de todos [Mt 10.22]. Pelo termo *jejum*, ele tinha em mente aquele jejum voluntário, como falara de fome e escassez. Estes foram os argumentos que ele usou com o intuito de fornecer boas razões para sua alegação de ser um eminente servo de Cristo. Pois, que melhor forma pode haver para reconhecer alguém como servo de Cristo do que por meio de provas tão numerosas, tão grandes e tão admiráveis? Ao contrário, os ostentadores frágeis, que não tinham feito nem sofrido nada por amor a Cristo, confiavam, impudente e presunçosamente, em si mesmos.

No entanto, é possível que se indague se alguém seria servo de Cristo sem antes experimentar tão grandes males, perigos e vexações. Minha resposta é que todas estas coisas não são necessariamente requeridas de todos,[66] mas, onde elas se fazem presentes, também se faz presente um testemunho mais contundente e mais excelente. A pessoa que é contemplada por tantas marcas de distinção não menosprezará outros que são menos nobres ou menos experientes, tampouco se intumescerá de orgulho; todavia, sempre que surjam as necessidades, tal pessoa será capaz, seguindo o exemplo de Paulo, de sobrepor-se aos falsos pretendentes[67] e pessoas destituídas de dignidade, com santo triunfo, desde que faça isso por amor a Cristo, e não por amor a si mesmo – pois nada, a não ser o orgulho ou o egoísmo, pode corromper ou deformar todas estas excelências. E, ainda quando tudo estiver dito e feito, a principal coisa é que devemos servir a Cristo com uma consciência pura; tudo o mais não passa de algo meramente adicional.

---

[66] "Il n'est pas necessairement requis que tous vniversellement endurent toutes telles fascheries." – "Não é um requisito indispensável que todos suportem, universalmente, tais vexações."

[67] "Des mercenaires." — "Mercenários."

28. Além das coisas exteriores. "Além das coisas", diz Paulo, "que caem sobre mim de todos os lados e que são, por assim dizer, extraordinárias, que concepção pode alguém formar do fardo ordinário que pesa sobre mim continuamente, ou seja, a *ansiedade* que sofro por *todas as igrejas?*" É apropriado que ele tenha denominado seu fardo ordinário de *ansiedade*. Por isso, tomei a liberdade de traduzir ἐπισύστασιν desta maneira, visto que, às vezes, ela significa tudo quanto nos pressiona.⁶⁸ Alguém que se preocupa seriamente com a igreja de Deus se inquieta e carrega um fardo pesado em seus ombros. Que retrato temos aqui de um autêntico ministro, cujo cuidado e zelo envolvem não só uma, nem dez, nem trinta igrejas, mas todas, de uma só vez, de tal modo que ensina alguns e fortalece outros; exorta alguns e aconselha outros e ainda pode curar as enfermidades de outros. Destas palavras de Paulo, concluímos que ninguém pode ter uma preocupação sincera pelas igrejas sem estar carregado de muitas dificuldades; pois o governo da igreja não é uma ocupação prazerosa que podemos desempenhar com alegria e deleite;⁶⁹ é, como já disse [2Co 10.4], uma batalha dura e amarga, em que Satanás suscita reiteradamente contra nós tanto sofrimento quanto pode; e usa todos os meios para nos molestar.

29. Quem é fraco? Quantos há que, desapercebidos, permitem que ofensas circulem, ou que fazem pouco caso das fraquezas e enfermidades de seus irmãos, ou os esmagam sob a planta de seus pés!

---

68 A palavra (ἐπισύστασις) é traduzida ou, melhor, parafraseada assim por Beza: "Agmen illud in me consurgens" – "Que a multidão que se levanta em consenso contra mim". Ele adiciona, à guisa de explanação: "Certum est enim ἐπισύστασιν dici multitudinem quæ adversus aliquem coierit, idque non semel, sed repetitis vicibus. Quia igitur multiplices erant curæ, quarum tanquam agmine magis ac magis veluti obruebatur, Apostolus usus est translatitie hoc vocabulo, admodum significanter" – "Pois é certo que ἐπισύστασιν denota uma multidão que se reúne contra alguém, e não simplesmente uma vez, mas em repetidas ocasiões. Portanto, como havia multiformes preocupações, que lhe sobrevinham como uma multidão, mais e mais, ele se sentia de certa maneira esmagado, e o apóstolo, à guisa de metáfora, fez uso deste termo mui significativo". Raphelius considera o termo como um sinônimo de uma expressão usada por Cícero: "concursus occupationum." – "uma aglomeração de compromissos" – (Cic. Fam. 7:33).

69 "Car le gouvernement de l'Eglise n'est pas vne occupation ioyeuse pour nous exercer tout doucement, et par maniere de passe-temps et exercice gracieux pour recreer nos esprits." – "Pois o governo da igreja não é uma ocupação prazerosa que exercemos com deleite, à moda de passa-tempo; tampouco é um agradável exercício para refrigerar a mente".

Isto acontece porque eles não se comovem por nenhuma preocupação pela igreja. Pois é certo que a preocupação produz συμπάθειαν (*solidariedade*), a qual faz o ministro da igreja tomar sobre si as emoções de todos, pôr-se no lugar de todos;[70] e isso o leva a adaptar-se a todas as necessidades.

30. Se tenho de gloriar-me, gloriar-me-ei nas coisas que dizem respeito à minha fraqueza.	30. Si gloriari oportet, in iis quæ infirmitatis meæ sunt gloriabor.
31. O Deus e Pai do Senhor Jesus, que é eternamente bendito, sabe que não minto.	31. deus et Pater Domini nostri Iesu Christi novit, qui est benedictus in sæcula, quod non mentiar.
32. Em Damasco, o governador preposto do rei Aretas montou guarda na cidade dos damacenos, para me prender;	32. Damasci Aretas, regius gentis praefectus, custodiebat urbem Damascenorum, volens me apprehendere. (*Act. ix 24, 25.*)
33. mas, num grande cesto, me desceram por uma janela da muralha abaixo, e assim escapei de suas mãos.	33. Et per fenestram demissus fui in sporta per muros, atque effugi manus eius.

30. Se tenho de gloriar-me. Aqui temos a conclusão, extraída de tudo o que precedeu, a saber, que Paulo, ao contrário, se gloria em todas aquelas coisas que dizem respeito à sua *fraqueza*, isto é, as coisas que podem conduzi-lo ao desprezo em vez de glória, aos olhos do mundo, como fome, sede, prisões, apedrejamento, açoites e assim por diante – coisas estas com as quais somos, deveras, geralmente humilhados, quando por elas incorremos em grande desonra.[71]

31. O Deus e Pai. Como Paulo está para dar um relato de uma proeza singular,[72] a qual, ao mesmo tempo, é pouco conhecida, ele a confirma com um juramento. Notemos, contudo, a forma de um juramento piedoso,[73] por meio do qual, para que a verdade se estabeleça, evocamos reverentemente a Deus, a fim de que Ele seja

---

70 "Prend en soy les afflictions de tous." — "Toma sobre si as aflições de todos."
71 "De toutes lesquelles nous n'avons point de honte coustumierement, que si nous estions vileinement diffamez." – "De tudo o que sentimos ordinariamente na esfera do opróbrio, como se fôssemos profundamente difamados."
72 "Vn acte singulier de vray champion de guerre." – "Uma façanha singular de um verdadeiro campeão de guerra."
73 "De iurement saincte et licite." – "De um santo e lícito juramento."

nossa testemunha. Esta façanha foi, por assim dizer, o primeiro aprendizado[74] de Paulo no que concerne à perseguição, como Lucas claramente o demonstra [At 9.23-25]. E, se como recruta inexperiente enfrentou tais provações no início, o que diremos a seu respeito quando agora é um veterano? Entretanto, uma vez que a história de sua fuga dificilmente se constitui em evidência de um coração ousado, podemos indagar por que ele a menciona aqui. Minha resposta é que o fechar dos portões da cidade real revela com que terrível fúria os ímpios se inflamaram contra ele,[75] e nada os poderia deter. Se Paulo não estivesse lutando por Cristo com zelo tão vigoroso e incomum, os ímpios jamais teriam se precipitado contra ele com tanto ardor. A notável perseverança de Paulo se fez especialmente evidente no fato de que, após escapar de tão dura perseguição, ele não cessou de provocar o mundo todo contra si, ao levar avante, destemidamente, a obra do Senhor.

É possível que sua intenção, aqui, era zombar de seus oponentes interesseiros que procuravam ser tidos como homens eminentes, quando, na verdade, não experimentavam outra coisa senão aplausos, favores, saudações honrosas e aposentos confortáveis. Contra tudo isso, ele nos conta como era perseguido, de tal modo que só com grande dificuldade lhe foi possível salvar sua vida por meio de uma fuga miserável e ignominiosa.

Há quem suscite a seguinte pergunta: era lícito a Paulo ser descido pelas muralhas da cidade, visto que isso era um crime capital? Minha resposta é que, primeiramente, não se tem certeza de que essa punição era sancionada por lei no oriente. Em segundo, ainda que este fosse o caso, Paulo não cometera crime algum, visto que descera pela muralha não como inimigo, ou por diversão, mas por necessidade. Porque a lei não puniria quem se lançasse das muralhas para

---

74 Calvino, ao comentar a referida passagem [At 9.23-25], usa expressão similar: "Hoc tirocinio ad crucem ferendam nature assuefactus fuit." – "Por este aprendizado ele foi inicialmente induzido a suportar a cruz."

75 "Et qu'ils n'auoyent point conceu telle fureur pour vne chose leger et de petite consequence." – "E que não tinham concebido tal fúria como uma questão leviana, e sim de pouca conseqüência."

salvar sua vida do fogo; e que diferença há entre o fogo e os ferozes ataques da escória? Ao pensar em lei, devemos levar sempre em conta a eqüidade[76] e a retidão. Esta consideração absolverá Paulo de toda culpa.

---

76 Tudo indica que Calvino, aqui, tem diante de seus olhos uma passagem expressamente aludida por ele (ao comentar Atos 9.23-25) e extraída dos escritos de Cícero, no seguinte teor: "Etiamsi peregrinum lex arceat a muri acessu, minime tamen peccat, qui murum conscendit servandæ urbis causa, quia leges semper ad æquitatem flectendæ sunt." – "Ainda que a lei proíba um forasteiro de aproximar-se do muro, não se comete nenhuma ofensa quando um homem escala o muro com vistas à defesa da cidade; pois as leis devem sempre tender à eqüidade."

Capítulo 12

1. É necessário gloriar-me, embora não convenha, pois passarei a visões e revelações do Senhor.
2. Conheço um homem em Cristo que há quatorze anos (se no corpo, não sei, se fora do corpo, não sei, Deus o sabe) foi arrebatado ao terceiro céu.
3. E sei que o tal homem (se no corpo ou fora do corpo, não sei, Deus o sabe)
4. foi arrebatado ao Paraíso e ouviu palavras inefáveis, as quais não é lícito ao homem referir.
5. Desse tal me gloriarei, porém de mim mesmo não me gloriarei, senão em minhas fraquezas.

1. Gloriari sane non expedit mihi: veniam enim ad visiones et revelationes Domini.
2. Novi hominem in Christo ante annos quatuordecim (sirve in corpore, nescio: sive extra corpus, nescio, Deus novit) eiusmodi, inquam, hominem raptum fuisse usque in tertium coelum:
3. Scio de eiusmodi homine (sive in corpore, nescio: sive extra corpus, nescio, Deus scit.)
4. Quod raptus sit in Paradisum, et audierit verba ineffabilia,[1] quae non licet[2] homini loqui.
5. De eiusmodi homine gloriabor: de me ipso non gloriabor, nisi in infirmitatibus meis.

1. É necessário gloriar-me, embora não convenha. Agora, quando está, por assim dizer, em meio à trajetória, ele se detém de avançar mais, para administrar, de forma mais contundente, um corretivo à impudência de seus rivais, e declara que é com relutância que se engaja nesta sorte de disputa com eles. Pois quão deprimente era para eles irem para um lado e para outro mendigando atestados que os pusessem no mesmo nível de um homem tão eminente! Quanto a tais homens, ele os admoesta, por seu próprio exemplo, que, quanto maior e mais excelentes as graças pelas quais alguém é distinguido, tanto

---

1 "Parolles inenarrables, ou, quin e se doyuent dire." – "Palavras inefáveis, ou, que não podem ser pronunciadas."
2 "Il n'est possible, ou loisible;" — "Não é possível ou lícito."

menos essas graças devem levá-lo a pensar em sua excelência pessoal. Pensamentos como esses são excessivamente perigosos, porque tal pessoa, como alguém que entra num labirinto, se vê imediatamente fascinada, a ponto de ser despertada para discernir seus dons,[3] enquanto, ao mesmo tempo, ignora a si mesma. Paulo está temeroso de que isso lhe aconteça. As graças conferidas por Deus têm de ser reconhecidas, para que nos vejamos estimulados: primeiro, à gratidão por elas; segundo, ao correto aprimoramento delas. Todavia, fazer delas um pretexto para vanglória é muitíssimo perigoso.

Passarei[4] **às visões**. "Não rastejarei pelo chão, e sim me sentirei constrangido a escalar o topo dos montes. Por isso, sinto-me temeroso de que a sublimidade dos dons me arrebate e eu venha a esquecer quem realmente sou". Por certo, se Paulo tivesse se gloriado ambiciosamente, teria se afastado imediatamente de uma sublime eminência, pois a humildade é única coisa que pode garantir nossa grandeza aos olhos de Deus.

Existe certa distinção entre *visões* e *revelações*. A revelação, às vezes, ocorre ou por meio de um sonho ou de um oráculo, no qual nada aparece ante os olhos; enquanto dificilmente se concede uma visão sem uma revelação, ou seja, sem que o Senhor torne evidente o que pretende mostrar.[5]

---

3 'Ses dons et graces;" — "Seus dons e graças."

4 *"Passarei.* Nota marginal: '*Pois* passarei'. Nossos tradutores omitiram *pois* (γάρ), presente no texto grego, supondo que esta palavra é um expletivo. Doddridge o traduz por 'não obstante'. Quanto a mim, parece conter um sentido importante, que deve ser traduzido por então. 'Visto não ser próprio que eu me glorie, *então* farei referência às visões, etc. Afastar-me-ei, *então* [*pois*], daquele assunto e passarei a outro.' Assim a palavra *pois* (γάρ) é usada em João 7.41: 'Vem, *pois* (μὴ γάρ), o Cristo da Galiléia?'; e Atos 8.31: '*Pois* (πῶς γάρ) como poderei entender, se alguém não me explicar?' – Barnes. Granville Penn traduz a passagem assim: 'Precisaria eu gloriar-me? De fato, não é bom, contudo, passarei às visões e revelações do Senhor'. Ele adota esta tradução como correspondente à tradução do manuscrito Vaticano e da maioria dos manuscritos antigos. Καυχᾶσθαι δεῖ οὐ συμφέρον μὲν ἐλεύσομαι δὲ εἰς ὀπτασίας καὶ ἀποκαλύψεις Κυρίου.

5 "C'est qu'il signifie en ce qui s'est présenté a nous." – "O que ele tenciona no que se apresenta à nossa vista."

"Visões (ὀπτασίας) – representações simbólicas de coisas espirituais e celestiais, nas quais questões da mais profunda importância são exibidas aos olhos da mente, mediante uma variedade de emblemas, cuja natureza e propriedades servem para ilustrar estas coisas espirituais. *Revelações* (ἀποκαλύψεις) – manifestação de coisas não previamente conhecidas, e, como tais, só Deus pode

2. Conheço um homem em Cristo. Desejando manter-se dentro dos limites, ele destaca um único exemplo e lida com ele de tal forma que deixa patente que não é absolutamente por seu próprio desejo que o menciona; pois, por que razão falaria de si na terceira pessoa? É como se dissesse: "Preferiria ficar em silêncio e guardar todo este assunto comigo mesmo, porém meus oponentes[6] não me deixam outra alternativa. Portanto, farei menção deste fato com hesitação, só para evidenciar que falo contra a minha vontade". Há quem pense que a frase *em Cristo* é introduzida como um juramento para confirmar o que ele diz. Em minha opinião, sua intenção é antes tornar evidente que ele não se preocupa com sua própria pessoa, mas olha exclusivamente para Cristo.

Ao confessar que não sabia se foi *no corpo ou fora do corpo*, ele expressa mais distintamente a grandeza da revelação. Pois tem em mente que Deus agiu nele de tal maneira que pessoalmente não entendeu como.[7] Isso também não deveria parecer-nos incrível, visto que, às vezes, Deus se nos manifesta de maneira tal que perdemos a noção de seu modo de agir.[8] Ao mesmo tempo, isso não detrai, de forma alguma, a certeza da fé, a qual repousa simplesmente neste único ponto: temos consciência de que é Deus quem nos fala. Além disso, é bom aprendermos deste fato que devemos preocupar-nos em saber somente o que precisamos saber e deixar o resto com Deus [Dt 29.29]. Por isso, Paulo diz que não sabia se fora arrebatado ao céu em corpo e alma ou se apenas a alma fora transportada para lá.

Há quatorze anos. Há aqueles que[9] desejam saber em que local se deu isto, porém nossa tarefa não é satisfazer tal curiosidade.[10] No início, o Senhor se manifestou a Paulo numa visão, quando determinou convertê-lo do judaísmo à fé evangélica, mas ele não fora ainda ad-

---

fazer conhecidas, porque são parte de seus próprios conselhos inescrutáveis" – *Dr. A. Clark.*
6 "Ces opiniastres ambitieux." – "Aquelas pessoas ambiciosas e obstinadas."
7 "Que Dieu a tellement besongné et procedé enuers luy." – "Que Deus de tal maneira operou e agiu nele."
8 "Est incomprehensible à nostre sens." – "É incompreensível à nossa mente."
9 "Ne se contentans point de ceci." – "Não se contentando com isto."
10 "Mais nous n'auons point deliberé, et aussi il n'est pas en nous de satisfaire a leur curiosite." – "Mas sobre isso nada determinamos e tampouco nos pertence satisfazer a curiosidade deles."

mitido nesses segredos, porquanto ainda precisava ser instruído por Ananias nos primeiros rudimentos do evangelho [At 9.12].[11] Portanto aquela visão foi apenas uma preparação a prepará-lo para ser instruído. É possível que, neste caso, ele esteja se referindo também à visão mencionada por Lucas [At 22.17]. No entanto, não há necessidade de nos preocuparmos em demasia com conjeturas desse tipo, visto sermos informados que Paulo mesmo guardou silêncio durante quatorze anos,[12] e jamais teria dito uma única palavra, se não fora constrangido pela irracionalidade de pessoas malignas.

Arrebatado ao terceiro céu. Aqui, Paulo não está fazendo distinção entre os diferentes céus como os viam os filósofos, a ponto de designar a cada planeta seu próprio céu. Em contrapartida, o número *três* é usado, *à guisa de eminência* (κατ' ε'ζοκὴν), para denotar o que é mais elevado e mais completo. Mais ainda, o termo *céu*, tomado intrinsecamente, denota aqui o glorioso e bendito reino de Deus, que está acima de todas as esferas,[13] e o próprio firmamento, e toda a estrutura do mundo. Não obstante, não satisfeito em apenas usar o mero termo,[14] Paulo acrescenta que alcançara sua mais elevada altitude e seu mais profundo recesso. Nossa fé sobe e adentra o céu, e aqueles que excedem em conhecimento penetram as maiores altitudes e o além. Contudo, alcançar o *terceiro céu* é privilégio de mui poucos.

O Paraíso.[15] Como toda região que é peculiarmente agradável e

---

11 "Es premiers commencemens de la religion." – "Nos primeiros elementos da religião."

12 "Paulo guardou esta visão em segredo durante quatorze anos. Indubitavelmente, pensava com freqüência nela; e a lembrança daquele glorioso momento sem dúvida constituía uma das razões por que ele suportava as provações com tanta paciência e ainda estava disposto a suportá--las. Mas antes disso ele não tivera nenhuma ocasião de fazer menção dela. Ele tinha outras provas em abundância de que ele fora chamado à obra apostólica; e mencionar tal coisa fomentaria o orgulho e ostentação. Foi só quando ele se viu compelido a evocar as evidências de sua missão apostólica que também a evoca aqui" – Barnes.

13 "Par dessus tous les cieux." – "Acima de todos os céus."

14 "Non content de nommer simplement le ciel." – "Não contente com simplesmente empregar o termo *céu*."

15 "A palavra paraíso (παράδεισος) ocorre apenas três vezes no Novo Testamento [Lc 23.43; 2 Co 12.4; Ap 2.7]. Na Septuaginta, ela ocorre com freqüência, como a tradução da palavra jardim (גן), *gan*, e da palavra *pardes* (פרדס), em Neemias 2.8, Eclesiastes 2.5, Cântico 2.13. É uma palavra que teve sua origem na linguagem da Ásia Oriental e foi adotada no idioma grego, no romano e em

deleitável[16] é, na Escritura, denominada "o jardim de Deus", assim se desenvolveu entre os gregos o hábito de usar o termo *paraíso* para a glória celestial. E foi assim usado mesmo antes de Cristo, como é evidente de Eclesiástico 40.17 e 27. É igualmente usado por Cristo neste sentido em sua resposta ao ladrão, em Lucas 23.43: "Hoje estarás comigo no paraíso", ou seja: "Desfrutarás da presença de Deus na condição e vida dos bem-aventurados".

Ouviu palavras inefáveis. Não tomo *palavras*, aqui, no sentido de *coisas*, como amiúde é possível em hebraico,[17] porquanto o verbo *ouvir* não se ajusta bem a essa interpretação. Caso alguém pergunte o que tais palavras significavam, a resposta pode ser breve, ou seja, que houve boas razões para que fossem qualificadas de *inefáveis*,[18] e como tais "não era lícito que fossem pronunciadas". Caso alguém replique que neste caso o que Paulo ouviu foi supérfluo e sem valor, pois, que bem havia em ouvir algo sobre o qual é preciso manter silêncio perene, minha resposta é que isso aconteceu em razão do próprio Paulo, porque, um homem que tinha a esperá-lo sofrimentos penosos, suficientes para quebrantar milhares de corações carentes de fortalecimento, carecia de uma forma especial que o impedisse de desmoronar-se e o ajudasse a perseverar destemidamente.[19] Se le-

---

outros idiomas ocidentais. Em sânscrito, a palavra *paradésha* significa uma terra elevada e cultivada; em armênio, *pardes* denota um jardim que rodeia a casa, plantado com árvores, arbustos e relva, para uso e ornamento. Em persa, a palavra denota jardins de deleites e parques com animais selvagens, rodeando as residências campestres dos monarcas e príncipes. Daí denotar, em geral, um jardim de prazeres; e, no Novo Testamento, aplica-se às habitações dos bem-aventurados após a morte — o lugar de habitação de Deus e dos espíritos felizes —, ou ao céu como um lugar de bem-aventurança" – Barnes.

16 "Toute region delectable et excellente en fertilite et abondance de biens de la aterre." – "Toda região que é deleitável e distinguida por fertilidade e abundância das coisas boas da terra."

17 O que Calvino tinha em mente evidentemente é que ῥήματα, aqui traduzida por *palavras*, é com freqüência usada como a palavra hebraica correspondente, דברים (*dabarim*), no sentido de *coisas*. Conseqüentemente, דבר (*dabar*), quando empregada para denotar *coisa*, é mui freqüentemente traduzida na Septuaginta por ῥῆμα, como, por exemplo, em Gênesis 18.14, Êxodo 18.17, Deuteronômio 17.1. Calvino, ao comentar a expressão "para com Deus nada será impossível" [Lc 1.37] – observa que "a *palavra* significa amiúde uma *coisa* no idioma hebraico, seguido pelos evangelistas, ainda que escrevessem em grego".

18 "Secretes, ou impossibles à dire." – "Secreta ou, como tal, impossível de pronunciar."

19 "Mais qu'il perseuerast constamment, sans se laisser vainere." — "Mas pudesse perseverar

varmos em conta, por um momento, quantos adversários seu ensino despertou contra si mesmo e de quantas maneiras esteve sujeito aos ataques dos adversários, não nos sentiremos surpresos por ele ter ouvido mais do que lhe era *lícito referir*.

Desta passagem precisamos manter em nossa mente os limites que devemos impor ao nosso conhecimento. Somos, naturalmente, dados à curiosidade, de modo que nossa tendência é ignorar displicentemente ou, pelo menos, experimentar só levemente o ensino que produz edificação, enquanto nos envolvemos com questões frívolas. A esta curiosidade adiciono a audácia e a temeridade, de maneira tal que nos prontificamos, sem hesitação, a falar de coisas sobre as quais nada sabemos e nos são ocultas.

Destas duas fontes originou-se um grande tratado[20] de teologia escolástica e tudo o que aquele frívolo Dionísio[21] teve a audácia de

---

firmemente, sem permitir que fosse vencido."

20 "La plus grande partie." — "A maior parte."

21 Aqui Calvino se refere a um Dionísio, cujos escritos parecem ter sido examinados por muitos nos dias de Calvino, como se os escritos dele houvessem sido compostos por Dionísio, o Areopagita, que se convertera pela instrumentalidade de Paulo, em Atenas [At 17.34]. Uma cópia dessa obra, impressa em Paris em 1555, possui o seguinte título: "S. Dionysii Areopagitæ, Martyris Inclyti, Athenarum Episcopi, et Gallianum Apostoli, opera — Translatio Noua Ambrosii Florentini", etc. – "As obras de São Dionísio, o Areopagita, o famoso mártir, bispo de Atenas e apóstolo das Gálias – uma Nova Tradução Feita por Ambrósio Florentine", etc. Calvino, em suas *Institutas* (volume 1, p. 194), ao tratar dos anjos, chama a atenção para os escritos de Dionísio, nos seguintes termos: "Não se pode negar que Dionísio (quem quer que tenha sido) tem muitas dissertações perspicazes e sutis em sua Hierarquia Celestial, mas, visualizando-as mais detidamente, cada leitor percebe que isso não passa de conversa ociosa. O dever de um teólogo não é causar coceira nos ouvidos, e sim confirmar a consciência, ensinando o que é verdadeiro, certo e útil. Quando você lê a obra de Dionísio, chega a pensar que ele desceu do céu e estava relatando não o que aprendera, mas o que realmente vira. Paulo, ainda que tenha sido arrebatado ao terceiro céu, em vez de enunciar positivamente algo desse tipo, declara que não era lícito falar ao homem os segredos que vira. Descartando, portanto, tal sabedoria frívola, esforcemo-nos por determinar com base na doutrina simples da Escritura o que agrada ao Senhor sabermos a respeito dos anjos". Beza, em suas Anotações sobre 1 Coríntios 3.15, ao expor sobre a expressão, "esse mesmo será salvo, todavia, como que através do fogo", menciona Dionísio como tendo sido, em sua opinião, bispo de Corinto e fala dele como havendo se devotado a especulações sem proveito e se inquietando inutilmente, na maioria das vezes, em descrever a Hierarquia Celestial. Os tradutores da versão Rheims, ao comentarem Atos 17.34, argumentam a favor da genuinidade dos escritos referidos. "*Dionysius Areopagita*. Este é aquele famoso Denys, o primeiro convertido francês e escreveu aquelas obras notáveis e divinas – 'De Ecclesiastica et Cœlesti Hierarchia, de diuinis nominibus' e outras; onde ele confirma e prova claramente quase todas as coisas que a Igreja ora usa na ministração do Santo Sacramento, afirmando que as aprendera dos apóstolos, dando também testemunho da fé

inventar acerca das hierarquias celestiais. Tudo o mais que pesa sobre nós e que devemos buscar é isto:²² que nada saibamos senão o que o Senhor quis revelar a sua igreja. Eis o limite de nosso conhecimento.

5. Desse tal. É como se ele dissesse: "Tenho boas razões para gloriar-me, mas faço isso com relutância, porque, segundo meu propósito, prefiro gloriar-me em *minhas fraquezas*. Por mais que esses indivíduos maliciosos se intrometam comigo, além do que convém, e me façam gloriar-me mais do que me inclino a fazer, sentirão que estão lidando com um homem a quem Deus tem honrado grandemente e exaltado sobremaneira, com o fim de confundir a insensatez deles".

6. Pois, se quiser gloriar-me, não serei insensato, porque direi a verdade; mas abstenho-me, para que ninguém pense de mim além do que vê em mim ou ouve de mim.

7. E, para que não me exaltasse demais pela excelência das revelações, foi-me dado um espinho na carne, um mensageiro de Satanás, para me esbofetear, a fim de não me exaltar com demasia;

8. acerca do qual três vezes roguei ao Senhor que o afastasse de mim.

6. Nam si voluero gloriari, non erro insipiens: veritatem enim dicam: sed supersedeo: ne quis de me cogitet supra id quod videt esse me, aut quod audit ex me.

7. et ne excellentia revelationum supra modum efferrer, datus mihi fuit stimulus carni, nuntius Satanæ, qui me colaphis cæderet, ne supra modum efferrer.

8. Supra hoc ter Dominum rogavi, ut discederet a me:

---

católica em muitas pessoas ora controvertidas, tão claramente que nossos adversários não têm para onde ir, senão negar que este Denys foi o autor delas, crendo que são de outra época mais recente". A estas afirmações, o Dr. Fulke, em sua excelente obra de refutação os erros dos tradutores da versão Rheims, replica assim: "Que Dionísio, o Areopagita, foi o autor daqueles livros que ora portam seu nome, você não tira o menor proveito. Alegamos que Eusébio, Jerônimo, Genásio nunca ouviram sobre esses escritos, pois se tivessem ouvido, Dionísio, o Areopagita, teria sido registrado por eles entre os escritores eclesiásticos" (p. 403). É declarado por Mosheim, em sua História Eclesiástica (Londres 1825, volume 2, p. 330), que "o caráter espúrio dessas obras é admitido universalmente pelos mais eruditos e imparciais escritores católico-romanos; ela é reputada como uma obra que contém relatos de muitos eventos que se aconteceram muitos séculos depois de Dionísio e não foram mencionados, de modo algum, antes do século VI". *Turretin*, em sua Teologia, apresenta, em considerável extensão, evidência que mostra que a obra de Dionísio não foi, conforme pretendida, um produto de Dionísio, o Areopagita, que era "σύγχρονος *Apostolis*" ("contemporâneo dos apóstolos"), e sim que havia sido escrita por um autor de data muito mais recente – nascido no século V – *Turretin Theologia* (Genebra, 1690), vol. 3, p. 233- 234.

22 "Il faut que nous soyons d'autant plus sobres et modestes." – "É necessário que sejamos mais sóbrios e mais modestos."

9. E ele me disse: Minha graça te basta, porque meu poder se aperfeiçoa na fraqueza. Por isso, de boa vontade me gloriarei mais em minhas fraquezas, para que o poder de Cristo repouse sobre mim.
10. Pelo que sinto prazer nas fraquezas, nas injúrias, nas necessidades, nas perseguições, nas aflições, por amor a Cristo. Porque, quando sou fraco, então é que sou forte.

9. Et dixit mihi: Sufficit tibi gratia mea: nam virtus meã in infirmitate perficitur: libentissime igitur gloriabor super infirmitatibus meis, ut inhabitet in me virtus Christi.
10. Quamobrem placeo mihi in infirmitatibus, in contumeliis, in necessitatibus, in persequutionibus, in anxietatibus pro Christo: quum enim infirmus sum, tunc robustus sum.

6. Pois, se quiser gloriar-me. Para que a afirmação de Paulo a respeito de não ter inclinação para se gloriar não se convertesse em ocasião para calúnia e os oponentes malévolos não replicassem: "Não te inclines a fazê-lo, porque isso não está em teu poder", Paulo antecipa: "Posso gloriar-me com boas razões e sem qualquer receio de ser justamente acusado de vaidade, porque tenho algo em que me gloriar, porém me abstenho disso". Ele emprega o termo *insensato*, aqui, num sentido diferente do que fizera anteriormente, pois mesmo aqueles que se gloriam com boas razões agem como imbecis e repulsivos, caso haja vanglória ou ambição. Entretanto, o imbecil é mais ofensivo e intolerável, caso venha a se gloriar sem qualquer embasamento ou, em outros termos, pretenda ser o que não é; pois, neste caso, há impudência adicionada à imbecilidade. Aqui, porém, o apóstolo agiu em relação a isso como uma questão definida: seu gloriar-se era humilde e bem fundamentado. Erasmo o traduziu como "eu vos poupo";[23] eu, porém, prefiro "eu me contenho" ou, como o traduzi, "eu me abstenho".

Para que ninguém pense de mim. Ele acrescenta a razão desta sua abstenção: porque se contenta em ocupar o lugar que Deus lhe designara. "Minha aparência e minha palavra", diz ele, "não revelam nada de extraordinário em mim, e não me importo em ser considerado em

---

23 A mesma tradução é dada na versão de Crammer (1539): "Não obstante, eu vos poupo". A Vulgata diz: "Parco autem" – "Mas eu poupo". Esta tradução é seguida pela versão de Wycliffe (1380), a de Tyndale (1534) e a de Rheims (1582). A versão de Genebra (1557) diz: "Mas eu me refreio". Joachim Camerarius observa que φείδομαι é elíptico, como sendo usado no lugar de φείδομαι τοῦ ἐρεῖν ou τοῦ μεγαλαυχεῖν — "Eu me refreio de falar ou de me gloriar".

baixa estima, que é a preocupação deles". Aqui percebemos quão profunda modéstia havia neste homem, visto que ele não se preocupava, de maneira alguma, com sua pequenez, a qual ele punha a descoberto mediante sua aparência e linguagem, enquanto se sobressaía numa superioridade tão imensa de dons. Entretanto, não haveria nenhuma inconsistência em explicar o termo desta maneira: satisfeito com a própria realidade, ele nada diz a seu respeito, a fim de reprovar, indiretamente, os falsos apóstolos que se gloriavam de muitas coisas, sendo que nenhuma delas podia ser vista. Não obstante, o que já mencionei aprovo como sendo melhor.

7. E, para que não me exaltasse demais pela excelência das revelações. Esta é a segunda razão por que ele se abstinha: Deus, querendo reprimir nele toda e qualquer tendência para insolência, o subjugou com uma vara. A essa *vara* ele chama de *espinho* ou *aguilhão*, uma metáfora extraída da lida com bois. A palavra *carne*, no grego, está no caso dativo.[24] Daí Erasmo a traduzir *pela carne*, mas eu prefiro entendê-lo como dizendo que as picadas desta *espinho* estavam *em* sua carne.

Agora surge a pergunta: o que viria a ser este espinho. Os que imaginam que Paulo era tentado pela luxúria caem em completo ridículo, e devemos descartar suas idéias.[25] Outros concluem que ele era vítima de freqüentes dores de cabeça. A opinião de Crisóstomo é que a referência tem a ver com Himeneu e Alexandre e pessoas desse tipo, que, sob a ordenação do diabo, causavam grande aborrecimento a Paulo. Quanto a mim, entendo que esta frase significa a soma de todos os diferentes tipos de provações com que Paulo era atormentado. Porque aqui, segundo minha opinião, *carne* não quer dizer *corpo*, e sim *a parte da alma ainda não regenerada*, de modo que o sentido seria: "A mim me foi dada um espinho para ferir minha carne, porque ainda não sou tão espiritual, que esteja isento das tentações segundo a carne".

---

24 "Selon le Grec il faudroit dire *A la chair*." – "De acordo com o grego, somos levados a dizer: Para *a carne*."
25 "Il faut reietter loin ce songe;" — "Devemos manter longe de nós esse sonho."

Paulo prossegue chamando [o espinho] de mensageiro de Satanás, porque, visto que todas as tentações são instigadas por Satanás, tão logo nos sobrevenham, nos avisam de que ele está por perto. Por isso, ao toque da tentação, devemos despertar-nos e imediatamente vestir nossa armadura, a fim de refrear os ataques de Satanás. Era mais vantajoso que isso viesse à mente de Paulo, pois, tendo consciência de tal coisa, ele não poderia sentar-se confortavelmente como alguém que não corria nenhum risco.[26] Porque uma pessoa que ainda se vê cercada de perigos e que teme o inimigo não pode entoar nenhum cântico de triunfo. "O Senhor", diz ele, "providenciou-me o melhor remédio contra a exaltação imoderada, pois enquanto me vejo ocupado em evitar que Satanás tenha vantagem sobre mim, me conservo incólume de orgulho".

Ao mesmo tempo, Deus não o curou exclusivamente por esse meio, mas também pela humildade. Porquanto ele acrescentou *para me esbofetear*; esta é a mais eloqüente forma de indicar que ele trazia tudo na memória.[27] Ser esbofeteado é uma indignidade Severa. Se a face de alguém se torna "saco de pancadas",[28] a vergonha impede-o de mostrá-la a outrem; e, quando laboramos sob qualquer tipo de enfermidade, devemos lembrar que estamos, por assim dizer, sendo esbofeteados pelo Senhor, a fim de humilhar-nos, e desta forma aprendermos a humildade. Que isto seja criteriosamente ponderado por aqueles que, de outro modo, se distinguiriam por virtudes eminentes, se tivessem algum misto de defeitos, se fossem perseguidos pelo ódio de alguém, se fossem assaltados por quaisquer injúrias – que essas coisas não são meramente varas de seu Instrutor Celestial, e que as *bofetadas* são designadas para conter toda arrogância[29] e ensinar-lhes

---

26 "Ceste consideration ne luy donnoit point le loisir de s'egayer, comme vn homme sans souci, mais l'admonestoit de se tenir sur ses gardes." – "Esta consideração não lhe permitia nenhum lazer, como um homem destituído de preocupação, mas o advertia e o punha em guarda."

27 "Qu'il a este reprimé et rangé a humilite." – "Que ele foi restringido e trazido em sujeição."

28 "Si quelq'vn a este tellement frappé au visage, que les taches noires y demeurent." – "Se alguém tem sido ferido na face, de tal maneira que nela fique marcas escuras."

29 "Toute orgueil et insolence." – "Todo orgulho e insolência."

a modéstia. Portanto, que toda pessoa piedosa note bem:[30] "Para o veneno letal do orgulho, o único antídoto é outro veneno"[31] – assim disse Agostinho em seu terceiro sermão "Sobre os Ditos do Apóstolo". E, inquestionavelmente, como o orgulho foi a causa da ruína do homem, ele é o último pecado contra o qual temos de lutar, pois qualquer outro pecado se relaciona com as obras más. O orgulho, porém, deve ser temido em virtude de sua conexão com as melhores ações que praticamos; e porque, naturalmente, ele se nos apega com tal obstinação e se faz tão firmemente arraigado em nós, que só com grande esforço pode ser removido.

Atentemos bem quem é que está falando aqui – ele havia superado tantas torturas, tantos perigos e tantos outros males; havia triunfado sobre todos os inimigos de Cristo; havia banido o temor da morte e renunciado ao mundo. Todavia, não conseguira subjugar completamente seu orgulho, de maneira tal que ainda persistia nele um conflito tão confuso, que a única maneira de vencer era deixar-se esbofetear. Instruídos por meio de seu exemplo, travemos batalha contra todas as nossas falhas, devotando nossos melhores esforços a combater o orgulho.

Entretanto, o que significa que Satanás (que "fora homicida[32] desde o princípio" [Jo 8.44]), cumprisse um papel de médico para Paulo e, sobretudo, não meramente na cura do corpo, mas – o que é

---

30 "Or ie prie maintenant sur cepassage tous fideles, qu'ils auisent." – "Mas agora eu solicito, em conexão com esta passagem, que todos os crentes tomem nota."

31 "Veu qu'il ne peut estre guari que par d'autre poison." – "Visto que não pode ser curado, a não ser por outro veneno."

32 O Dr. Campbell, em sua Tradução dos Evangelhos, usa o termo *homicida*, como o usa Calvino aqui, e faz as seguintes observações em abono desta tradução: "O termo comum, no Novo Testamento, para assassino é φονεὺς. Aqui, escolhi um nome menos usual, não movido por alguma disposição de traçar etimologias, mas porque penso não ter sido sem intenção que o diabo, por não ter origem terrena, é chamado mais de ἀνθρωποκτόνος e não φονεὺς, caracterizando assim, com maior precisão, sua antiga inimizade contra a raça humana. Quando se aplica o nome *assassino* a um ser racional de espécie diferente da nossa, isso pressupõe naturalmente que o ser assim denominado é destruidor dos demais de sua própria espécie. Como isso não está implícito aqui, o termo dos evangelistas é peculiarmente apropriado. Ao mesmo tempo, estou consciente de que nossa palavra *homicida* significa, na linguagem da lei, que esse matar é, deveras, criminoso, embora que não seja tão atroz como assassinar. Mas, no uso comum, não é tão limitado. Heylyn diz com o mesmo propósito: *um matador de homens*" – Campbell, Comentário sobre os Evangelhos (Edimburgo. 1807), vol. ii. p. 539.

de maior importância – na cura da alma? Minha resposta é que a única intenção de Satanás, em consonância com seu caráter e costume, é "matar e destruir" [Jo 10.10]. E o *espinho* sobre o qual Paulo fala estava imerso em veneno letal; mas era um ato especial da misericórdia que o Senhor convertesse em instrumento de cura o que por natureza era um veículo de morte.

8. Acerca do qual três vezes roguei ao Senhor. Aqui também[33] o número *três* é empregado para denotar repetição freqüente.[34] Não obstante, a intenção de Paulo é notificar que este aborrecimento o deixara tão esgotado, que o levou a orar muitas vezes para que o espinho fosse afastado. Porque, se este fosse leve ou fácil de suportar, Paulo não teria ficado tão ansioso para livrar-se dele. No entanto, Paulo afirma que seu pedido não lhe fora atendido, evidenciando assim quão profunda necessidade tinha ele de ser humilhado. Ele confirma o que já dissera previamente, a saber, que fora impedido, por meio desse freio, de ser arrogante; pois, se o ficar livre do espinho lhe fosse alguma vantagem, nunca teria enfrentado a recusa.

Não obstante, talvez pareça, à luz deste fato, que Paulo, de alguma forma, não orara com fé, se não quisermos tornar sem efeito todas as promessas de Deus.[35] Lemos por toda parte nas Escrituras que tudo quanto pedirmos com fé o receberemos. Paulo ora e não obtém o que pede. Minha resposta é que, assim como há muitos tipos de pedidos, há também dois tipos de obtenção. Pedimos sem especificar as coisas acerca das quais temos uma promessa segura, tais como o aperfeiçoamento do reino de Deus e a santificação de seu nome, o perdão dos pecados e tudo quanto nos é proveitoso. Quando, porém, imaginamos

---

33 Calvino se refere ao que dissera no tocante ao número *três*, quando comentou uma expressão que ocorre no versículo 2 – *o terceiro céu*.

34 "Τρὶς é considerado pelos comentaristas como um número certo em lugar de um incerto, mas grande (ou seja, *vezes freqüentes*). À passagem citada por ele, eu adiciono Eurip. Hippol. 46 e Jó 33.29, a qual eu traduziria: 'Assim, todas estas coisas Deus faz em relação ao homem três vezes'; isto é, por meio de desordens divinamente enviadas, visões noturnas e mensageiros divinos" – Bloomfield.

35 "Si nous ne voulons faire toutes les promesses de Dieu vaines et inutiles." – "Se não quisermos fazer todas as promessas de Deus vãs e fúteis."

que o reino de Deus pode e deve ser promovido de tal e tal forma ou que isto ou aquilo é indispensável para a santificação de seu nome, às vezes nos equivocamos, assim como, da mesma maneira, às vezes ficamos desiludidos quanto ao que de fato promove nosso próprio bem-estar. Portanto, oremos por aquilo que está seguramente prometido, em plena confiança e sem reservas, mas sem prescrevermos os meios. No entanto, se especificarmos o meio, há sempre uma condição implícita, embora não expressa. Ora, Paulo não era tão ignorante desse fato, a ponto de não ter consciência disto. Daí, quanto ao *objeto* de sua oração, não pode haver dúvida de que ele foi ouvido, ainda que a oração fosse rejeitada quanto à *forma* expressa. Por isso, somos admoestados a não ficarmos desanimados quando Deus não atender ou não satisfizer nossas solicitações, como se nossos esforços tivessem sido em vão; pois *sua graça deve ser-nos suficiente*, ou seja, se não formos abandonados por Ele. Esta é a razão por que Deus, em sua misericórdia, às vezes recusa dar aos santos coisas que Ele, em sua ira, concede aos ímpios, isto é: Ele prevê ser-nos mais conveniente do que nossa compreensão é capaz de apreender.

9. Ele me disse. Não está claro se esta resposta lhe veio por intermédio de um oráculo especial, mas este é um ponto de pouca importância.[36] Porque Deus nos responde quando nos fortalece interiormente por intermédio de seu Espírito e nos sustenta através de seu conforto, de modo a não renunciarmos nossa esperança e paciência. Ele disse que Paulo ficasse satisfeito com sua graça e não rejeitasse a correção. Portanto, devemos suportar as aflições, mesmo que sejam duradouras, sabendo que somos extraordinariamente bem medicados, enquanto a graça de Deus atuar em nosso favor.[37] Aqui, o termo *graça* não tem o mesmo sentido que em outras partes, a saber, *o favor de Deus;* porém é usado por metonímia, referindo-se ao auxílio do Espírito Santo que nos vem do *favor imerecido de Deus*. Esta graça deve ser

---

36 ˋEt aussi il n'est pas fort requis de la scauoir;" — "E, além disso, conhecê-lo não é extremamente necessário."

37 ˋEt c'est assez;" — "E isso é suficiente."

suficiente para as pessoas piedosas, porque ela é uma fortaleza segura e invencível e sempre nos guarda de fracassarmos.

Porque meu poder. Nossas fraquezas podem parecer um obstáculo à consumação do poder divino em nosso interior; no entanto, o apóstolo não só nega que tal acontece, mas também afirma o oposto: é somente quando nossas fraquezas se manifestam que o *poder* de Deus se *aperfeiçoa* devidamente. Para entender isso mais distintamente, é preciso distinguir entre o poder de Deus e o nosso, porquanto o pronome *meu*, aqui, é enfático. "*Meu* poder", diz o Senhor (significando aquele poder que socorre as pessoas em suas necessidades, soergue-as, quando fracassam, e reanima-as, quando desfalecem), "se aperfeiçoa nas fraquezas humanas"; isto é, tem ocasião de entrar em ação quando as fraquezas humanas se manifestam. E não somente isso, esse poder é mais distintamente reconhecido como deve ser. O verbo *aperfeiçoar* tem referência à percepção e apreensão do gênero humano, porquanto ele não é aperfeiçoado se não se sobressair claramente, de modo a receber seu devido louvor. Pois o gênero humano não o degusta, a menos que primeiramente se convença de sua necessidade e depressa abra os olhos para seu valor, se não estiver constantemente em exercício o senso de sua própria fraqueza.

Por isso, de boa vontade. Esta última afirmação confirma a exposição que já apresentei. *Gloriar-me-ei*, diz ele, *em minhas fraquezas, a fim de que o poder de Cristo repouse sobre mim*.[38] Daí, a pessoa que se envergonha de gloriar-se desta maneira fecha a porta contra a graça de Cristo e, de certo modo, a expulsa, pois só damos lugar à graça

---

38 A palavra original (ἐπισκηνώσῃ) significa propriamente *fincar uma tenda ou tabernáculo*. Raphelius cita duas passagens de Políbio nas quais o verbo é usado no sentido de *penetrar e habitar em:* Τό δὲ τελευταῖον, ἐπισκηνώσαντες ἐπὶ τὰς οἰκίας —"E, por fim, *tendo entrado e tomado posse de* as casas"; Μετα δὲ ταῦτα ταῖς οἰκίαις ἐπισκηνώσαντες κατεῖχον τὴν πόλιν — "E, depois destas coisas, *tendo entrado em* as casas, tomou posse da cidade". Œcumenius, citado por Parkhurst, considera ἐπισκηνώσῃ empregado pelo apóstolo aqui como equivalente a ὅλη ἐν ὅλῳ κατοικήσῃ – "mas *toma posse inteiramente de mim e habita em mim*". É admiravelmente bem observado pelo Dr. Adam Clarke que "a mesma Palavra *Eterna*" (sobre a qual lemos, em João 1.14, que "se fez carne e *fez seu tabernáculo entre nós* [ἐσκήνωσεν ἐν ἡμῖν] cheio de graça e de verdade") "prometeu fazer seu *tabernáculo* com o apóstolo; e lhe dá uma prova de que ainda era o *mesmo – cheio de graça e de verdade*, assegurando-lhe que sua *graça lhe seria suficiente*".

de Cristo quando, com espírito resignado, sentimos e confessamos nossas próprias fraquezas. Os vales são regados com chuvas para se tornarem férteis, enquanto o cume das imponentes montanhas permanece seco.[39] Uma pessoa tem de tornar-se um vale, caso deseje receber as chuvas celestiais da graça espiritual de Deus.[40] Ele adiciona *de boa vontade*, para mostrar que ele tem um intenso anseio pela graça de Cristo, que nada o fará recuar sem que a obtenha. Porquanto percebemos que muitos rendem submissão a Deus simplesmente pelo temor de incorrer em sacrilégio por cobiçar sua glória, todavia, ao mesmo tempo, não sem relutância, ou, no mínimo, com menos entusiasmo do que deveriam manifestar.[41]

10. Sinto prazer nas fraquezas. Não pode haver dúvida de que Paulo emprega o termo *fraqueza* em diferentes sentidos; pois antes ele aplicou este título às dores que experimentava na carne. Agora, ele o emprega para denotar aquelas qualidades externas que ocasionam desdém aos olhos do mundo. Entretanto, tendo falado, em termos gerais, de vários tipos de *debilidades*, ele agora se volve para uma descrição particular delas, a qual dera ocasião de desviar-se para este discurso geral. Notemos, pois, que *debilidade* é um termo geral que envolve as fraquezas de nossa natureza, bem como todos os sinais externos de humilhação. A discussão começou com a degradação externa do apóstolo, mas daqui ele prosseguiu mostrando como o Senhor o humilhara de várias maneiras, de modo que sua glória viesse a resplandecer com mais intensidade em seus defeitos pessoais, visto que as glórias humanas às

---

39 "Secs et steriles." – "Seco e estéril."
40 Em plena concordância com esta bela afirmação é a descrição que Bunyan faz do "Vale da Humilhação", na segunda parte de seu livro "O Peregrino". "É a melhor e mais frutífera fatia de terra em todas estas regiões. É um solo fértil e, como você vê, consiste de muitas colinas. Se um homem chegasse aqui no verão, como você o faz agora, se não soubesse nada a respeito dele antes e se deleitasse com a visão de seus olhos, poderia ver aquilo que lhe seria deleitoso. 'Eu sou a rosa de Sarom, o lírio dos vales' [Ct 2.1]. Tenho conhecido muitos trabalhadores que adquiriram boas propriedades neste Vale da Humilhação [1Pe 5.5]. 'Deus resiste aos soberbos, porém dá graça aos humildes' [Tg 4.6]. Pois, de fato, ele é um solo frutífero e produz à mão cheia" – *Bunyan's Allegorical Works* (Glasgow, 1843), p. 164.
41 "Ce n'est point si nayfuement et franchement qu'il faloit." – "Não de maneira tão ingênua e franca como deveria ser."

vezes ocultam e dissimulam a glória divina. Concomitantemente, ele fala outra vez de suas excelências pessoais, as quais, na opinião comum dos homens, lhe granjearam mais escárnio do que louvor.

Porque, quando sou fraco. Isto é, "quanto mais deficiências existem em mim, tanto mais liberalmente o Senhor provê, de seu poder, tudo que Ele vê ser necessário a mim." Pois a fortaleza dos filósofos não passa de obstinada insolência ou louco frenesi típico de fanáticos. Mas a pessoa que realmente deseja ser forte não recusa também ser fraca; deve ser fraca em si mesma, a fim de que seja forte no Senhor. Se aqui alguém argumenta que Paulo não está falando da carência de força, e sim da pobreza e outras aflições, minha resposta é que tudo isso é um meio de exibir nossas próprias fraquezas; pois, se o Senhor não lhe infligisse tais tribulações, ele jamais teria tão evidente consciência de suas próprias fraquezas. Portanto, sua referência não é só à pobreza e a todos os tipos de dificuldades, mas também aos efeitos que estas coisas têm em fazer-nos cônscios de nossas próprias fraquezas e fazer-nos desconfiados de nós mesmos; assim nos tornamos humildes.

11. Tornei-me insensato; vós me constrangestes a isso, porque eu devia ser louvado por vós; porquanto em nada fui inferior aos mais excelentes apóstolos, ainda que nada sou.

12. Os sinais de meu apostolado foram, de fato, operados entre vós com toda a paciência, por sinais, prodígios e milagres.

13. Pois, em que fostes inferiores às outras igrejas, a não ser nisto, que eu mesmo não vos fui pesado? Perdoai-me esta injustiça.

14. Eis que pela terceira vez estou pronto a ir ter convosco, e não vos serei pesado, pois não busco o que é vosso, e sim a vós mesmos. Pois não são os filhos que devem entesourar para os pais, e sim os pais para os filhos.

15. Eu de mui boa vontade me gastarei e me deixarei gastar em prol de vossas almas. Se vos amo tanto, serei menos amado?

11. Factus sum insipiens gloriando: vos me coegistis: nam ego debueram a vobis commendari: nulla enim in re inferior fui summis Apostolis, tametsi nihil sum.

12. Signa quidem Apostoli peracta fuerunt inter vos, in omni patientia, et signis, et prodigiis, et virtutibus.

13. Nam quid est, in quo fueritis inferiores cæteris Ecclesiis, nisi quod ego ipse non fui vobis onerosus? Condonate mihi hanc iniuriam.

14. Ecce, tertio propensus animo sum, ut veniam ad vos, neque vobis ero oneri: non enim quæro quæ vestra sunt, sed vos: etenim non debent filii parentibus, recondere, sed parentes filiis.

15. Ego vero libentissime impendam et expendar pro animabus vestris: licet uberius vos diligens, minus diligar.

11. Tornei-me insensato. Até agora, Paulo, mediante várias justificativas, solicitou o perdão dos coríntios para aquilo que era contrário ao seu próprio costume e maneira de agir, bem como à propriedade e ao que era devido a seu ofício de apóstolo – a publicação de seus louvores pessoais. *Agora*, em vez de pedir, ele censura, lançando a culpa nos coríntios, que deveriam louvá-lo.[42] Visto que os falsos apóstolos o depreciavam, os coríntios deveriam opor-se vigorosamente a eles e ser fiéis testemunhas das excelências do apóstolo, como ele bem merecia. Entretanto, Paulo os repreende, como fizera antes, para que os que eram desfavoravelmente dispostos para com ele não interpretassem erroneamente a defesa que ele apresentara, visto que ele fora constrangido a isso pela ingratidão deles[43] ou persistissem em caluniá-lo.

Porquanto em nada. Somos ingratos para com Deus se permitimos que seus dons, que se evidenciam em nós, sejam desacreditados ou menosprezados. Esta é a falta que Paulo, aqui, aponta nos coríntios, pois, embora reconhecessem que ele era igual *aos mais excelentes apóstolos*, deram ouvidos às calúnias de seus acusadores.

Há quem considere *os mais excelentes apóstolos* como uma referência àqueles que dentre seus rivais reivindicavam para si a mais elevada categoria;[44] eu, porém, o considero como que significando o principal dentre os doze, como se Paulo dissesse: "Se, porventura, eu for comparado com qualquer dos apóstolos,[45] não receio ser considerado inferior". Porque, embora desfrutasse da mais fraterna relação

---

42 "Qui deuoyent les premiers faire cet office – ascauoir de le loyer." – "Que deveriam ser os primeiros a cumprir aquele ofício – o de louvá-lo."
43 "O apóstolo, ao defender-se, tinha consciência de quão perto estava da linguagem de um insensato, isto é, de um homem desejoso de vanglória, e quão provável era que o que ele escreveu fosse atribuído àquele motivo. É justamente por isso que ele remove a acusação que bem sabia seus adversários alegariam. 'Sim', diz ele, 'falo como insensato... mas me compelistes a isso'. Isto se devia ao fato de que, quanto às suas palavras, eram consideradas como uma vanglória, se lhe fosse dada a *ocasião*; mas, se isso fosse devidamente considerado, descobrir-se-ia que eles mereciam ser mais envergonhados do que ele, porque o reduziram à desagradável necessidade de falar em sua própria defesa" – *Fuller's Works*, volume 3.
44 "Qui s'attribuoyent le premier lieu et souuerain degre." – "Que reivindicavam para si o primeiro lugar e a posição mais elevada."
45 "Qu'on m'accompare auec lequel qu'on voudra des Apostres." – "Que me comparem com quem escolherem dentre os apóstolos."

com todos os apóstolos e estivesse disposto a exaltá-los acima de si mesmo, ele contestava as reivindicações que se achavam falsamente vinculadas aos nomes deles.⁴⁶ Os falsos apóstolos estavam fundamentando suas pretensões no fato de que tinham estado na companhia dos doze; portanto, entendiam todas as suas intenções e conheciam todas as suas instituições,⁴⁷ e assim por diante. Por isso, Paulo, percebendo que eles se gloriavam falsamente nestes sinais exteriores e nos títulos forjados e a impressão que causavam nas pessoas ingênuas,⁴⁸ se viu compelido a fazer tal comparação.⁴⁹

A correção adicionada – *ainda que nada sou* – significa que a intenção de Paulo não era reivindicar algo para seu próprio mérito, mas simplesmente gloriar-se *no Senhor* [2Co 10.17], a menos, talvez, que você prefira tomar isso como uma concessão, na qual ele faz menção do que é lançado contra si pelos adversários e caluniadores.⁵⁰

12. Os sinais do meu apostolado. Pela expressão *sinais do apostolado*, Paulo tem em mente os selos que autenticam a genuinidade do apostolado ou, em outras palavras, as provas e testemunho de seu apostolado. É como se dissesse: "Deus confirmou meu apostolado entre vós tão ricamente, que esse apostolado não requer nenhuma prova".

O primeiro sinal que ele menciona é a *paciência*, ou porque ele permaneceu invencível⁵¹ em oposição heróica contra todos os ataques de seus inimigos e de Satanás, a quem Paulo jamais se rendeu, ou porque, sem cogitar em sua própria posição eminente, suportou com espírito imperturbável todas as injúrias, as infindáveis tristezas⁵² e,

---

46 "Faussement vsurpez et controunez." – "Quando reivindicados e forjados falsamente."
47 "Qu'ils entendoyent bien toute leur intenção." – "Que entendiam bem todo o desígnio deles."
48 "Et par ce moyen ils acqueroyent credit enuers les simples et idiots." – "E por este meio granjearam crédito entre os simples e incultos."
49 "Ne pouuoit faire autrement qu'il ne veinst a faire ceste comparaison de soy et des plus excellens Apostres." – "Não podia fazer de outro modo, senão formular esta comparação entre si e os mais eminentes dos apóstolos."
50 "Ce que les malueillans et detracteurs gazouilloyent de luy." – "O que as pessoas malévolas e caluniadoras tagarelavam sobre ele."
51 "Il a tousiours demeuré inuincible, et ferme sans se reculer." – "Ele sempre permaneceu invencível e firme, sem recuar."
52 Il a laissé passer beaucoup de fascheries sans en faire semblant de rien." – "Ele se permitiu

por meio da *paciência,* venceu as indignidades recebidas.[53] Tal virtude heróica se assemelha a um selo celestial por meio do qual o Senhor credencia seus apóstolos.

O segundo elemento que ele menciona são os *milagres,* pois quando fala de *sinais, prodígios* e *milagres,* ele usa três termos (cf. 2Ts 2.9) com o mesmo significado. Ele os denomina de *sinais,* pois não são meros espetáculos sem sentido, mas foram destinados à instrução dos homens. Também os denomina de *prodígios,* porque, por sua novidade, eles despertam e pasmam; e os denomina de *milagres* ou *obras portentosas,* porque são exemplos do poder Divino[54] mais evidentes do que aqueles que percebemos no curso ordinário da natureza. Ora, sabemos que, à primeira vinda do evangelho, a principal função dos milagres foi a de imprimir à sua doutrina maior autoridade. Portanto, quanto maior era o poder que alguém recebia para operar milagres, maior era a confirmação dada ao seu ministério – segundo já declarei em meu comentário a Romanos.[55]

13. Pois, em que fostes. Aqui está uma agravante da ingratidão deles – que Paulo fora distinguido, para que eles fossem beneficiados, para que extraíssem vantagem do atestado fornecido de seu apostolado; mas, apesar disso, estavam aprovando as calúnias[56] dos falsos apóstolos. Ironicamente, Paulo acrescenta que sua única inferioridade estava no fato de não lhes ter sido pesado, pois na realidade isso foi o clímax das muitas bênçãos que lhes foram concedidas, ou seja, que ele

---

enfrentar muitas tristezas, sem nem mesmo parecer notá-las."

53 "Beaucoup de lasches tours." – "Muitas trapaças vis."

54 "Ce sont exemples et tesmoignages plus excellent et euidens de la vertu Diuine." — "Aqueles são sinais e exemplos manifestos e evidências do poder divino."

55 Tudo indica que Calvino se refere aqui, mais particularmente, às observações que faz quando comenta Romanos 15.18: "Hic nobilis est locus de miraculorum usu: nempe ut reverentiam obedientiamque Deo apud homines comparent. Sic apud Marcum (xvi. 20) legis, Dominum *confirmasse doctrinam subsequentibus signis.* Sic Lucas in Actis (xiv. 3) narrat, Dominum *per miracula testimonium reddidisse sermoni gratiæ suæ*" – "Esta é uma passagem admirável em referência ao uso de milagres – para que assegurem entre os homens reverência e obediência para com Deus. Assim você lê em Marcos 16.20 que o Senhor *confirmou sua doutrina por meio de sinais que se seguiam.* Assim também Lucas, em Atos 14.3, relata que o Senhor, *por meio de milagres, deu testemunho da palavra de sua graça*".

56 "Aux iniures et detractions." – "Os insultos e calúnias."

os serviu gratuitamente. Depois de tudo, tratá-lo com desprezo, como estavam fazendo, era um insulto à sua moderação. Portanto, Paulo tem bons motivos para direcionar sua repreensão pungente contra o tolo orgulho deles.

Perdoai-me esta injustiça. Pois eram duplamente ingratos: não só desprezavam o homem a respeito de quem se achavam sob tal obrigação, em face de todas as bênçãos que lhes propiciara, mas também convertiam sua generosidade em reprovação. Crisóstomo acreditava que não existe aqui qualquer ironia, e sim que isto é uma apologia genuína. Mas, quando examinamos cuidadosamente todo o contexto, não é difícil de percebermos que esta opinião é completamente contrária à intenção de Paulo.

14. Eis que pela terceira vez. Paulo apresenta agora a própria ação pela qual os coríntios tinham sido mais ingratos. Ele diz que foi por duas razões que se conteve de receber dinheiro dos coríntios, ou seja: primeiro, porque o que realmente buscava era eles mesmos, e não os seus bens; segundo, porque pretendia tratá-los como um pai. Disto torna-se evidente que espécie de louvor sua moderação merecia, ainda que, na verdade, isto só lhe granjeou menosprezo entre os coríntios.

Pois não busco o que é vosso. É o dever de um pastor genuíno e justo esforçar-se não pelo salário que vem de seu rebanho, mas, antes, pela salvação do rebanho, embora se deva notar, também, que não buscamos os homens com o intuito de fazê-los nossos próprios discípulos.[57] É algo ruim devotar-se ao lucro ou desempenhar o ofício de pastor com o propósito de tirar proveito dele; mas é ainda muito pior o desviar para si mesmo a lealdade de um discípulo [At 20.30] por razões de ambição pessoal. O intuito de Paulo, aqui, é que ele não buscava remuneração; sua única preocupação era o bem-estar das almas. Não obstante, existe ainda mais elegância no que ele diz, pois é como

---

57 "Que les Ministres ne doyuent pas cercher les hommes a ceste intention d'auoir, chacun des disciples a soy en particulier." – "Que os ministros não devem buscar homens com o intuito de terem, cada um deles, discípulos particularmente para si."

se ele dissesse: "Busco uma remuneração ainda maior do que possais imaginar, porque não estou contente com vossas riquezas, mas busco vossa plenitude, para que possais apresentar-vos ao Senhor como um sacrifício dos frutos de meu ministério". Mas, o que dizer de alguém que é sustentado por seus trabalhos pessoais? Nesse caso, estaria ele buscando do povo a subsistência terrena?[58] Inquestionavelmente, se um homem é um pastor fiel, ele buscará sempre o bem-estar de seu rebanho, e nada mais. Seu salário será apenas um apêndice; seu único alvo terá de ser o que já disse. Ai daqueles que põem seu coração em algo mais!

Pais para os filhos. Ele não foi também um pai para os filipenses, suportando-os mesmo quando estava ausente deles [Fp 4.15-16]? E nenhum dos outros apóstolos foi pai, só porque as igrejas contribuíam para seu sustento? Certamente este não foi o intuito de Paulo, pois não é algo novo que os pais sejam sustentados por seus filhos, em sua velhice. Daí, aqueles que vivem às expensas da igreja não são, necessariamente, indignos da honra devida aos pais. O que Paulo queria mostrar era apenas o fato de que o que ele fazia resultava de sua afeição paterna. Portanto, o argumento não deve ser forçado, para que se extraiam dele implicações negativas. O que Paulo fez, ele o fez como pai; porém, se tivesse agido de outra maneira, não teria deixado de ser pai.

15. Eu de mui boa vontade me gastarei. Esta é a prova de uma afeição que suplanta a paternidade, visto que ele estava disposto a gastar em prol deles não somente seu trabalho e tudo quanto viesse a possuir, mas ainda sua própria vida. E mesmo que viesse a receber deles apenas um resquício de afeição, continuaria neste mesmo propósito em relação a eles. Que coração empedernido não se abrandaria, ou ainda não se quebrantaria, diante de um amor tão candente, especialmente quando se une a uma fidelidade tão inusitada? Aqui, porém, Paulo não está se referindo a si próprio simplesmente com o intuito

---

[58] "Est-ce pourtant a dire que vn tel cerche la substance du peuple?" – "Então, diríamos que tal homem busca do povo subsistência terrena?"

de levar-nos a admirá-lo, e sim para que também o imitemos. Assim, que todos os pastores aprendam do que ele diz quanto a seu dever em relação às igrejas.

16. Mas, seja como for, não vos fui pesado; porém, sendo astuto, vos cativei com dolo.
17. Porventura, vos explorei por algum daqueles que vos enviei?
18. Instei com Tito e enviei o irmão com ele. Porventura, Tito vos explorou? Por acaso, não andamos no mesmo Espírito? Não seguimos as mesmas pegadas?
19. Talvez imaginais que estamos outra vez nos desculpando convosco. Perante Deus falamos em Cristo, e tudo isto, ó amados, é para vossa edificação.
20. Porque temo que, quando chegar, não vos encontre como eu queria, e seja eu encontrado por vós não como gostaríeis de me encontrar; receio que, de alguma maneira, haja contendas, invejas, iras, porfias, detrações, intrigas, orgulho e tumultos;
21. e que, quando for outra vez, meu Deus me humilhe diante de vós, e venha eu a chorar por muitos daqueles que anteriormente pecaram e não se arrependeram da imundícia, e fornicação, e lascívia que cometeram.

16. Sed esto: ipse non gravavi vos: verum quum essem astutus, dolo vos cepi.
17. Num per quenquam eorum, quos misi ad vos, expilavi vos?[59]
18. Rogavi Titum, et uma cum illo misi fratrem: num quid a vobis extorsit Titus? an non eodem spiritu ambulavimus? an non iisdem vestigiis?
19. rursum arbitramini, quod nos vobis excusemus? in conspectu Dei in Christo loquimur: sed omnia, carissimi, pro vestra ædificatione.
20. Nam metuo, ne qua fiat, ut, si venero, non quales velim reperiam vos: et ego reperiar a vobis, qualem nolitis: ne quo modo sint contentiones, æmulationes, iræ, concertationes, obtrectationes, sussurri, tumores, seditiones.
21. Ne iterum, ubi venero, humiliet me Deus meus apud vos, et lugeam multos eorum qui ante peccaverunt, nec pœnitentiam egerunt immunditiæ, libidinis et impudicitiæ, quam patrarunt.

16. Mas, seja como for. Estas palavras significam que Paulo fora acusado por inimigos malévolos de procurar secretamente, através de pessoas que ele subornara, o pagamento que recusara aceitar de suas próprias mãos.[60] Não que ele tivesse feito algo semelhante, mas esta-

---

[59] "Vous ay-ie affrontez, ou, pillez?" – "Tirei vantagens de vós ou vos pilhei?"
[60] "Esta passagem está longe de ser favorável ao exercício da perfídia; antes, é uma manifesta reprovação dela. É uma *ironia*. O apóstolo não descreve qual realmente tinha sido sua conduta, e sim aquilo de que ele era acusado pelos mestres coríntios. Insinuavam que ele era um homem malicioso e astuto, que se ocupava de pregar, persuadir e arrebanhar pessoas pelo uso da perfídia. Paulo reconhece que ele e seus colegas deveras 'persuadiam os homens' e não podiam agir de outro modo, pois 'o amor de Cristo' os constrangia [2Co 5.11, 14]. Mas ele repele com indignação a insinuação de agir assim por motivos mercenários. 'Não temos enganado a ninguém', diz ele, 'a

vam medindo outros, por assim dizer, com sua própria medida.⁶¹ Pois os ímpios geralmente, e sem nenhum decoro, imputam aos servos de Deus as mesmas coisas que eles mesmos fariam, se tivessem chance. Assim, para defender-se destas acusações cinicamente forjadas,⁶² Paulo se vê obrigado a defender a integridade daqueles que tinham sido seus mensageiros. Porque, se estes, de alguma forma, tivessem pecado, tal coisa deveria ser-lhe imputada. Ora, quem seria surpreendido, em ser tão cauteloso no tocante a ofertas, quando fosse tripudiado por juízos tão injustos no tocante à conduta, depois de ter feito uso de toda precaução?⁶³ Todavia, que o exemplo de Paulo nos seja uma advertência para que isso não nos sobrevenha como um novo e insuportável fardo, caso em algum tempo tenhamos que responder a falsas acusações da mesma natureza. E, ainda mais, que nos seja uma advertência para que o observemos com a mais estrita prudência, a fim de não propiciarmos qualquer pretexto àqueles que se indispõem contra nós. Pois vemos que dar prova de nossa própria integridade não significa nada, a não ser que aqueles de quem aceitamos colaboração sejam também achados em retidão. Daí, nossa escolha de tais assistentes não deve ser feita superficialmente, nem tampouco formalmente, mas sim com o mais estrito discernimento.

19. Talvez imaginais que estamos outra vez. Visto que os que enfrentam problema de consciência às vezes parecem mui ansiosos para se defender, a defesa que Paulo fez de seu próprio ministério,

---

ninguém corrompemos; a ninguém defraudamos' [2Co 7.2]. Havendo negado a acusação, ele mostra o *absurdo* da mesma. Os mercenários, que desejam atrair pessoas a si, têm um *fim* correspondente. 'Que fim', diz Paulo, 'eu poderia ter em vista em persuadir-vos a abraçar o evangelho? Porventura, tenho lucrado algo de vós? Quando estava convosco, porventura, vos sobrecarreguei? Não! Nem eu serei sobrecarregado. Contudo, sendo astuto, vos atraí com dolo'" – *Fuller's Works*, volume 3.

61 O leitor achará o mesmo provérbio usado por Calvino, ao comentar 1 Coríntios 7.36. É provável que ele esteja aludindo, em ambos os casos, a um sentimento de Horácio: "Metiri se quenquam suo modulo ac pede verum est." – "É próprio que cada um se meça por sua própria medida e pé" (Hor. Epist. 1.7. 98).

62 "Pur refuter et repousser loin de soy le blasme qu'on auoit controuué impudemment." – "Com vistas a repelir e descartar de si a acusação que eles impudentemente forjaram."

63 "Veu qu'on semoit de luy des souspeçons et iugemens si iniques, apres qu'il auoit si diligemment pourueu a toutes choses?" – "Uma vez que eles propagaram tantas suposições e julgamentos injustos a seu respeito, depois de ele haver usado tão cuidadosamente precaução quanto a cada coisa?"

na primeira epístola, provavelmente estava sendo usada como base de acusação contra ele. Uma vez mais, constata-se aquela falha nos servos de Cristo em viverem tão ansiosos no tocante à sua reputação. Para refutar estas duas falsas acusações, ele, antes, declara que fala na presença de Deus, a quem as más consciências sempre temem. Em seguida, afirma que está pensando menos em si do que nos coríntios. Estava pronto a encarar tanto as boas quanto as más notícias e ser reduzido a nada, contanto que o bem dos coríntios preservasse a reputação que ele merecia, de modo que seu ministério não fosse enxovalhado.

20. Porque temo. Paulo explica como a defesa de sua integridade contribuía para a edificação deles, pois, imaginando que ele caíra em descrédito, muitos já estavam se entregando à libertinagem, por assim dizer, com rédeas soltas. Respeitá-lo seria um meio de reconduzi-los ao arrependimento, e assim atenderiam suas admoestações.

Ele diz *eu temo*. Esse *temor* de que ele fala fluía do amor, pois, se o bem-estar dos coríntios não fosse algo que o preocupasse tanto, ele teria facilmente ignorado tudo aquilo do que não buscava obter nenhum proveito. Pois, de outro modo, tememos dar ocasião de escândalo, quando prevímos que tal coisa será prejudicial a nós mesmos.

E seja eu encontrado por vós. O segundo temor de Paulo é ser forçado a agir de forma mais severa. Conter a severidade e buscar remédios mais suaves é um sinal de amor e mesmo de indulgência. É como se ele dissesse: "Agora luto para vindicar minha autoridade e me esforço para trazer-vos de volta à obediência, a fim de que eu não seja obrigado a punir vossa obstinação com mais severidade, caso eu vá e não vos encontre corrigidos". Assim, ele nos ensina, por meio de seu exemplo, que o pastor deve sempre buscar remédios moderados para a correção das faltas, antes de recorrer à severidade extrema. Por meio de conselhos e reprovações, o rigor extremo pode ser evitado.

Que de alguma maneira haja contendas. Ele enumera as principais faltas dos coríntios, quase todos procedentes da mesma fonte. Se ninguém se devotasse tanto a si mesmo, jamais haveria contendas entre eles,⁶⁴ jamais se cultivaria a inveja mútua e jamais se praticaria a difamação entre eles. A suma e a substância desta primeira lista⁶⁵ de faltas entre os coríntios é a *falta de amor*, porque o amor próprio⁶⁶ (φιλαυτία) e a ambição prevaleciam.

21. Quando for outra vez, meu Deus me humilhe. A humildade de Paulo fora considerada um defeito, mas ele faz a culpa retroceder para os coríntios que, em vez de honrarem seu apostolado, procuravam cumulá-lo de descrédito. O progresso deles⁶⁷ em santidade teria sido a honra e glória do apostolado de Paulo; no entanto, achando-se dominados por tantas falhas, tinham-lhe, ao contrário, trazido descrédito, o quanto puderam. Ele não lança esta acusação contra todos eles, mas só contra uns poucos que, irresponsavelmente, escarneciam de todos os seus conselhos. O sentido é o seguinte: "Eles pensam de mim com desdém, porque tenho uma aparência desprezível. Que eles, pois, evitem ser-me maior causa de humilhação, desistam de sua pertinácia e comecem a envergonhar-se e sentir-se embaraçados diante de seus próprios defeitos; que se lancem por terra, em vez de olharem arrogantemente para os outros".

Paulo nos revela o espírito de um autêntico e sincero pastor, quando diz que considerará os pecados alheios com tristeza. É próprio que cada pastor nutra em seu coração preocupação pela igreja, sinta os males do rebanho como se fossem seus, seja solidário para com ele em suas aflições e se entristeça por seus pecados. Lemos como Jeremias implorava que lhe fosse dada uma "fonte de lágrimas" [Jr 9.1] e pudesse lamentar a sorte de seu povo. Lemos também como os reis e profetas piedosos, a quem fora confiado o governo do povo, sentiam

---

64 "Ils n'eussent iamais mesdit l'vn de l'autre." – "Eles jamais teriam caluniado uns aos outros."
65 "Du premier denombrement de leur vices qu'il fait yci." – "Da primeira enumeração que ele faz aqui dos pecados deles."
66 Calvino, aqui, mui provavelmente tinha em mente 2 Timóteo 3.2; ao comentá-lo, ele chama seus leitores a observarem que o primeiro pecado notado pelo apóstolo, nesta passagem – o amor próprio (φιλαυτία) –, pode ser considerado como a *fonte*, por assim dizer, de todos os demais pecados enumerados por ele – avareza, vanglória, orgulho, etc.
67 "Qu'ils eussent proufite en sainctete de vie;" — "Que eles tivessem feito progresso em santidade de vida."

o mesmo. É comum a todos os piedosos entristecerem-se sempre que Deus é ofendido, lamentarem a queda de seus irmãos e achegarem-se a Deus como se fossem eles mesmos os culpados em lugar do rebanho. Isto é o que se requer dos pastores em um grau ainda mais profundo.[68] Aqui, também, Paulo apresenta uma lista dos defeitos que se enquadram, em geral, sob o título de imoralidade.

---

68 "Des Pasteurs et Ministres;" — "De pastores e ministros."

Capítulo 13

1. Esta é a terceira vez que vou ter convosco. Por boca de duas ou de três testemunhas toda palavra será confirmada.

2. Já o disse quando estava presente a segunda vez, e, estando agora ausente, torno a dizer aos que antes pecaram e a todos os mais que, se outra vez for, não os pouparei,

3. visto que buscais uma prova de que Cristo fala em mim; o qual não é fraco para convosco, antes é poderoso entre vós.

4. Porque, ainda que foi crucificado em fraqueza, contudo vive pelo poder de Deus. Assim, nós também somos fracos nele, mas viveremos com ele pelo poder de Deus para convosco.

1. Hic tertius erit adventus meus ad vos. In ore duorum aut trium testium stabilietur omne verbum. – (*Deut. Xix. 15; Matt. Xviii. 16; Jo. Viii. 17; Heb. X. 28.*)

2. Praedixi et praedico, ut praesens quum essem iterum, ita et abseus nunc scribo iis, qui ante peccaverunt, et reliquis omnibus: quod, si venero denuo, non parcam.

3. Quandoquidem experimentum quaeritis in me loquentis Christi: qui erga vos non est infirmus, sed potens est in vobis.

4. Nam quamvis crucifixus fuit ex infirmitate, vivit tamen ex virtute Dei: siquidem et nos infirmi sumus in illo, sed vivimus cum illo ex virtute Dei erga vos.

1. Esta é a terceira vez. Ele segue em frente, reprovando ainda mais a insolência daqueles de quem estivera falando. Alguns deles estavam vivendo um vida dissoluta e licenciosa; outros, promovendo contendas e disputas entre si e não levavam em conta as repreensões do apóstolo. Suas palavras não se aplicam a todo o corpo da igreja, mas tão-somente a alguns membros desordenados e meio deteriorados. Ele agora passa a falar de maneira muito mais incisiva, já que está tratando com indivíduos em particular e não com a igreja como um todo, por isso não usará de complacência nem de medicações paliativas. Depois de haver passado um ano e meio entre eles [At 18.11], ele os visitara numa segunda ocasião. Agora lhes avisa que irá pela terceira vez e garante que suas três visitas serão como três testemunhas a convencê-los de sua obstinação. Ele cita a lei concernente à autoridade de testemunhas, usando-a não em seu significado natural e literal, mas como acomodação[1] ou similitude, aplicando-a ao seu propósito particular. "A lei declara", diz ele, "que, ao resolvermos disputas [Dt 19.15], temos de nos escudar no testemunho de duas ou três testemunhas".[2] O termo *confirmada* significa que se dá uma decisão num determinado caso para que a contenda cesse. "Na verdade sou apenas um, mas, ao ir pela terceira vez, contarei com a autoridade de três testemunhas" ou: "Minhas três visitas tomarão o lugar de três testemunhas". Pois seu tríplice esforço em prol do bem-estar deles e sua constância demonstrada em três diferentes ocasiões podem ser considerados o equivalente a três pessoas.

2. Já o disse quando estava presente. Seus rasgos de amizade e seus protestos pacíficos não surtiram efeito. Assim, ele recorre a uma medicação mais radical com que já os tratara verbalmente, quando esteve entre eles. Quando o vemos agindo de uma forma tão veemente, podemos convencer-nos de que os coríntios eram inusitadamente ingovernáveis e obstinados, pois os escritos de Paulo evidenciam quanta brandura e paciência resoluta ele foi capaz de mostrar em outro lugar. Entretanto, como a parte de um bom pai é perdoar e suportar muitas coisas, assim a parte de um pai estúpido e que não tem respeito próprio pelo bem-estar de seus filhos, quando há ocasião para tal, é deixar de usar severidade e associar o rigor à brandura.[3] Estamos bem cientes de que nada é mais prejudicial do que a tolerância excessiva. Portanto, sejamos brandos quando é seguro sê-lo, se em nossa brandura somos sinceros e moderados; porém, ajamos com mais severidade se a necessidade o exigir.

Todavia, uma pergunta vem à tona: por que o apóstolo se permitiu expor defeitos particulares de certas pessoas de forma tão pública, quase apontando com o dedo a pessoa em foco? Minha resposta é que

---

1 "*Anagogen.*"

2 "Isto é apenas uma alusão; é tomada, com um resumo fútil, da cópia alexandrina da Septuaginta, que é uma tradução exata do hebraico" – Horne's Introduction (Londres, 1823), vol. ii. p. 384, n. 4.

3 "Vn abandon desmesuré, et douceur trop grande." – "Indulgência excessiva e maleabilidade em demasia."

ele jamais teria feito tal coisa se os pecados permanecessem ocultos, mas, visto que vieram a ser notórios a todos e foram francamente publicados como um exemplo muitíssimo pernicioso, era necessário que não poupasse aqueles que cometiam um escândalo tão público.[4]

A segunda questão é referente a que tipo de corretivo ele tentava aplicar-lhes, já que dificilmente conseguiria castigá-los mais severamente com palavras. Não tenho dúvidas de que Paulo queria referir-se ao fato de que os puniria com a excomunhão. Porque não existe nada mais terrível do que ser *eliminado* do corpo de Cristo, *erradicado* do reino de Deus e ser "entregue a Satanás para a destruição" [1Co 5.5], a não ser que o culpado se arrependa.

3. Visto que buscais uma prova. Há duas possíveis interpretações destas palavras. A primeira é a seguinte: "Visto que desejais provas de que se falo de mim mesmo ou se Cristo fala por meu intermédio..." Crisóstomo e Ambrósio o expunham por este prisma. Eu, ao contrário, o vejo dizendo que, quando sua autoridade é enfraquecida, Cristo está mais em foco do que ele mesmo; e, quando rejeitam as suas advertências, eles provam a paciência de Cristo. É como se dissesse: "É Cristo quem fala por meu intermédio; assim, quando submeteis minha doutrina à vossa crítica, ofendeis a Ele mesmo mais do que a mim".

Entretanto, alguns podem ter objetado assim: "O ensino de alguém tem de ser dispensado de todo e qualquer exame, só porque ele ostenta que Cristo é o autor de tal ensino?" Todo falso profeta fará tal alegação em favor de seu ensino; como, pois, distinguiremos o verdadeiro e o falso? E o que faremos com a palavra 'antes provai os espíritos se procedem de Deus' [1Jo 4.1]? Paulo antecipa todas as ob-

---

4 É quase certo que Baxter pensava nesta passagem de Calvino quando escreveu sua célebre apologia em favor do criticar tão francamente as falhas dos ministros da religião de seu tempo. "Caso se objete que eu não devia ter falado tão clara e severamente contra os pecados dos ministros, ou que não devia ter publicado isso aos olhos do mundo, ou, pelo menos, que eu devia tê-lo feito em outro idioma, e não aos ouvidos do povo... quando o pecado é franco aos olhos do mundo e em vão tentar ocultá-lo. E, quando o pecado é público, a confissão também deve ser pública. Se os ministros da Inglaterra só pecassem em latim, eu teria feito tudo para admoestá-los em latim ou nada lhes teria dito. Mas, se pecam na Inglaterra, devem ouvir sobre o seu pecado na Inglaterra" – Baxter's Reformed Pastor (Glasgow, 1829), p. 60-61.

jeções dessa natureza, ao afirmar que Cristo operou com poder entre eles por meio do seu ministério. Porque ambas as frases – *Cristo fala em mim* e *o qual não é fraco para convosco, antes é poderoso* – devem ser consideradas como estreitamente conectadas e entendidas desta maneira: "Cristo, ao exercer seu poder para convosco, em meu ensino, provou que fala através de minha boca, de modo que vossa ignorância fica sem escusa". Vemos que ele não se vangloria em palavras, mas prova que Cristo está falando realmente nele e convence os coríntios disto, antes de exigir que aceitem sua alegação. Assim, é correto examinar a doutrina de qualquer um que fala na igreja, seja qual for o título que o tal ostente, até que Cristo se manifeste em seu ensino, pois assim não será Cristo a ser julgado, e sim o homem. Mas, quando se torna evidente que é a Palavra de Deus que está sendo proclamada, o que Paulo diz é confirmado, ou seja, que Deus mesmo está sendo negado.[5] Moisés falou com a mesma ousadia: "O que somos eu e Arão? Estais tentando a Deus" [Nm 16.11]. Também Isaías: "Acaso não vos basta fatigardes os homens, mas ainda fatigais também o meu Deus?" [7.13]. Não há lugar para evasiva, quando se evidencia que quem fala é um ministro de Deus e que ele está desincumbindo fielmente seu ofício. Voltando a Paulo, visto que seu ministério tivera uma prova tão eficaz entre os coríntios e que o Senhor se revelara tão abertamente através dele, não nos surpreende o fato de que ele tenha recebido oposição tão frontal em relação ao seu ministério. De fato, ele tinha boas razões[6] para reprová-los como rebeldes contra Cristo.

4. Porque, ainda que foi crucificado. Paulo fala, com intenção particular, do aviltamento de Cristo, visando ressaltar indiretamente[7] que nada era desprezível nele, mas que se preparavam para desprezar o próprio Cristo, visto que Ele a si mesmo se esvaziou até à morte de cruz [Fp 2.8]. Ao mesmo tempo, ele mostra quão estúpido é desprezar

---

5 "Que si on ne la reçoit, c'est oster a Dieu son authorite." – "Que, se isto não é recebido, equivale a tirar de Deus a autoridade, a qual lhe pertence."
6 "Tant y a qu'il auoit bonne occasion et droict." – "Numa extensão tal, que ele tinha boa ocasião e direito."
7 "Afin de donner tacitement à entendre." – "Que ele podia tacitamente dar-lhes a entender."

em Cristo[8] a humilhação da cruz, visto que esta se acha associada à incomparável glória de sua ressurreição. É como se Paulo dissesse: "Tereis Cristo em menos consideração, só porque Ele se revelou fraco em sua morte, como se a vida celestial que Ele viveu depois de sua ressurreição não fosse uma indicação clara de seu poder divino?" Assim como a palavra *carne* equivale à natureza humana de Cristo,[9] também aqui a palavra *Deus* denota sua divindade.

Esta passagem suscita o questionamento se Cristo se sujeitou a esta fragilidade por *necessidade* e *contra sua vontade*; porque, quando sofremos em conseqüência de nossa fraqueza, sofremos sob compulsão e não por decisão própria. Antigamente, os arianos se divertiam com este argumento em sua oposição à divindade de Cristo, e os pais ortodoxos explicavam que tal aconteceu por *determinação* de Cristo, porque Ele assim o quis, e não porque alguma necessidade o compeliu. Esta resposta é certa, contanto que seja corretamente entendida. Entretanto, há quem estenda equivocadamente esta determinação à vontade humana de Cristo, como se *fraqueza* não fosse a *condição* de sua natureza, mas apenas *algo contrário* à sua natureza, algo que Ele permitiu. Por exemplo, dizem que Ele morreu não porque sua humanidade estivesse, por si mesma, sujeita à morte, mas porque, por sua própria *determinação*, escolheu morrer. Certamente concordo que Ele morreu por sua própria escolha. Mas, o que era esta *escolha,* senão a *decisão* de se vestir com nossa natureza mortal?[10] Pois, se fizermos a natureza humana de Cristo tão dissemelhante à nossa, desfaz-se também o principal fundamento de nossa fé. Portanto, entendamos bem que Cristo sofreu por sua *determinação* e não por *necessidade*, porque, subsistindo "na forma de Deus", Ele poderia escapar a esta *necessidade*; não obstante, Ele sofreu "em fraqueza", porque "a si mesmo se esvaziou" [Fp 2.6].

---

8 "En nostre Seigneur Iesus." – "Em nosso Senhor Jesus."
9 "Car comme que par *infirmite*, est yci signifiee l'humanite de Christ." – "Pois, como por *fraqueza*, aqui está implícita a humanidade de Cristo."
10 "Nostre nature mortelle." — "Nossa natureza mortal."

Somos fracos nele. Ser *fraco em Cristo* significa partilhar de sua fraqueza. Daí, Paulo transforma em glória sua própria fraqueza, porque ele se conformou a Cristo, e não mais recuava ante a sua ignomínia, pois ela se constitui em algo que o fazia semelhante ao Filho de Deus. Ele afirma que viverá para os coríntios segundo o exemplo de Cristo. "Participarei também", diz ele, "da vida de Cristo, quando minha fraqueza for removida".[11] Ele confronta *vida* com *fraqueza*, e pelo termo *vida* ele tem em mente a condição em que um homem prospera e alcança a plenitude de honra.[12] A expressão *para convosco* pode ser considerada em paralelo com *o poder de Deus*, porém é de pouca importância, já que o sentido permanece o mesmo, ou seja, que os coríntios, quando passarem a fazer um juízo justo, pensarão reverente e honrosamente sobre o poder de Deus em Paulo, e não mais menosprezarão sua fraqueza externa.

5. Examinai-vos a vós mesmos, se estais na fé; provai-vos a vós mesmos. Ou não sabeis quanto a vós mesmos que Jesus Cristo está em vós? Se não é que já estais reprovados.
6. Mas espero que entendereis que não somos reprovados.
7. Ora, rogamos a Deus que não façais nenhum mal, não para que pareçamos aprovados, e sim para que façais o que é honrável, embora sejamos tidos como reprovados.
8. Porque nada podemos contra a verdade, senão pela verdade.
9. Pois nos regozijamos quando estamos fracos e vós, fortes; por isso, também oramos por vosso aperfeiçoamento.

5. Vosmet ipsos tentate, num sitis in fide: vos ipsos probate. Annon cognoscitis vosmet ipsos, quod Iesus Christus in vobis est, nisi sicubi reprobi estis?
6. At spero vos cognituros, quod nos non simus reprobi.
7. Opto autem apud Deum, ne quid mali faciatis; non quo nos probati appareamus, sed ut vos quod honestum est faciatis, nos vero veluti reprobi simus.
8. Non enim possumus quicquam adversus veritatem, sed pro veritate.
9. Gaudemus enim, quum nos infirmi fuerimus, vos autem validi fueritis: hoc vero etiam optamus, vestram integritatem.

5. Examinai-vos a vós mesmos. Paulo confirma o que já dissera, ou seja, que o poder de Cristo se manifesta publicamente em seu ministério. Ele os convida a dar seu veredicto, fazendo uma introspecção

---

11 "Apres que mon infirmite aura comme fait son temps." – "Depois de minha fraqueza ter, por assim dizer, cumprido seu tempo."
12 "Ascauoir quand vn homme est en estime et reputation." – "Isto é, quando um homem é tido em estima e reputação."

e reconhecendo o que tinham recebido de Cristo. Primeiramente, visto que não há senão um só Cristo, é necessário que Ele habite tanto o ministro quanto o povo; e, se Ele habita o povo, como se negará que habita o ministro?[13] Além disso, Ele revelou seu poder no ensino de Paulo de forma tão clara e sem ambigüidade, que os coríntios não tinham como duvidar, a não ser que fossem completamente insensatos.[14] Pois, como receberam a fé, Cristo e tudo o mais? Há boas razões para serem convidados a empreender um auto-exame, para que descubram que haviam desprezado algo, como se o mesmo lhes fosse desconhecido. A única confiança genuína e bem fundamentada que um ministro tem é o fato de que deve ser capaz de apelar à consciência daqueles a quem ele tem ensinado, para a aprovação de seu ensino; de modo que, se eles têm algo de Cristo e de sincera piedade, que sejam obrigados a reconhecer sua fidelidade. Este, como agora podemos ver, é o propósito de Paulo aqui.

Não obstante, há duas razões que tornam esta passagem digna de especial atenção. Primeiro, ela revela a relação[15] que existe entre a fé do povo e a pregação do ministro; pois a pregação é a *mãe* que concebe e dá à luz, e a fé é a *filha* que deve estar ciente de sua origem.[16] Segundo, esta passagem serve para provar a segurança da fé, doutrina esta que os sofistas da Sorbone corromperam tanto, que agora se acha quase desarraigada da mente dos homens. Eles sustentam que é temeridade precipitada persuadirmos a nós mesmos de que somos membros de Cristo e de que Ele habita em nós; e nos convidam a descansar satisfeitos em conjeturas morais, que não passam de mera opinião,[17] de modo que nossa consciência permaneça perpetuamente

---

13 "En la personne du Ministre." – "Na pessoa do ministro."
14 "Du tout stupides et abbrutis." — "Totalmente estúpido e enfatuado."
15 "La relation et correspondance mutuelle;" — "A relação e correspondência mútua."
16 "Que ne doit point oublier le lieu d'où elle a prins la naissance." – "A qual não deve esquecer o lugar do qual recebeu seu nascimento."
17 "D'vne opinion et vn cuider" — "Com uma opinião e uma imaginação." Os Tradutores da versão Rheims, ao comentarem esta *mesma* passagem, aproveitam a ocasião para se oporem à idéia da inatingibilidade da certeza de fé. 'Os Hereges', dizem eles, 'argumentam sobre isso e afirmam ser possível alguém saber com certeza que está na graça; onde o apóstolo fala expressa

indecisas e perplexas. Mas, o que Paulo diz realmente aqui? Ele declara que são reprovados todos os que duvidam serem possessão de Cristo e membros de seu corpo. Entretanto, entendamos bem que a única fé verdadeira é aquela que nos leva a descansar na graça de Deus, não com opiniões duvidosas, e sim com certeza firme e inabalável.

Se não é que já estais reprovados. Paulo lhes deixa a escolha, por assim dizer, entre considerarem-se reprovados e darem seu devido testemunho a respeito do ministério dele, porquanto os deixa numa encruzilhada entre reconhecer seu apostolado, por um lado, e admitirem-se reprovados, por outro. Porque não havia dúvida de que a fé dos coríntios tinha por base a doutrina de Paulo, e o único Cristo que possuíam, eles o tinham recebido de Paulo; e não possuíam nenhum outro evangelho além daquele que Paulo lhes trouxera. Assim, não havia outra maneira pela qual pudessem separar do louvor de Paulo qualquer parte de sua salvação.

6. Mas espero que entendereis. Ele os pressiona com insistência maior, porém ainda está confiante de que não o rejeitarão. Os coríntios devem fazer uma de duas coisas: ou recompensá-lo pela honra devida a um apóstolo, ou condenar a si mesmos por descrença e confessar que não possuem nenhuma igreja. Ele abranda a severidade de sua afirmação, empregando o termo *espero*, embora lhes recorde ainda o seu dever, porquanto é algo cruel frustrar as esperanças daqueles que esperam que ajamos corretamente. "Espero", diz ele, "que, quando tiverdes restaurado a lucidez mental, sabereis agir". Neste ponto, ele, por sabedoria, não diz nada acerca de si mesmo, porém conclama os

---

e singularmente sobre a fé, o ato pelo qual alguém pode saber e sentir que está em si mesmo, porque esse é um ato do entendimento, ainda que ele não possa estar certo de que seus pecados já foram remidos e que se encontra, em todos os pontos, em um estado de graça e salvação; porque cada homem que tem a fé católica nem sempre desfruta de uma vida boa e agradável, nem os atos de nossa vontade se sujeitam de tal modo ao entendimento, que podemos saber com certeza se somos bons ou maus". O Dr. Fulke, em sua Refutação (Londres, 1601) dos erros dos doutores da versão Rheims, depois de fornecer respostas apropriadas aos argumentos assim fomentados, conclui, observando que "nossa certeza depende não de nossa vontade ou obras, mas da promessa de Deus mediante a fé, de que Cristo está em nós, e estamos nele; por isso, não erraremos em esperar a concretização de suas promessas" (p. 584).

coríntios a que pensem nas bênçãos divinas com as quais tinham sido agraciados, pondo mais ênfase na salvação deles do que em sua própria autoridade.

7. Ora, rogamos a Deus. Uma vez mais, ele declara que não se preocupava com sua própria honra e que seu desejo era promover o bem-estar deles. Porque nada poderia prejudicá-los mais do que se virem privados dos benefícios advindos de sua doutrina – como já começava a acontecer, em face de seu orgulho e menosprezo. "Não estou preocupado comigo", diz ele, "nem com minha reputação; meu único temor é que tenhais ofendido a Deus, e estou pronto a ser tido, eu mesmo, como *reprovado*, contanto que fiqueis livres de toda vossa culpa". "Eu sou *reprovado*", diz ele, "no juízo do ser humano, que mui freqüentemente rejeita os que são dignos da mais elevada honra".[18] A partícula *como* não é de forma alguma supérflua aqui, pois corresponde ao que ele diz em outro lugar: "*Como* enganadores e sendo verdadeiros" [2Co 6.8]. Esta, deveras, é uma regra verdadeira: que o pastor, não levando em conta sua própria pessoa, deve devotar-se exclusivamente à edificação da Igreja; que ele se preocupe com sua própria reputação sempre que perceber estar ela afetando o bem público; no entanto, que se sinta preparado a negligenciá-la sempre que pode fazê-lo, sem prejuízo ao bem público.

8. Porque nada podemos. Ou seja, "não busco nem aspiro qualquer outro poder além daquele que Deus me conferir, a fim de servir à verdade. Os falsos apóstolos não se preocupam com ninguém, contanto que tenham poder. Eles não têm o menor interesse em fazer bom uso do poder para a promoção do que é bom". Em outras palavras, Paulo sustenta e defende a honra de seu ministério até onde ela esteja relacionada com a verdade de Deus. É como se ele dissesse: "Qual é meu problema? Porque, se eu não estou preocupado em promover a verdade, todas as minhas reivindicações serão falsas e injustificadas. Mas, se dedicar toda autoridade que tenho em promover a verdade, não estarei cumulando

---

18 "Qui estoyent dignes d'honneur sur tous autres." – "Que são dignos de honra acima de todos os outros."

meus próprios interesses; e, enquanto a autoridade de minha doutrina não for enfraquecida e a verdade permanecer incólume, tenho o que desejo. Assim, ao lutar tão ardentemente, não estou sendo motivado por qualquer consideração para com minha própria pessoa". Esta é a razão por que ele diz que o homem que luta e se esforça somente em prol da verdade não levará a mal, se necessário for, ser tido como reprovado aos olhos dos homens, contanto que não se faça nenhum dano à glória de Deus, à edificação da igreja e à autoridade da sã doutrina.

Esta passagem precisa ser examinada com cuidado, pois estabelece os limites do poder que os pastores da igreja devem exercer: não mais do que o necessário para o desempenho de sua função como ministros da verdade. Os papistas nos citam em vozes altissonantes: "Quem vos der ouvidos ouve-me a mim..." [Lc 10.16] e: "Obedecei a vossos guias..." [Hb 13.17]; e sob este pretexto tomam para si a máxima liberdade, de modo a fazerem infinitas reivindicações de domínio, enquanto, ao mesmo tempo, se tornam inimigos ajuramentados e inclementes da verdade e almejam sua destruição por todos os meios que estiverem em seu poder. Esta única declaração de Paulo deveria ser suficiente para reprimir tal imoderação, já que ela expressa o fato de que deveriam pôr-se em sujeição à verdade.[19]

9. Pois nos regozijamos. A partícula causal *pois* (γὰρ) deve ser tomada no sentido de *portanto* ou como introdução de uma segunda razão pela qual ele não recusa ser considerado como que reprovado, por causa do bem e do proveito deles. Que o leitor escolha um dos dois sentidos, porquanto isso é de pouca importância.[20] Quando ele diz: "De boa vontade me deixarei ser considerado como fraco, contanto que sejais fortes", há uma antítese nas palavras, não no significado. Fraqueza, aqui, significa desprezo, como em versículo anterior [v. 4]. Em contrapartida, ele quer dizer que os coríntios serão *fortes*, se estiverem cheios do poder e da graça de Deus.

---

19 "Qu'il faut que ceux qui ont le gouernement em l'Eglise, seruent la verite." – "Que é necessário que aqueles que têm o governo da Igreja estejam sujeitos à verdade."
20 "Car c'est tout vn." — "Pois é indiferente."

Por isso, também oramos. Como o fazia antes, agora ele afirma novamente que era por necessidade, e não de sua própria índole, que fora mais severo com eles do que gostariam e enfatiza que, ao falar assim,[21] os *poupava* da aplicação de um remédio ainda mais severo, quando estivesse presentes com eles.

O *aperfeiçoamento* de que Paulo fala consiste de uma coordenação correta e de uma condição sadia de todos os membros. Agora,[22] sua alusão é aos bons doutores que cuidam de doenças particulares, de uma maneira tal que não mutilam outras partes do corpo.[23] E, visto que se sente preocupado em garantir uma perfeita condição desse tipo entre eles, Paulo se mune de precaução contra a necessidade de recorrer a remédios ainda mais severos.[24] Pois vemos como os que a princípio se esquivam diante de dores leves, ou se preocupam com emplastos, por fim se vêem compelidos a suportar a tortura da queimadura ou da amputação, mesmo quando o resultado seja muito dúbio.[25]

10. Por esta causa, escrevo estas coisas, enquanto ausente, para que, quando presente, não seja eu rigoroso, segundo o poder que o Senhor me deu para edificação, e não para destruição.

11. Quanto ao mais, irmãos, adeus. Sede

10. Propterea hæec absens scribo: ne quum præsens fuero, rigidus sim iuxta potestatem, quam dedit mihi Dominus in aedificationem, et non in destructionem.

11. Quod superest, fratres, valete, integri

---

21 "Mesme en ce faisant;" — "Mesmo em fazer isto."
22 "Or en parlant ainsi;" — "Ora, ao falar assim."
23 O mesmo ponto de vista, em substância, é assumido por Beza quanto ao significado do termo κατάρτισιν, o qual ele traduz: *integram concinnationem* (ajustamento completo.) "Varia enim est et multiplex verbi καταρτίζειν significatio. Mihi vero proximum versiculum cure isto comparanti videtur Apostolus nihil aliud hoc nomine significare, quam suum hoc esse consilium ut Corinthiacæ Ecclesiæ membris, quæ luxata fuerant, rursus in locum suum veluti repositis, totum illud corpus mutuo connexis membris instauretur, Gal. vi. 1. Itaque licebat etiam *reconcinnationem* interpretari" — "Pois o significado da palavra καταρτίζειν é variado e múltiplo. Ao comparar, contudo, este versículo com o subseqüente, sou de opinião de que Paulo, por esse termo, simplesmente tem em mente que era seu desígnio que aqueles membros da Igreja de Corinto que estivessem deslocados, por assim dizer, fossem restaurados ao seu lugar próprio, todo o corpo seria renovado pelos membros que fossem mutuamente conectados (como em Gl 6.1). Por isso, podemos inclusive traduzir o termo por *reajustamento*".
24 "Plus facheux et aspres." — "Mais enfadonho e severo."
25 "Voire sans asseurance de guarir pour cela." – "Ainda quando não haja confiança quanto a realizar uma cura por esse meio."

perfeitos, sede consolados, sede do mesmo parecer, vivei em paz; e o Deus de amor e de paz será convosco.
12. Saudai uns aos outros com ósculo santo.
13. Todos os santos vos saúdam.
14. A graça do Senhor Jesus Cristo, e o amor de Deus, e a comunhão do Espírito Santo sejam com todos. Amém.
A segunda epístola aos Coríntios foi escrita de Filipos, cidade da Macedônia, por Tito e Lucas.

estote,²⁶ consolationem habete, unanimes sitis, in pace agite: et Deus caritatis ac pacis erit vobiscum.
12. Saultate vos mutuo in osculo sancto.
13. Saultant vos sancti omnes.
14. Gratia Domini Iesu Christi, et caritas Dei, et communicatio Spiritus sancti sti cum omnibus vobis. Amen.
Ad Corinthios secunda missa fuit a Philippis Macedoniæe – per Titum et Lucam.

10. Segundo o poder. Em primeiro lugar, Paulo reforça que a exatidão com que fala conta com a autoridade de Deus, de modo que não deve ser considerado um trovão sem relâmpago nem o sentimento de um homem excitado sem motivo.²⁷ Agora, ele os faz saber que preferiria usar seu poder para um propósito diferente, o qual visava peculiarmente promover a edificação deles. É como se dissesse: "Não usarei um recurso precipitado para prover remédios cruéis, nem darei curso à minha ira, mas levarei a bom termo o mandamento que o Senhor me deu".

Ao falar do *poder* que lhe fora dado *para edificação e não para destruição*, ele usa estas palavras num sentido distinto daquele que se acha no capítulo 10 [v. 8]. Pois naquela passagem há um enaltecimento do evangelho, com base no benefício que ele produz; porque o que é para nosso benefício geralmente costuma ser agradável e recebido de bom grado. Aqui, entretanto, seu propósito é apenas mostrar que, embora possa punir os coríntios com severidade e justiça, ele está muito mais inclinado a usar seu poder para o bem, e não para a ruína deles, porquanto este é justamente o seu propósito. Uma vez que o evangelho é, por sua própria natureza, "o poder de Deus para a salvação" [Rm 1.16] e "aroma de vida para a vida" [2Co 2.15,16] mas, à guisa de contingência, "aroma de morte", a autoridade conferida aos ministros do evangelho deve ser usada para a salvação de seus ouvintes. Se,

---

26 "Soyez entiers, ou, Auancez-vos à vous parfaire." – "Sede perfeitos ou continuai a vos aperfeiçoardes."
27 "Vne escarnouche d'vn homme qui se soit enflambé sans raizon." – "Uma escaramuça da parte de um homem que se inflamou sem qualquer causa justa."

em contrapartida, redundar em sua destruição, isso é contrário à própria natureza do evangelho. Portanto, o sentido é o este: "Não seja por vossa própria culpa que o que Deus ordenou para vossa salvação se converta em vossa condenação". Ao mesmo tempo, Paulo admoesta todos os pastores, por intermédio de seu exemplo, quanto aos limites que devem observar no exercício de seu poder.

11. Quanto ao mais, irmãos. Ele modera tudo o que pudesse haver de aspereza, em toda a epístola, porquanto não desejava deixar a mente deles em estado de exasperação,[28] e sim serenidade. As reprovações só são benéficas quando, por assim dizer, são temperadas com mel, de modo que, se possível, o ouvinte as aceite calmamente. Ao mesmo tempo, Paulo parece volver-se de umas poucas pessoas enfermas[29] para a igreja toda. Assim, ele declara que sua preocupação é o *aperfeiçoamento* deles e seu desejo é obter o *conforto* deles.

Sede do mesmo parecer e *vivei em paz* são idéias distintas. A segunda é produto da primeira; a primeira tem a ver com um consenso de opiniões; e a segunda, com a benevolência e a união de corações.

E o Deus de paz. Ele diz isto com o fim de reforçar sua exortação e ao mesmo tempo afirmar que Deus será conosco, se cultivarmos a paz doméstica, porque os que causam desarmonia entre si estão, na verdade, longe de Deus.[30] Onde houver disputas e contendas, ali também reina o diabo. Pois, que comunhão pode haver entre a luz e as trevas? (ver 2Co 6.14). Paulo chama a Deus de *o Deus de amor* e *de paz*, porque Ele nos tem confiado a paz e o amor, porquanto Ele ama os coríntios e seu Autor. Já abordamos o termo *ósculo* nas duas epístolas anteriores.

14. A graça do Senhor Jesus. Paulo encerra a epístola com uma oração constituída de três partes, nas quais está encerrada a totali-

---

28 "Il ne vouloit point laisser leurs cœurs offenses ou saisis d'amertume." – "Ele não desejava deixar a mente deles exasperadas ou sob a influência de amargura."

29 "Combien qu'il semble que d'vn propos qu'il addressoit a aucuns qui estoyent comme brebis rogneuses en la compagnie il reuient maintenant à toute l'Eglise." – "Ao mesmo tempo, parece que, a partir de um discurso que se dirigia a alguns que eram como ovelhas doentes no seio do rebanho, ele agora se volve à igreja toda."

30 "Que tous ceux qui ont debats en sont eslongnez, et n'ont point d'accointance auec luy." – "Que todos os que fomentam contendas estão longe dele e não têm familiaridade com ele."

dade de nossa salvação. Ele lhes deseja, antes de tudo, **a graça de Cristo**; em segundo, **o amor de Deus**; em terceiro, **a comunhão do Espírito**. O termo *graça*, aqui, não significa favor gratuito, e sim uma figura metonímica que denota todo o benefício da redenção. No entanto, a ordem pode parecer invertida, porquanto o *amor de Deus* é posto em segundo lugar, embora ele seja a fonte dessa graça e, daí, ser o primeiro na ordem. Minha resposta é que nem sempre a Escritura se preocupa com exatidão no arranjo dos termos; mas, ao mesmo tempo, esta ordem também concorda com a forma doutrinária contida na Escritura, segundo a qual nós, "quando éramos inimigos de Deus, fomos reconciliados pela morte de seu Filho" [Rm 5.10], embora a Escritura geralmente fale sobre isso de duas maneiras diferentes. Pois, às vezes, ela declara o que já citei de Paulo – que havia inimizade entre nós e Deus, até que fomos reconciliados por meio de Cristo. Por outro lado, lemos que "Deus amou o mundo de tal maneira que deu o seu Filho Unigênito" [Jo 3.16]. Estas duas declarações parecem contradizer uma à outra, porém é fácil conciliá-las, pois na segunda vemos pelo prisma de Deus e na primeira, por nosso próprio prisma. Porque Deus, no tocante a Si mesmo, nos amou desde antes da fundação do mundo e nos redimiu tão-somente porque nos amou; nós, porém, quando olhamos para nós mesmos, nada vemos, senão pecado a provocar a ira divina, e não podemos apropriar-nos do amor de Deus sem um Mediador. Portanto, no tocante a nós, a graça de Cristo é o princípio do amor de Deus. Encarando a questão na primeira forma, Paulo não estaria correto em colocar a graça de Cristo antes do amor de Deus, porquanto não se pode pôr o *efeito* antes da *causa*; porém, pelo segundo prisma, é correto começar com a graça de Deus por meio da qual Ele nos adotou como seus filhos e honrou com seu amor àqueles a quem outrora mantinha em ira e aversão, em virtude do pecado.

Paulo acrescenta a *comunhão do Espírito Santo* porque é somente sob a diretriz do Espírito que tomamos posse de Cristo e de todos os seus benefícios. Entretanto, tudo indica que, ao mesmo tempo, ele fazia alusão à variedade dos dons do Espírito que menciona em outro lugar, visto que Deus não concede o Espírito a ninguém como um indivíduo isolado, mas O distribui a cada um segundo a medida da graça, para que os membros da igreja compartilhem seus dons entre si e, assim, fomentem a unidade.

FIEL MINISTÉRIO

O Ministério Fiel visa apoiar a igreja de Deus, fornecendo conteúdo fiel às Escrituras através de conferências, cursos teológicos, literatura, ministério Adote um Pastor e conteúdo online gratuito.

Disponibilizamos em nosso site centenas de recursos, como vídeos de pregações e conferências, artigos, e-books, audiolivros, blog e muito mais. Lá também é possível assinar nosso informativo e se tornar parte da comunidade Fiel, recebendo acesso a esses e outros materiais, além de promoções exclusivas.

Visite nosso site

www.ministeriofiel.com.br

Esta obra foi composta em Cheltenham Std Book 10.5, e impressa
na Promove Artes Gráficas sobre o papel Pólen Soft 70g/m^2,
para Editora Fiel, em Janeiro de 2021